존경하는 은사님께 이 책을 바칩니다.

故 조 성 식 교수님

1922.9.2 — 2009.12.23

전 고려대학교 명예교수

전 학술원 회원

의사소통을 위한
새로운영문법해설

2

『의사소통을 위한 새로운영문법해설』전 4권
Communicative Approaches to
a New English Grammar

의사소통을 위한
새로운영문법해설

2

고 경 환

한국문화사
2020

서문

『의사소통을 위한 새로운영문법해설』 전 4권을 펴내면서

All grammars leak. — E. Sapir (1884-1939)
[완벽한 문법이란 존재하지 않는다.]
The natural condition of a language is to preserve one form for one meaning, and one meaning for one form.
— D. Bolinger (1907-1992). 1977. *Meaning and Form*.
[한 언어의 자연스러운 상황은 하나의 뜻에는 하나의 형태가, 그리고 하나의 형태에는 하나의 뜻이 존재한다는 점이다.]

---

1. 영문법의 필요성   2. 언어는 심상의 표현   3. 학자들의 문법관
4. 문법 기술의 방향   5. 맺음말

---

1. 영문법의 필요성

영어의 중요성은 아무리 강조해도 지나치지 않다. 적어도 현재 전 세계의 80% 이상의 각종 정보들이 영어를 매개로 하여 전달되고 있으며, 유럽 여러 나라에서 이루어지는 상거래 활동의 거의 절반 정도가 영어로 이루어지며, 절반 이상의 과학 기술 분야의 각종 정기 간행물이 영어로 발행되어 나오고 있다. 또한 한 언어를 모국어로 사용하는 모국어 인구수로 보면 중국어와 인도어가 각각 1, 2위를 차지하겠지만, 영어가 사용되는 '지리적 분포'로 보면 단연코 영어가 '세계어'(global language)라고 부르기에 조금도 손색이 없다고 말할 수 있다.

"언어는 규칙의 지배를 받는"(Language is rule-governed) 의사전달의 수단이기 때문에 듣기·말하기·읽기·쓰기 능력을 향상시켜 장차 영어를 필요로 하는 전문인이 되려고 한다면 의사소통에 절대 필요한 올바른 영문법 지식을 갖추는 것이 무엇보다도 중요하다고

하겠다. 물론 우리가 언어를 처음 배우는 어린이들처럼 영어를 모국어로 사용하는 사회에서 저절로 배워 생활화하는 경우라면 굳이 영문법을 익히지 않더라도 '무의식적으로' 영어를 쉽게 습득(acquisition)할 수 있겠지만, 적어도 현재로서는 우리가 "외국어로서 영어"를 가장 빠르게 습득하는 길은 곧 **"문법을 통한 영어 학습"**이라고 감히 말하고 싶다.

문법을 통한 영어 학습에 있어서 가장 큰 문제는 영어 교육 담당자는 물론이고, 영어 학습자들이 한결같이 영문법을 "딱딱하다"고 생각하고, 영문법을 가까이 하지 않으려는 경향이 있다는 점이다. 그렇지만 영문법은 딱딱하다고 생각될 정도로 무미건조한 내용을 담고 있는 것은 결코 아니다. 실제로 문제가 되는 것은 영문법이 딱딱하게 느껴지는 것이 아니라, 영문법을 대하는 사람들의 선입견 때문에 마음 자체가 굳어져 있어서 영문법이라고 하면 무엇보다도 먼저 마음의 문을 굳게 닫아버리는 경향이 있다는 점이다. 이것이 바로 영어 교육과 영어 학습에 커다란 장애 요인이 아닐 수 없다.

2. 언어는 심상의 표현

무엇보다도 언어는 인간의 심상을 표현(representation of mental images)하는 것이다. 즉, 언어행위는 A라는 사람의 뇌리에서 어떤 한 생각이 이루어지고 이러한 생각이 말이나 글이라는 표현 형식을 빌려 B라는 사람에게 전달되는 작용이다. 그러므로 생각이 말이나 글로 전달될 때, 언어 사용자들 각자의 생각이 다를 수 있고, 또한 어떤 한 사람의 똑같은 생각일지라도 마음속에 내재된 심리적 상황이 달라지면 이와 동시에 표현도 달라져야 한다. 일찍이 D. Bolinger (1907-1992)는 **"생각이 다르면 표현이 다르다."** 라고 자신의 저서 Meaning and Form (1977)에서 말하였다. 그럼에도 불구하고 우리는 It's time **to do something**.과 It's time **you did something**.이라는 두 개의 문장이 하나의 생각을 두 가지 표현, 즉 풀어쓰기(paraphrase)라는 형식을 빌려 나타낸 것으로 생각하고 있으며(→ 11.10.2 참조), "우리 아버지 내일 한국에 오십니다." 라는 말을 다음과 같은 문장에 들어 있는 어떤 동사를 사용해서 표현하더라도 같은 내용을 전달하는 것으로 잘못 이해하는 경향이 있다. 현재 시중에 나와 있는 영문법 책에서는 단순히 미래를 나타낼 때에는 다음과 같은 표현을 사용한다고 되어 있을 뿐, 담겨진 뜻의 차이에 대해서는 아무런 설명이 없다(→ 6.6 참조).

Father *will come* to Korea tomorrow.
Father *comes* to Korea tomorrow.

Father *is coming* to Korea tomorrow.

Father *is going to* come to Korea tomorrow.

Father *is to come* to Korea tomorrow.

사실상 이 문장들은 모두 말하는 사람의 마음에 떠오른 서로 다른 심상을 반영한 것이다. 이처럼 마음속에 떠오르는 서로 다른 생각을 담고 있는 문장을 모두 같다고 하여 마음속에 떠오르는 생각에 관계없이 어떤 것이라도 사용하려고 하는 것은 서울에 가고자 하는 사람이 서울에 가까운 어느 한 도시에 이르렀을 때 서울에 다 왔다고 하는 것과 무엇이 다르다고 하겠는가!

3. 학자들의 문법관

흔히 세간에서는 과거 중·고등학교에서 6년 동안 영어 교육을 받았지만 소위 문법을 통한 번역 위주의 교육으로 말미암아 영어를 제대로 못한다고 하여 영어 교육을 망친 주범으로 문법이 무슨 대역죄를 저지른 것처럼 선전하고 있는 것을 보면 참으로 한심스럽다는 생각이 앞선다. 과거의 "문법―번역식" 방법이 영어 교육을 망친 주범이라기보다는 오히려 그릇된 문법 지식이 영어 교육과 학습에 동원된 것이 더 큰 원인이었다고 하는 것이 필자의 일관된 생각이다. **문법을 안다는 것 ― 이것은 곧 우리가 어떤 언어를 알고 있다는 것이다. 다시 말하자면, 이것은 언어에 대한 지식을 갖고 있다는 뜻이고, 언어 지식은 곧 언어 능력(linguistic competence)을 뜻하는 것이다. 문법·언어능력·언어지식 ― 이 세 가지는 표현만 다를 뿐 모두 같은 말이다.** 그리고 언어능력은 듣고, 말하고, 읽고, 쓸 수 있는 능력이라는 말이다. 문법을 모르면서 어떻게 제대로 회화를 하고, 글을 올바르게 읽어서 이해하고, 글을 올바르게 쓸 수 있다고 하겠는가? 소위 구구법을 모르는 학생이 예컨대 34 × 65 등 갖가지 곱셈 문제에 대한 답을 말할 수 있겠는가? '문법을 안다는 것은 구구법을 아는 것'과 조금도 다를 바가 없다고 단언하고 싶다.

사실 이 땅에 영어 교육이 시작된지도 100년이 훌쩍 넘었으며, 그동안 영어 교육이 이루어지면서 이제 와서 우리나라의 영어 교육을 망친 주범이 "문법―번역식" 교육의 탓이라고 하여 '문법 위주에서 회화 중심 영어 교육으로' 방향을 전환하여 교육이 이루어지고 있다. 이렇게 하면 이 땅의 영어 교육이 정상화된다고 장담할 수 있을까? 필자는 결코 그렇지 않다고 거듭 확신한다.

이제 영문법의 중요성을 강조한 몇몇 학자들의 견해를 살펴보기로 한다. 문용 서울대학교 명예교수께서는 『고급영문법해설 (2008)』 제3 개정판 서문에서 다음과 같이 말하고 있다.

"... 일상적인 '듣기'와 '말하기'에 한정된 경우라면 몰라도, 다음과 같은 경우 영어 학습에서 차지하는 영문법의 자리는 절대적이다.
1) 학습자의 나이가 고등학교나 대학교에 진학할 나이 이상인 경우
2) 학습자가 현재 고등교육을 받고 있거나 받은 경우
3) 학습자가 일상체의 차원을 넘어서 격식이 높은 영어를 습득하려는 경우
4) 학습자가 일상적인 의사소통의 차원을 넘어 전문적인 업무 수행에 영어를 필요로 하는 경우
5) 수준이 높은 '읽기'나 '쓰기'의 기능에 능통하려는 경우"

구학관 전 홍익대학교 교수께서는 『영어유감 (1997)』의 머리말에서 다음과 같이 말하고 있다.

"**英文法** 영어공부에서 문법의 중요성은 새삼 강조할 필요가 없다. 모든 언어 표현의 틀은 문법규칙에 의하여 결정될 뿐만 아니라, 정확한 문법규칙을 모르면 언어를 정확하게 이해하고 사용할 수 없기 때문이다. 그러나 불행하게도 많은 사람들은 문법이 필요 없다고 생각하거나 자신은 이미 많은 문법을 알고 있다고 생각한다. 이들이 알고 있는 문법은 실제로 언어를 사용하고 이해하는 데 별 도움이 안된다는 것이 문제인 것이다."

또한 뉴욕 주립대학교 영어교육과 하광호 교수께서는 『영어의 바다에 헤엄쳐라 (1996: 235-236)』에서 다음과 같이 말하고 있다.

"문법 네 놈 때문에 망했다?"
미국에서 한국 신문을 본 일이 있는데 이런 큰 제목이 눈에 들어왔다.
'문법 위주의 교육에서 회화 위주로'
내용인즉슨 지금까지 학교에서의 영어교육을 문법 위주로 해온 탓에 영어 한 마디 제대로 못하게 됐으니 말하기 위주로 교육과정을 바꾼다는 것이었다. 나는 순간 한국에서 문법이 범죄자 취급을 받는 것 같은 느낌이 들었다. 문법이 알면 억울해서 통곡할 일이다. 회화 위주로 하면 한국영어의 문제점이 해결될까. 지독스런 착각이 아닐 수 없다. 이 진단은 명백히 잘못되어 있다. 한국영어의 문제점은 무엇인가 하면 내가 볼 때 우선 영어의 문제점에 대한 진단이 틀려 있는 것으로 보인다. 진단이 틀려 있으니 제대로 고칠 수가 없고 고치려 해도 치료할 사람이 드물다."

계속해서 하광호 교수께서는 http://www.siminsori.com (교육)에서 다음과 같은 말을 하고 있다.

"영어를 잘 하려면 네 가지 학습법을 알아야 ....
영어문법은 한국의 학습자들이 미국 학생들보다 더 잘 알 정도로 밝지만 내가 보기에 한국 학습자들의 영문법은 '죽은 송장의 문법'이라고 할 수 있어요. 무슨 이야기냐 하면 한국의 학습자들은 영문법에 관한 것은 잘 알지만 정작 영문법의 사용법을 성공적으로 배우지 못했다는 것입니다. 문법이라는 것은 사용법을 잘 알아야지 8품사가 어떻고 백날 해봤자 영어 실력은 늘 제자리걸음입니다."

그렇다고 영어 교육에 있어서 문법이 항상 '만병통치약'(panacea)으로 작용한다는 말은 결코 아니다. 영어를 능동적으로 사용할 때 언제나 문법 규칙에 맞도록 영어를 말하고 쓰면 된다는 것이 아니다. 예컨대 문법에 얽매여서 If you see the figure, you will know how serious the accident was.라고 하면 누가 보더라도 문법적으로는 손색이 없는 문장처럼 보인다. 그러나 이러한 문장은 한국어 냄새가 물씬 풍기는 '한국어식 영어'에 가깝다고 하지 않을 수 없다. 이를 The figure shows the seriousness of the accident.나 이와 유사한 표현으로 바꾸는 것이 훨씬 영어다운 표현이 된다. 이렇게 하려면 영어를 모국어로 사용하는 사람들이 어떤 내용을 전달하고자 할 때 어떻게 상황에 적합하게 표현하고 있는가 하는 점에 각별히 유의하여야 할 것이다.

4. 문법 기술의 방향

이 책의 문법 기술 방향은 동시에 이 책의 특징이기도 하다. **첫째, 영문법을 다루고 있는 대부분의 문법서에서 피상적으로 각종 문법 규칙들을 나열하는데 그쳤던 문법적인 내용들을 비교적 상세하게 해설하고 있다.** 실제로 영어의 세계가 우리가 흔히 생각하는 것보다 훨씬 넓음에도 불구하고 시중에 출판되어 나온 수많은 문법책들은 그 넓은 세계를 제대로 담아내지 못하고 있는 것이 현실이다. 그리고 다루어지고 있는 내용들 중 상당 부분이 천편일률적이고, 기계적으로 기술되어 있다. 예컨대 영어 문장에서 간접목적어가 직접목적어 다음에 놓이게 되면 그 문장에 쓰인 동사에 따라 to 또는 for가 간접목적어 앞에 놓인다. 주어 + 동사 + 목적어로 이루어진 능동태 문장을 수동태로, 이와 반대로 수동태 문장을 능동태로 바꿀 수 있다. 또한 수동태 문장에서 by + 명사구는 생략될 수 있다. 부정사를 목적어로 삼는 동사와 동명사를 목적어로 삼는 동사를 무턱대고 나열하는데 그치는 식이다. 이와 같은 문법 지식은 실제로 영어를 이해하고 '능동적'으로 사용하는데 전혀 도움이 되지 않는다. 실제로 문법이 문법으로서의 활용 가치가 있으려면 그것은 **'살아 있는 문법'**(living grammar)이라야 한다. 이러한 점에서 이 책은 언어를 사용하는 상황에 따라 어떤 언어적 표현이 적절할 것인가에 초점을 맞추어 쓰여진 것이다.

둘째, 이 책에서는 잘못 알려진 내용들을 올바르게 기술하고 있다. 흔히 학교문법에서 unless와 if ... not은 서로 바꿔 쓸 수 있다. used to는 과거의 규칙적인 습관을 나타내고, would는 과거의 불규칙적인 습관을 나타낸다. even if와 even though는 서로 바꿔 사용할 수 있다. 또한 We **had better** stop at the next service station.(→ 5.4.16 참조)에서 had better를 '(...하는 것보다) ...하는 편이 낫다' 라고 하여 어떤 두 가지 대상을 서로 비교해서 말하는 뜻으로 잘못 설명되어 있기도 하다. 이러한 내용들을 비롯하여 잘못 기술된 내용들을 올바르게 해설하였다.

셋째, 언어 현상을 설명하는데 꼭 필요한 것이 적절한 문법 용어이다. 같은 언어적 현상들을 한데 모아서 이들의 공통점을 체계적으로 설명하려면 반드시 그에 맞는 문법 용어를 동원하여야만 한다. 때문에 기존에 알려진 능동태와 수동태, 간접목적어와 직접목적어, 현재시제, 과거시제 따위와 같은 용어들이 사용되는 것이다. 그런데 지금까지 어떤 문법책에서도 다루어지지 않은 언어 현상, 그럼에도 불구하고 너무나 자주 사용되는 문장 구조를 설명하기 위해서는 거기에 알맞은 용어를 사용하지 않을 수 없다. 예컨대 다음 두 문장을 보자.

Jaewon gave **his brother** a good gift. (← What did Jaewon give his brother?)
Jaewon gave a good gift **to his brother**. (← To whom did Jaewon give a good gift?)

이 두 개의 문장에서 간접목적어와 직접목적어의 어순의 차이는 ( ) 안에 제시된 것과 같이 질문 내용이 서로 다른 환경에서 쓰인다는 점을 뜻하며, 이에 따른 설명을 하려면 **문미 초점**(文尾焦點: end-focus)과 **문미 중점**(文尾重點: end-weight)의 원칙이라고 하는 두 가지 용어를 사용하지 않을 수 없다(→ 4.5.5 참조).

또한 선행사를 수식하는 관계사절이 본래의 위치에 놓이지 않고 문장의 맨 마지막 위치로 이동하는 것과 관련하여 **외치**(外置: extraposition)라는 용어를 사용하지 않을 수 없다 (→ 17.1.4.2 참조).

Constructions that are arguably exceptions are encountered. →

Constructions are encountered *that are arguably exceptions*.
[논란의 여지가 있지만 예외적인 구문들이 있다.]

한 가지 예를 더 들어 보고자 한다.

The President is just a figurehead; it's the party leader who has the real power. — *Longman Dictionary of English Language and Culture.*
[대통령은 명목상의 국가 원수일 뿐이고, 실권을 가진 사람은 바로 당수(黨首)이다.]

이 문장의 밑줄 친 부분을 국내 문법서에서 소위 강조구문이라고 하는데, 그렇다면 어느 부분을 무엇 때문에 강조한다는 말인가? 밑줄 친 두 번째 문장은 The party leader has the real power.라는 한 개의 문장이 It is ... { that / who } ...라는 문장 구조를 이용하여 '둘로 쪼개진' 것이다. 그러므로 이런 문장 구조를 분열문(分裂文: cleft sentence)이라고 한다. cleft는 cleave(쪼개다)의 과거분사형이며, '쪼개진'이라는 뜻의 분사 형용사적인 뜻을 갖고 있다. 따라서 '분열문'이란 하나의 문장이 둘로 쪼개진 문장이라는 뜻이다. 이러한 문장에서 It is와 that/who 사이에 놓인 the party leader는 상대방에게 새로운 정보를 전달해 주는 요소로서 이 문장에서 가장 중요한 부분이다. 그래서 이 부분은 초점을 받는다고 한다. 그리고 that/who 이하는 상대방도 이미 알고 있는 내용이기 때문에 정보를 전달함에 있어서 별로 중요한 것이 아니다. 바로 이러한 점 때문에 분열문이라는 용어를 사용하는 것이다(→ 20.8 참조).

이처럼 종래의 어떤 문법서에서도 볼 수 없었던 문법 용어들이 등장하는 것은 언어 현상을 보다 간편하게 설명하기 위한 방편이다. 이러한 문법 용어를 동원하지 않고서 설명하려면 이러한 문장 구조를 만날 때마다 장황하게 설명하지 않을 수 없게 된다. 그러므로 문법적인 사항들을 올바르게 설명하려면 새로운 용어들을 과감하게 도입하는 것이 필수적이라고 생각한다.

마지막으로, 이 책에서는 많은 영영사전을 비롯하여 각종 자료에서 취사선택한 살아 있는 언어를 중심으로 하여 풍부한 예문들을 많이 제시하였으며, 필요한 곳에서는 각 예문에 따른 문법적인 설명을 덧붙였다. 그리고 제시된 예문들 중에는 다음과 같은 예에서 보듯이 우리의 삶에서 자신을 한번 되돌아볼만한 것들이 상당수 들어 있다.

Lying late in the morning is a great shortener of life. (→ 9.3.2.1 참조)

[아침에 늦잠 자는 것은 생명을 크게 단축시키는 일이다.]

Men must not allow themselves to be swayed by their moods.　(→ 3·6·1 참조)

— Yogananda Paramhansa, *How to be Happy All the Time.*

[인간은 기분에 흔들려서는 안 된다.]

True happiness is never to be found outside the Self. Those who seek it there are as if chasing rainbows among the clouds!　(→ 11·12 참조)

— Yogananda Paramhansa, *How to be Happy All the Time.*

[진정한 행복은 결코 자아 밖에서 찾을 수 없다. 자아 밖에서 행복을 찾는 사람은 구름 사이에서 무지개를 쫓는 것과 같다.]

Your joints age over time. Like the brakes in your car, they need regular maintenance to function best.　(→ 19·4·3·2 참조)

[관절은 시간의 흐름과 더불어 노화된다. 자동차의 브레이크처럼 관절의 기능을 가장 좋게 하려면 꾸준한 관리가 필요하다.]

Never get angry. Never allow yourself to become the victim of another's anger.　(→ 20·5·1 참조)

— Paramhansa Yogananda, *How to be Happy All the Time.*

[절대 화내지 마라. 다른 사람이 화를 낸다고 해서 그에 따라 자신도 화를 내는 일이 없도록 하라.]

5. 맺음말

이 책은 필자의 대학원 시절 은사님이셨던 故 조성식 교수님(1922–2009: 前 고려대학교 명예교수, 前 학술원 회원)의 가르침을 철저히 따르고, 은사님께서 집필하신 영문법 연구 1-V 권에 다소 미치지 못하겠지만 그래도 은사님께서 문법을 기술하신 내용의 방향을 다소 바꿔 보완하고 있다. 은사님께서 세상을 떠나시기 바로 1년 전에 전화 통화에서 "이젠 눈이 침침해서 교정도 못 보겠어!" 하시기에 "제가 가까이 있으면 대신 보아 드릴 텐데요." 하고 대화를 나누던 것이 마지막이었다. 아직도 더 오래 사시면서 가르침을 주시고, 미완의 영문법 이론을 더 손질하실 수 있었을 텐데. 은사님께서 다하지 못하신 올바른 영문법 체계를 독자들에게 바르게 전달하고자 최선의 노력을 기울이고자 한다.

이 책은 필자의 실용영문법해설 1-3권을 수차례에 걸쳐 다듬고 다듬어서 일반 영어 학습자들이 바르게 영어의 참모습을 이해할 수 있도록 한 것이다. 또한 영어를 전공하는 학부와 대학원 학생들이 현대 영문법 연구로 옮아가는 앞 단계에서 읽어볼만한 참고서라고 생각한다. 때문에 필요한 경우에 참고가 되도록 하기 위하여 상세히 주석(footnotes)을 달아 원전의 출처를 밝혔다. 영어를 가르치시는 선생님들에게도 참으로 유익한 지침서가 되리라고 생각한다.

   이 책을 집필하는 사이에 필자는 1975년부터 시작된 영문법 연구 생활 40여년이란 세월을 훌쩍 넘겼다. Noam Chomsky 교수가 1957년에 *Syntactic Structures*를 세상에 내놓아 문법 이론의 대혁명을 일으켰고, 그 이후 오늘에 이르기까지 이 문법 이론을 근간으로 하여 언어연구가 이루어지고 있음에도 불구하고 조금도 흔들림 없이 40여년이라는 긴 세월 동안 외국어로서의 영어 학습에 절대적으로 필요한 영문법 연구에 매진하여 왔다. 물론 지금까지 걸어온 이 길은 힘이 쇠잔하여 더 이상 갈 수 없다고 생각되는 그날까지 뚜벅뚜벅 걸어갈 것이다, 이 땅에 올바른 영문법의 확고한 토대가 정착되기를 갈망하면서. 설령 내가 쓰는 이 책을 읽는 독자들이 많지 않다고 할지라도 그것은 전혀 문제가 되지 않는다. 다만 영어 구조와 관련된 제반 언어 현상들을 끊임없이 찾아내고, 또 이들을 올바르게 해설하여 독자들의 궁금증을 시원하게 해소시켜 줄 수만 있다면 필자로서 그 이상 바랄 것이 더 무엇이 있겠는가! 물론 이 과정에서 잘못 기술된 내용이 있다고 한다면 그것은 전적으로 필자의 책임이며, 앞으로 잘못된 부분이나 미흡한 부분들은 지속적으로 보완해 나갈 것이다. 독자 여러분들의 질책과 꾸준한 지도 편달을 기대하는 바이다.

   끝으로 이 방대한 분량의 책의 출판을 쾌히 승낙해 주신 한국문화사 김진수 사장님과 출판 관계자 여러분들이 기울인 그간의 노고에 대하여 깊은 감사의 말씀을 드립니다.

> 하루 종일 봄을 찾아 다녀도 봄을 보지 못하고
> 짚신이 다 닳도록 언덕 위의 구름 따라다녔네.
> 허탕치고 돌아와 우연히 매화나무 밑을 지나는데
> 봄은 이미 매화가지 위에 한껏 와 있었네. ─ 중국 송나라 시대의 어느 비구 스님

2020년 4월
한라산 기슭 서재에서
고경환 씀

제2권 목차

서문 『의사소통을 위한 새로운영문법해설』 전 4권을 펴내면서 ⋯⋯⋯⋯⋯ 5

제6장 시제(Tenses)

6.1. 시제와 시간 ⋯⋯⋯⋯⋯⋯⋯⋯⋯⋯⋯⋯⋯⋯⋯⋯⋯⋯⋯⋯⋯⋯⋯⋯⋯⋯ 23

6.2. 시제와 시간의 불일치 ⋯⋯⋯⋯⋯⋯⋯⋯⋯⋯⋯⋯⋯⋯⋯⋯⋯⋯⋯⋯⋯ 25

6.3. 단순시제형과 복합시제형 ⋯⋯⋯⋯⋯⋯⋯⋯⋯⋯⋯⋯⋯⋯⋯⋯⋯⋯⋯ 26

6.4. 현재시제 ⋯⋯⋯⋯⋯⋯⋯⋯⋯⋯⋯⋯⋯⋯⋯⋯⋯⋯⋯⋯⋯⋯⋯⋯⋯⋯⋯ 29
   6.4.1. 현재시제의 시간 영역 ⋯⋯⋯⋯⋯⋯⋯⋯⋯⋯⋯⋯⋯⋯⋯⋯⋯⋯ 29
   6.4.2. 현재시제의 용법 ⋯⋯⋯⋯⋯⋯⋯⋯⋯⋯⋯⋯⋯⋯⋯⋯⋯⋯⋯⋯⋯ 31
      6.4.2.1. 비제한적 현재 ⋯⋯⋯⋯⋯⋯⋯⋯⋯⋯⋯⋯⋯⋯⋯⋯⋯⋯ 31
      6.4.2.2. 습관적 활동 ⋯⋯⋯⋯⋯⋯⋯⋯⋯⋯⋯⋯⋯⋯⋯⋯⋯⋯⋯ 32
      6.4.2.3. 동시적 현재 ⋯⋯⋯⋯⋯⋯⋯⋯⋯⋯⋯⋯⋯⋯⋯⋯⋯⋯⋯ 34
      6.4.2.4. 과거 사건의 현재시 관련성 ⋯⋯⋯⋯⋯⋯⋯⋯⋯⋯⋯⋯ 39
      6.4.2.5. 미래시를 나타내는 현재시제형 ⋯⋯⋯⋯⋯⋯⋯⋯⋯⋯ 43

6.5. 과거시제 ⋯⋯⋯⋯⋯⋯⋯⋯⋯⋯⋯⋯⋯⋯⋯⋯⋯⋯⋯⋯⋯⋯⋯⋯⋯⋯⋯ 45
   6.5.1. 과거시제의 시간 영역 ⋯⋯⋯⋯⋯⋯⋯⋯⋯⋯⋯⋯⋯⋯⋯⋯⋯⋯ 45
   6.5.2. 과거시제의 용법 ⋯⋯⋯⋯⋯⋯⋯⋯⋯⋯⋯⋯⋯⋯⋯⋯⋯⋯⋯⋯⋯ 46
   6.5.3. 과거시제와 관련된 시간 표현 ⋯⋯⋯⋯⋯⋯⋯⋯⋯⋯⋯⋯⋯⋯ 48
   6.5.4. 태도 표시의 과거 ⋯⋯⋯⋯⋯⋯⋯⋯⋯⋯⋯⋯⋯⋯⋯⋯⋯⋯⋯⋯ 51

6.6. 미래시 표현 ⋯⋯⋯⋯⋯⋯⋯⋯⋯⋯⋯⋯⋯⋯⋯⋯⋯⋯⋯⋯⋯⋯⋯⋯⋯ 52
   6.6.1. will, shall ⋯⋯⋯⋯⋯⋯⋯⋯⋯⋯⋯⋯⋯⋯⋯⋯⋯⋯⋯⋯⋯⋯⋯⋯ 53
   6.6.2. 현재시제형 ⋯⋯⋯⋯⋯⋯⋯⋯⋯⋯⋯⋯⋯⋯⋯⋯⋯⋯⋯⋯⋯⋯⋯ 53
   6.6.3. 현재진행형 ⋯⋯⋯⋯⋯⋯⋯⋯⋯⋯⋯⋯⋯⋯⋯⋯⋯⋯⋯⋯⋯⋯⋯ 55
   6.6.4. be going to ⋯⋯⋯⋯⋯⋯⋯⋯⋯⋯⋯⋯⋯⋯⋯⋯⋯⋯⋯⋯⋯⋯⋯ 60
      6.6.4.1. 현재의 의도 ⋯⋯⋯⋯⋯⋯⋯⋯⋯⋯⋯⋯⋯⋯⋯⋯⋯⋯⋯ 61
      6.6.4.2. 현재의 원인과 결과 ⋯⋯⋯⋯⋯⋯⋯⋯⋯⋯⋯⋯⋯⋯⋯ 64

  6.6.4.3. 과거형 ·· 66
  6.6.5. 미래진행형 ··· 67
  6.6.6. 기타의 미래시 표현 ··· 68

6.7. 진행형 ·· 70
 6.7.1. 진행과 비진행 ··· 70
 6.7.2. 현재진행형의 용법 ··· 71
  6.7.2.1. 진행중인 활동 ··· 71
  6.7.2.2. 제한된 기간 동안 지속 ····································· 72
  6.7.2.3. 반복성 ·· 73
  6.7.2.4. 미완료: 완결/비완결 ·· 77
 6.7.3. 과거진행형의 용법 ··· 79
 6.7.4. 진행형과 동사의 부류 ·· 80
  6.7.4.1. 동적동사와 상태동사 ·· 80
  6.7.4.2. 동적동사와 상태동사의 구분 ···························· 81
  6.7.4.3. 동적동사의 하위 부류 ······································· 84
  6.7.4.4. 상태동사의 하위 부류 ······································· 86

6.8. 현재완료 ·· 95
 6.8.1. 현재완료의 시간 영역 ·· 95
 6.8.2. 현재완료의 용법 ··· 96
  6.8.2.1. 완료된 사건 ·· 96
  6.8.2.2. 현재까지의 계속 ··· 98
  6.8.2.3. 결과적 과거 ·· 99
  6.8.2.4. 현재까지의 경험 ··· 102
 6.8.3. 현재완료와 과거시제 ·· 103
 6.8.4. 현재완료 진행 ··· 107

6.9. 과거완료 ·· 111

6.10. 미래완료 ·· 113

제7장 수동태(Passive Voice)

7.1. 능동태와 수동태 ·· 115
  7.1.1. 구조적 대립 ·· 115
  7.1.2. 태의 대립에 따른 효과 ·· 118
  7.1.3. <by + 동작주>구 ·· 120
  7.1.4. 수동태와 양태부사 ·· 125

7.2. 수동태의 용법 ·· 127
  7.2.1. 문미 초점과 문미 중점 ·· 127
  7.2.2. 무동작주 수동태 ·· 132
    7.2.2.1. 불분명한 동작주 ·· 132
    7.2.2.2. 명백한 동작주 ·· 133
    7.2.2.3. 표현의 간결성 ·· 135
    7.2.2.4. 막연한 능동 주어 ·· 138

7.3. 수동태에 따른 제약 ·· 139
  7.3.1. 동사에 대한 제약 ·· 139
    7.3.1.1. 타동성 ·· 139
    7.3.1.2. 중간동사 ·· 143
    7.3.1.3. 다어동사 ·· 145
  7.3.2. 전치사를 수반한 수동태 ·· 150
  7.3.3. 목적어에 대한 제약 ·· 154
    7.3.3.1. 재귀대명사와 상호대명사 ·································· 154
    7.3.3.2. 동족목적어 ·· 155
    7.3.3.3. 부정사절과 동명사절 ······································ 156
    7.3.3.4. that-절 ·· 157
    7.3.3.5. (대)명사 + that-절 등 ··································· 160
    7.3.3.6. 간접목적어와 직접목적어 ·································· 161
  7.3.4. 의미상의 제약 ·· 163
    7.3.4.1. 수량어, 대명사, 부정어 ··································· 164
    7.3.4.2. 법조동사 ·· 166
    7.3.4.3. 총칭적 주어 ·· 167

7.4. 능동-수동태 ·· 168

    7.4.1. 능동-수동태의 의미 ·· 168
    7.4.2. 능동—수동태의 구조적 특성 ······························· 170

7.5. 상태 수동과 동작 수동 ·· 173
    7.5.1. be + 과거분사 ··· 173
    7.5.2. be + 과거분사의 분석 ··· 175

7.6. by 이외의 전치사 ··· 179

7.7. get-수동태 ··· 182
    7.7.1. be-수동태와 get-수동태 ······································ 182
    7.7.2. get-수동태의 의미와 용법 ··································· 185

제8장   부정사절(Infinitival Clauses)

8.1. 절 구조 ·· 191

8.2. 부정사절의 유형 ·· 195
    8.2.1. to-부정사절과 원형 부정사절 ······························ 195
    8.2.2. 시제와 태 ··· 197
    8.2.3. 부정 ·· 198

8.3. 부정사절의 시간 관계 ·· 201
    8.3.1. 현재 부정사절 ·· 202
    8.3.2. 완료 부정사절 ·· 203

8.4. 부정사절의 주어 ·· 204
    8.4.1. 명시적 주어 ··· 205
        8.4.1.1. for + 주어 ··· 205
        8.4.1.2. of + 주어 ·· 208
        8.4.1.3. 주어 + (to-)부정사절 ································· 210
    8.4.2. 이해된 주어 ··· 212
    8.4.3. 주어의 생략 ··· 213

8.5. 부정사절의 용법 ·· 216
  8.5.1. 명사적 용법 ·· 216
    8.5.1.1. 부정사절의 외치 ································· 223
    8.5.1.2. 의문 부정사절 ······································ 227
  8.5.2. 형용사적 용법 ·· 231
    8.5.2.1. 명사구 + to-부정사절 ··························· 231
    8.5.2.2. 전치사를 수반한 to-부정사절 ·············· 236
  8.5.3. 부사적 용법 ·· 238

8.6. 독립 부정사절 ·· 250

8.7. 분리 부정사절 ·· 251

8.8. be + to-부정사절 ·· 254

8.9. 대부정사절 ·· 258

8.10. 수동 부정사절 ·· 262

8.11. 원형 부정사절 ·· 265

제9장   동명사절(Gerund Clauses)

9.1. 동명사와 현재분사 ·· 277
  9.1.1. 구조와 뜻 ··· 277
  9.1.2. 강세 ··· 279

9.2. 동명사의 형태 ·· 281
  9.2.1. 시제형 ··· 281
  9.2.2. 수동 ··· 282
  9.2.3. need + -ing 등 ·· 283
  9.2.4. 부정 ··· 285

9.3. 동명사의 성격 ·· 287

  9.3.1. 명사적 성격 ································· 288
  9.3.2. 동사적 성격 ································· 289
   9.3.2.1. 절 구조 ······························· 289
   9.3.2.2. 절성과 명사성 ························· 292

9.4. 동명사절과 동작명사구 ····················· 295
  9.4.1. 구조적 차이 ································· 295
  9.4.2. 의미의 차이 ································· 303

9.5. 동명사절의 시간 관계 ······················· 306
  9.5.1. 현재 동명사절 ································· 307
  9.5.2. 완료 동명사절 ································· 308

9.6. 동명사절의 주어 ································· 310
  9.6.1. 명시적 주어 ································· 310
   9.6.1.1. 속격 주어 ······························· 310
   9.5.1.2. 목적격 주어 ························· 315
  9.6.2. 이해된 주어 ································· 316

9.7. 동명사절의 용법 ································· 317

9.8. 동명사절의 외치 ································· 322
  9.8.1. 외치의 조건 ································· 322
  9.8.2. 주어를 수반한 동명사절의 외치 ············· 324
  9.8.3. 우측 전위 ································· 325

9.9. 동명사절과 부정사절 ······················· 327
  9.9.1. 주어로서의 동명사절과 부정사절 ············· 328
  9.9.2. 목적이로서의 동명사절 부정사절 ············· 333
  9.9.3. 부정사절과 <전치사 + 동명사절> ············· 345

9.10. 동명사절의 관용적 표현 ····················· 351

제10장 분사와 분사절(Participles and Participial Clauses)

10.1. 분사의 형태 · 355
   10.1.1. 현재분사와 과거분사 · 355
   10.1.2. -en 분사형 · 357

10.2. 동사적 분사와 분사 형용사 · 361
   10.2.1. 동사적 분사 · 361
   10.2.2. 분사 형용사 · 361

10.3. <분사 + 명사>의 구조와 뜻 · 366
   10.3.1. 현재분사 · 367
   10.3.2. 과거분사 · 369
   10.3.3. 복합어 · 370
   10.3.4. 명사 + ed 형태 · 373
      10.3.4.1. a bearded man 유형 · 374
      10.3.4.2. a one-eyed man 유형 · 375

10.4. 분사 형용사의 용법 · 376
   10.4.1. 전치 수식어 · 377
   10.4.2. 후치 수식어 · 382
      10.4.2.1. 제한적 · 382
      10.4.2.2. 비제한적 · 386
   10.4.3. 주격보어 · 387
   10.4.4. 목적보어 · 388

10.5. 분사의 위치와 뜻 · 394

10.6. 감정동사의 분사형 · 395

10.7. 분사의 수식어 · 397

10.8. 분사절 · 398
   10.8.1. 분사절의 구조 · 398
      10.8.1.1. 접속사가 이끄는 분사절 · 401

  10.8.1.2. being의 생략 ································· 404
  10.8.1.3. 분사절의 부정 ································· 406
 10.8.2. 절대 분사절 ·· 407
  10.8.2.1. 주어를 동반한 분사절 ······················ 407
  10.8.2.2. 전치사 with(out)가 이끄는 분사절 ······ 408
 10.8.3. 완료분사절 ·· 412
 10.8.4. 분사절이 나타내는 뜻 ···························· 413

10.9. 독립절을 대신하는 분사절 ··························· 415

10.10. 비연관 분사절 ·· 418

제11장 가정법(Subjunctive Mood)

11.1. 직설법과 가정법 ······································· 421

11.2. 가정법 현재 ·· 423
 11.2.1. 구조 ·· 423
 11.2.2. 주절의 동사 변이형 ······························ 426
 11.2.3. 종속절의 동사 변이형 ··························· 427
 11.2.4. if ..., then ··· 428
 11.2.5. if와 when ··· 429
 11.2.6. 명령문 + and/or ... ······························ 433
 11.2.7. 가정법 현재가 나타내는 뜻 ···················· 434

11.3. 가정법 과거 ·· 436
 11.3.1. 구조 ·· 436
 11.3.2. 가정법 과거가 나타내는 뜻 ···················· 441

11.4. 가정법 과거완료 ······································· 443
 11.4.1. 구조 ·· 443
 11.4.2. 가정법 과거완료가 나타내는 뜻 ··············· 444

11.5. 혼합 가정법 ·· 446

    11.5.1. 가정법 과거완료와 가정법 과거의 혼합 ·················· 446
        11.5.1.1. 가정법 과거완료와 가정법 과거 ·················· 446
        11.5.1.2. 가정법 과거와 가정법 과거완료 ·················· 448
    11.5.2. 직설법과 가정법의 혼합 ································ 448

11.6. if ... not과 unless ··· 451
    11.6.1. 교체 가능성 ··· 451
    11.6.2. 구조적 차이 ··· 454

11.7. 사실적 가정법 ··· 455
    11.7.1. 특정적 조건 ··· 456
    11.7.2. 총칭적 조건 ··· 458
    11.7.3. 습관적 조건 ··· 459
    11.7.4. 명백한 추론 ··· 461

11.8. 암시된 조건절 ··· 462

11.9. 조건절을 이끄는 종속접속사 ··································· 467

11.10. 가정법을 포함하는 표현들 ····································· 471
    11.10.1. I wish … 등 ··· 471
        11.10.1.1. I wish + 가정법 과거 (완료) ··················· 471
        11.10.1.2. I wish + ... would ······························ 473
    11.10.2. it's time … ··· 474
    11.10.3. if only … ··· 476
    11.10.4. as if와 as though ······································ 478
    11.10.5. if it were not for ····································· 480

11.11. if의 생략과 도치 ··· 481

11.12. 생략과 대용 ·· 482

참고문헌 ··· 485
찾아보기 ··· 493

제6장

시제(Tenses)

6.1. 시제와 시간

시제(時制: tense)와 시간(時間: time)은 다르다. 즉, 시제라는 것은 문법적인 개념인 반면, 시간은 인간의 실제적인 체험적 요소라는 점에서 양자 사이에는 중요한 차이가 있다. 그러므로 시제라는 개념은 시간 관계를 언어적 표현, 즉 동사의 굴절형(屈折形: inflectional forms)의 차이로 나타내는 문법범주(grammatical category)의 하나[1]라고 대충 정의되고 있다. 이러한 형태론적인 정의에 따르면 영어에는 오로지 두 가지 시제 체계(two-tense system)만 존재한다고 말하게 된다.[2] 즉, 현재시제(現在時制: present tense)와 과거시제(過去時制: past tense)가 전부이다. 굴절형의 변화에서는 미래를 나타낼 수 없고, 대신에 영어에는 <법조동사 will, shall + 부정사형>을 비롯하여 몇 가지 미래시 표현(expressions of future time)이 있다.[3]

---

1 Tense can be defined as the linguistic expression of time relations when these are realised by verb forms. — Downing & Locke (1992: 353).

2 But the outstanding feature of the Germanic verb is that it has properly only two tenses, a present and a past, which are indicated by the primary forms of the verb, the other tenses are being shown by means of auxiliary verbs and compound tenses, etc. — Wrenn (1952: 18).

3 One of the most obvious respects in which we have departed from traditional grammar in this book is that we do not recognise a future tense for English. Traditional grammar treats *will* as a future auxiliary, proposing a tense system with three terms:

[1] PAST　　　　PRESENT　　　FUTURE
　　took　　　　takes　　　　　will take

The view taken here, by contrast, is that while there are numerous ways of indicating future **time**, there is no grammatical category that can properly be analysed as a future **tense**.
— Huddleston & Pullum (2002: 208-209).

Her paper **discusses** the likely impact of global warming on climate change. [현재시제]

[그녀의 논문은 지구 온난화가 기후 변화에 미칠 가능성 있는 영향에 대하여 논하고 있다.]

In 2000, George W. Bush narrowly **beat** Al Gore in the election. [과거시제]

[2000년 선거에서 조오지 W. 부시는 가까스로 앨 고어에게 이겼다.]

The next budget **will have to be** a severe one. [미래시 표현]

[이 다음 예산은 아주 심각할 것이다.]

He**'s getting** his reward tomorrow. [미래시 표현]

[그는 내일 상을 받게 된다.]

According to the program, the first race **starts** at two. [미래시 표현]

[프로그램에 따르면 첫 번째 달리기 경주가 2시에 시작됩니다.]

이러한 시제 표현은 말하는 시점, 즉 발화시(發話時: time of utterance)인 현재시를 기준점으로 하여 주어진 어떤 특정한 상황이 현재시 이전에 발생했다거나(과거시), 발화시와 같은 시간에 발생한다거나(현재시), 또는 현재 발화시 이후에 발생할 것이라는(미래시) 점을 각각 과거시제, 현재시제, 그리고 미래시 표현으로 나타내는 것이다. 다음에 선적으로 표시한 것처럼 기준점이 설정되고 이를 기준으로 하여 과거의 사건은 기준점인 발화시 이전에 일어난 것이고, 현재의 사건은 발화시와 사건이 발생하는 시간이 동일하며, 미래의 사건은 발화시 이후에 일어난 것이다.

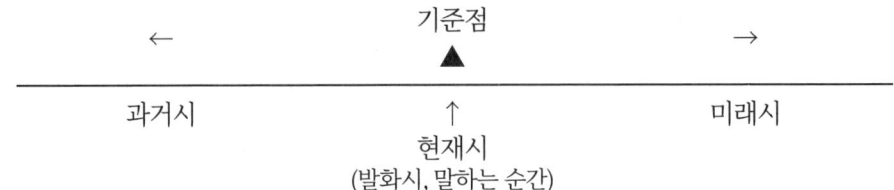

특히 문법적인 시제(grammatical tense)라는 문법범주가 시간 관계를 나타내기 위한 언어적 표현인 반면에, 논리적인 시간(logical time)은 하나의 선상에서 알 수 없는 먼 과거에서 알 수 없는 먼 미래를 향하여 끊임없이 흘러가는 무한한 점들의 연속체(··········)이다. 따라서 시간의 흐름이라는 것은 모든 인간에게 공통적인 시간의 경과 과정을 말하는 것으로써 언어가 없더라도 존재할 수 있는 현상이다. 이와 반대로, 문법적인 시제라는 개념은 반드시 '언어 의존적인'(language dependent) 것이기 때문에 언어에 따라 시간 관계를 나타내는

시제 형태라든가 시제형의 수효 등이 각기 다를 수 있다고 하겠다.[4]

6.2. 시제와 시간의 불일치

물론 시제라는 문법범주가 동사의 굴절 형태의 차이로 나타내는 시간 관계라고는 하지만, 그렇다고 해서 문법적인 시제와 논리적인 시간 사이에 반드시 1:1의 대응관계가 존재하는 것은 결코 아니다. 다시 말하자면, 현재시제가 오로지 현재시의 사건을 가리키고, 과거시제가 과거시의 사건을 가리키고, 또한 미래시 표현이 전적으로 미래시의 사건만 가리키는 것은 아니다.[5] 아래와 같은 문장 (1a-e)를 보자.

(1) a. Time **flies** like an arrow.
　　　[세월은 화살처럼 흘러간다.]
　b. It's time you **did** your homework.
　　　[네가 숙제를 해야 할 시간이다.]
　c. I **met** him ten days ago.
　　　[나는 그를 열흘 전에 만났다.]
　d. Today scarcely anyone **dies** of smallpox.
　　　[오늘날에는 천연두로 죽는 사람이 거의 없다.]
　e. I $\left\{ \begin{array}{l} \text{lost} \\ \text{have lost} \end{array} \right\}$ my watch.
　　　[나는 시계를 잃어버렸다.]

(1a)에서 flies가 현재시제형이면서도 나타내는 시간은 현재시뿐만 아니라, 과거시에

---

[4] 23.1₁. It is important to keep the two concepts **time** and **tense** strictly apart. The former is common to all mankind and is independent of language; the latter varies from language to language and is the linguistic expression of time-relations, so far as these are indicated in verb forms. In English, however, as well as in many other languages, such forms serve not only for time-relations, but also for other purposes. — Jespersen (1933: 230). See also Downing & Locke (1992: 353).

[5] In English, for instance, it would be erroneous to imagine that the Past tense refers exclusively to events in past time, that there is a Present tense to refer exclusively to events in present time and a Future tense to refer exclusively to events in future time. — Downing & Locke (1992: 353).

서 미래시까지 통틀어서 말하는 이른바 '포괄시'(all-inclusive time)를 뜻하는 것이다. 또한 (1b)에서 did는 과거시제형이면서도 나타내는 시간은 현재시이다. 예컨대 ten minutes ago, ten years ago, yesterday, last week 따위와 같은 시간 부사구와 관련해서는 과거시제가 쓰이면서도 these days나 nowadays와 같은 시간 속에는 10년이나 그 이상의 시간까지도 포함될 수 있지만 현재시제로 나타난다. 따라서 (1c)에서는 met라는 과거시제형이 사용되면서도, (1d)에서 today는 사람에 따라서는 상당히 오래 전의 시간을 가리킬 수 있음에도 불구하고 현재시제가 쓰이고 있다. 또한 우리말로 번역했을 때 동일한 내용을 (1e)에서처럼 화자의 주관적인 생각의 차이에 따라 lost와 have lost가 모두 가능하다고 하겠다. 즉, 시계를 잃어버린 과거 시점에 초점을 맞췄다면 lost를, 잃어버린 시계를 아직까지도 찾지 못했다는 점에 초점을 맞춰 말한다면 have lost를 선택할 것이다.

6.3. 단순시제형과 복합시제형

방금 위에서 본 바와 같이, 영어에서 굴절형(屈折形: inflectional form), 즉 동사 형태의 변화에 의한 단순시제형(單純時制形: simple tense form)에는 현재시제와 과거시제 등 두 개의 시제 체계만 존재한다. 예컨대 I walk, He/She walks, I walked에서 walk(s), walked처럼 동사 형태가 V-∅, V-(e)s, V-ed와 같은 굴절 형태로 나타내는 시제형을 단순시제형이라고 한다. 고대영어(Old English, OE)에서는 이 두 가지 시제형을 사용하여 필요한 시간 관계를 나타냈다. 예컨대 미래시를 나타내고자 할 때는 대개 현재시제형에 오늘날처럼 시간부사를 첨가했으며, 필요한 경우에 과거완료의 내용은 'before' 따위와 같은 부사의 의미를 적절히 조작해서 나타냈다. 그리고 현재완료와 미래완료 형태를 써야 할 필요성을 느끼지 못하거나, 필요한 경우에는 과거시제형이 대신 사용되었다.[6]

그러나 글을 사용하여 생각을 전달하기 시작하면서 보다 복잡한 생각을 정교하고 정확하게 나타낼 필요성이 생김에 따라, 점차 고대영어 시대가 상당히 진전되면서 조동사 have, had, will, shall 등을 사용하여 각종 복합시제형(compound tense forms)이 등장

---

6 In Old English there were only two tenses much used — past and present — though the seeds of development existed. The future was expressed mostly with the present and, usually, an adverb of time, as still in English: "Marcia returns tomorrow." The past perfect idea ("He *had finished* when I came in") was usually either avoided or expressed by manipulation of an adverb meaning "before." The speakers of Old English could get along without the present perfect (as we cannot) and the future perfect (as we can and often do). — Roberts (1954: 134-135). See also Onions (1929: 107).

하여 현재완료와 과거완료 따위가 나타내는 뜻을 보다 정확하게 나타내게 되었으며, 특히 고대영어 시대 말기에 와서는 오늘날과 거의 같은 시제 체계가 갖춰지게 된 것이다.7 즉, 굴절형에 의한 단순시제형과 더불어 have와 had를 시제 조동사(tense auxiliaries)로 삼아 have done, had done과 같은 완료시제형(perfect tense forms)이 생겨나고, 나중에는 be + V-ing 형식으로 결합된 I am going, She is doing 따위와 같은 진행형(progressive form)이 등장하게 되었다.

한편 중세영어 시대(Middle English period; 1100-1500)에는 본래 일반동사로 사용되었던 sculan과 willian8에서 발달된 shall과 will이라는 법조동사가 일종의 시제 조동사로 사용되어 여기에 일반동사의 부정사형을 수반해서 미래시제를 만들게 되었다. 결국 이러한 조동사를 이용하여 I will go, They will come 따위와 같은 미래시제와 함께 I will have finished, She will have taught 따위와 같은 미래완료 시제라는 복합시제형이 만들어지게 되었다. 그러나 미래시를 나타내는 경우에는 shall과 will 이외에 다른 여러 가지 표현도 사용되고 있기 때문에 미래시제라는 용어를 사용하지 않고 '미래시 표현'(expression of future time)이라는 용어가 대신 사용되기도 한다.9

---

7 But when language began to be committed to writing, ambiguities would arise, which, with the increasing complexity of the thoughts to be expressed, made a more elaborate and accurate system of tenses necessary. Sentences which might be perfectly understood when spoken were not intelligible when written. Therefore we find in the more advanced O.E. authors a number of Compound Tenses coming into use, to express more accurately the meanings of Present Perfect, Pluperfect, and so forth, and towards the close of the O.E. period we have the Tense system developed almost to its present extent. — Onions (1929: 108).

8 OE sceal에서 shall이 나왔으며, 이에 대한 부정사형 sculan은 일반동사로서 'to be obliged'라는 뜻이었다. 또한 will은 OE 부정사형 willian에서 굴절어미가 탈락된 형태로서 본래 'to desire'라는 뜻이었다.

9 In this grammar, then, we do not talk about the FUTURE as a formal category: what we do say is that certain grammatical constructions are capable of expressing the semantic category of FUTURE TIME (cf. 4.41ff). — Quirk et al. (1985: 176); There are a number of ways of expressing future time in English; the most important of them are:
   Will/shall + Infinitive: The parcel will arrive tomorrow.
   Be going to + Infinitive: The parcel is going to arrive tomorrow.
   Present Progressive: The parcel is arriving tomorrow.
   Simple Present: The parcel arrives tomorrow.
   Will/shall + Progressive Infinitive: The parcel will be arriving tomorrow.
   These verb forms all have their particular nuances of meaning, and are far from being

절대적인 분류 방식은 아니겠지만, 지금까지 말한 시제형의 발달 내력을 토대로 전통적인 방식을 따라 시제형을 분류해 보면 대충 여섯 가지로 나눌 수 있을 것이다. 즉, 동사에 굴절 어미를 첨가해서 시제형을 만드는 굴절형에 의한 단순시제를 현재시제와 과거시제로 나누고, 굴절형으로 나타낼 수 없기 때문에 조동사를 이용한 이른바 우언형(迂言形: periphrastic form)[10]에 의한 복합시제(compound tense forms)를 미래시제, 과거완료, 현재완료, 그리고 미래완료 시제 등으로 나누어 볼 수 있지만,[11] 이러한 분류 방식은 절대적인 것이 아니기 때문에 언제든지 논란의 여지를 안고 있다고 하겠다.[12]

a. <u>굴절형에 의한 단순시제</u>:

　현재시제(V(s)): I walk, He/She walks, They walk
　과거시제(V + ed): I walked, He/She walked, They walked

b. <u>우언형에 의한 복합시제</u>:

　미래시제(will + V): I will walk, He/She will walk, They will walk
　과거완료(had + V-ed): I had walked, He/She had walked, They had walked
　현재완료(have + V-ed): I have walked, He/She has walked, They have walked
　미래완료(will have + V-ed): I will have walked, He/She will have walked, They will have walked

---

　　generally interchangeable. — Leech (1989: 56; 2004: 55).

10　동사 어미에 -s를 붙여 현재시제를 나타내고, -ed를 붙여 과거와 과거분사를 나타내는 동사형을 굴절형이라 한다. 우언형(periphrastic form)이란 굴절형을 사용할 수 없기 때문에 비교형 -er, -est 대신에 more, most를 사용하거나 the book's cover에서 속을 나타내는 -'s 대신에 **the cover of the book**처럼 전치사를 사용하여 나타내거나, 또는 시제를 나타낼 때 굴절형 대신에 have와 had, will 등을 사용하는 것을 말한다. 즉, 어떤 것을 직접 나타내지 못하기 때문에 에둘러서 나타내는 형태를 우언형이라고 하는 것이다.

11　It is almost universally recorded in grammar books that Modern English has six tenses — past, present, future, past perfect, present perfect, and future perfect. — Roberts(1954: 135); The six tenses now in use are made up of a combination of verbal forms, but in each tense there is always a present or a past tense. — Curme (1931: 354).

12　Furthermore, we should note that the statement about six English tenses is partly fact, partly convention, partly point of view. There might be argument about whether to include the future perfect, which is used by only a small portion of the population — even of the educated population. On the other hand, some other constructions are moving toward the status of tense and have perhaps reached it in the mouth of some speakers. — Roberts (1954: 135).

지금까지 살펴 본 여섯 가지 시제형에 다시 <be + V-ing> 형태의 진행형까지 포함시키게 되면 시제형은 모두 12 시제형이 된다.

6.4. 현재시제

6.4.1. 현재시제의 시간 영역

기본적으로 현재시제(現在時制: present tense)는 말을 하거나 글을 쓰는 순간과 직접 관련되는 경우는 지극히 드물고, 시간의 길이에 관계없이 현재 순간을 포함하여 과거시와 미래시까지를 포함하는 상황을 표출한다.[13] 다시 말하자면, 현재시제가 사용될 수 있는 시간 영역에는 말하고 있는 시간을 망라하는 기간에 걸쳐 일어나는 상황이 포함된다. 이러한 점을 고려하면 현재시제는 현재시를 포함하여 과거시와 미래시를 망라하는 이른바 포괄시라고 말하게 된다.[14] 그 까닭은 현재시는 과거시와 미래시를 갈라놓는 일종의 경계선이므로 여기에는 자연히 과거시와 미래시의 일부가 포함되기 때문이다.[15] 그러므로 현재시제의 영역은 [-Past(과거)], [-Present Perfect(현재완료)], [-Progressive(진행형)]와 같이 부정적으로 설정될 수 있을 것이다.[16] 즉, 현재시제로 나타낼 수 있는 시간적 상황은

---

13 Present time must be understood to mean any period of time that includes the present moment. It includes, therefore, 'all moment'.... Present time is any period of time, short, long or eternal that includes the present moment. ― Palmer (1987: 39).

14 It(= Present tense) is the verb form of 'all-inclusive time reference'. ― Biber et al. (1999: 457).

15 We remarked in Section 127 that present time exists only as a point or as a dividing line between past and future. Consequently, when we use the present tense we generally include part of both the past and the future. Thus:
  Archie *is* a soldier. (was yesterday, is today, and will be tomorrow)
  Sparks *fly* upward. (did in the past, do now, will in the future)
  I *eat* breakfast at seven-thirty. (did last year, do this year, will next year)
  It is usual to say that three such sentences illustrate three separate functions of the present tense (present truth, general truth, customary action). But grammatically there is no reason to separate them. They are alike in that they embrace the present moment and also stretch indefinitely into past and future. This is probably the most common use of the simple present. ― Roberts (1954: 136-137).

16 이러한 점에서 현재시제를 'nonpast'라고도 한다: Because the syntax of English forces us to choose between the preterite or not in a simple sentence, grammars often say that the choice of tense is obligatory and that any sentence that is not preterite is in the 'present

a. [-Past]: 과거시제처럼 현재 시간과 관계없는 이미 지나간 과거시를 뜻하는 것도 아니고,
b. [-Present Perfect]: 현재완료처럼 과거 어느 시점부터 현재시까지 관련된다는 점을 암시하는 상황을 나타내는 것도 아니고, 또한
c. [-Progressive]: 진행형이 나타내는 것처럼 제한된 기간동안 지속되는 상황을 나타내는 것도 아니다.

a, b, c 이 셋을 종합해 보면, **현재시제는 과거시제, 현재진행시제, 현재완료시제에 나타나는 시간상에 아무런 제약도 가미되지 않는 상황을 나타낸다.**

The Green Party **campaigns** against pollution of the environment. [현재시제]
[녹색당은 환경오염 반대 운동을 벌이고 있다. → 설령 하루 이틀 뒤에 끝나는 상황이라고 하더라도 적어도 말하는 순간에는 언제까지 지속되다가 끝난다는 점을 암시하지 않기 때문에 현재시제가 쓰인 것임.]

Police **rescued** the hostages. [과거시제]
[경찰은 인질들을 구출했다. → 과거시제는 과거 어느 한 시점과 관련될 뿐, 현재시와 아무런 관련성이 없음.]

New machinery **is being installed** in the factory. [현재진행]
[공장에 새로운 기계가 설치되고 있다. → 현시점에서 보아 진행형을 사용하여 제한된 기간 동안에 기계를 설치하는 상황이 지속되고 있음을 뜻함.]

The identity of the murdered woman **has** not yet **been established**. [현재완료]
[살해된 그 여인의 정체가 아직 밝혀지지 않았다. → 현재완료 시제를 이용하여 과거 어느 한 시점부터 지금까지의 기간동안 살해된 여인의 정체가 확인되지 않고 있음을 말해 주고 있음.]

이러한 점에 비추어 볼 때, 영어에서는 현재의 사실이라든가, 시간을 초월한 일반적인 사실이나 진리, 습관적인 행위 등을 나타낼 때에는 어느모로 보든지 필연적으로 현재시제가 가장 적절한 문법적 형태라는 점에 의심의 여지가 없다고 하겠다.

---

tense'. This term, however, does not have any special connection to the present time, i.e. the moment of speaking S, and really means only [not-preterite]. ― Hofmann (1993: 124). See also Quirk et al. (1985: 176).

6.4.2. 현재시제의 용법

현재시제는 다음과 같이 과거시에서 현재시, 그리고 미래시에 이르기까지 일어나는 여러 가지 상황과 관련하여 시간상의 아무런 제약이 없는 다섯 가지 상황에 쓰인다.

6.4.2.1. 비제한적 현재

시간적으로 현재시제가 가장 포괄적으로 쓰일 수 있는 상황은 상태적인 의미를 가진 동사를 사용하여 시간을 초월한(timeless) 항구적인 진리와 일반적인 사실을 나타내는 경우이다. 즉, 진술 내용이 항구적인 진리나 일반적인 사실이라는 점이 때로는 알 수 없는 먼 '과거시부터 현재시'까지, 그리고 전혀 예측 불가능하거나 적어도 한정할 수 없는 '미래시'(future time)에 이르기까지 유효하게 된다.

> The moon **circles** the earth every 28 days.
> [달은 28일에 한 번씩 지구 주위를 돈다.]
> Hydrogen **is** the lightest element.
> [수소는 가장 가벼운 원소이다.]
> A prism **disperses** light.
> [프리즘은 빛을 분산시킨다.]
> Heat **deforms** plastics.
> [열을 가하면 플라스틱의 모양이 바뀐다.]
> Paint **contains** a certain amount of lead.
> [페인트에는 어느 정도 납 성분이 들어 있다.]
> Some bacteria **are** asexual and multiply by cell division.
> [일부 박테리아는 성의 구분이 없어서 세포분열로 증식된다.]

지리와 관련된 내용을 서술하는 경우도 시간적인 한계가 없기 때문에 마찬가지로 시간을 초월한 현재시제의 용법이 적용될 수 있다.

> Peru **shares** a border with Chile.
> [페루는 칠레와 국경을 같이 한다.]

Rome **stands** on the River Tiber.
　　[로마는 티버강에 인접해 있다.]
The Atlantic Ocean **separates** the New World from the Old.
　　[대서양은 신대륙과 구대륙을 분리시키고 있다.]

　이상과 같은 예들은 알 수 없는 과거에서, 현재, 그리고 알 수 없는 미래까지 진술된 상태가 무한히 지속되어 시간적으로 볼 때 아무런 제한이 없기 때문에 현재시제가 '비제한적'(unrestrictive)으로 쓰였다고 하는 것이다.
　예컨대 belong, know, seem 따위와 같은 상태동사로 나타나는 인간의 일은 종종 그 지속 기간에 한계가 있다. 따라서 This land **belongs** to my close relative.(이 땅은 나의 가까운 친척의 것이다.)와 같은 경우에 현시점에서는 이 땅이 내 가까운 친척의 것이지만, 언제까지 지속될 것인지 알 수 없다. 그럼에도 불구하고 상태를 나타내기 때문에 이러한 인간의 일은 과거나 미래까지 확장되는데 어떠한 변화나 한계가 있으리라는 암시가 적어도 현시점에서는 없다.

Nobody **remembers** how he learned his mother tongue.
　　[모국어를 어떻게 배웠는지 기억하는 사람은 아무도 없다.]
He is 90, but still **retains** all his faculties.
　　[그 분은 90세이지만, 여전히 자신의 모든 능력을 그대로 간직하고 있다.]
We **live** in a small cottage.
　　[우리는 조그마한 오두막집에 살고 있다.]
The number of the robberies in the area **is** on the decline.
　　[그 지역의 강도죄의 범죄 건수가 줄어들고 있다.]
Susie **has** beautiful blue eyes.
　　[수지의 눈은 예쁘고 파랗다.]

6.4.2.2. 습관적 활동

　동적동사(dynamic verbs)와 같이 쓰여 현재 일상적으로 하는 일(routine)이나 습관적인 동작을 나타낸다. 여기서 '습관적'이라는 말은 반복적으로 일어나는 사건의 집합을 뜻하는 것으로서, 반드시 말하는 순간에도 진술 내용이 사실이라야 한다는 것은 아니다.[17] 예컨대 You **smoke** and **drink** too much.라는 말은 실제로 청자가 담배를 피우고 술을 마시고 있지 않는 상황에서도 말할 수 있다.

He **works** in an insurance company.
[그는 보험회사에 근무한다.]
He **crosses** me in everything.
[그는 사사건건 나에게 반대한다.]
She **makes** her own dresses.
[그녀는 자신의 드레스를 손수 지어 입는다.]
Do you cook your own meals? No, I **do** not, as a rule.
[식사를 손수 지어 먹는가? 아니. 대체로 그렇지 않아.]
It **rains** a lot in this part of the country.
[이 고장에는 비가 많이 옵니다.]
In some countries homes **are** destroyed every year by fierce storms.
[일부 나라에서는 무서운 폭풍으로 해마다 가옥들이 파괴됩니다.]
'How often do you go to the dentist?' — 'I **go** every six months.
['치과의사에게 얼마나 자주 가느냐?' — '6개월에 한 번씩 가지요.']

특히 습관적인 뜻은 every year, every six months, always, seldom 따위와 같은 빈도를 나타내는 시간 부사구가 수반되거나, 또는 to make dress**es**, to cook one's own meal**s** 의 경우처럼 타동사에 대한 목적어가 복수명사일 때에 가장 명백하게 나타난다.[18]

비제한적 현재가 상태의 지속을 나타내는 것이라면, 동적동사로 나타나는 습관적 활동은 반복적으로 나타난다는 점에서 서로 다르다. 따라서 상태동사로 나타나는 비제한적 현재는 실선(―)으로 나타나고, 동적동사로 나타나는 습관적 활동은 점들(····)의 연속으로 나타

---

17 This(= the Habitual Present) is used with dynamic verbs to encode situations that occur habitually over time, even if the action is not being carried out at the moment of speaking. — Downing & Locke (2006: 356); Sentences with habitual aspectual meaning refer not to a sequence of situations recurring at intervals, but rather to a habit, a characteristic situation that holds at all times. — Comrie (1985: 39). See also Kaplan (1989: 198) and Leech (1989: 9; 2004: 10).
18 Leech (2004: 10).

낼 수 있다는 점에서 서로 다르다.

```
상황: 상태(비제한적 현재) ─────── 습관 · · · · · · · · · · · · · · · · · · · · · · ·
시간: →→→→→→→→→→→→→→→→→→→→→→→→→→→→→→→→→
       (과거, 현재, 미래로 계속됨)
```

A prism **disperses** light. (상태)

He **works** in an insurance company. (동작)

6.4.2.3. 동시적 현재

현재시제가 묘사되는 상황이 지극히 순간적으로 이루어지는 것이기 때문에 시간적인 폭(time span)이 거의 없는 것으로 여겨지는, 이를테면 '동시적 현재'(simultaneous present)를 나타내기도 한다. 즉, 어떤 문맥에서는 현재시제를 사용하여 언급된 사건이 말하는 순간 이후까지 지속되지 않고 사실상 말하는 시점과 거의 동시에 순간적으로 이루어지고 있다는 점을 나타낼 때 현재시제가 쓰인다. 예컨대 순간적으로 벌어지고 있는 운동 경기의 실황 중계(sports commentaries), 시범을 보이는 상황(demonstration situation), 또는 공식적인 선언 따위와 관련해서 현재시제가 쓰인다는 것이다.[19]

1) 속도가 빠른 운동 경기의 중계:

Calvin **passes** to Peters, Peters to O'Malley, Lucas **intercepts**, Lucas to Higgins, Higgins **shoots** ― and it's a goal!
[칼빈이 피터즈에게 패스. 피터즈는 오멀리에게 패스. 루카스가 가로챘다. 루카스는 히긴스에게 패스. 히긴스가 슛 ― 골인!]

---

19 A less common use of the simple present, typically associated with event verbs, is the one implying that the happening in question takes place virtually simultaneously with the moment of speaking or ― occasionally ― of writing: the SIMULTANEOUS use.
The use of the simultaneous simple present is rather restricted, being limited to speech situations such as **a** formal declarations of the type *I hereby* ...; **b** radio and television commentaries of fast-moving sports such as soccer, tennis or boxing; and **c** the running commentary of conjurors and people demonstrating something. ― Ek & Robat (1984: 220).

특히 권투·축구·농구·탁구 따위와 같은 운동 경기는 진행 속도가 매우 빠르기 때문에 순간적으로 이루어지는 동작을 실황 중계하는 경우에는 현재시제로 나타낸다. 이러한 운동 경기에서는 어느 한 동작을 말하는 순간에 벌써 그 행위가 끝나게 되는 지극히 순간적인 것이기 때문에 이러한 상황을 진행형으로 나타내는 것은 아주 적절치 못하다고 여겨질 것이다.[20]

반면에 요트 경기처럼 팀 구성원 전체가 보조를 맞춰야 하는 단체 경기에서는 동작이 비교적 느리기 때문에 진행형을 사용하여 동작의 진행을 나타낼 수 있다.

> Oxford **are rowing** extremely well and they **are** clearly **gaining** on Cambridge.
> [옥스포드 팀은 상당히 노를 잘 젓고 있으며, 캠브리지 팀과의 거리를 상당히 좁히고 있다.]

2) 실연자(實演者: demonstrator)가 연속적인 동작을 한 동작씩 차례로 행하면서 해설할 때:

> First I **put** a lump of butter into the frying pan and **light** the gas; then while the butter's melting I **break** three eggs into a bowl ....
> [먼저 버터 한 덩어리를 프라이팬에 넣고, 가스에 불을 켭니다. 그다음에는 버터가 녹는 동안 계란 세 개를 깨어서 그릇에 넣습니다.]
> This tape-recorder is easy to work. Watch what I do. I **switch** on, **press** this and it **starts**.
> [이 녹음기는 작동시키기 쉽지. 내가 하는 것을 보아라. 전원을 켜고 이것을 누르면 작동된다.]

운동 경기 실황 중계의 경우와 달리, 요리 방법이나 기계 작동 방법을 시범으로 보이고, 또한 그 시범의 결과를 아는 사람이 화자 자신이기 때문에 실연자가 시범을 보이는 상황은 일반적으로 이다음에 설명하는 수행적(遂行的: performative) 상황과 아주 흡사하여,[21] 실

---

20 (11) Inzaghi passes the ball to Totti, he shoots, and the ball bounces off the goalpost.
   Here the use of the progressive form in the context of sports commentary would be inappropriate: the actions being described are so brief that they have ended almost as soon as they have begun — they have practically no duration and hence are not perceived as being in progress. — Williams (2002: 1241).
21 Unlike the sports commentary, it is usually the speaker who is performing the action being described and who knows what the sequence and outcome of his or her actions

연자가 시범을 보이는 시간과 해설하는 시간이 동일한 현재시제가 쓰이게 된다.

  3) 수행문
  수행문(遂行文: performative sentence)[22]은 "말이 곧 행위"(speech is act)를 나타내는 것으로서, 구조적으로 상당한 제약이 뒤따른다. 수행문이란 주어 — 즉, 화자(speaker) — 를 1인칭(I, We)으로 삼고, 특정한 동사의 현재시제형을 사용하여 약속·명령·선언·수락 따위와 같은 일종의 선언적인 발언을 하게 되면 이에 따른 효력이 즉시 발생하게 된다는 뜻을 포함하는 문장을 말한다. 예컨대 얼마 전 헌법재판소에서 행한 탄핵 심판에서 "대통령 …를 파면한다"(I expel the President ….) 라고 하는 판결문 낭독과 동시에 그때부터 효력이 발생하여 대통령은 그 직위에서 물러나게 된다. 다음 두 문장 (2a, b)를 비교하여 보자.

  (2) a. **I forbid** it.
     b. **They forbade** it.

1인칭 주어와 현재형 동사가 쓰인 (2a)와 같이 말하게 되면 이 말이 끝남과 동시에 그것을 금지하는 효력이 즉시 발생하게 된다. 그러나 (2b)의 경우처럼 주어의 인칭이 다르고, 동사의 시제가 다르면 단순히 과거에 그들이 그것을 금지시켰다는 사실을 진술하는 문장에 불과할 뿐,[23] 그로 인하여 그것을 금지시킨다는 효력이 실제로 발생했다는 뜻을 나타내는 것은 아니다.
  수행문의 예를 몇 가지 더 들어보기로 한다.

  I **promise** never to smoke again.
    [다시는 절대로 담배 피우지 않겠다고 약속합니다.]
  I **resign** from the commission.

---

will be. Insofar as it is the speaker who actually performs the actions involved in the demonstration, the situation has close analogies with 'performative' situations in general, as in 'I declare the meeting open' …. — Williams (2002: 1249-1250).

22 '수행문'이라는 용어는 J. L. Austin. 1960. *How to do Things with Words*에서 처음 사용되었다.

23 Notice that either a change in person, to, e.g. (3) (a) *He (*hereby) christens this ship Queen Mary.* or a change in tense, to, e.g. (3) (b) *I (*hereby) christened this ship Queen Mary.* makes the performative sentences into declaratives, because they are now either true or false, and no longer allow the adverb *hereby*. — Menzel (1975: 39).

[저는 위원회에서 사퇴합니다.]

We gladly **accept** your offer.

[기꺼이 귀하의 제의를 받아들입니다.]

I **declare** the meeting open.

[개회를 선언합니다.]

I **pronounce** you man and wife.[24]

[그대들이 부부가 되었음을 선언합니다.]

I **sentence** you to three years in prison.

[피고인에게 3년 실형을 언도한다. → 판사가 피고인에게 형을 언도하는 행위.]

특히 위와 같은 문장이 수행적 발화(performative utterance)라는 점을 명백히 밝히기 위하여 수행동사 앞에 부사 hereby나 herewith를 첨가하여 바로 이렇게 진술하는 문장의 내용과 더불어 효력이 발생한다는 점을 나타내기도 한다.[25]

I **(hereby) christian** this ship 'the Queen Mary'.

[이에 의해 이 배를 '퀸 메리호'라고 명명합니다.]

I **hereby declare** this woman insane.

---

[24] Park (2005: 30)에 의하면, man and wife는 문제의 두 사람이 결혼 등에 의해 아주 가까운 관계임을 암시하는 반면, a man and a wife는 man and wife에서 나타나는 가까운 관계를 전달하는 것이 아니다.

[25] One set of examples falling under this rubric would be performative sentences, i.e. sentences where the act described by the sentence is performed by uttering the sentence in question, e.g. *I promise to pay you ten pounds* (utterance of this sentence constitutes the promise to pay ten pounds), *I name this ship the 'Titanic'* (utterance of this sentence, under the appropriate circumstances, constitutes the act of naming the ship). Although these situations are not strictly momentaneous, since it takes a certain period of time to utter even the shortest sentence, they can be conceptualized as momentaneous, especially in so far as the time occupied by the report is exactly the same as the time occupied by the act, i.e. at each point in the utterance of the sentence there is coincidence between the present moment with regard to the utterance and the present moment with regard to the act in question. — Comrie (1985: 37); Such a sentence(= performative sentence) typically has a first person subject and is uttered precisely in order to perform the action that it reports. The progressive is not used because the action is conceptualized as punctual, i.e. as beginning and ending at TU itself. — Declerck (1991a: 177). See also Hofmann (1993: 280).

[이에 의해 본인은 이 여성이 온전한 정신이 아니라고 선언합니다.]
I **enclose herewith** a copy of the policy.
[증권 사본을 같이 동봉합니다.]

아주 드물기는 하지만, 수행문이 다음과 같이 수동태 형식으로 등장하기도 한다.[26]

You**'re fired**!
[넌 해고야!]
Passengers on flight QF 312 **are requested** to proceed to Gate 4.
[QF 312편 비행기를 탑승하실 승객들은 4번 게이트로 나오십시오.]
You **are hereby sentenced** to ten years in Bochum.
[이에 따라 피고인을 보훔에서 10년 복역을 선언합니다. → Bochum(bóuxum): 보훔. 독일의 서부, North Rhine = WestPhalia주 중부의 도시.]

다음과 같은 동사들이 이러한 수행문에서 수행동사로 쓰일 수 있다.

---
admire, advise, agree, apologize, approve, bequeath, bid, confess, congratulate, express, guess, name, offer, object, maintain, propose, promise, recommend, suggest, sympathize, thank
---

여기서 언급된 수행적 행위(performative acts)를 확대하면 '소망'(wishes)과 '위로'(condolescences)를 나타내는 다음과 같은 표현까지도 포함시킬 수 있다.[27]

We **wish** you every success.
[뜻하는 모든 일이 잘 이루어지기를 바랍니다.]
I **send** you my deepest sympathy.
[깊은 애도의 뜻을 전하는 바입니다.]

4) 특수한 감탄문
현재시제가 순간적 현재를 나타내는 또 다른 용법은 here ..., there ...로 시작되는 감탄문

---
26 Leech (2004: 8).
27 Leech (2004: 8).

에서도 찾아볼 수 있다.

Here **comes** the bus!
[버스가 온다!]
Here he **comes**!
[그가 온다!]
There she **goes**!
[저기 그녀가 간다!]
There **goes** the bell!
[벨소리가 난다!]

그러나 이러한 문장의 주어가 문두에 놓이게 되면 이제는 더 이상 감탄문으로서의 지위를 잃고 보통의 서술문으로 바뀌게 되며, 이러한 경우에는 진행형으로 나타내게 된다.

The bus **is coming** here.
[버스가 이리로 오고 있다.]
He **is coming** here.
[그가 여기로 오는 중이다.]

6.4.2.4. 과거 사건의 현재시 관련성

때로는 제한된 범위 내에서 특정한 방식으로 과거에 발생한 사건이나 상태를 현재시제로 표출되는 경우들도 있다.

1) 역사적 현재
현재시제로 나타내는 한 가지 특수한 용법이 있는데, 이것이 바로 다음과 같은 예들이 뒷받침해 주는 '역사적 현재'(historical present)[28]라고 하는 것이다.

---

28 '현재시제의 역사적 현재'라는 용법을 '극적 현재'(dramatic present) 또는 '연대기적 현재'(annalistic present)라고 부르기도 한다. 특히 연대기적 현재라고 할 때는 역사적 사실을 현재의 관심거리로 보는 것이다. — Curme (1931: 355-356)

609. It **is** not till the close of the Old English period that Scandinavian words **appear**. Even late Northumbrian (of about 970) **is** entirely free from Scandinavian influence.

So he **stands** up in the boat and **waves** his arms to catch our attention.

[그래서 그는 배에서 일어서서 우리의 주의를 끌려고 팔을 흔든다.]

Suddenly he **enters** the room, **seizes** the burning object and **throws** it out of the window.

[갑자기 그가 방으로 들어와서 불타고 있는 물건을 집어서 창밖으로 내던진다.]

At that moment **in comes** a messenger from the Head Office, telling me the boss wants to see me in a hurry. (Leech 1989: 11)

[그때 본사에서 심부름꾼이 와서 사장께서 급히 나를 보자고 한다는 말을 내게 한다.]

주로 문어체의 이야기에 사용되어 과거에 일어난 사건이 바로 지금 말하고 있는 현시점에 우리 눈앞에서 생생하게 전개되고 있는 것처럼 이야기하는 것이다. 이렇게 표현하는 것은 청자/독자들에게 일종의 기술적 생동감(descriptive vividness)을 불어넣어 주려는 이유 때문이다.[29]

이처럼 과거의 사건을 묘사하는 경우에, 때로는 먼저 일어난 사건은 과거시제를 사용하여 이야기의 배경(背景: background) 역할을 하게 하고, 이야기가 계속 전개되면서 전경(前景: foreground)에 해당되는 부분, 즉 말하는 사람이 진정으로 전달하고자 하는 중요한 내용은 현재시제로 나타내는 것이 보통이다. 이렇게 함으로써 일종의 극적인 효과를 얻게 된다.

During my last year of teaching before I retired a strange thing **happened**.

[스칸디나비아어의 단어들이 등장하는 것은 고대영어 시대 말기 이후이다. (대략 970년경의) 후기 노섬브리아 방언조차 스칸디나비아어의 영향에서 완전히 벗어난 것은 아니다.]

610. With the accession of Edward the Confessor in 1042 Norman influence **begins** (Sweet 1891: 216)

[1042년에 에드워드 참회왕이 등극하면서 노르만의 불어가 영향이 미치기 시작한다. → 노르만의 불어는 프랑스의 노만디(Normandy)에서 사용되던 프랑스어의 한 방언.]

29 In using the historic present I transport myself, as it were, into the past and narrate the events as they unfold from that vantage point instead of from that of the context in which the utterance is actually taking place. — Huddleston (1984: 147); Also the Present Tense may be used in reference to the past. The use traditionally known by the term HISTORIC PRESENT is best treated as a story-teller's licence, whereby past happenings are portrayed or imagined *as if* they were going on at the present time. — Leech (1989: 10). See also Curme (1931: 355).

One of my students **walks** into the office and **asks** to speak to me. I always **get** to work early, so I **do have** time to talk to her. She **tells** me she wants to hand her paper in a week before the due date. (Cowper 1998: 14)

[퇴직하기 전 교단생활의 마지막 해에 이상한 일이 벌어졌다. 제자인 한 학생이 내 사무실로 걸어 들어와서 대화를 하자고 내게 요청한다. 나는 항상 일찍 출근해서 그 여학생과 대화를 나눌 여유가 있다. 그 여학생은 마감 날짜가 되기 한 주일 전에 논문을 제출하고 싶다고 내게 말한다.]

2) 전달동사와 인식동사

hear, say, speak, tell 따위와 같은 전달동사(verbs of communication)의 현재시제 형태를 사용하여 과거시에 이루어졌던 정보 내용에 대한 전달 행위를 나타낼 수 있다. 예컨대 실제로는 과거에 듣거나 말한 것이기 때문에 I **heard** ..., She **told** me ...라고 하여야 옳겠지만, I **hear** ..., She **tells** me ...라고 하여 마치 지금 듣거나 말한 것처럼 현재시제로 정보 전달 행위를 할 수 있다.

I **hear** you're meditating giving up your job.
[네가 직장을 그만둘까 생각중이라고 하던데.]
My Dad **says** I'm too little to ride a horse all by myself, but I'll show him!
[아빠는 내가 너무 작아서 혼자 말을 타지 못한다고 하시지만, 그렇지 않다는 걸 보여 드려야지!]
I **am informed** that salary increases are long overdue.
[임금 인상 시기가 상당히 지난 것으로 들었습니다.]
They **tell** me you've been to Greece.
[네가 그리스에 다녀왔다고 그들이 말하더군.]

이 예문에서 I **hear** ..., My Dad **says** ..., They **tell** me ... 따위는 의사전달 행위가 현재시제 형태를 사용하여 이루어지고 있지만, 실제로는 모두 과거시에 일어난 행위들이다. 그럼에도 불구하고 전달된 내용이 말하고 있는 현재시에도 여전히 효력이 있다는 점을 나타내기 위하여 현재시제가 쓰인 것이다.[30] 그러므로 여기에 제시된 문장들은 모두 'I have the

---

30 Consider now the third case, (36iii) *Bill tells me you are moving to Sydney*. I would typically use this in a context where Bill's telling me about your move to Sydney was in fact in past time: why then do I say *tells* rather than *told*? The answer seems to be that the

information that ...'이라는 뜻을 갖는다. 즉, 과거 어느 시점에 들었던 정보 내용을 현재도 여전히 알고 있다는 뜻을 나타내고 있기 때문에 현재시제 대신 현재완료를 사용해도 무난할 것이다. 그러나 이 대신에 heard, said, told 따위처럼 과거시제가 쓰이게 되면 그것은 과거에 이루어진 의사전달 행위 그 자체에만 초점을 두는 것일 뿐, 정보 내용이 현재도 유효하다는 점을 부각시키지는 못하게 된다.

전달동사 뿐만 아니라, gather(= understand), see, learn, understand 따위와 같은 인식동사(cognitive verb)와 관련해서도 이러한 설명이 똑같이 적용될 수 있다.

I **see** that the Prime Minister has been in Wales.
[수상께서 웨일즈에 다녀오신 걸로 알고 있어요.]

I $\begin{Bmatrix} \textbf{gather} \\ \textbf{understand} \end{Bmatrix}$ he has left the firm rather suddenly.
[나는 그가 다소 갑작스럽게 회사를 그만둔 것으로 이해하고 있다.]

또한 다음과 같은 예에서도 과거시제를 사용해서 과거에 일어난 의사전달 행위를 나타낼 수 있지만, 현재시제를 사용하여 우리들 독자들에게 전달 내용이 아직도 유효하다는 점을 암시해 주고 있다.

The Book of Genesis **speaks** of the terrible fate of Sodom and Gomorrah.
[창세기는 소돔과 고모라의 처참한 운명을 말해주고 있다.]
Descartes **says** virtually nothing about how language and speech are related to mental contents.
— Normal Malcom, *Problems of Mind: Descartes to Wittgenstein*.
[데카르트는 언어와 말이 정신 작용과 어떻게 관련되는가에 대하여 사실상 아무 말도 하지 않고 있다.]

---

focus of attention is not on Bill's act of communication itself but rather on its content: I am not primarily concerned with the occurrence in the past of a particular event wherein Bill told me you were moving to Sydney but rather with the proposition that you are moving to Sydney and the fact that Bill subscribes to that proposition (....). There is thus clearly a present time component in such examples — but what is present is not the situation actually expressed, Bill's telling me, but one which is implied, his commitment to the truth of what he told me. — Huddleston (1984: 147). See also Curme (1931: 357), Declerck (1991b: 69), and Huddleston & Pullum (2002: 131).

여기서 한 걸음 더 나아가, 예술 작품과 지금은 고인이 된 그 작품을 만든 사람에 대하여 진술하는 경우에도 과거시제의 변이형으로 현재시제가 쓰일 수 있다. 이것은 그 작품을 만든 사람이 그 작품과 더불어 아직도 생존하고 있는 것으로 여겨지기 때문이다.[31]

In *THE BROTHERS KARAMAZOV* Dostoevsky **draws** his characters from sources deep in the Russian soil, not from fashionable types of his day.
[「카라마조프의 형제」에서 도스토에브스키는 작중 인물들을 자신이 속한 시대의 상류층에서 택하지 않고, 러시아 토양의 깊은 원천에서 택하고 있다.]
In Dickens' novel, David's harsh stepmother **sends** him to London, where David **works** in a warehouse pasting labels on bottles.
[디킨즈의 소설에서 데이비드의 모진 계모는 그를 런던으로 보내고, 거기서 그는 창고에서 병에 딱지를 붙이는 일을 한다.]
Brahms **is** the last great representative of German classicism.
[브람즈는 독일 고전주의의 최후의 거장(巨匠)이다.]

만약 이들 예술가를 단순히 과거에 생존한 인물로 간주하고, 작품 자체가 과거의 산물로 간주한다면 과거시제가 쓰이게 된다.

Brahms **was** born in Hamburg.
[브람즈는 함브르그에서 태어났다.]
Brahms **completed** his first symphony in 1876.
[브람즈는 1876년에 최초의 교향곡을 완성했다.]
Brahms **was** the last great representative of German classicism.
[브람즈는 독일 고전주의의 최후의 거장이었다.]

6.4.2.5. 미래시를 나타내는 현재시제형

부사절, 특히 after, before, as soon as, once, until, when 따위와 같은 종속접속사가

---

31 When discussing an artist and his surviving work, one feels justified in using the Present, because the work, and through it (in a sense) the artist, are still 'alive'. The whole career of a painter, writer, or musician may, in fact, be viewed as a timeless reconstruction from the works themselves. — Leech (1989, 2004: 12). See also Carter & McCarthy (2006: 599).

이끄는 시간 부사절(adverbial clause of time)에서는 미래시를 나타내기 위하여 will을 사용하지 않고, 대신에 현재시제가 쓰이며, 주절에는 미래 조동사 will이 쓰이거나 적어도 미래시가 암시된다. 이처럼 부사절에 현재시제가 쓰이면 진술된 상황이 반드시 발생한다는 점을 가정하는 것이다.[32]

    I'll tell him **as soon as** I **see** him.
        [그를 만나는 즉시 그에게 말해 주겠다. → 시간의 부사절에 will see라고 하지 않고, 현재시제형 see가 쓰이고 있음.]
    You'll know better **when you reach** my age.
        [내 나이가 되면 너는 분별심이 생길 것이다.]

마찬가지로, if, in case, unless, provided, supposing 따위와 같은 종속접속사가 이끄는 개방조건(開放條件: open condition), 즉 조건절의 상황이 발생할 것인가 아닌가 하는 점이 불확실한 조건을 나타내는 부사절에서도 미래시를 나타내는 will이 쓰이는 대신에 현재시제 형태가 쓰인다.

    I'll drop in **if** I **have** time.
        [시간이 있으면 잠시 들르겠다. → 조건의 부사절에서 will have 대신에 현재시제형 have가 쓰이고 있음.]
    I'll bring a compass **in case we get** lost.
        [우리가 길을 잃을 것에 대비해서 나침반을 갖고 가겠다.]
    If you **pass** your exam before the end of the year, you will escape military service.
        [이 해가 다 가기 전에 시험에 합격하면 군 면제를 받게 될 것이다.]

조건을 뜻하는 if-절에서 주어가 의지의 뜻을 나타낸다면 미래 조동사 will을 쓸 수 있다.

    If your car **won't** start, call me any time and I'll help.
        [자동차가 시동이 걸리지 않으면 아무 때라도 전화하면 도와주지.]

---

32 The simple present tense is used in adverbial subclauses of time which refer to the time in the future when whatever is predicted in the superordinate clause will take place. — Ek & Robat (1984: 222).

If he **will** stay here, let him stay.
[그가 여기에 있겠다면 있게 하라.]

'if this will happen as a result'(...의 결과로 이런 상황이 발생한다면)라는 뜻일 경우에도 조건을 나타내는 if-절에 will이 쓰인다. if-절에 현재시제가 쓰이면 진술된 상황이 실제로 발생할 것이라고 가정하는 것이라면, 다음과 같은 문장에서 will은 장차 일어날 상황에 대한 현재의 예측을 나타낸다.

If the crops **will** be ruined by next month's drought, we'll have to buy in extra food.
[다음 달의 가뭄으로 농작물을 망치게 되면 식량을 추가로 더 들여와야 할 것이다.]
All right. I'll give up smoking if it **will** make you happy.
[좋아요. 내가 담배를 끊음으로써 네가 기쁘겠다면 그렇게 하지.]
We can come tomorrow evening if it **won't** upset your plans.
[계획에 차질이 생기지 않는다면 우리는 내일 저녁에 갈 수 있다.]

그러나 if-절과 when-절이 명사절이면 미래 조동사가 쓰인다.

I don't know when he **will** return home.
[그가 언제 집으로 돌아올지 나는 모른다.]
I don't know if I**'ll** be there.
[내가 거기에 가게 될지 모르겠는데.]

6.5. 과거시제

6.5.1. 과거시제의 시간 영역

과거시제(過去時制: past tense)는 현재시 이전의 특정한 어느 시간적 영역인 과거시에 일어난 상황을 나타내는데 쓰이는 시제 형태이다. 즉, 진술된 상황이 과거 어느 '시점'(point of time)이나 '기간'(period of time)에만 유효할 뿐이고, 따라서 현재시와 전혀 아무런 관련성도 없다는 점을 암시한다.[33] 바로 이러한 점 때문에 화자는 과거시의 상황 그 자체에만 관심을 가질 뿐이고, 그 상황이 현재시와 어떤 가능한 관련성을 생각하는 것이 아니다.[34]

6.5.2. 과거시제의 용법

1) 과거시제는 과거시와 관련해서 쓰인다. 대화가 시작될 때는 대충 막연하게 시작되어 점차 이야기의 범위가 좁혀짐에 따라 구체적인 시간이 제시된다. 따라서 다음 예에서처럼 처음에는 대충 막연한 과거를 나타내기 위하여 현재완료 시제로 시작해서 청자/독자가 이야기의 주제 내용을 이해하고 있다고 확신하게 되면 나중에 과거시제를 사용하여 문맥에 따라 뚜렷해진 과거시를 나타내게 된다.[35]

Joan *has become* engaged; it **took** us completely by surprise.
[조안이 약혼했는데, 그 때문에 우리는 말할 수 없이 놀랐다.]
I *have already made* the acquaintance of the local doctor. His car **broke down** in front of the house and he **asked** if he **could** use our telephone.
[나는 이미 그 지방 의사와 친분을 맺고 있었다. 그의 자동차가 집 앞에서 고장이 나서 우리

---

33 The primary use of the past tense is then to indicate that the time of the situation is in the past. The past time may be identified more specifically by a temporal expression like *yesterday*, or by the context .... It follows from what we have just been saying that the past tense inflection does not create any entailment that the situation obtaining at the past time in question no longer obtains at the present time. — Huddleston (1984: 144); When used to refer to a definite past event or state, the Past in English contains two semantic features:
· The speaker conceptualizes the event as having occurred at some specific time in the past.
· The event is presented as wholly located in the past, in a time-frame that is separated from the present.
— Downing & Locke (2006: 358). See also Quirk et al. (1985: 183).

34 동일한 상황이 항상 한 가지 시제 형태로만 나타내야 하는 것은 결코 아니다. 예컨대 영화 구경을 하고 극장을 나오면서 '그 영화 참 좋은 영화다.' 라는 말을 That {was/is} a great movie.에서처럼 과거시제나 현재시제를 사용하여 화자의 관점의 차이를 나타낼 수 있다. 즉, 그 영화를 본 과거 그 시점에 초점을 맞춰 말할 수 있는가 하면, 단지 그 영화의 질적인 면을 말하는 것이라면 시간과 관계없이 현재시제로 말할 수 있다.

35 In many cases the speaker uses a present perfect to introduce a past situation and then switches to the past when he gives further information about it. — Declerck (1991a: 95).

전화를 좀 써도 되겠느냐고 물었다.]

The company *has had* a short but successful history. The president **started** the business in 1975 with an initial investment of $5,000. But in 1980, the company **was** worth $5,000,000.

[그 회사가 역사는 짧지만 성공했다. 사장은 1975년에 5,000불을 투자하는 것으로 사업을 시작했지만, 1980년에 이 회사는 5백만불의 자산 가치가 있었다.]

2) 특정한 시점에 일어난 사건을 나타낼 때. 즉, 과거 어느 특정한 시점에 시작되었다거나, 또는 끝났다는 점을 나타내는 경우에 과거시제가 쓰인다는 것이다.

The Israeli Prime Minister **flew** into New York yesterday to start his visit to the US.

[이스라엘 수상은 미국 방문에 들어가기 위해 어제 항공편으로 뉴욕으로 갔다.]

I remember the time when Bill Tilden, about fifty years ago, **threw** his racket at Wimbledon.

[나는 약 50년 전 빌 틸던이 윔블던에서 자신의 라켓을 내던졌던 때를 기억하고 있다.]

He **ran away** from home at the age of thirteen.

[그는 열세 살 때 가출했다.]

I **started** to get the pains three weeks ago.

[나는 3주 전부터 통증이 생기기 시작했다.]

3) 지금은 더 이상 지속되지 않고, 이미 지나간 과거의 어느 한 기간 동안 지속된 상황을 말할 때.

He **lived** in Paris during his last years.

[그는 말년을 파리에서 살았다.]

Throughout 1954 he assiduously **studied** peerage law.

[1954년 내내 그는 열심히 귀족법을 연구했다.]

I **stayed** with my grandparents for six months.

[나는 6개월 동안 조부모님과 같이 있었다.]

만약 현재까지 지속되는 상황이라면 현재완료가 사용된다. 예컨대 I've **had** the pains

for three weeks now.(나는 지금까지 3주일 동안 통증을 느껴왔다.)는 과거 3주일 전부터 현재 시에 이르기까지 기간이 지속되고 있다는 점을 뜻하기 때문에 현재완료로 나타낸 것이다.

4) 과거의 규칙적·반복적인 활동:

It **snowed** almost every weekend last year.
[작년에는 거의 주말마다 눈이 내렸다.]
We **walked** a great deal in my boyhood.
[내가 어렸을 적에 우리는 상당히 많이 걸었다.]
She **slept** very badly whenever she stayed with her grandparents.
[그녀는 조부모님 집에 있을 때마다 잠을 잘 이루지 못했다.]

과거에 규칙적으로 일어난 일을 말할 때에는 used to와 would도 쓸 수 있다.(→ 본서 제1권 5.4.15.3 참조.)

6.5.3. 과거시제와 관련된 시간 표현

과거시제가 쓰이려면 반드시 그 조건이 충족되어야 한다. 즉, 어떤 방식으로든지 언급된 상황이 과거시에 발생한 것이라는 점이 명백히 밝혀지거나 적어도 암시되어야 하며, 동시에 현재와 아무런 관계가 없어야 한다.

1) a moment/month/week ago, at 3 o'clock, last month/week/year, yesterday, when we were at school, in 1965 따위와 같이 과거 특정한 시점이나 기간을 나타내는 부사류가 문장 표면에 명백히 밝혀져야 한다.

The company **was** founded *in 1955*.
[그 회사는 1955년에 설립되었다.]
Interest rates **fell** sharply *last week*.
[이율이 지난주에 큰 폭으로 떨어졌다.]
I **finished** the research paper *earlier this week*.
[나는 그 연구 논문을 이번 주 초반에 마쳤다.]

2) 특정한 과거시가 구체적으로 밝혀질 수 있는 경우라면 과거시제로 나타난 사건이 특정한 것이라는 점이 뚜렷한 시간부사로 나타나야 하는 것은 아니다. 바로 이러한 이유 때문에 once(= at some time in the past: 전에), then, when과 같은 시간부사나 while, as soon as와 같은 접속사가 과거시제 동사를 유도할 수 있다.

This book **was** *once* famous, but nobody reads it today.
[이 책이 전에는 유명했지만, 오늘날에는 아무도 읽지 않는다.]
When **did** the accident happen?
[언제 그 사건이 일어났는가?]
While in Scotland, my daughter **was saved** by a blood transfusion.
[스코틀랜드에 있을 때 나의 딸은 수혈을 받아 생명이 구출되었다.]

when으로 시작되는 의문문에서도 현재완료를 사용하지 않고 대개 과거시제가 쓰이는데, 이것은 과거 일정시와 관련되기 때문이다. 극히 이례적으로 다음과 같이 when으로 시작되는 의문문에 현재완료가 쓰이기도 한다.

'I don't believe you. You always lie to me.'
— 'That's not true. When **have** I ever **lied** to you?'
[네 말은 못 믿겠어. 너는 늘 나에게 거짓말을 하고 있어.' — '그건 사실이 아니야. 언제 내가 너에게 거짓말을 했던가?']

특정한 과거시를 나타내는 시간부사가 반드시 필요한 것은 아니다. 화자가 과거 특정한 시점을 염두에 두고 있으며, 동시에 추론이나 상황적 문맥을 통해 화자가 이 점을 충분히 알고 있다고 가정하는 경우에는 과거시를 나타내는 시간부사 없이 과거시제가 단독으로 쓰일 수 있다.

Did you **switch** off the lights? (when you left)
[(집에서 나올 때) 전등을 껐느냐? → 이 문장에 과거시제가 쓰인 것은 when you left라는 뜻이 포함된 것으로 간주되기 때문임.]
Fog **restricted** visibility. (when we climbed up Mt. Halla)
[(한라산 등산을 할 때) 안개 때문에 잘 보이지 않았다. → ( ) 안에 나타난 내용에 의해 과거 특정시에 등산을 했었다는 점을 알 수 있음.]

Did you **see** that parachute coming down?
[그 낙하산이 내려오는 것을 보았느냐? → 특정한 낙하산을 염두에 두고 하는 말이기 때문에 과거시의 사건임을 알 수 있음.]

I **lost** my car keys.
[자동차 열쇠를 잃어버렸어. → 과거 어느 시점에 특정한 열쇠를 잃어버렸다는 말이기 때문에 과거의 사건임을 알 수 있음.]

3) 대체로 과거시에 생존했던 인물이나 사건은 과거시제로 나타낸다. 따라서 다음과 같이 이미 고인이 된 사람이나, 과거에 발생한 유일한 사건을 뜻하는 경우에는 과거시제가 쓰이게 된다.

Brahms **spent** the last 35 years of his life in Vienna.
[브람즈는 자기 생애 중 마지막 35년을 비엔나에서 보냈다.]

William the Conqueror **won** the battle of Hastings against Harold in 1066.
[윌리암 정복왕이 1066년 헤이스팅즈 전투에서 해롤드에게 승리했다. → 에드워드 참회왕 (Edward the Confessor 1042-1066)이 세상을 떠나자 영국왕위에 오른 웨섹스의 백작 고드윈 (Godwin)의 아들 해롤드(Harold)를 상대로 왕권을 쟁탈하기 위하여 프랑스 북부의 노르만디의 윌리암 1세가 1066년에 영국을 침공하여 헤이스팅즈에서 전투가 벌어지고, 이 전투에서 해롤드가 참패하여 윌리암 1세가 영국왕위에 오름. 그 후 약 200년 동안 프랑스가 영국을 지배하고, 불어가 영국에서 공용어로, 그리고 영어는 노동자와 농민 등 하층민의 언어로 그 지위가 떨어졌음.]

Napoleon's army **advanced** on Moscow.
[나폴레옹의 군대가 모스크바로 진격했다.]

When **was** slavery **abolished** in America?
[언제 미국에서 노예제도가 폐지되었습니까?]

Tobacco **was brought** to England by Sir Walter Raleigh.
[담배는 월터 로리 경에 의해 영국에 도입되었다.]

다음과 같이 동사가 나타내는 상황과 관련된 장소가 언급되었을 경우에도 과거시제가 쓰인다.

I **knew** him in the army. (= when I was in the army)

[(군복무 시절에) 나는 그를 군대에서 알게 되었다.]

I **met** her at a conference in Oxford. (= when I was at a conference in Oxford)

[(회의에 참석했다가) 옥스포드에서 열린 회의에서 그녀를 만났다.]

The ancient Romans **founded** colonies throughout Europe.

[고대 로마인들은 유럽 전역에 식민지를 건설했다.]

4) 화자가 명확하게 과거시와 현재시의 상황을 대조적으로 나타내고자 할 때, 과거시의 상황을 과거시제를 사용해서 나타낸다.

This country *is* no longer the economic superpower that it **was**.

[이 나라가 이제는 옛날과 같은 경제 대국이 아니다. → 이 나라의 옛날과 오늘날의 경제적인 상황을 is와 was를 사용하여 대립적으로 비교하고 있음.]

He *is* not so brilliant as he **was**.

[그 사람이 예전처럼 그렇게 총명하지 못해. → 총명함의 정도를 was(옛날)와 is(지금)를 사용하여 대립적으로 비교하고 있음.]

6.5.4. 태도 표시의 과거

일상 대화가 오가는 특정한 상황에서는 want, hope, wonder 따위와 같은 의지나 정신 상태를 나타내는 동사의 현재시제가 강요하는 듯한 인상을 주는 반면, 이러한 동사의 과거시제는 현재시의 정중한 요구나 물음을 나타내는 덜 단정적인 태도를 나타내는데, 이를 '태도 표시의 과거'(attitudinal past)라고 한다. 다시 말하자면, 이러한 동사를 현재시제로 나타내게 되면 보다 노골적인 요구가 됨으로 말미암아 청자는 그만큼 더 부담을 느끼게 되겠지만, 과거시제를 사용해서 어떤 요구를 하게 되면 청자는 그만큼 심리적인 부담을 덜 느끼게 된다는 것이다. 예컨대 **Did** you want to speak to me now?(지금 저와 이야기를 나누고 싶으신지요?)라고 물으면 화자는 청자가 설령 'No!'라고 대답하더라도 별로 실망하지 않게 되고, 청자 또한 비교적 자유롭게 'No!'라고 대답할 수 있게 된다.[36]

---

[36] A second special extension of the normal past meaning is the use of the Past Tense, in some contexts of everyday conversation, TO REFER TO THE PRESENT; in particular, to the present feelings or thoughts of the speaker or hearer:

A: Did you want me?

I **wondered** if you'd look after my dog while I go shopping.
[장보러 간 사이에 개를 좀 돌봐 주실 수 있을까 합니다만.]
I **hoped** you would give me a hand with the painting.
[페인트칠하는 것을 좀 도와 주셨으면 합니다만.]
I **thought** I might come and see you later this evening.
[오늘 저녁 늦게 찾아뵐 수 있을까 생각합니다만.]

I was wondering/hoping ...처럼 과거진행형을 사용하는 것은 I wondered/hoped와 같은 과거형을 사용하는 것보다 더욱 정중한 표현이다. 이것은 진행형이 갖는 '일시성'이라는 뜻이 곧 화자가 품고 있는 현재의 생각이 언제든지 바뀔 수 있다는 점을 암시하기 때문에 청자에게는 그만큼 부담을 덜 주게 되기 때문이다.

6.6. 미래시 표현

영어에는 미래시를 나타내는 특정한 동사형이 없기 때문에 미래시를 나타내기 위하여 다음과 같은 여러 가지 표현들이 사용되며, 이러한 표현들은 단순히 미래시를 나타낼 뿐만 아니라 각기 시간 관계 이외에도 화자의 마음속에 어떤 생각을 품고 있느냐에 따른 의미상의 다양한 뉘앙스를 내포하고 있기 때문에 결코 서로 바꿔 사용할 수 없다.[37]

6.6.1 will (*or* shall) + 부정사형: Father **will come** to Korea tomorrow.
6.6.2 단순 현재시제: Father **comes** to Korea tomorrow.

B: Yes, I hoped you would give me a hand with the painting.
The subject of this exchange would probably be the *present* wishes of Speaker B, despite the use of the Past Tense. In fact the Present and Past Tenses are broadly interchangeable in this context, but there is quite a noticeable difference of tone. The effect of the Past Tense is to make the request indirect, and therefore more polite. We can explain the politer tone here as a hint that the intending or hoping were formulated in the past, and that the speaker is not necessarily committed to them in the present. The Present Tense (*I hope you will* ...) in this situation would seem rather brusque and demanding — it would make the request difficult to refuse without impoliteness. — Leech (2004: 15). See also Huddleston & Pullum (2002: 138), Swan (2005: 401), and Carter & McCarthy (2006: 604-605).

37 These verb forms all have their subtle nuances of meaning, and cannot be regarded as simply interchangeable. — Leech (1989: 56; 2004: 55).

6.6.3 현재진행형: Father **is coming** to Korea tomorrow.

6.6.4 be going to + 부정사형: Father **is going to come** to Korea tomorrow.

6.6.5 will (or shall) + 진행형: Father **will be coming** to Korea tomorrow.

6.6.6 be + to-부정사절: Father **is to come** to Korea tomorrow.

6.6.1. will, shall

법조동사 will, shall이 시제 조동사로 쓰여 순수한 미래를 나타내기도 한다. 다시 말하자면, 이들은 단지 장차 발생 가능한 일을 예측하거나 일어나리라는 점을 가정할 뿐, 화자는 미래의 상황을 주어의 의도나 의지에 따른 것으로 보지 않는다. 따라서 다음과 같은 예에서는 주어진 특정한 상황의 발생은 인간이 통제 불가능하다.

Janice **will** be nineteen tomorrow.
[내일이면 재니스가 열아홉 살이 된다.]

그러나 다음과 같은 예들도 미래를 나타내지만, 여기에는 어느 정도 화자의 예측적인 의미까지도 포함하고 있다.

You**'ll change** your mind after you've read this letter.
[이 편지를 읽고 나면 마음이 달라질 것이다.]
We**'ll go** camping next week if the weather is fine.
[날씨가 좋으면 우리는 다음 주에 야영간다.]
Southern England **will** stay cloudy and windy tonight.
[영국 남부 지방이 오늘 저녁에는 구름이 끼고 바람이 불 것입니다.]

6.6.2. 현재시제형

과거에 일어났던 일이나 현재 진행중인 일이 전혀 의심의 여지가 없이 확실한 것처럼, 장차 일어날 일도 틀림없이 일어날 것이라는 '사실'을 나타내는 경우에 현재시제를 사용하여 미래시를 나타낸다.[38] 즉, 달력상에 표시되는 각종 경축일, 열차, 비행기, 버스 등의 발착 시

---

38 The key to the use of the Simple Present as a 'future tense' in independent clauses is that

간표에 이미 정해져 있어서 장차 틀림없이 발생할 상황이기 때문이거나, 또는 미래에 발생할 상황이 '변경할 수 없는' (unalterable) 확실한 계획·예정 등을 나타내고자 할 때 현재시제가 쓰인다. 이처럼 장차 발생할 상황이 변경할 수 없는 것으로 간주된다는 점 때문에 현재시제를 사용하여 미래시에 일어날 상황을 말할 때 화자 자신은 미래에 발생할 상황을 자기 맘대로 통제할 수 있는 입장에 놓여 있지 않다고 생각하고 있음을 암시하게 된다.[39] 예컨대 I **start** work next week.(다음 주에 일을 시작합니다.)이라는 문장은 주어의 의지와 아무런 관계도 없이 외부적인 상황에 따라 다음 주에 일을 시작하게 되어 있음을 나타내는 것에 불과할 뿐이다.

Thanksgiving Day is a public holiday in the US which **falls** on the fourth Thursday in November.
　　[추수감사절은 11월 넷째 목요일로 정해진 미국의 공휴일이다.]
The next high tide **is** around 4 this afternoon.
　　[이 다음 만조 시간은 오늘 오후 4시 무렵이다.]
Your subscription to our magazine **ends** next month.
　　[귀하의 저희 잡지 구독 기간이 다음 달로 끝납니다.]
The mayor's term of office **expires** next month.
　　[시장 임기가 다음 달에 끝납니다.]
The yearly flower show **opens** on the first Saturday of August.
　　[해마다 열리는 꽃 전시회가 8월 첫 토요일에 열립니다.]
Leap year **comes** every four years.
　　[윤년은 4년에 한 번씩 옵니다.]
Flight 106 **takes off** at 11: 45 p.m.
　　[106편 비행기는 오후 11시 45분에 이륙한다.]
The plane **leaves** Heathrow for Orly at 12:35.
　　[이 비행기는 12시 35분에 히스로 공항을 떠나 오를리 공항으로 갑니다.]

---

　　it represents FUTURE AS FACT; that is, it attributes to the future the same degree of certainty that we normally accord to present or past events. — Leech (1989: 65).

39　cf. The simple (nonprogressive) present tense is used when the future situation is felt to be completely determined by circumstances that already exist at TU. The simple present therefore represents the future situation as absolutely certain, i.e. as a fact. It implies that the speaker feels that he has no control over the future situation. — Declerck (1991a: 91).

이상과 같은 예에서처럼 현재시제를 미래시를 나타내는 것으로 해석할 때에는 항상 미래시를 밝혀주는 부사류가 수반된다.[40]

이미 과거에서 지금까지 습관적이거나 규칙적으로 진행되어 온 일이기 때문에 그 결과 미래시에도 틀림없이 일어나리라고 확신하는 일에 대해서는 현재시제가 쓰인다.

The gates of the park **opens** in about fifty minutes.
[공원 문이 50분 쯤 있으면 열게 됩니다. → 지금까지 늘 같은 시간에 문을 열었기 때문에 그에 따라 앞으로 50분 뒤에 문을 연다고 말하고 있음.]

Dinner **is served** at seven.
[저녁 식사는 일곱 시에 나옵니다. → 매일 저녁 식사가 반복적으로 7시에 나온다는 뜻임.]

예컨대 다음과 같은 문장에 포함된 내용은 이미 확정된 것으로 간주될 수 있는 상황이 아니기 때문에 현재시제로 나타낼 수 없다. 즉, 자연현상이나 우연히 일어나는 사건은 예정에 따라 일어나는 것이 아니기 때문이다.

*It **snows** tomorrow.
[내일 눈이 옵니다. → 내일 눈이 내리는 것은 계획 가능한 일이 아니기 때문에 틀린 문장임.]

*John **falls** down the stairs next week.
[존이 다음 주에 계단에서 떨어집니다. → 계단에서 떨어지는 것이 계획될 수 있는 일이 아니기 때문에 틀린 문장이 되고 있음.]

6.6.3. 현재진행형

방금 6.6.2에서 설명한 현재시제가 미래시를 나타내는 경우에는 미래의 상황이 발생하도록 이미 확정된 것임을 뜻하는 것이다. 반면에 현재진행형(am/is/are + -ing)은 장차 일어날 일에 대한 주어 자신의 현재의 계획이나 결정 등 '확정된 의도'를 나타낸다. 다시 말하자면,

---

40 예컨대 다음 문장에서처럼 부사적 명사구(adverbial noun phrase)가 주어/목적어 역할을 담당하는 경우에는 미래시를 나타내는 부사류가 없더라도 미래시를 나타낸다는 점이 분명해진다:
We're spending next winter in Australia. (목적어)
  [우리는 오스트렐리아에서 다음 겨울을 보냅니다. → 목적어 next winter가 미래시를 가리킴.]
Next year is going to be very difficult. (주어)
  [내년에는 살기가 어려워질 것입니다. → 주어로 쓰인 next year가 미래시를 가리킴.]

앞으로 어떤 일을 하기 위한 사전 준비가 되어 있음을 암시한다. 다음 두 개의 문장 (3a, b)에서 미래시를 나타내는 현재시제와 현재진행형의 차이를 비교하여 보자.

(3) a. We **have** a meeting this afternoon.
 b. We **are having** a meeting this afternoon. (Dixon 2005: 212)
　　[오늘 오후에 회의가 있습니다.]

현재시제가 쓰인 문장 (3a)는 예컨대 금요일 오후에는 정기적으로 회의가 있고, 따라서 이 날 아침에 회의 참석 대상자들에게 오늘 오후에 회의가 있음을 환기시켜 주는 경우에 적합할 것이다. 이와는 달리, 현재진행형으로 나타낸 (3b)는 정상적인 계획에 따른 것이 아니라, 특정한 어떤 회의가 오늘 오후에 개최되도록 이미 준비가 되어 있다는 점을 암시하는 것이다.

또 다른 문장 (4, 5)에 대해서도 같은 설명을 할 수 있다.

(4) They**'re getting married** next month.
　　[그들이 다음 달에 결혼을 한다.]
(5) We**'re having** our own house next year.
　　[우리는 내년에 우리 이름으로 된 집을 갖게 된다.]

(4)에서 현재진행형은 그들이 다음 달에 결혼하기 위해 이미 약혼한 상태이고, 예식장과 피로연 장소, 심지어 신혼 생활을 할 주택 마련, 신혼여행 계획 따위와 관련된 마음의 준비가 진행중에 있음을 은연중에 암시하는 것이다. 또한 (5)는 내년에 집을 소유하기 위한 담보 설정의 계약금으로 쓰려고 하는 것과 같은 자금 마련 계획 등이 이미 세워져 있음을 암시한다.

몇 가지 예를 더 들고자 한다.

It's Shrove Tuesday, so we**'re having** pancakes for supper this evening.
　　[오늘은 참회 화요일이므로 우리는 오늘 저녁 식사로 팬케익을 먹는다.]
I**'m having** my hair trimmed tomorrow.
　　[나는 내일 머리 손질을 하려고 한다.]
The tickets **are going** on sale next week.
　　[표는 다음 주에 판매합니다.]

My wife has an appointment with a doctor. She **is seeing** Dr. North next Tuesday.

[내 아내는 의사 선생님과 만나기로 약속이 되어 있어. 다음 주 화요일에 노스 박사님을 만나게 되지.]

현재진행형이 미래시를 나타낼 때에는 미래시를 나타내는 부사류가 문장에 나타나게 되는데, 이에 반해 부사류가 없는 다음 두 문장은 애매하다. 즉, 다음 두 문장이 미래의 계획을 말하는 것인지, 아니면 현재 진행중인 사건을 말하는 것인지 분명하지 않다.

The World Cup final **is being transmitted** live to over fifty countries.
[월드컵 결승전 경기가 50개국 이상에 생중계된다/되고 있다.]
The new MP **is making** her maiden speech in Parliament.
[새로 선출된 의원은 의회에서 처녀 연설을 한다/하고 있다.]

미래시를 나타내는 부사류가 없는 진행형의 문장은 대개 가까운 미래를 나타낸다.[41] 미래시를 나타내는 경우에 현재시제와 현재진행형 사이에는 또 다른 차이가 있다.

(6) a. I **leave** tonight.
 [나는 오늘밤에 떠나기로 되어 있다.]
 b. I **am leaving** tonight.
 [나는 오늘밤에 떠나려고 한다.]

(6a)와 같이 현재시제가 쓰인 것은 주어 자신의 의지에 영향을 받지 않는 계획상의 일이라는 의미가 강하기 때문에 인간의 감정이 개입될 여지가 없다고 하겠다. 반면에, (6b)와 같이 현재진행형이 쓰이면 주어 자신의 의지를 발동해서 떠나기로 이미 결정했다는 의미와 더

---

41 Declerck (1991a: 93). cp. 그러나 die, land, stop 따위와 같은 이행동사(transition verbs)의 진행형이 미래시를 나타내는 부사류를 동반하지 않으면 미래의 뜻을 나타낸다기보다 대개 현재 도달점을 향해 점차적으로 이행중인 상황을 나타내는 뜻으로 해석된다 (Leech 1989: 64):
The airplane **is landing**.
[지금 비행기가 착륙중입니다. → 비행기가 착륙 지점을 향하여 서서히 하강하고 있음을 뜻함.]
My train **is stopping**.
[내가 탄 열차가 정지하고 있습니다. → 정지점을 향하여 서서히 다가가고 있음을 뜻함.]

불어 그 계획이 변경 가능성도 있다는 점을 전적으로 배제하지 않는다는 점을 함축하고 있다.⁴² 이러한 점으로 미루어 보면, 현재진행형이 미래의 계획을 나타내는 경우에는 반드시 인간의 의식적인 행동의 뒷받침을 받아야 하며, 동시에 '행위동사'(doing verb)를 수반하여야 한다는 점을 말해 준다. 그러므로 다음과 같은 문장 (7a-c)는 자연 현상의 변화 등 주어 자신의 힘으로 계획할 수 없는 일이 현재진행형으로 쓰였기 때문에 모두 문법적으로 틀린 것이다.⁴³

(7) a. *The sun **is rising** early tomorrow.

   [→ 일출·일몰 등 자연 현상은 계획이 불가능함.]

   b. *Tomorrow it **is raining**.

   [→ 날씨의 변화 등 자연 현상은 계획이 불가능함. It **will rain** tomorrow와 같

---

42 This use of the progressive differs from the 'arranged future' use of the simple present in that it implies that the referent of the subject NP has control over the situation. It follows that

a) the present continuous implies less certainty than the simple present: it refers to a present plan which may possibly still be altered, while the simple present denotes a plan or arrangement that is regarded as unalterable.

b) the present continuous suggests that it is the referent of the subject NP who is responsible for the plan or arrangement, whereas the simple present suggests that it is somebody else. — Declerck (1991a: 92); The difference between them is:

(a) The simple present is more impersonal than the continuous. *I'm leaving tonight* would probably imply that I have decided to leave, but *I leave tonight* could mean that this is part of a plan not necessarily made by me. — Thomson & Martinet (1986: 180).

43 There are pragmatic constraints on the use of a present tense with a future time interpretation — and these constraints seem somewhat stricter for the progressive. Thus *The sun rises at 5.15 tomorrow* is quite normal, whereas *The sun is rising at 5.15 tomorrow* is not: the progressive is not used where we simply have a projection into the future of events following a regular pattern in nature. The progressive also typically suggests more initiative, intention on the part of the person referred to by the NP subject. — Huddleston (1984: 156-157); See also Leech (1989: 64). 한편 다음과 같은 예에서는 주어가 사람이 아니지만, 이러한 상황을 계획하는 것은 사람이기 때문에 동사가 진행형으로 쓰여 예정을 나타내고 있다.

The movie **is leaving** that theater tomorrow, so let's strike while the iron is hot and go tonight. — *The Newbury House Dictionary of American English*.

   [그 영화가 그 극장에서 내일은 개봉하지 않으므로 기회를 놓치지 말고 오늘밤에 구경하러 가자. → to strike while the iron is hot: to act while the opportunity is there(기회를 놓치지 말고 행동하다).]

은 문장이 적절함.]
   c. *I'm being sick next week.
      [→ 신체적인 변화는 계획이 불가능함.]

더욱이 다음 문장 (8a) 역시 뻐꾸기 자체가 스스로 시계 밖으로 나오는 것은 불가능하기 때문에 비문법적인 반면, 현재시제로 나타낸 (8b)는 외부적인 힘의 작용에 의해 나오게 될 것이라는 점을 암시한다.

(8) a. *The cuckoo **is coming out** at ten o'clock
      [→ 뻐꾸기 자신이 계획해서 시계 밖으로 나올 수 있는 것이 아니기 때문에 비문법적임.]
   b. The cuckoo **comes out** at ten o'clock. (Dixon 2005: 213)
      [뻐꾸기는 10시에 나온다.]

과거진행형(was/were + -ing)은 '과거에서 본 미래'(future in the past)의 예정이나 계획을 나타낸다. 다시 말하자면, 현재 시점이 아니라, 과거 어느 시점을 기준점으로 해서 보았을 때 아직 일어나지 않은 미래의 예정이나 계획을 나타낸다. 대개 이처럼 과거진행형으로 표출된 과거의 행위는 이루어지지 않았다거나, 적어도 이러한 뜻을 암시한다.

'Why is John looking so miserable?' — 'The girl he **was going** out with tonight has just phoned to say she doesn't want to see him again.'
   ['어째서 존이 그렇게 기분이 안 좋게 보이지?' — '오늘 저녁에 데이트하려고 했던 그 아가씨가 다시는 만나고 싶지 않다고 방금 전화가 왔기 때문이지.' → 오늘 저녁에 데이트가 이루어지지 않게 되었음을 짐작할 수 있음.]
We **were coming** to see you, but it rained (so we didn't).
   [우리는 너를 만나러 가려고 했는데, 비가 왔어. (그래서 가지 않았다.)]
I **was meeting** him in Bordeaux the next day.
   [그 다음날 나는 그 남자를 보독스에서 만날 것이었다.]

6.6.4. be going to[44]

1) 동사 go는 다른 장소로의 이동을 나타낸다. 예컨대 I **am going** to school.의 경우를 보면, 전치사 to는 구체적인 도달점을 나타내고, be going은 현재 그 장소에 이르는 과정에 있다는 점을 나타낸다. 전치사 to가 나타내는 도달점인 구체적인 장소에서 추상적으로 확대되면 to-부정사절로 표현되는 과정이 될 수 있다. 따라서 다음 문장을 보자.

He**'s going to see** her in ten minutes.
[그는 10분 뒤에 그녀를 만나려고 한다.]

글자 그대로의 뜻으로 보면 이 문장은 그가 그녀를 만나는 쪽을 향하여 가고 있으며, 생각이 바뀌지 않고 계속 간다면 결국 10분 뒤에는 그녀를 만난다는 추상적인 도달점에 이르게 된다는 뜻을 갖는다. 이처럼 be going to는 미래의 어느 시점이 되면 to-부정사절이 나타내는 상황이 발생하게 된다는 점을 뜻한다. 이러한 점에서 결국 현재진행형과 be going to가 본질적으로는 서로 다르지 않다고 하는 결론에 도달하게 된다.

역사적으로 보더라도, be going to에서 going은 원래 '이동'이라는 구체적인 뜻을 갖고 있었다. 그러나 점차 그 본래의 뜻을 상실하고 오늘날 be going to는 일종의 조동사적인 성격을 갖게 된 것이다.[45]

---

44 gonna는 격식을 갖추지 않은 대부분의 구어 영어에서 going to 대신에 쓰이는 형태이며, ['gənə]처럼 발음된다.
   It's not **gonna** take two minutes.
   [2분이 걸리지 않는다.]
   What are you **gonna** do with them?
   [그걸 가지고 뭘 하려고 하느냐?]

45 14.2(1). The combination *is going to* with an infinitive as an expression for future time naturally derives from the mentioned use of *is going; going* loses its meaning as a verb of movement and becomes an empty, grammatical word; ... The weakening of the original meaning is particularly clear when it becomes possible to say "I am going to go", "I am going to come", etc. This use began towards the end of the 15th c., but is not yet frequent ab. 1600. — Jespersen (1931: 217); Present-day English (PE) combinations of *be going* followed by a to-infinitive have generally been treated as auxiliary constructions, in which *go* plays the role of the auxiliary verb and the following infinitive the role of the main verb. Here *go (going)* has lost its original status and no longer implies movement: it has become an empty, grammatical word as can be seen from combinations such as "He is

이처럼 be going to는 미래의 어느 시점이 되면 to-부정사절이 나타내는 상황이 발생하게 된다는 점을 나타내는 것이다. 바로 이러한 점에서 이것은 한편으로는 **주어의 현재의 의도**를 나타내고, 다른 한편으로는 **현재 나타난 원인에 따라 장차 이에 따른 결과**가 발생한다는 원인과 결과의 관계라는 두 가지 뜻을 나타내는데 쓰인다.

6.6.4.1. 현재의 의도

주어가 갖는 현재의 의도(present intention)를 나타낸다. 즉, be going to는 화자가 가까운 미래에 발생할 상황[46]과 관련된 결정, 의도, 또는 준비를 이미 하고 있기 때문에 그 상황이 틀림없이 발생하리라고 확신한다는 점에 초점을 맞추고 있는 것이다.[47]

I'm going to play tennis this afternoon.
[나는 오늘 오후에 테니스를 치려고 한다.]
The manager **is going to close** the store early tonight.
[지배인은 오늘 저녁에 일찍 가게 문을 닫으려고 한다.]
When **are** you **going to** get your hair cut?
[언제 이발하려고 하느냐?]
Today we**'re going to** focus on the question of homeless people.
[오늘 우리는 집 없는 사람들에 관한 문제에 초점을 맞출 것이다.]

---

going to go" or "He is going to come", in which the weakening of its original meaning is evident .... — Pertejo (1999: 135). See also Huddleston & Pullum (2002: 210-211).

46 예컨대 부사절 when I grow up 따위와 같은 적절한 상황이 주어지기만 하면 be going to가 먼 미래를 나타내기도 한다:
I'm going to be a policeman *when I grow up*.
[이 다음에 커서 경찰관이 되려고 해.]

47 ..., the essential factor in the *(I am) going to (leave)* pattern is a focus on some present factor which the speaker feels certain will lead to a future event. — Close (1992: 65); The **be going to** form expresses the subject's intention to perform a certain future action. This intention is always premeditated and there is usually also the idea that some preparation for the action has already been made. Actions expressed by the **be going to** form are therefore usually considered very likely to be performed, though there is not the same idea of definite future arrangement that we get from the present continuous. — Thomson & Martinet (1986: 184).

be going to가 주어의 의도를 나타내는 경우, 1) 그 주어는 반드시 사람이라야 하며, 2) 그 행위 자체에 사람이 개입되거나 적어도 사람이 의식적으로 의지를 발동하고 있다는 점이 암시되어야 하기 때문에 동사는 '동작주' 동사(agentive verb)라야 한다.[48] 다음 두 개의 문장 (9a)와 (10a)가 모두 동사는 이 조건을 충족시키고 있지만, 표면적으로 보아 주어가 사람이 아님에도 불구하고 문법에 어긋나지 않는 까닭은 수동태에서 동작주가 생략되었을 뿐, 각각 (9a)와 (10a)에 대응하는 (9b, c)와 (10b)에서처럼 사실상 사람의 행위가 개입되어 있기 때문이다.

(9) a. This tree **is** not **going to** be cut down.
   b. We don't intend to cut it down.
   c. We don't intend to allow anyone to cut it down.
      [이 나무는 베어내지 않을 것이다.]

(10) a. This wall **is going to** be painted green.
   b. We are going to paint this wall green.
      [이 벽을 녹색으로 페인트칠하게 됩니다.]

많은 경우에 현재진행형과 be going to가 모두 동일한 개념을 나타낸다고 하지만(**I'm washing/going to wash** my hair this evening.), 다소의 차이가 있다. 즉, (11a)에서 be going to는 의도와 결정 등에 대해서 쓰이고, (11b)에서 현재진행형은 확고한 결정(fixed arrangement)을 나타내고 있다.

(11) a. **I'm going to** take Mary out for dinner this evening.
      [오늘 저녁에 메리를 데리고 나가 밥을 사줄까 하고 있어.]
   b. **I'm taking** Mary out for dinner this evening. (Leech 1989: 63; 2004: 62)
      [오늘 저녁에 메리를 데리고 나가 밥을 사주려고 하고 있어.]

즉, (11a)에서 의도가 현재 주어가 품고 있는 심적 태도를 나타낸다. 반면에, (11b)에서 결정은 과거에 미리 예정된 것으로서, 화자가 현재 어떤 생각을 하고 있느냐 하는 것은 문제가

---

48   Leech (1989, 2004: 59). 따라서 *I wonder if she's going to **know** you.의 경우처럼 상태동사가 be going to와 같이 쓰일 수 없다.

되지 않는다. 특히 (11b)는 예컨대 메리와 오늘 저녁 6시 XX 식당에서 저녁밥을 같이 먹을 것으로 미리 약속되어 있음을 암시하는 것이므로, 다음과 같은 문장에서 but 다음에 삽입하여 상대방의 제의를 정중히 거절할 수 있는 구실로서 보다 적절할 것이다.[49]

I'm sorry, I'd like to have a game of billiards with you, *but I'm taking* Mary *out for dinner this evening.*
[미안해. 너와 당구를 한 게임 치고 싶지만, 오늘 저녁에 메리와 밥을 같이 먹기로 되어 있어.]

be going to가 갖는 이러한 뜻과 관련하여 다음 대화를 통해 방금 내린 결정을 뜻하는 will과 be going to의 용법상의 차이를 알 수 있다.

situation: ─ Tom is cooking when he suddenly finds that there isn't any salt.
[상황: 탐이 요리를 하다가 갑자기 소금이 떨어졌다는 것을 알게 된다.]
Tom: Ann, we haven't got any salt.
[Tom: 앤, 소금이 다 떨어졌어.]
ⓐ Ann: Oh, haven't we? **I'll** get some from the shop then.
[Ann: 그래. 다 떨어졌다고? 그러면 가게에 가서 좀 사오지.]
situation: ─ Before going out, Ann talks to Jim:
[상황: 나가기 전에 앤이 짐에게 다음과 같이 말한다.]
ⓑ Ann: **I'm going to** get some salt from the shop. Can I get you anything, Jim?
[Ann: 가게에 가서 소금을 좀 사오려고 해. 짐, 뭐 사다 줄까?]

ⓐ에서는 탐이 요리를 하다가 소금이 떨어진 것을 알고 앤에게 말하니까 앤은 순간적으로 결정하고 가게에 가서 사오겠다는 말을 하고 있기 때문에 will이 쓰였고, ⓑ에서 앤은 소금이 떨어진 것을 이미 알고 있었으며, 가게로 나가면서 소금을 사오겠다고 말하는 것이기 때문에 be going to가 쓰인 것이다. 바로 이와 같은 상황의 차이 때문에 두 가지 상황에서

---

49 Leech (1989: 63; 2004: 62); See Carter et al. (2002: 191) and Thomson & Martinet (1986: 184).

will과 be going to를 서로 바꿔 쓸 수 없다.⁵⁰

다음과 같이 be going to가 주어의 의도와 더불어 이미 내린 결정을 강조하기도 한다.

I**'m going to** keep asking her out until she says 'Yes'.
[난 그녀가 허락할 때까지 계속 밖으로 나가자고 할 거야.]

I have bought some bricks and I**'m going to** build a garage.
[벽돌을 몇 장 샀는데, 차고를 지으려고 하지.]

6.6.4.2. 현재의 원인과 결과

현재 어떤 원인이나 징후가 존재하므로 말미암아 그에 따라 장차 어떤 일이 틀림없이 발생할 것이라는 확실성에 대한 화자의 느낌을 나타낸다. be going to가 주어의 의도를 나타내는 경우와 달리, 이러한 뜻으로 쓰인 be going to에는 주어와 동사의 선택에 아무런 제약도 없다. 따라서 She **is going to** have another baby soon.(그녀는 곧 아기를 또 해산할 것이다.)은 'She's pregnant.'(그녀는 임신중이다.)라는 뜻을 포함한다. 바로 그녀가 지금 임신중이라는 점을 원인으로 하여 장차 아기를 낳는 결과가 발생한다는 말을 할 수 있는 것이다. 다음과 같은 예에서 be going to는 모두 인과 관계를 명백히 드러내고 있다.

George is putting on weight. He**'s going to** be quite fat. (Close 1975: 257)
[조오지의 체중이 늘고 있다. 그는 꽤 살찌겠다.]

---

50 I've sold my car; I'm going to take up cycling.
I had to buy this ladder because I'm going to paint the house.
In sentences like these the construction with *going to* could hardly be replaced by *will*. The reason is that the *going to* construction is normally used in cases where the person in question has already made up his mind about the future action he proposes to take. In other words, the *going to* construction expresses not only will and intention, but also *premeditation*. The auxiliary *will*, on the other hand, is the natural form to use in cases where the future action is not planned, is un-premeditated. For this reason *going to* would be very unnatural in cases like the following, where there can be no question of premeditation:
'I can't open this box.' 'I'll do it for you' (*not* I'm going to).
'I'm afraid I forgot to post your letter.' 'Never mind, I'll post it myself when I go back' (*not* I'm going to).
— Christophersen & Sandved (1971: 161).

Brett barely had time to yell as the snow engulfed him. He was choking, coughing, struggling for air. Fear turned to panic as he thought, "I'm **going to suffocate**!" — Rena Dictor Leblanc, "Avalanche!"

[브레트는 소리를 지를 여유도 없이 눈 속에 갇히고 말았다. 그는 숨이 막히고, 기침이 나오고 애써 숨통을 트려고 했었다. "질식할 것 같다!" 라는 생각이 들자 두려움이 공포로 변했다.]

It looks as if there**'s going to** be a storm.

[폭풍이 몰아닥칠 것 같다.]

만약 현재 어떤 원인이 존재하지 않으면 be going to를 쓸 수 없다. 다음 문장에서 will과 be going to의 차이를 비교해 보자.

The patient { **is going to** / **will** } get well soon.

[그 환자가 곧 회복될 것입니다.]

만약 환자가 현재 의식의 회복, 음식물 섭취, 가벼운 운동, 혈압의 떨어짐, 정상에 가까운 체온 등 병세의 호전과 관련된 여러 가지 조짐이 보이는 경우라면 be going to가 쓰이게 될 것이고, 현재 아무런 회복 기미도 보이지 않고 단순히 회복되리라고 예측하는 경우에는 will이 쓰일 것이다.[51] 이런 경우에 will은 문병갔던 사람이 간병하는 사람에게 말할 수 있는 일종의 위로의 말에 불과할 것이다.

마찬가지로, if가 이끄는 조건절은 미래의 어떤 결과에 이르게 하는 현재의 조건을 나타내지 않기 때문에, 주절에 be going to를 쓸 수 없고 예측을 나타내는 will이 쓰인다.

---

51 **be going to** is normally used about the immediate/fairly immediate future; **will** doesn't imply any particular time and could refer to the remote future. For example, *The lift is going to break down* implies that it is making strange noises or behaving in a strange way; we had better get out on the next floor. *The lift will break down* implies that this will happen some time in the future (perhaps because we always overload our lifts, perhaps because it is an XYZ Company lift and they don't last). Similarly (of a sick man), *He is going to get better* implies that there are signs of recovery. Perhaps his temperature has gone down. *He will get better* implies confidence in his doctor or in the course of treatment, but promises eventual rather than immediate recovery. — Thomson & Martinet (1986: 187).

She $\begin{Bmatrix} \text{will} \\ \text{*is going to} \end{Bmatrix}$ have a baby if she marries him.

[그녀가 그 남자하고 결혼하면 아기를 가질 것이다.]

If you accept the job, you $\begin{Bmatrix} \text{will never} \\ \text{*are never going to} \end{Bmatrix}$ regret it.

[그 직장을 수락하면 너는 절대로 후회하는 일이 없을 것이다.]

6.6.4.3. 과거형

과거형 was/were going to는 과거 어느 시점에서 본 미래의 의도를 나타내는 것으로서, 진술된 의도가 실제로 이루어지지 않을 때가 많다. 특히 다음의 예에서는 was going to 다음에 이어지는 문맥을 통해 주어가 갖는 의도가 이루어지지 않았다거나, 지금으로서는 이루어지지 않을 것이라고 하거나, 현재 화자의 마음이 바뀌었다는 점을 암시할 때가 많다.[52]

They **were just going to** punish him, when he escaped.
  [그들은 그를 벌주려고 했는데, 그 때 그는 도망쳐 버렸다. → 결국 처벌하지 못했음을 암시함.]
He **was going to** ask the boss for more money but he lost nerve at the last minute.
  [그는 사장에게 임금을 인상시켜 달라고 하려다가 마지막에 용기를 잃고 말았다. → 결국 임금 인상을 요구하지 못했음을 암시하고 있음.]
She **was going to** come, but something happened and she was not able to come.
  [그녀가 올 계획이었지만, 일이 생기는 바람에 올 수 없었다.]
I **was going to** write a paper for the conference, but I'm not so keen now.
  [나는 회의에서 발표할 논문을 쓰려고 했었지만, 지금은 그렇게 할 간절한 마음이 없어.]

그러나 아무런 문맥이 없는 다음과 같은 문장에서는 주어의 의도가 이루어졌는지 알 수 없다.

---

52 GOING TO may be used with a Past time marker to signal an intention in the past, either when that intention was not realised, when it *cannot* now be realised, or when the speaker has now changed his mind. — Edmondson, House, Kasper & McKeown (1977:163). See also Leech (1989: 62; 2004: 61).

When I met him last year he **was going to** change his job.
[지난해에 만났을 때 그는 직장을 옮기려는 생각이었다.]

6.6.5. 미래진행형

미래진행형 <will be + -ing>은 will이 갖는 미래의 뜻과 진행형이 갖는 일시성이라는 뜻이 합쳐진 것으로서, 미래의 어느 시점에 도달하면 진술된 상황이 이미 진행되고 있음을 나타낼 때 쓰인다. 따라서 이 경우의 미래진행형 will be sleeping은 'will be in the middle of sleeping'이라는 뜻이다.

I **will be leaving** Japan for South Korea.
—Donald Trump
[곧 일본을 떠나 한국으로 갈 것이다.]
At this time tomorrow morning, Grandpa **will be sitting** in the kitchen with us.
[내일 아침 이 시간에 할아버지께서는 우리와 함께 부엌에 앉아 있게 될 것이다.]
When I get home, my wife **will** probably **be watching** TV.
[집에 가보면 내 아내는 TV를 보고 있을 것이다.]

이미 계획되어 있어서 미래의 어느 시점이 되면 '당연히 일어나도록 되어 있는 일'(future as a matter of course)을 나타낸다. 따라서 이 경우에는 진행의 의미를 포함하지 않는다. 예컨대 조종사가 기내 안내 방송을 통해 Our flight **will be flying** at 30,000 feet.(이제 우리 비행기는 30,000 피트 상공을 비행하게 됩니다.)라고 말한다면 이것은 이륙 후 어느 시점이 되면 30,000 피트 상공을 비행하기로 사전에 비행 계획이 세워져 있음을 뜻한다. 만약 Our flight **will fly** at 30,000 feet.이라고 말한다면 이것은 비행 고도를 순간적으로 결정해서 30,000 피트 상공을 비행하게 될 것이라고 말하는 것이 될 것이다.[53]

---

[53] There is, however, a separate use of the *will/shall* + progressive construction to denote 'FUTURE AS A MATTER OF COURSE'. The use of this combination avoids the interpretation (...) of volition, intention, promise, etc: *We'll be flying at 30,000 feet*. This, spoken by the pilot of an aircraft to his passengers, means '30,000 feet is the normal and expected altitude for the flight'. If, on the other hand, the pilot said: *We'll fly at 30,000 feet*. the impression might be quite different: it could well be that the pilot had just decided to fly at the specified height. — Quirk et al. (1985: 216).

We'll be doing a lot of walking, so you'd better bring some sensible shoes with you.
[우리는 많이 걷게 되니까 편한 신발을 갖고 가야 좋을 거야.]
We **will be taking** part in an international conference on the space project on January 30th.
[저희들은 1월 30일에 있는 우주 계획에 관한 국제회의에 참석합니다.]
How many countries **will be taking part** in the World Cup?
[월드컵 경기에 몇 나라가 출전하게 됩니까?]

때로는 미래진행형을 사용하여 계획에 대한 보다 덜 단정적이고 정중한 물음을 나타내기도 한다. 단순히 단순미래의 will을 사용하게 되면 명령 내지 요구의 뜻을 내포하게 된다. 따라서 (12a)는 다음에 언제 방문할 것인지를 예측하도록 하는 부탁에 불과한 반면, (12b)는 청자의 방문 의도를 묻는 화자의 물음을 뜻하는 것이다.

(12) a. When **will** you **be visiting** us again?
[언제 저희들을 다시 찾아 주시겠습니까? ― 다음 방문시를 예측하도록 하는 부탁.]
b. When **will** you **visit** us again?
[언제 저희들을 다시 찾아 주실 겁니까? ― 청자의 의도에 대한 물음.]

6.6.6. 기타의 미래시 표현

지금까지 본 여러 가지 미래시 표현 이외에 be + to-부정사절, be about to,[54] be on the point/verge of 따위도 미래시를 말할 때 쓰인다. be + to-부정사절은 행위 자체가 인간이 통제 가능한 것으로서, 신문이나 라디오 등에서 이루어지는 공식적이거나 그밖의 계획이나 확정된 결정, 또는 외부적인 의지에 따라 이루어지는 계획 등을 나타내는 경우에 사용된다는 점에서 현재진행형과 다르다. be on the point of는 인간 주어를 수반한다. be about to 와 be on the point of는 가까운 미래를 강조하며, 여기에 just를 첨가하면 한층 더 가까운 미래시 표현이 된다.

---

54 be about to의 부정형 be not about to는 특히 미국영어의 비격식체에서 'very unwilling to'라는 뜻으로 쓰인다:
I'm not about to lend you any more money.
[더 이상 너에게 돈을 빌려주고 싶은 생각이 없어.]

The Prime Minister **is to speak** on television tonight.
   [수상께서 오늘 저녁에 TV에서 연설한다.]
The President **is about to make** an important announcement.
   [대통령께서 중대 발표를 하실 것입니다.]
They **are just about to** leave for home.
   [그들은 이제 막 집으로 떠나려고 하고 있다.]
I can't see you now. **I'm just on the point of leaving**.
   [지금은 너를 만날 수 없어. 이제 막 떠나려고 하는 중이니까.]

이러한 형태에 대한 과거형은 '과거에서 본 미래'(future in the past), 즉 과거 어느 특정한 시점을 기준으로 보았을 때 그 이후에 일어날 행위를 나타낸다. 이 경우에 예정된 행위가 실현되었는가 하는 점은 문맥을 통해 알 수 있지만, 대체로 예정된 행위가 발생하지 않았다는 뜻을 전달한다.

I felt nervous because I **was** soon **to leave** home for the first time.
   [나는 곧 처음으로 집을 떠나게 되어 있어서 마음이 긴장되었다. → 그 이후에 집을 떠났는지 알 수 없음.]
On my daughter's wedding day, the phone rang as my wife and I **were about to leave** for the church. The caller was requesting my services as a locksmith because he had locked himself out of his car.
   — *Reader's Digest.*
   [딸의 결혼식날 나는 아내와 교회로 떠나려고 하고 있었는데, 전화벨 소리가 났다. 전화를 건 사람은 자동차 열쇠를 안에 두고 내렸다고 자물쇠공인 나에게 서비스를 요청했다. → 그 즉시에는 교회로 떠나지 못했음을 암시함.]
I **was on the point of leaving** when the phone rang.
   [막 떠나려고 하던 참에 전화가 왔다. → 떠나려던 행위가 일시적으로 중단되었을 것이라고 짐작됨.]
The priceless tapestry **was about to** catch fire, but was fortunately saved through the prompt action of the fire service.
   [값비싼 그 주단이 막 불에 타려고 하던 참에 다행히도 소방대원들의 신속한 행동으로 화재를 면했다.]

6.7. 진행형

6.7.1. 진행과 비진행

진행형은 am/is/are/was/were attending 따위처럼 조동사 be + 동사의 현재분사형이 결합된 형태를 기본형으로 하여 각종 시제 형태와 결합되어 나타난다.

> 현재진행형(is/am/are + V-ing): am/are/is working
> 과거진행형(was/were + V-ing): was/were studying
> 미래진행형(shall/will be + V-ing): shall/will be going
> 현재완료 진행형(has/have been + V-ing): has/have been learning
> 과거완료 진행형(had been + V-ing): had been taking
> 미래완료 진행형(shall/will have been + V-ing): shall/will have been studying

진행형은 동적인(dynamic) 상황, 즉 동작·과정·사건 등이 진행중(in progress)이라는 점을 나타내는 것이다. 따라서 화자는 본질적으로 보아 주어진 동적인 상황이 전개되는 과정에 관심의 초점을 맞추게 되는데, 이러한 과정은 직접 관찰 가능한 것으로서 우리 눈 앞에서 전개되는 것이다.[55] 즉, 과거시·현재시·미래시 등 어느 한 시점을 기준점(time of orientation)으로 삼아 어느 한 시점을 에워싸고 있는 기간(period) 동안(──●──)에 진술된 내용이 진행중에 있는 상황을 나타내는 것이 진행형이다. 그런데 진행중인 상황은 기준점을 중심으로 하여 '일시적'(temporary)이면서 이와 동시에 '제한된 기간 동안의 지속'(limited duration)을 나타내는 것이며, 따라서 머지않아 끝날 것이라는 점을 암시하게 된다.[56]

---

[55] The basic function of the English progressive aspect is to indicate a dynamic action in the process of happening. Attention is focused on some internal stage of the process, which cognitively, is viewed as something directly observed, unfolding before our eyes. ─ Downing & Locke (2006: 373).

[56] Progressive aspectuality involves the following features, two of which are strong implicatures rather than part of the meaning proper:
  [1] i   The situation is presented as in progress, on going, at or throughout T_r.
       ii The situation is viewed imperfectively.
       iii T_r is a mid-interval within T_{sit}.   [implicature]

She's **having** a bath *now*. [기준점: 현재시]
[그녀는 지금 목욕을 하고 있다.]
This morning they **were demonstrating** for peace again. [기준점: 과거시]
[오늘 오전에 그들은 다시 평화를 위한 시위를 벌이고 있었다.]
From two o'clock to three I **will be chairing** a meeting. [기준점: 미래시]
[두 시부터 세 시까지 나는 어떤 모임을 주재할 것이다.]

제한된 기간 동안 지속되는 상황을 나타내는 시간의 폭(time span)이 있는 진행형은 시간의 폭이 없는 비진행형과 대립적이다. 진행형은 그것이 제한된 기간 동안의 계속을 나타내는 반면, 비진행형은 과거에서 현재, 그리고 미래시까지의 시간의 확장에 아무런 제약이 없다.

(13) a. John **plays** well.
　　　　[존은 연주를 잘 한다.]
　　 b. John **is playing** well.
　　　　[존은 연주를 잘 하고 있다.]

이 두 개의 예문 중 (13a)에서 비진행형 plays는 존의 일반적인 연주 능력에 대하여 말하는 것이다. 따라서 그가 언제부터 이런 능력을 갖게 되었으며, 언제까지 지속될지 적어도 현재로서는 알 수 없다. 반면에, (13b)에서 진행형 is playing은 화자가 생각하기에 존이 평소에는 연주를 잘 하지 못하는 것으로 알고 있었는데, 현재의 시점에서 보건데 연주를 잘 하고 있다는 존의 일시적인 능력을 암시할 따름이다.

6.7.2. 현재진행형의 용법

6.7.2.1. 진행중인 활동

바로 지금 말하는 순간에 진행중인 상황을 나타낸다. 따라서 이것은 What are you do-

---

　　iv　The situation is presented as durative.
　　v　The situation is presented as dynamic.
　　vi　The situation is presented as having limited duration.　　　[implicature]
— Huddleston & Pullum (2002: 163). See also Quirk et al. (1985: 198) and Leech (1989: 19).

ing now?와 같이 진행형이 포함된 의문문에 대한 대답으로 적절하다.

> You **are looking** rather pale; are you ill?
> [좀 창백해 보이는데. 어디 아픈가?]
> These flies **are annoying** me.
> [이 파리들이 귀찮게 달려드네.]
> Your nose **is running**.
> [코가 흐르고 있어.]
> He's **working** *at the moment*, so he can't come to the telephone.
> [그는 지금 일하고 있어서 전화를 받을 수 없어.]

The wound **is** *still* **discharging** pus.(상처에서 아직도 고름이 나오고 있다.)에서처럼 부사 still을 첨가하여 현재 진행되고 있는 상황의 지속을 강조하기도 한다.

6.7.2.2. 제한된 기간 동안 지속

현재진행형의 가장 일반적인 용법은 제한된 기간 동안의 지속을 나타낸다는 것으로서, 이것은 곧 '일시성'(temporariness)을 뜻한다. 이 경우에 제한된 기간은 다음과 같은 예에서 이탤릭체로 나타난 것처럼 뚜렷이 나타나거나, 뚜렷이 나타나지는 않지만 언급된 상황으로 미루어 보아 암시되기도 한다.

> To promote their new brand of shampoo, they **are selling** it at half price *for a month*.
> [신제품 샴푸 판매를 촉진시키기 위하여 그들은 한 달 동안 반값으로 판매하고 있다. → 제한된 기간이 for a month로 명시되고 있음.]
> Professor Jones **is** not **lecturing** *this term*.
> [조운즈 교수께서는 이번 학기에 강의를 맡지 않고 있다. → 제한된 기간이 this term으로 명시되어 있음.]
> We **are collecting** money for families in need.
> [우리는 가난한 가정을 위하여 모금하고 있는 중이다. → 제한된 기간이 명시되지 않고, 암시되는 것임.]
> Heavy snow **is blocking** all roads into Scotland.

[폭설로 스코틀랜드로 들어가는 모든 도로가 차단되어 있다. → 도로가 차단되는 것은 어느 모로 보거나 그 기간이 제한될 것으로 짐작될 수 있음.]

His paintings **are being shown** at the local gallery.

[그의 그림이 지방 회랑에서 전시되고 있다. → 전시 기간이 명시되어 있지는 않지만, 대개 그 기간이 제한되어 있을 것으로 짐작할 수 있음.]

반면에 단순 현재시제에는 제한된 기간 동안의 계속, 즉 일시성이라는 뜻은 전혀 없고, 한계가 없는(unbounded) 기간 동안의 지속성을 나타낸다. (14a, b-16a, b)에 놓인 각 쌍의 문장을 비교해 보면 이 점이 명백히 구분된다.

(14) a. This cow **isn't milking** very well.

[이 소에서 우유가 많이 나오지 않고 있다. → 일시적으로 우유 양이 많지 않음.]

b. This cow **doesn't milk** very well.

[이 소에서는 우유가 많이 나오지 않는다. → 소가 늙었거나 해서 우유가 많이 나오지 않고 있음.]

(15) a. She'**s teaching** in a comprehensive school.

[그녀는 종합 학교에서 가르치고 있다. → 제한된 기간 동안 가르치는 것이기 때문에 그녀는 임시 교사라는 뜻임.]

b. She **teaches** in a comprehensive school.

[그녀는 종합 학교에서 가르친다. → 기간에 제한이 없는 것이기 때문에 정식 교사라는 뜻임.]

(16) a. John **is working** in a bank.

[존이 은행에 근무하고 있다. → 임시 은행원이라는 뜻을 암시하고 있음.]

b. John **works** in a bank.

[존은 은행에 근무한다. → 정식 은행원임을 암시함.]

6.7.2.3. 반복성

제한된 기간 동안에 반복적으로 일어나는 상황을 나타낸다.[57] 즉, 제한된 기간 동안에 일련의 동일한 상황이 반복적으로 발생한다는 점을 나타내는 것이다.

---

57 Equally, the English Progressive can refer to a habitual situation that holds for a relatively limited period, as in *we're going to the opera a lot these days*. ― Comrie (1978: 37).

They usually have breakfast at eight o'clock, but this week, because Mr. Brown has to walk to the office instead of going by car, they're **having** breakfast at half past seven. (Hornby 1975: 102)

[그들은 대개 여덟시에 아침 식사를 하지만, 금주에는 브라운 씨가 자동차를 타고 가지 않고 걸어서 출근해야 하기 때문에 일곱 시 반에 아침 식사를 하고 있다.]

Fred's wife **is seeing** a therapist regularly.

[프레드의 아내는 규칙적으로 치료사를 만나고 있다.]

The professor **is typing** his own letters while his secretary is ill.

[비서가 아파 있는 동안 그 교수는 손수 편지를 타이핑하고 있다.]

Chris **is getting up** at 6 o'clock every day this week to have a run in the park.

[크리스는 공원에서 달리기를 하려고 이번 주에는 매일 6시에 일어나고 있다.]

예컨대 They **have** breakfast at half past seven.에서처럼 기간이 명시되지 않은 현재시제가 기간을 알 수 없는 상당히 오랫동안 계속되는 상황이 반복적으로 발생하는 것이라면, 위의 첫 번째 문장에 표출된 현재진행형과 아울러 시간 부사류 this week은 제한된 기간 동안에만 아침 식사가 7시 30분에 반복적으로 이루어지고 있음을 나타내는 것이다.

진행형이 always(= 'continually'), continually, constantly, perpetually, forever 등을 수반하여 지속적이거나 중단 없는 상황의 반복을 나타내는데, 이러한 용법은 종종 불만이나 짜증스럽다는 등 화자의 감정적 색채(emotional coloring)를 암시한다.[58] 특히 이러한 반복적인 상황은 주어 역할을 하는 명사구가 갖는 특징으로 간주된다.

The dishwasher **is *always* breaking down**.

---

58 The progressive often carries with it a hint of the speaker's disapproval, especially with adverbials such as for ever or everlastingly.

I was continually falling ill.

They were for ever leaving the gate open.

He's for ever losing his money.

You're continually making poor excuses.

In most of these examples there is no suggestion that the activity is continuous; the progressive is used because it is repeated and sporadic. But the activity may be both continuous (at every occasion) and repeated sporadically. — Palmer (1987). See also Jespersen (1931: 180ff) and Scheffer (1975: 23, 91-92).

[그릇 세척기가 끊임없이 고장이 생기는군.]

Her husband **is *continually* complaining** of being hard up.

[그녀의 남편은 돈이 없다고 계속 투덜거리고 있다.]

Our burglar alarm **is *forever* going** off for no reason.

[우리 도둑 경보 장치가 항상 아무런 까닭도 없이 작동이 되지 않고 있어.]

Pollutants are *constantly* being released into the atmosphere.

[오염 물질이 끊임없이 대기 중으로 방출되고 있다.]

이처럼 진행형의 문장에 쓰인 always는 'on all occasions'라는 보통의 뜻이 아니라, 'very often; too often; constantly' 정도의 뜻을 갖는다. 그러므로 이것을 글자 그대로 해석한다는 것은 '과장 용법'(hyperbole)[59]이라고 한다. 다시 말하자면, 이따금씩 일어나는 행위를 나타내는 문장에 always가 쓰일 정도로 너무나 자주 일어난다는 점을 과장해서 말하기 위한 것이라고 여겨진다.

이러한 구조를 가진 모든 문장들이 언제나 같은 뜻으로만 해석되는 것은 결코 아니다. 예컨대 A child **is *always* learning**.과 같은 문장에는 노여움이나 짜증스러움이라는 감정보다 오히려 그 반대의 감정적 색채가 가미되어 있다고 볼 수 있다.[60] 어린이들이 끊임없이 무

---

59 (48) i *They are always playing chess.*
   ii *They always play chess.*

The progressive here carries an emotive component of meaning not present in (ii): it suggests that I find their behavior somewhat tiresome. The adverb *always* (or some near-equivalent such as *continually*) is crucial for this use — and *always* is in fact interpreted rather differently in the two examples. In (ii) the *always* needs elaboration from the context or further temporal expression — cf. *They always play chess on Friday evenings*: it means "on all occasions of some contextually determined kind". In (i) it is interpreted without any such limitation, so that it implies, when taken literally, that at any time you care to mention they will be engaged in playing chess; this will obviously be recognized as 'hyperbole' or overstatement — and the element of disapproval is presumably derived precisely from this hyperbole. — Huddleston (1984: 156). See also Huddleston & Pullum (2002: 167).

60 cf. This sort of action quite often annoys the speaker but doesn't necessarily do so: *He's always reading* could imply that he spends too much time reading, but could also be said in a tone of approval. — Thomson & Martinet (1986: 155); The 'Adverb of Frequency' are generally used with the Simple Present Tense since this tense expresses repeated action. But *always* and words of similar meaning can be used with the Continuous Tense when repeated action — especially some action that is causing or irritation — indicated, e.g. Richard **is *always* trying** to borrow money from me.

엇인가를 배우고 있다는 것은 성장 과정에서 나타나는 자연스러운 현상이지, 결코 짜증스런 감정을 야기시키는 대상이라고 볼 수 있는 것이 아니기 때문이다. 다음과 같은 예문에서도 결코 이러한 점을 암시한다고 볼 수 없다. 그러므로 문맥 내용을 잘 파악해서 해석하도록 하여야 한다.

Her kitchen **is** *constantly* **being improved** so that Betty can do her work faster.
[부엌이 줄곧 개선되고 있어서 베티는 일을 좀더 빨리 할 수 있게 되었다.]
Fashions in art and literature **are changing** *constantly*.
[예술과 문학에서 유행이 끊임없이 바뀌고 있다.]
Scientists **are** *always* **asking** questions.
[과학자들은 끊임없이 물음을 던지고 있다.]
Language is alive and *constantly* **changing**.
[언어는 살아 있어서 꾸준히 변하고 있다.]

반면에 단순 현재시제형으로 나타내는 경우에는 아무런 감정적 색체도 가미되지 않고, 다만 사실적인 내용을 있는 그대로 나타낸 것이다.[61]

I *always* **taste** food before adding salt.
[나는 소금을 넣기 전에 먼저 항상 음식 맛을 본다.]
He *constantly* **draws** attention to his own excellence.
[그는 끊임없이 자신이 훌륭한 사람이라는데 관심을 쏟는다.]
He *always* **gets** into trouble.

You *are continually finding* fault with me.
Alice is an annoying guest; she *is constantly complaining* that the house is cold.
'I'm for ever blowing bubbles.' (Music Hall of song.)
Note that the meaning in these sentences is not really 'always' but rather 'very often'.
— Eckersley & Eckersley (1963: 171).

61 COMPARE:
(1) "*Mary is always leaving her dirty socks on the floor*" expresses annoyance.
(2) "*Mary always leaves her dirty socks on the floor*" is a statement of fact in which the speaker is not necessarily expressing an attitude of annoyance. Annoyance may, however, be shown by the speaker's tone of voice. — Azar (1999: 30). See also Ek & Robat (1984: 238).

[그는 줄곧 말썽을 부린다.]

6.7.2.4. 미완료: 완결/비완결

현재진행형이 '미완료'(incompletion)를 나타내기도 한다. 이러한 경우에는 문장에 표출된 특정한 상황이 시작되어 아직 끝나지 않았음을 나타낸다. 따라서 진행중인 상황을 현시점에서 중단하게 되면 그것은 미완료의 상태가 된다. 다음의 두 문장 (17a, b)를 비교하여 보자.

(17) a. John is singing.
　　　　[존이 노래를 부르고 있다.]
　　　b. John is making a chair. (Comrie 1978: 44)
　　　　[존이 의자를 고치고 있다.]

동사 sing은 자동사나 타동사로 쓰일 수 있다. (17a)의 경우처럼 목적어를 수반하지 않으면 노래 부르는 동작의 시발점과 종결점(terminal point)이 없다. 그러므로 노래 부르는 시간이 아주 짧을 수도 있고, 무한히 길어질 수도 있기 때문에, 노래를 잠시 동안 부르다가 중단하더라도 He has sung.이라는 뜻을 포함하게 된다. 즉, 그가 노래를 불렀다는 점이 사실이다. 이처럼 진술된 상황의 시발점과 종결점이 없는 것을 '비완결적'(atelic) 상황이라 한다. 반면에, 하나의 물건이 만들어지려면 반드시 시발점과 종결점이 있게 마련이다. 그러므로 (17b)에서 is making은 반드시 시발점과 종결점이 있어야 하기 때문에 이런 구조는 '완결적'(telic) 상황을 나타낸다고 하며,[62] 바로 이러한 진행형은 He **is singing**.의 경우와 달리 미완료를 나타내는 것이다.

그런데 시발점과 종결점의 구분이 동사 그 자체에 의해 결정되는 동사도 있지만, sing의 경우처럼 목적어가 있느냐 없느냐, 만약 목적어가 있다면 그것이 어떤 목적어인가에 따라서 결정되기도 한다.[63] (17a)와 관련해서 한 가지 덧붙이자면, 예컨대 **John is singing**.은 시발점

---

[62] Comrie (1978: 44). 또한 Vendler (1967: 102-107)가 다음과 같은 예를 accomplishment(수행)라고 하는데, 이들은 모두 Comrie의 telic verbs에 해당되는 것이다:
painting a picture, making a chair, building a house, writing or reading a novel, delivering a sermon, giving or attending a class, playing a game of chess, recovering from illness, growing up, getting ready for something, etc.

[63] At first sight, it might seem that we could call verbs that refer to telic situations telic,

과 종결점을 갖지 않기 때문에 비완결적이지만, John is singing *a song*.은 노래 한 곡을 끝까지 부르려면 반드시 시발점과 종결점이 있어야 하기 때문에 완결적이다. 이 문장의 경우에 노래를 부르다가 중단하면 그 노래를 모두 부른 것이 되지 못하기 때문에 미완료를 나타내는 것이다. 또한 John is singing *songs*.는 비완결적이지만, John is singing *five songs*.는 지금 노래를 부르다가 중단하면 다섯 곡의 노래를 모두 부른 것이 아니기 때문에 목적어로서 songs가 쓰인 경우와 달리 완결적인 상황이 되는 것이다. 이러한 점에 비추어 볼 때, 많은 경우에 완결적/비완결적이라는 구분이 문맥에 따라 결정되는 수가 많다고 하겠다.[64]

다음과 같은 예들의 경우는 종결점이 있는 상황을 나타내는 것으로서, 모두 미완료를 나타낸다. 예컨대 The road **is nearing** completion.의 경우에 도로공사를 지금 중단하면 그 공사가 모두 끝난 것이 아니기 때문에 미완료를 나타내는 것이다.

The road **is nearing** completion.
[도로가 거의 완성 단계에 있다.]
His handwriting **is improving.**
[그의 필체가 나아지고 있다.]
He **is writing** a history of the persecutions endured by his race.
[그 분은 자기 민족의 수난사를 집필중이다.]
His eyesight **is becoming** progressively worse.
[그의 시력이 점차적으로 나빠지고 있다.]
Toy sales peaked just before Christmas and **are** now **decreasing**.
[장난감 판매가 크리스마스 직전에 절정에 달했다가 지금은 감소 추세이다.]
World energy demand **is increasing** at a rate of about 3% per year.

---

those that refer to atelic situations atelic; in fact, the picture is not quite so simple. If it were, then we could, for instance, call *drown* a telic verb (drowning is a process that necessarily comes to an end when the animal drowning dies), and *sing* an atelic verb. However, situations are not described by verbs alone, but rather by the verb together with its arguments (subject and objects).
John is drowning
John is singing songs.
— Comrie (1978: 45).

64 Moreover, provided an appropriate context is provided, many sentences that would otherwise be taken to describe atelic situations can be given a telic interpretation.
— Comrie (1978: 45-46).

[세계 에너지 수요가 매년 3% 정도의 비율로 증가하고 있다.]

설령 시작과 끝이 분명한 동사일지라도 예컨대 He **is jumping** with joy.라든가 They **are jogging** now.와 같은 경우에는 동사가 나타내는 과정이 현재 진행되고 있음을 나타낼 뿐, 미완료의 뜻을 나타내지 않는다.

6.7.3. 과거진행형의 용법

과거진행형은 주로 제한된 시간 동안 지속된 과거의 행위를 나타내는 데 쓰이지만, 그 정확한 한계는 알려지지 않고 따라서 중요하지 않다.

1) 과거진행형은 **과거 일정시**라는 개념과 **일시성**(temporariness)이라는 개념이 결합된 것이다. 이 경우의 시간 지시점이 과거 특정한 순간이며, 대개 시간(time-when)을 나타내는 부사류가 문중에 뚜렷하게 나타나게 된다.

John **was working** in the attic *when I called*.
[내가 전화를 걸어 보니 존은 다락에서 일하고 있었다.]
He **was** still **carrying** the stolen goods *when he was pinched*.
[체포 당시에 그는 여전히 장물을 갖고 있었다.]

기준점이 기간을 나타내는 경우에 과거 진행형은 그 기간 동안 내내 진술된 상황이 지속되고 있었다는 점을 뜻한다.

Last summer I **was travelling** through Morocco.
[지난 여름 나는 모로코 여행을 하고 있었다. → '지난 여름 내내' 여행했음을 뜻함.]
In 1975 we **were still living** in Devon.
[1975년에 우리는 계속 데본에 살고 있었다.]

2) 과거진행형은 미완료라는 개념이 더욱 뚜렷하게 나타날 수 있다. 따라서 The well **was drying** up.은 우물물이 아직 완전히 마르지 않았다는 미완료의 상태를 나타내는 반면, The well **dried** up.은 우물물이 완전히 말라버렸다는 완료의 뜻을 나타낸다.

When we got to Bill's house, he **was washing** his car.

[우리가 빌의 집에 도착했을 때 그는 세차하고 있었다.]

I **was reading** 'Changing Places' last night.

[나는 어젯밤에 'Changing Places'를 읽고 있었다.]

The building company **was building** several houses near the river when it went bankrupt.

[그 건축회사는 강가에 여러 채의 집을 짓는 도중에 파산되었다.]

3) 과거진행형은 시간의 폭(time span)이 있어서 이것이 한 시점에 발생하는 다른 특정한 사건을 에워싸는 효과를 갖는다. 그러므로 과거진행형은 '배경'(背景: background)을 이루고, 한 시점을 나타내는 단순 과거시제형은 이에 대한 '전경'(前景: foreground)이 된다. 다음의 첫 번째 문장에서 TV 뉴스를 시청한 것은 시간의 길이가 있는 배경 역할을 하는 것이고, 뉴스를 시청하는 사이에 폭음 소리가 난 것은 한 점에 불과한 전경이 되는 것이다.

I **was watching** the news on television when there **was** a loud explosion in the street.

[거리에서 요란한 폭발 소리가 났을 때 나는 TV에서 뉴스를 시청하고 있었다.]

When I **was walking down** the street the other day, I **happened to notice** a small brown leather wallet lying on the sidewalk.

[요전 날 길을 걸어 내려가다가 나는 인도에 조그마한 갈색 가죽 지갑이 놓여 있는 것을 우연히 발견하게 되었다.]

6.7.4. 진행형과 동사의 부류

6.7.4.1. 동적동사와 상태동사

전달하고자 하는 의미 내용에 따르면 동사는 동적동사(動的動詞: dynamic verb)와 상태동사(狀態動詞: stative verb) 등 두 가지 유형으로 크게 구분된다. 동적동사는 동적인 상황을 나타내는 것으로서 진술된 상황의 시작과 끝이 분명한 동사를 말한다. 이와 반대로, 상태동사는 시작과 끝의 경계를 분명히 정할 수 없을 뿐만 아니라,[65] 상태의 지속 과정에 아무

---

65 Freed (1979: 57)는 다음과 같이 start, stop, finish와 같은 동사가 쓰인 틀에 나타날 수 없으면 그 동

런 변화도 없으며, 또한 동작주 주어(agentive subject)를 수반하지 않는다.

그러나 술부에 놓인 대부분의 동사들은 본질적으로 동적동사와 상태동사로 뚜렷이 구분되는 것이 아니라, 오히려 동사가 전달하는 뜻에 따라 동적동사의 '상태적 용법'(stative use) 또는 상태동사의 '동적 용법'(dynamic use)으로 쓰이게 된다고 말하는 것이 더 적절하다.[66] 다음 문장 (18a, b-20a, b) 각 쌍의 문장에서 같은 동사들이 (18a-20a)에서는 동적 용법으로 쓰인 것이고, (18b-20b)에서는 상태적으로 쓰이고 있다.

(18) a. People **were coming** and **going** all the time.
 [언제나 사람들이 오가고 있었다.]
 b. Highway 36 **goes** from Denver to Indianapolis.
 [고속도로 36번이 덴버에서 인디애나폴리스까지 뻗어 있다.]
(19) a. He**'s seeing** the delegation right now.
 [그는 지금 대표단을 만나고 있다.]
 b. Can you **see** anything?
 [뭔가 보이는 것이 있니?]
(20) a. He **was holding** a knife in one hand and a fork in the other.
 [그는 한손으로는 칼을 들고 다른 손에는 포크를 들고 있었다.]
 b. This car **holds** six people.
 [이 자동차는 6인승이다.]

6.7.4.2. 동적동사와 상태동사의 구분

위에서 방금 본 바와 같은 동사의 동적 용법과 상태적 용법의 구분은 몇 가지 문법적 특성

사는 상태동사라고 말하고 있다: *NP started to V/V-ing X. *NP stopped V-ing X. *NP finished V-ing X. 그렇지만 He began to understand the problem.과 같은 분상노 있다는 섬에 유의하니아 한다.

66 cf. In English, however, this is not the case: there are many verbs that are treated sometimes as stative, sometimes as nonstative, depending on the particular meaning they have in the given sentence..... In English, the general rule seems to be that lexically stative verbs can be used nonstatively and appear in the Progressive, while lexically nonstative verbs do not lose their ability to be in the Progressive by being used statively. — Comrie (1978: 36).

의 차이와 관련된다.[67] 즉, 동적동사의 뜻을 갖는 동사들은 반드시 그렇지는 않지만, 흔히 동작주성(agentivity)을 암시한다. 이에 속하는 동사들은 다음과 같이 (a)-(g)에 열거된 문법적 특성을 가지며, 이에 따라 다음의 왼쪽에 있는 문법적인 문장을 만든다. 반면에, 상태동사들은 이에 대응하는 동적동사들이 갖는 문법적 특성을 갖지 못하며, 따라서 다음의 오른쪽에 제시한 문장들은 모두 문법적으로 틀린 문장이다.

(a) 명령형을 만들 수 있다.

Learn how to swim.　　　　　　　　***Know** how to swim.
[수영하는 법을 배워라.]　　　　　　　***Be** tall.
Be kind to others.
[다른 사람들에게 친절해라.]

(b) 진행형이 가능하다.

I'm learning to swim.　　　　　　　***I'm knowing** how to swim.
[나는 수영하는 법을 배우고 있다.]　***I'm being** tall.
I **am being** careful.
[나는 신중하게 행동하고 있다.]

(c) what으로 시작되는 의사 분열문(擬似分裂文: pseudo-cleft sentence)에서 do 다음에 놓인 be 동사의 보어 위치에 쓰인다.

What I did was **(to) learn** Spanish.　　*What I did was (to) **know** Spanish.
[내가 한 것은 스페인어를 배운 것이다.]
What I did was to **be** careful.　　　　*What I did was to **be** tall.
[내가 한 것은 주의를 기울인 것이었다.]

67　The distinction between verbs in dynamic use and stative use is a fundamental one in English grammar, and it is also reflected in a number of other ways than in the progressive. For verb categories, we may mention the imperative, the 'pseudo-cleft sentence' with DO pro-form, and the causative construction; for adverbial categories we may mention manner adverbs requiring an animate subject (such as *reluctantly*, see 8.42) and the *for ... sake* construction. — Quirk et al. (1972: 94).

(d) 동적동사의 대용형으로 do so, do it, do this/that를 쓸 수 있다.

John kicked the door several times. He always **does** $\begin{Bmatrix} \textbf{so} \\ \textbf{that} \end{Bmatrix}$ when he wants to attract attention.

*Bill knew the answer, and Harry **did so** too.

[존은 여러 번 문을 찼다. 그는 주의를 끌고 싶은 경우에는 늘 그렇게/그 짓을 한다.]

(e) 사역동사 구문에 쓰인다.

I **persuaded** him **to learn** how to swim.

*I **persuaded** him **to know** the language.

[나는 그를 설득시켜 수영을 배우도록 했다.]

I **persuaded** her **to be** careful.

*I **persuaded** her **to be** tall.

[나는 그녀를 설득시켜 주의하도록 했다.]

(f) 유생명사(animate noun)를 주어로 하고, 양태부사를 수반할 수 있다.

I **learned** the language **only reluctantly**.

*I **knew** the language **only reluctantly**.

[나는 단지 마지못해서 그 언어를 배웠다.]

I **was** careful **only reluctantly**.

*I **was** tall **only reluctantly**.

[나는 단지 마지못해서 주의를 기울였다.]

(g) for ...'s sake 구문에 쓰인다.

I learned the language **for my fiancee's sake**.

*I knew the language for **my fiancee's sake**.

[나는 약혼자를 위해 그 언어를 배웠다.]

I was careful **for my own fiancee's sake**.

*I was tall **for my fiancee's sake**.

[나는 내 약혼자를 위해서 주의를 기울였다.]

6.7.4.3. 동적동사의 하위 부류

동적동사는 보통 진행형을 허용하는 동사로서, 활동·사건·과정 등을 나타내는 사건동사(event verb)들이다. 이에 해당되는 동사들은 다시 활동동사·과정동사·감각동사·순간동사 등으로 세분된다.

6.7.4.3.1. 활동동사

활동동사(活動動詞: activity verb)에는 ask, bake, call, do, fill, give, inquire, make, pay, read 등이 속하며, 이 동사들은 주어로서 동작의 주체인 동작주(agent)를 필요로 하는데, 이것은 유생적·무생적 존재 모두 가능하다.

  I **am reading** a biography of Ellen Terry.
    [나는 엘런 테리의 전기를 읽는 중이다.]
  John **is working** hard for his final exam.
    [존은 학기말 시험 공부를 열심히 하고 있다.]
  Women **are** still **struggling** for true equality with men.
    [여성들은 아직도 남성들과 진정한 평등을 이루려고 투쟁을 벌이고 있다.]
  The sun **is shining**.
    [햇빛이 비치고 있다.]

6.7.4.3.2. 이행동사

이행동사(移行動詞: transition(al) verb)란 하나의 상태에서 다른 상태로 옮아감에 따른 결과적 상태의 변화를 나타내는 것으로서, arrive, die, ferment, grow, improve, leave, melt, stop, take off 등이 이에 해당된다. 따라서 이 동사들의 진행형은 현시점에서 보면 '미완료'를 나타낸다. 즉, The train **is arriving**.(열차가 도착하고 있습니다.)이라는 말은 열차가 종점을 향해 도착하고 있다는 뜻이므로, 현시점에서 멈춘다면 열차가 종점에 완전히 도착한 것은 아니다.

  The wine **is fermenting** nicely.
    [포도주가 잘 발효되어 가고 있다. → 완전히 발효되는 단계를 향해 이행되고 있는 과정에 있다는 뜻임.]

Opinion **is shifting** in favor of the new scheme.
[의견이 새로운 계획을 지지하는 쪽으로 바뀌고 있다. → 의견이 모아지는 과정에 있다는 뜻임.]

Things **are going** from bad to worse.
[상황이 점점 더 악화되어 가고 있다. → 상황이 악화되는 단계로 이행되고 있다는 뜻임.]

His eyesight **is failing**.
[그의 시력이 점점 떨어지고 있다.]

The Boeing 747 **is taking off.**
[보잉 747 비행기가 지금 이륙중이다.]

The sun **is ripening** our tomatoes nicely.
[햇빛에 우리 토마토가 잘 익어가고 있다.]

Five meters below the surface of the North Sea, near the southernmost tip of Norway, Europe's first underwater restaurant **is nearing** completion.
— *CNN*, 2nd September 2018.
[북해의 해저 5미터 지점인 노르웨이의 최남단 근처에 유럽 최초의 해저 식당이 완공되어 가고 있다.]

6.7.4.3.3. 감각동사

감각동사(感覺動詞: sensation verb)는 신체적 감각을 나타내는 것으로, ache, burn, feel, glow, hurt, itch, smart, tingle 따위와 같은 동사들이 이에 속한다. 주로 신체적인 이상 등을 나타내는 이런 동사들은 단순 시제형과 진행형의 양자 사이에 의미의 차이가 별로 없다.

I { **am feeling** / **feel** } a little depressed today.
[오늘은 좀 울적한 기분이 든다.]

His cheek { **was tingling** / **tingled** } from the slap she gave him.
[그녀가 때렸기 때문에 그의 볼이 얼얼했다.]

My back { **is itching** / **itches** } .
[등이 아프다.]

6.7.4.3.4. 순간동사

순간동사(瞬間動詞: momentary verb)는 지극히 짧은 시간에 이루어지는 사건을 나타낸다. 그러므로 hit, blink, cough, flash, jump, kick, nod, pinch, shoot, slap, stab, tap, wink 따위와 같은 동사가 나타내는 사건은 지속성을 갖는다고 생각하기 어렵다. 예컨대 He **nodded**.는 1회에 한정된 순간적인 동작을 나타낼 뿐, 그 동작의 지속을 나타내지는 못한다. 반면에, He **is nodding**.의 경우처럼 순간동사의 진행형은 이러한 순간적인 동작들이 반복되거나 일련의 순간적인 사건의 연속을 표출한다.[68]

Will the person who **is tapping** his foot please stop?
[바닥에 발을 치고 있는 사람은 멈춰 주십시오.]
Mummy, Kevin **is hitting** me.
[엄마. 케빈이 자꾸 나를 때리고 있어요.]
You **are coughing** a lot. — I think you smoke too much.
[기침을 많이 하는데, 담배를 너무 많이 피우는 것 같은데.]
Someone **was pounding** at the door.
[누가 문을 탕탕 치고 있었다.]

6.7.4.4. 상태동사의 하위 부류

상태동사는 다시 의미론적으로 지각동사 · 인식동사 · 관계동사 · 위치동사 등으로 세분된다. 이런 동사들은 보통 진행형으로 쓰이지 않지만, 주어를 능동적인 동작주(動作主: agent)로 하고 '동적인'(dynamic) 뜻을 가질 수 있게 되면 진행형이 허용된다.

6.7.4.4.1. 지각동사

지각동사(知覺動詞: perception verb)는 인간의 다섯 가지 감각기관의 작용을 통해 느끼는 감각적 지각을 나타내는 동사로서, feel, hear, see, smell, taste, notice, observe 등이 이에 속한다. 이들은 주어의 '수동적인' 지각 작용(inert perception), 즉 주어 자신이 의지를 발동해서 어떤 대상을 능동적으로 지각하는 것이 아니라, 감각기관을 통한 지각 작용이

---

68 진행형을 사용하지 않으면서도 '지속'을 뜻하는 전치사구를 첨가함으로써 반복의 뜻을 나타낼 수 있다 (Kaplan 1989: 197): Ann jumped for an hour/hopped for twenty minutes/kicked the ball for three hours.

수동적으로 이루어지는 것을 말한다. 예컨대 I **see** a plane in the sky.와 같은 문장은 의도적인 시각 작용에 의해 비행기를 보는 것이 아니라, 눈이 하늘로 향하기 때문에 저절로 비행기가 보이는 수동적인 지각 작용을 나타내는 것이다. 특히 지각 작용이 반복적·습관적으로 일어나는 것이 아니라, 어느 특정한 1회에 한정된 행위라는 점을 명백히 나타내기 위하여 법조동사 can이 수반되기도 한다.[69]

Can you **taste** the ginger in this cake?
[이 케잌에서 생강 맛이 나는가?]
I **(can) see** someone through the window.
[창 너머로 어떤 사람이 보인다.]
I **(can) smell** something burning.
[뭔가 타는 냄새가 난다.]
I { **could feel** / **felt** } something hard under my foot.
[발바닥에서 뭔가 딱딱한 느낌이 들었다.]
I **noticed** her leave the shop.
[나는 그녀가 가게에서 나가는 것을 목격했다.]

이러한 지각동사들이 주어 자신이 통제할 수 없는 수동적 지각 작용의 뜻으로 쓰이게 되면 결국 이러한 뜻은 진행형이 갖는 동적인 뜻과 충돌하기 때문에 진행형으로 나타낼 수 없다.[70] 그렇지만 이러한 동사들이 뜻을 달리 하여 진행형으로 쓰이게 되면 동적인 용법으로 바뀌어 능동적 지각, 즉 주어가 자신의 의지를 발동해서 어떤 대상에 대하여 의도적인 지각 작용이 이루어지도록 하고 있음을 나타낸다. 이렇게 되면 예컨대 무엇을 보려고 해서 보는 활동이 이루어지는 것이 되고, 맛을 보려는 의지를 가지고 맛을 보는 것이 된다.

---

69 영국영어에서는 see, hear, feel, smell 등이 비자발적인 지각 작용을 나타낼 때 can을 수반하는 예들을 종종 볼 수 있지만, 미국영어에서는 보통 can이 수반되지 않는다. — Swan (2005: 103).

70 a. verbs of inert perception. This group contains the 'sensory verbs' *see, hear, smell, feel, taste, notice* and *observe*, which refer to an involuntary reaction of the senses…. The reason why the progressive form is unusual here is the semantic clash between *inert* perception (which is beyond the control of the subject) and the dynamic meaning of the progressive (i.e. the fact that a progressive with a human subject expresses that the subject is *doing* something). — Declerck (1991a: 167). See also Ek & Robat (1984: 234) and Huddleston & Pullum (2002: 169).

She **was feeling** about in the dark for the switch.
[그녀는 스위치를 찾으려고 어둠 속에서 여기저기 더듬고 있었다.]
She **was smelling** the fish to find out whether it was fit to eat.
[그녀는 먹어도 괜찮을지 알아보려고 생선 냄새를 맡고 있었다.]
I **am tasting** the soup to see if I put enough salt in it.
[스프에 소금을 충분히 넣었는지 알아보려고 맛을 보고 있어요.]

주어가 지각 작용의 대상으로 삼고, 위의 동사들이 상태동사로서 'produce a sensation'(느낌이 들게 하다)이라는 뜻을 갖게 되면 주어가 통제력을 가질 수 없기 때문에 진행형으로 나타낼 수 없다.

This fish **smells** all right.
[이 생선 냄새는 괜찮다.]
This milk **tastes** a little sour.
[이 우유는 약간 신맛이 난다.]
You **look** quite exhausted
[너는 아주 피곤한 것 같구나.].
The vibrations **felt** as if they could have been caused by an earthquake.
[진동소리가 지진 때문에 일어났던 것처럼 느껴졌다.]

일반적으로 수동적인 지각을 나타내는 see와 hear에 대하여 각각 이에 대응하는 능동적 지각을 나타내는 동사 look at와 listen to가 있다. 그러나 see가 'meet'의 뜻으로 쓰이게 되면 동적동사가 되기 때문에 진행형이 가능하게 된다.

He **was looking at** some old photographs.
[그는 오래된 사진 몇 장을 보고 있었다.]
Are you **listening to** the radio? If not, please switch it off.
[라디오를 듣고 있니? 그렇지 않으면 좀 꺼 주었으면 한다.]
Fred's wife **is seeing** a speech therapist regularly.
[프레드의 아내는 정기적으로 언어 치료사를 만나고 있다. →see가 'meet'의 뜻으로 쓰였음.]

6.7.4.4.2. 인식동사

인식동사(認識動詞: cognition verb)는 감정, 정신 상태 또는 의견 등을 나타내는 것으로서, 여기에는 believe, dislike, feel(= think), hate, know, love, mean, remember, see(= understand), suppose, think, wonder 등이 포함된다. 특히 인식동사는 활동을 나타내는 것이 아니라, 상태를 나타내기 때문에 진행형을 취하지 않는다. 그러나 이런 동사들 중 일부는 뜻을 달리 해서 동적동사로 쓰이게 되면 진행형이 가능하다. 다음 각 쌍의 문장에서 이러한 뜻의 차이를 비교하여 보자.

I **think** we have done all we could. (= 'have an opinion')
 [나는 우리가 할 수 있는 일은 다 했다고 생각한다. → 이 경우의 think는 정신적으로 느끼는 인상을 나타내고 있음.]
I **am still thinking** of going into politics. (= 'consider')
 [나는 아직도 정계에 들어갈까 생각중이다. → 여기서 think는 정신적 활동을 나타냄.]
Now I **see** what you meant. (= 'understand')
 [이제 네가 한 말이 무슨 뜻인지 이해가 된다.]
When you saw me at the airport, I **was seeing** a friend off.
 [나를 공항에서 만났을 때 나는 친구를 전송하고 있었지.]
Do you **mind** if I open the window?
 [창문을 열어도 괜찮습니까?]
Jack **is minding** the children while his wife is out shopping.
 [재크는 아내가 쇼핑하러 간 사이에 애들을 돌보고 있다.]
I don't **imagine** that taxes will be reduced this year.
 [나는 금년에 세금이 줄어들지 않을 것으로 본다.]
He'**s** always **imagining** dangers that don't exist.
 [그는 항상 있지도 않은 위험을 생각하고 있다.]

이상과 같은 예에서처럼 인식동사들이 수동적인 뜻을 가질 때에는 대개 that-절을 수반한다. cost, prefer, remember 따위와 같은 동사들은 진행형으로 쓰이지 않는다. 그러나 이러한 동사들일지라도 more and more, less and less 따위를 동반하여 '점진적인 변화'를 나타내는 경우에는 진행형으로 쓰인다.[71]

---

71 45 Certain other verbs of Class H can take the Progressive when accompanied by an

It **tastes nasty**.
 [그것은 불쾌한 냄새가 난다.]
It'**s tasting** *nastier and nastier*.
 [그것은 점점 더 불쾌한 냄새가 나고 있다.]
Jeffrey **resembles his brother**.
 [제프리는 자기 동생을 닮았다.]
Jeffrey **is resembling his brother** *more and more*.
 [제프리는 점점 더 자기 동생을 닮아가고 있다.]
Dana **knows the answer**.
 [다나는 그 답을 알고 있다.]
Dana **is knowing** *more and more* **of the answer as the course progresses**.
 [과정이 진행되어 감에 따라 다나는 그 답을 점점 더 이해되고 있다.]

6.7.4.4.3. 관계동사

관계동사(關係動詞: relational verb)는 존재 · 소유 · 존재의 상태 등을 나타낸다. 여기에는 대충 apply to, be, belong, consist of, contain, cost, differ from, exist, fit, have, include, lack, need, own, resemble, seem, sound, weigh 등이 속한다.

The bathroom **is** upstairs.
 [목욕실이 위층에 있다.]
These bags **belong** to them.
 [이 가방은 그들의 것이다.]
Whisky **contains** a high percentage of alcohol.

---

expression like *more and more*:
He *is resembling* his father more and more as the years go by. | The income of one's parents *is mattering* less in education these days. | Good food *is costing* more since devaluation.
The meaning of all these sentences (which are felt to be rather unnatural by some speakers) could be vaguely formulated. 'This is the way things are going', and the explanation of the Progressive here seems to be that the verbs are no longer 'state verbs', but have transferred to the class of 'process verbs'. *Resemble,* for example here 'to become like' rather than 'to be like'. — Leech (2004: 31). See also Palmer (1987: 72), Baker (1997: 582), and Swan (2005: 458).

[위스키에는 알콜 성분 비율이 높다.]

일부 관계동사들은 동작의 뜻을 갖는 경우에는 동적동사로 쓰여 진행형을 취할 수 있다. 다음 각 쌍의 문장에 나타난 뜻의 차이를 비교하여 보자.

Does that rule **apply** to us too?
[그 규칙이 우리에게도 적용되는가?]
The poor **are applying** to us for help.
[가난한 사람들이 우리에게 도움을 요청하고 있다.]
It **depends** on whether we will succeed.
[그것은 우리의 성공 여부에 달려 있다.]
I **am depending** upon you. (= 'rely on')
[나는 너에게 의존하고 있어.]
The dress doesn't **fit** her well.
[그 드레스는 그녀에게 잘 맞지 않는다.]
We'**re fitting** a smoke alarm to the ceiling. (= 'to put or fix sth somewhere')
[우리는 천정에 화재경보기를 달고 있는 중이다.]
I **have** a lot of things to do today.
[오늘은 할 일이 많아.]
John **is having** one of his attacks of migraine.
[존은 또 편두통을 잃고 있다.]

동사 have는 상태동사로서 진행형으로 나타낼 수 없다. 따라서 *I **am having** a pickup truck.(나는 피크업 트럭을 한 대 갖고 있다.)과 상태동사 사이의 의미 차이가 크게 나타난다. 예컨대 I **have** a baby.(나는 아기를 갖고 있다.)와 I **am having** a baby.(임신하고 있다)는 전혀 다른 두 가지 상황을 나타낸다.

건강 상태와 관련해서도 have가 쓰일 수 있다. 장기적인 질병인 경우에는 진행형으로 쓸 수 없기 때문에 *I **am having** Parkinson's disease.(나는 파킨슨병을 앓고 있다.)는 비문법적이지만, I **am having** an asthma attack.(나는 천식을 앓고 있다.)의 경우처럼 단기적인 질병은 진행형으로 나타난다. 그렇지만, 단기적인 질병임에도 불구하고 I **have** the hiccoughs.(딸꾹질이 난다.)라든가 I **have** a headache.와 같은 예는 문법적으로 완전한 문장이다. 이처럼 단기적인 질병의 경우에는 진행형과 비진행형의 용법에 뚜렷한 규칙이 없는 것 같다.

<동적 형용사와 진행형>

be 동사도 진행형과 비진행형의 두 가지로 쓰일 수 있다. 즉, be 동사가 형용사 또는 명사구를 보어로 삼아 주어의 비교적 항구적인 상태를 나타내는 경우에는 진행형이 허용되지 않는다. 즉, beautiful, old, young 따위의 경우처럼 주어의 의지에 따라 '통제 불가능한'(uncontrollable) 상황을 나타내는 형용사는 상태 형용사(狀態形容詞: statal adjectives)로서 진행형이 불가능하다. 그러므로 *Michael Jordan **is being** tall.이라든가 *Louisa's eyes **are being** brown.과 같은 구조는 문법적으로 틀린 것이다. 그러나 **be 동사가 주어의 의지에 따라 '통제 가능한' 일부 형용사나 명사구를 보어로 삼는 경우에는 주어의 항구적인 상태를 기술할 수 있을 뿐만 아니라, 진행형으로 쓰여 일시적인 행위를 나타낼 수도 있다.** 따라서 The children **are being** noisy.(애들이 시끄럽게 굴고 있다.)라든가 Mill **is being** obnoxious.(밀은 아주 역겹게 행동하고 있다.)는 허용되는 구조이다. 이 문장에 쓰인 noisy나 obnoxious와 같은 형용사는 동적 형용사(動的形容詞: dynamic adjectives)로서 주어의 의지에 따라 통제가 가능한 상황을 나타낼 수 있는 형용사이기 때문에 진행형의 문장에서 보어 역할을 할 수 있는 것이다.

이처럼 be 동사가 형용사나 명사구를 보어로 하는 SVC 문장 구조에서 진행형으로 나타낼 수 있다. 즉, 동작을 나타낼 수 있는 형용사가 be 동사의 보어로 쓰여 일시적인 상태를 나타내게 되면 진행형으로 쓰여 동작의 일시성을 나타낼 수 있다. 이 경우에 진행형은 주어 자신이 의지력을 발동해서 일시적으로 어떤 행위를 하고 있다는 뜻이 된다.[72] 다음 두 개의 문장 (21a, b)를 비교해 보자.

(21) a. Mary **is kind**.[73]

(= 'Kindness is one of her usual characters.')

---

[72] Most adjectives and nouns are essentially stative in this sense, for it takes no effort to continue being what one is. However, not all adjectives are necessarily stative; *to be polite* or *silly* can be so contrary to one's nature that it takes a force of will to continue being so. If so, we can use the progressive to bring out their temporariness. — Hofmann (1993: 140). See also Quirk et al. (1985: 434), Carter & McCarthy (2006: 604) and Pustet et al. (2006: 192).

[73] 오래 전에 어떤 고등학교 영어 시간에 이 두 가지 문장에서 is와 is being의 차이를 가르쳤어야 함에도 불구하고, 그 차이는 가르치지 않고 is가 '존재'(existence)를 나타내는 것이라고 가르치는 것을 학생이 받아 쓴 공책에서 본 적이 있다. 참으로 어처구니 없는 일이었다.

[메리는 친절한 사람이다.]

b. Mary **is being** kind.

(= 'Right now, at the moment of speaking, she is acting in a kind manner.')

[메리가 친절한 행동을 하고 있다.]

(21a)의 단순 현재시제로 나타난 is kind는 메리의 일반적인 성품(quality) 내지 속성(attribute), 즉 메리가 언제든지 누구에게든지 친절한 행동을 하는 친절한 성품의 소유자라는 뜻이다. 반면에, (21b)에서 현재진행형 is being kind는 메리의 현재시의 행동, 즉 메리가 평소에는 친절한 성품을 보이는 사람이 아니지만, 지금은 자신의 의지를 발동해서 일부러 어떤 사람에게 친절을 베풀고 있다는 점을 말하는 뜻이다. 다음의 각 쌍의 문장에서도 위에서 본 것과 같은 진행형과 비진행형의 차이에 따른 의미상의 차이가 있다.

My car **is** difficult. (i.e. 'It's made that way.')
[내 차는 운전하기가 어렵다. → 차체가 그렇게 제작되어 있다는 말.]
My car **is being** difficult. (i.e. 'It's going out of its way to cause trouble.')
[내 차가 지금은 운전하기가 어렵다. → 평소와 달리, 바로 지금은 자동차가 말썽을 부리고 있다는 뜻임.]
He **is** tactless.
[그는 재치가 없는 사람이다.]
He **is being** tactless.
[그는 재치 없는 행동을 하고 있다. → 평소와 달리, 지금은 재치 없는 행동을 하고 있다는 뜻임.]
She**'s** awkward.
[그녀는 귀찮은 존재이다.]
She**'s being** awkward.
[그녀가 귀찮게 굴고 있다. → 평소에는 귀찮게 행동하는 사람이 아니지만, 지금 일시적으로 그렇게 행동하고 있다는 뜻임.]
You**'re** ridiculous.
[너는 어리석다. → 평소 어리석은 짓을 일삼는다는 뜻임.]
You**'re being** ridiculous.
[너는 어리석은 짓을 하고 있어. → 평소와 달리, 현재 어리석은 짓을 하고 있다는 뜻임.]

Frank **is** stubborn.
[프랭크는 고집스럽다.]
Frank **is being** stubborn.
[프랭크가 고집을 부리고 있다. → 평소와 달리, 지금은 고집을 부리고 있다는 뜻임.]

이러한 구조의 문장에서 진행형으로 쓰일 수 있는 동적 형용사들은 주로 인간의 감정(emotion)·평가(evaluation)·성격 특성(personality feature)·신체적 상태(physical condition) 등을 나타내는 것들이며, 대충 다음과 같은 것들이 있다.[74]

> abusive, absurd, adorable, ambitious, awkward, bad (= ill-behaved), brave, calm, careful, careless, cautious, cheerful, clever, complacent, conceited, cruel, difficult, disagreeable, dull, enthusiastic, extravagant, faithful, foolish, friendly, funny, generous, gentle, good, greedy, hasty, helpful, honest, impatient, impudent, irritable, irritating, jealous, kind, lazy, lenient, loyal, mischievous, naughty, nice, noisy, obstinate, patient, persistent, playful, pleasant, (im)polite, quiet, reasonable, rude, sensible, serious, silly, stupid, stubborn, talkative, thoughtful, tidy, timid, troublesome, unfair, useful, wicked, witty

다음과 같이 명사구가 be 동사의 보어 역할을 하는 경우에도 동일한 대립 관계를 보여 준다.

He **is** a fool.
[그는 어리석은 사람이다. → 일반적으로 바보 같은 사람이라는 뜻.]
He **is being** a fool.
[그 사람은 바보짓을 하고 있다. → 평소에는 바보가 아니라는 뜻.]
John **is** a nuisance.
[존은 남을 성가시게 구는 사람이다. → 존이 일반적으로 그런 행동만 일삼는 사람이라는 뜻임.]
John **is being** a nuisance.
[존이 귀찮게 굴고 있다. → 평소와 달리, 존이 바로 지금은 남에게 귀찮은 행동을 하고 있다는 뜻.]
Mr Fielding **is being** Napoleon today.
[필딩이 나폴레옹이 된 것처럼 행동하고 있다. → 정신병원의 병동에서]

---

[74] Quirk et al. (1985: 434) and Azar (1999: 17).

6.7.4.4.4. 위치동사

위치동사(位置動詞: position verb) hang, lie, sit, stand 등이 쓰인 경우에는 주어가 이동 가능한 것이며, 또한 그 위치가 일시적이라고 여겨진다면 진행형으로 쓸 수 있다. 그러나 The lamp **hangs** over the table.(램프가 테이블 위에 걸려 있다.)과 같은 경우는 전등의 위치가 일시적인 것이 아니라 항상 그곳에 걸려 있다고 생각되기 때문에 진행형으로 쓰이지 못하는 것이다. 만약 이 경우에 hangs가 is hanging으로 바뀌게 되면 전등의 일시적인 위치를 뜻하는 것이 되며, 따라서 어느 순간에는 전등의 위치가 바뀌게 될 것이라는 점을 암시한다.[75]

Your raincoat **is hanging** over the hall chair.
   [너의 우비가 홀의 의자에 걸려 있어.]
Your socks **are lying** under the bed.
   [너의 양말이 침대 밑에 있다. → cp. The city **lies** on the coast.(그 도시는 해안가에 위치하고 있다.)]
That glass **is sitting** dangerously near the edge of the table.
   [저 유리잔이 식탁 가장자리 가까이에 위험하게 놓여 있다.]
The book **is standing** on end.
   [그 책이 똑바로 세워져 있다. → cp. His statue **stands** in the city square.(그의 동상이 시내 광장에 세워져 있다.]

6.8. 현재완료

6.8.1. 현재완료의 시간 영역

영어에는 동사를 사용해서 과거시를 나타내는 두 가지 중요한 방법이 있다. 그 한 가지는 이미 살펴 본 과거시제이고, 다른 한 가지는 여기서 설명하게 될 현재완료가 그것이다. 현재

---

[75] The class of 'stance' or 'position' verbs, the most frequently occurring members of which are *stand, lie,* and *sit,* falls at the boundary between states and activities. When they are used of fixed or (relatively) permanent positions, these verbs are construed as denoting states and normally occur in the non-progressive; when they apply to temporary positions, for example with human or animate subjects, they tend to be construed rather as activities and to favour the progressive. — Huddleston & Pullum (2002: 170-171).

완료는 <have/has + 과거분사>의 구조로 나타나는 동사형에 대한 명칭이다.[76] 이것은 두 가지 시점, 즉 과거시와 현재시가 어떤 방식으로든 서로 관련된 사건을 나타내는 데 쓰인다.[77] 그 사건은 과거 어느 시점에 시작되어 말하는 순간까지 계속되거나, 그 결과가 현재시와 관련되거나, 현시점 이전의 막연한 시점에 일어난 활동이나 상태 등을 나타낼 때 쓰인다. 그러므로 현재완료는 말하는 바로 현재시와 분리된 과거의 사건에는 쓸 수 없다. 바로 이러한 점 때문에 현재완료 형태가 나타내는 문장은 단순 과거시제와 구별해서 '**현재와 관련성이 있는 과거**', 또는 '**현재를 포함하는 과거**'와 관련된 상황을 묘사하는 문법적 형태라고 한다.[78]

6.8.2. 현재완료의 용법

6.8.2.1. 완료된 사건

과거 어느 시점에 어떤 사건이 일어났다는 시간 부사구를 명시하지 않고 최근에 일어난 과거의 사건을 나타낼 때 현재완료 형태가 종종 쓰일 때가 있다. 이 경우에 화자는 가깝거나 먼 과거에 일어난 사건이 미치는 현재의 결과에 더 관심을 갖는 것이다. 부정문인 경우에는 명시된 상황이 아직 발생하지 않았음을 뜻한다.

I **have read** the instructions, but I don't understand them.

---

76   역사적으로 현재완료 형태는 타동사의 현재시제형에서 발달한 것이다. 예컨대 I have written the letter.는 원래 I have the letter written.이라는 뜻, 즉 쓰여진 상태의 편지를 갖고 있다는 뜻이었다. 이 문장이 쓰여진 상태의 편지를 갖고 있다는 것은 이전의 행위를 암시하기 때문에 have written이 점차 동사적인 힘을 갖고 동사 역할을 하게 되고, 과거를 가리킴과 아울러 현재와 관련을 갖게 된 것이다. 나중에 강세를 받는 단어가 강세가 약한 단어보다 뒤에 놓이는 일반적인 경향에 따라 강세를 받는 목적어가 분사형 다음에 놓이게 되면서 결국 오늘날과 같은 어순으로 바뀌게 된 것이라고 Curme (1931: 358)은 말하고 있다.

77   The perfect tense refers to past and present together. — Schibsbye (1965: 72).

78   The Present Perfect, as distinct from the Simple Past Tense, is often described as referring to 'past with present relevance', or 'past involving the present'. There is a great deal of truth in this description, but on its own it is too vague to tell us exactly when and when not to use the Present Perfect. There are actually two distinct ways in which a past event may be related to the present by means of the Perfect: (a) it may involve a TIME PERIOD lasting up to the Present, and (b) it may have RESULTS persisting at the present time. Moreover, we can distinguish not just two, but four different uses of the Present Perfect, one of them occurring with 'state verbs' and three with 'event verbs'. — Leech (2004: 36).

[그 설명서 내용을 읽어보았는데, 이해가 되지 않는다.]
I **have done** all that is required by law.
[나는 법이 요구하는 모든 것을 다했다.]
At present I **have finished** the first two chapters of the book.
[현재 나는 그 책의 처음 두 장을 마쳤다.]
They keep saying inflation will soon fall, but it **hasn't happened** yet.
[그들은 곧 인플레이션 상태가 떨어질 것이라고 줄곧 말하지만, 아직도 이러한 상태가 이루어지지 않고 있다.]

현재완료를 포함하는 의문문에 대한 가능한 대답으로는 현재완료 또는 과거시제가 쓰인다. 특히 과거시제가 쓰일 때에는 과거시를 나타내는 부사류가 수반되거나, 그렇지 않으면 암시될 수 있다.

Have you **had** breakfast? — Yes, I **have**/No, I **haven't had** it yet.
— Yes, I **had** at 7:30.
— Yes, I **had** it with Mary.
[아침 식사를 했습니까? —아뇨, 아직 안 했어요./예, 일곱시 반에 했어요./예, 메리하고 먹었어요.]

just(= 'in the very recent past')가 미국영어에서는 과거시제와 같이 쓰이고, 영국영어에서는 완료시제와 같이 쓰인다.

I **have just seen** John. (영국식)
I **just saw** him. (미국식)

한편 just now는 문장에서 나타내는 뜻에 따라 동사의 시제형이 달라진다.

just now = 'a short while ago'(얼마 전에): 과거시제와 같이 쓰임.
= 'at this very moment'(바로 지금): 현재진행형과 같이 쓰임.
= 'during this present period'(요즈음): 현재시제와 같이 쓰임.
Your mother **called just now**.
[너의 엄마한테서 방금 전화 왔어.]

We're having dinner just now — can you come back later?
[지금 우리는 저녁을 먹고 있다. 나중에 올 수 있겠니?]
Business is good just now.
[지금은 사업이 잘 되고 있다.]

6.8.2.2. 현재까지의 계속

과거 어느 한 시점부터 시작되어 현재시까지 명시된 상황이 계속되고 있다거나, 또는 언급된 상황이 반복적으로 이루어지고 있음을 뜻한다.

His political party has been out of office for many years.
[그의 소속 정당은 수년 동안 정권을 잡지 못했다. → 지금도 정권을 잡지 못하고 있음을 뜻함.]
For more than a decade, the Kurds in Iraq have endured a hellish reign of terror at the hands of Sadam Hussein.
[10년 이상이나 이라크의 크루드 족들은 사담 후세인의 아주 역겨운 공포의 통치를 견뎌 왔다.]
We have taken our holidays in August so far.
[우리는 지금까지 8월에 휴가를 갔었다.]

계속의 뜻을 나타내는 현재완료 형태의 동사는 since 1970, for the last six years, so far, always, till now, up to now와 같은 부사류를 수반하여 진술된 내용이 여전히 사실임을 암시한다. 따라서 다음 각 쌍의 문장에서 과거시제가 쓰인 것은 단지 과거의 사실만 말할 뿐, 현재까지 언급된 상태가 지속되고 있다는 뜻은 아니다. 반면에, 현재완료가 쓰인 문장은 과거 어느 시점부터 지금까지도 여전히 언급된 그 상태가 지속되고 있음을 말해 준다.

This house was empty for ages (*but now it has been sold and occupied*).
[그 집은 오랫동안 비어 있었다. (그러나 이제는 팔려서 사람들이 살고 있다.)]
This house has been empty for ages.
[이 집은 오랫동안 빈 상태로 남아 있다. → 아직도 집이 빈 상태라는 뜻임.]
We lived there *for ten years*.
[우리는 그곳에서 10년 동안 살았다. → 과거 10년간 그곳에 살았을 뿐, 지금은 그곳에 살지 않는다는 뜻을 포함하고 있음.]

We **have lived** here *for ten years*.
[우리는 이곳에서 10년 동안 살았다. → 아직도 이곳에 살고 있다는 뜻을 포함하고 있음.]

since-절이 수반되면, 주절에는 완료시제가 쓰여 계속의 뜻을 나타내지만, since-절에는 뜻에 따라 과거시제나 현재완료가 쓰인다. 즉, 계속의 뜻을 나타낼 수 있는 동사와 같이 쓰여 현재까지도 계속되고 있다는 뜻을 나타낼 경우에는 현재완료가 쓰이지만, arrive, leave, start, move, see, repair 등 시간의 지속을 나타내지 못하는 동사들이 사용되는 경우에는 과거시제가 쓰이게 된다.

(22) a. My car **has been behaving** well since it **was repaired**.
[수리하고 난후 내 자동차가 잘 달리고 있어.]
b. I've **known** her since I've **lived** in this street.
[난 이 거리에 살기 시작하면서부터 그녀를 알게 되었다.]

(22a)에서는 자동차를 수리한 것이 과거 어느 한 시점을 뜻하기 때문에 과거시제가 쓰였지만, (22b)에서는 이 거리에 사는 것이 과거 어느 시점부터 지금까지 계속되고 있다는 점을 나타내기 때문에 현재완료가 쓰인 것이다.

since가 접속사로 쓰이는 이외에 명사구를 수반하여 전치사로 쓰이거나, 단독으로 또는 ever를 수반하여 부사로도 쓰인다.

She **hasn't written** to me **since Christmas**.
[크리스마스 이래 그녀에게서 편지가 없었다.]
He graduated in 1983 and **has lived** in San Francisco **(ever) since**.
[그는 1983년에 졸업했으며, 그 이래 산프란시스코에서 살아 왔다.]

이상의 예에서처럼 since는 과거 일정시부터 현재시까지라는 뜻을 나타내기 때문에 항상 현재완료형이 쓰인다.

6.8.2.3. 결과적 과거

또한 현재완료 형태가 과거에 일어난 사건과 관련해서 쓰여서 그 사건의 결과가 지금도 여전히 유효하다는 점을 암시한다.[79] 한 예로, 다음의 첫 번째 문장은 현재 조직이 파괴되어 있는 상태이고, 상처가 아직도 아물지 않고 있다는 점을 암시한다.

> The tissues **have been destroyed** and a scar **has formed**.
> [조직이 파괴되어 상처가 생겼다.]
>
> They **have increased** the price of petrol by almost 20%.
> [그들은 석유 값을 거의 20% 인상시켰다. → 석유 값 인상 이후 지금도 인상된 상태라는 뜻임.]
>
> Credit cards **have brought about** a revolution in people's spending habits.
> [신용 카드의 등장은 사람들의 지출 습관에 혁명을 가져 왔다.]
>
> His(= Lee Myung-bak's) popularity **has plunged** below 20 percent in many opinion polls since his government agreed to lift the beef ban.
> — *The New York Times*, June 11, 2008.
> [이명박 대통령 정부가 쇠고기 수입 금지 조치를 철폐한 이래 많은 여론조사에서 그의 인기가 20% 아래로 곤두박질 쳤다.]
>
> **Has** English **been corrupted** or **made** richer by the introduction of foreign words?
> [외래어가 도입됨으로써 영어가 타락했는가, 더 풍부해졌는가?]

이처럼 결과적 과거라는 뜻을 나타낼 때 현재완료의 주된 관심은 과거시가 아니라 현재시에 집중된다. 바로 이러한 점 때문에 다음 예에서 (　) 안에 첨가된 내용은 이러한 결과적 용법이 나타내는 뜻을 보충해 주는 것이다.

> Bill **has been** out of work for several months (*so now he and his family are short of money*).
> [빌이 여러 달 동안 실직 상태이다. (그래서 그와 가족들은 돈이 궁하다).]

79　The resultative perfect is used to describe an event in the past which has results extending to the present. While all uses of the perfect involve a retrospective view of events — a looking back to a period or event in the past and then returning to the point of orientation in time — the resultative perfect offers us a special way of looking at events whereby the results or consequences of an event are seen to extend up to the present moment. — Richards (1979: 497). See also Jacobs (1995: 203).

Jim **has bought** a car (*so now he needn't use public transport*).
[존이 자동차를 샀다. (그래서 이제는 대중교통을 이용할 필요가 없다.)]

have gone (to)은 '...에 가는 중이거나 ...에 가 있다'라는 뜻이므로 항상 3인칭 주어와 같이 쓰이며, have been in/to는 '...에 다녀왔다'라는 뜻이므로 주어의 인칭에 제약이 없다.

Has she **gone to** Paris on business or for pleasure?
[그녀가 파리에 출장으로 갔습니까, 관광하러 갔습니까?]
This place seems familiar to me — I think I've **been** here before.
[이곳은 내게 익숙한 곳 같다. 전에 여기에 왔던 것 같은데.]
Mr White **has been to** Burma.
[화이트 씨는 버마에 다녀왔다.]

다음 예에서처럼 현재완료를 사용하여 결과를 나타내는 이외에, be 동사의 현재시제형에 분사 형용사, 즉 형용사적으로 쓰인 과거분사가 결합되어 결과를 나타낼 수 있다.[80]

(23) a. The snow **has melted**.
    b. The snow **is** melted.

(23a)는 눈이 녹는다는 과정이나 사건에 관심을 두는 경우에 쓰이는 표현 방식이며, (23b)는 도로에 쌓인 눈이 녹아 다 없어졌다는 결과로서의 사실에 초점을 맞춘 표현 방식이다. 이러한 관계를 나타내는 몇 가지 예를 더 들기로 하겠다.

The situation **has worsen**. ~ The situation **is** worse.
[상황이 더 악화되었다.]
The pond **has frozen up**. ~ The pond **is** frozen.
[연못이 꽁꽁 얼어붙었다.]
I've **broken** my leg. ~ My leg **is** broken.
[내 다리가 부러졌다.]
Our dog **has died**. ~ Our dog **is** dead.

---

80 이에 대해서는 "7.5.2 be + 과거분사의 분석" 참조.

[우리 개가 죽었다.]

다음과 같이 현재 수동태와 완료 수동태의 경우에도 비슷한 뜻을 갖는다.[81]

The vegetables $\begin{Bmatrix} \text{are all cut up} \\ \text{= have all been cut up} \end{Bmatrix}$ — what shall I do?

[야채를 모두 잘랐어요 어떻게 할까요?]

I got caught in the rain and my suit $\begin{Bmatrix} \text{is ruined} \\ \text{= has been ruined} \end{Bmatrix}$.

[비를 맞아 옷이 엉망이 되어버렸어요.]

I think your ankle $\begin{Bmatrix} \text{is broken} \\ \text{= has been broken} \end{Bmatrix}$.

[네 발목이 부러진 것 같은데.]

My suitcase $\begin{Bmatrix} \text{is packed} \\ \text{= has been packed} \end{Bmatrix}$.

[가방이 꾸려졌어요.]

6.8.2.4. 현재까지의 경험

주어가 막연한 과거시부터 현재시에 이르기까지 사이의 경험을 나타낸다.[82] 이 경우에 과거시는 아주 먼 과거에서부터 아주 최근의 시간까지도 포함할 수 있다.(바로 이러한 점 때문에 이렇게 쓰인 현재완료를 '부정의 과거시'(indefinite past)라고 하기도 한다.) 특히 막연한 과거시를 암시한다는 뜻을 강화시키기 위하여 ever, never, before (now), still 또는 once, twice, several times 따위와 같은 빈도부사가 자주 수반되기도 하지만, 반드시 필요한 것은 아니다.

Have you **seen** 'Romeo and Juliet'?

---

81 Swan (2005: 393).

82 The present perfect can also be used to indicate that the subject of the sentence has had an experience at least once in the past leading up to the present moment. *I have been to Russia* does not specify <u>when</u> the speaker was there; the sentence simply indicates the event took place any time in the past right up to the present moment. We often used this experiential perfect in questions and negative utterances — *Have you ever been to Egypt? Has your daughter had the measles? I've never eaten sweetbreads.* — Berk (1999: 112).

['로미오와 쥴리엣'을 본 적이 있는가?]

I **have** *seldom* **seen** such brutality.

[난 그처럼 야만적인 행위는 좀처럼 본 적이 없어.]

I've *never* **been** so annoyed in all my life!

[내 모든 인생을 통해서 그렇게 기분이 나쁜 적이 없었어!]

Have you *ever* **visited** our car showroom?

[우리 자동차 전시장을 와 본 적이 있는가?]

또한 현재완료의 이러한 용법은 아주 최근에 일어난 사건에도 적용되는데, 이런 경우에는 보통 lately, recently, yet 따위와 같은 부사구들이 수반된다.

We've **had** hellish time *lately*.

[최근에 우리는 참혹했던 때가 있었다.]

There **have been** many changes *in recent years*.

[최근에 와서 많은 변화가 일어났다.]

6.8.3. 현재완료와 과거시제

우리말로 동일하게 번역될 수 있는 주어진 어떤 상황을 현재완료로 나타낼 것인가, 아니면 과거시제로 나타낼 것인가 하는 선택의 문제가 생길 수 있다. 대개 이러한 경우에 현재완료와 과거시제는 하나의 사건을 보는 방식이 서로 다르기 때문에 바꿔 쓸 수 없는 것이 보통이다.[83] 그 까닭은, 현재완료는 기술 대상의 사건이 어떤 식으로든지 현재시와 관련된 상황을 나타내려고 하는 것인 반면, 과거시제는 현재시와 무관한 과거 시점에 한정된 사건을 말할 때 쓰이는 것이기 때문이다. 가령 우리말로 '텔레비전 고쳤어요.' 라고 할 때 다음 문장 (24a, b)와 같이 과거시제와 현재완료의 두 가지 동사 형태로 나타낼 수 있다.

---

83 The prime factor which is felt to influence the use of the present perfect over the simple past is a writer's feeling that a past action is relevant to a particular current situation. This situation is to be found in the context of present perfect statements and would most naturally be expressed in the present tense. Two conditions for the use of the present perfect are then seen to be: 1) the existence of a situation to which past actions can be related, and 2) the expression of this situation in the present tense. — Moy (1977: 306).

(24) a. I **had** my television repaired.
　　b. I **have had** my television repaired.
　　　　[텔레비전을 고쳤어요.]

텔레비전이 고장나서 얼마 전에 고친 그 시점에 초점을 맞춰 말하는 것이라면 처음 문장 (24a)가 될 것이고, 이와는 달리 얼마 전에 텔레비전을 고쳐서 이제는 텔레비전에서 원하는 프로그램을 시청할 수 있다고 생각하면서 말하는 것이라면 문장 (24b)가 적절한 것이 된다. 이처럼 우리말을 영어로 나타낼 때 과거시제형과 현재완료형 중에서 어느 것을 선택하여야 할지 망설일 수 있겠는데, 그 몇 가지 예를 살펴보기로 하겠다.

　1) 현재완료와 과거시제는 대체로 같이 쓰이는 시간 부사구가 서로 다르다. 즉, till now, by now, up to the present, in the past/last few years, since 1972, so far, yet, already 따위와 같이 현재시까지의 지속을 나타내는 부사구는 현재완료의 문장에 쓰이며, a moment ago, an hour ago, yesterday, last night, last week, when we were at school, in 1965 따위처럼 현재시와 무관한 과거 일정시를 나타내는 부사구는 과거시제 문장에 쓰인다.[84]

　　Real incomes **have gone up** by 10% *in the past year*.
　　　[실질 수입이 지난 한 해에 10%가 늘어났다. → 시간 부사구 in the past year가 현재완료와 같이 쓰이고 있음.]
　　The local people's claims for compensation from the chemical factory **have *so far* been ignored**.
　　　[화학 공장에 보상하라고 하는 그 지역 주민들의 요구가 아직까지 묵살되어 왔다. → 시간 부사구 so far가 현재완료 have ignored와 같이 쓰였음.]
　　Britain **declared** war on Germany *in 1914*.
　　　[1914년에 영국이 독일에 선전 포고를 했다. → 과거 일정시를 나타내는 부사구 in 1914이 과거시제와 같이 쓰이고 있음.]

　예컨대 the last week은 오늘이 포함된 한 주일이라는 뜻이므로 현재완료와 같이 쓰인

84　현재완료와 과거시제의 선택은 어떤 경우에 정관사를 선택하느냐 하는 문제와 같다. Put it on a/the table.에서처럼 정관사가 쓰이면 일정하고 특정한 대상을 가리키게 되며, 따라서 우리의 마음속에서 그 대상이 새겨지게 된다. 만약 이 대신에 부정관사를 선택하면 우리 마음속에 어떤 특정한 대상이 떠오르지 않거나, 사실상 그 대상이 어떤 것이냐에 대해 관심도 없다 — Hofmann (1993: 120).

다. 반면에 정관사가 없는 last week은 이번 주일의 어느 날도 포함되지 않으므로 과거시제가 쓰인다. 미래시를 나타내는 next와 the next의 경우에도 마찬가지이며, 따라서 the next year는 오늘부터 시작되는 한 해를 뜻한다.

> I**'ve been** busy *for the last week*.
> [지난 한 주일은 바빴습니다. → 오늘까지 7일 동안.]
> I **was** busy *last week*.
> [지난 주일은 바빴습니다. → 지난 주일의 7일 동안]
> We**'ve lived** here *for the last three years*.
> [우리는 지난 3년 동안 이곳에서 살았습니다. → 지금도 살고 있음을 뜻함.]
> *Last year* **was** really difficult.
> [작년에는 정말로 살기가 어려웠습니다. → 작년 1월 1일부터 12월 31일까지의 한 해.]

2) today, this morning/week/month 따위와 같은 현재시를 가리키는 시간 부사구를 수반하고 있는 문장에서는 말하는 시점에 따라 현재완료나 과거시제의 동사형을 모두 쓸 수 있다. 만약 언급되는 상황이 today, this morning 따위의 시간 부사구의 범위 밖에 있는 것으로 간주되는 경우에는 과거시제가 쓰이게 된다. 이와는 달리, 문장에 제시된 상황이 today, this morning 따위와 같은 시간 부사구가 나타내는 시간 범위 안에 있다고 생각된다면 현재완료가 쓰이게 된다.[85]

> I **wrote** three letters *this morning*.
> [나는 오늘 오전에 편지 세 통을 썼다. → 편지를 쓴 시간은 오전이고, 이 말을 한 시간은 오후의 경우를 뜻하고 있음.]
> I**'ve written** three letters *this morning*.
> [→ 편지를 쓴 시간과 말한 시간이 모두 오전이라는 뜻을 나타내는 것임.]
> **Has** Ann **phoned** *today*?

---

85 With adverbials like *today, this week/month/year/century, lately, recently*, the past tense is used if the reference is to a situation which happened within the specified period but is not continuing into the present and is not seen as having any relevance to the present; the present perfect is used to express a continuative or resultative meaning. — Declerck (1991a: 107). See also Jespersen (1933: 244), Baker (1997: 562-563), Dixon (2005: 220-222), Eckersley & Eckersley (1963: 176), Leech (2004: 45), Quirk et al. (1985: 195), and Swan (2005: 443).

[앤이 오늘 전화를 했는가? → 대충 앤이 전화를 걸 것이라고 생각되는 시간이 아직 지나지 않았다고 생각하면서 말하는 것임.]

Did Ann **phone** *today*?

[→ 오늘이라는 기간 중에서 앤이 전화할 것으로 예상된 시간이 이미 지났음을 암시함.]

다음과 같은 예도 마찬가지로 설명된다. 즉, 바로 말하는 현시점이 7월/1990년 여름일 경우에는 현재완료가 쓰일 것이고, 이 기간이 지났다고 생각된다면 과거시제가 쓰일 것이다.

Temperatures **have reached** an all-time high { *in July* / *in the summer of 1990* }.

Temperature **reached** an all-time high { *in July* / *in the summer of 1990* }.

[기온이 7월에/1990년 여름에 최고치를 기록했다.]

3) 아직도 지속되고 있는 상황에 대해서는 현재완료가 쓰이고, 이미 그 상황이 끝났으면 과거시제가 쓰인다. 그러므로 가령 '전시회에 가보았니?'라는 말은 다음과 같이 두 가지 시제형을 가지고 표현할 수 있다.

Did you **see** the exhibition?
Have you **seen** the exhibition?
  [전시회 구경 갔었니?]

과거시제는 이미 전시회가 끝났음을 암시하는 반면, 현재완료는 아직도 전시회가 계속되고 있음을 암시한다. 그러므로 전시회 구경을 하지 않았다면 가서 볼만하다고 권장하는 경우라면 현재완료의 문장을 선택하게 된다.

다음과 같은 예들도 현재완료가 진술 내용이 아직도 유효하다는 점을 말해 준다.

Anxiety **has taken away** his appetite.
  [그는 노여움 때문에 식욕이 떨어졌어. → 아직도 식욕이 없다는 점을 암시하고 있음.]
My watch **has broken down** — I'll have to have it repaired.
  [시계가 고장 났으니까 고치도록 해야 하겠다.]

현재완료는 현재시와 관련이 있기 때문에 다음 두 개의 문장에서 이탤릭체로 쓰인 부분은 서로 바꿀 수 없다.

> John **has sprained** his ankle, *so he can't play*.
> [존은 발목 부상으로 출전할 수 없다. → 아직도 발목 부상이 낫지 않았음을 뜻함.]
> John **sprained** his ankle a fortnight ago, *but he is fit to play again*.
> [존은 두 주일 전에 발목을 다쳤으나 지금은 다시 경기를 할 수 있다. → 발목 부상이 완쾌되었음.]

6.8.4. 현재완료 진행

현재완료 진행은 $\begin{Bmatrix} has \\ have \end{Bmatrix}$ been writing의 경우처럼 $\begin{Bmatrix} has \\ have \end{Bmatrix}$ been + 동적동사의 현재분사형(V-ing)의 구조로 이루어진 동사 형태이다. 비록 구조상으로 이것은 현재완료와 진행형이 결합된 형태이기는 하지만, 용법에 있어서는 완료와 진행의 의미가 반드시 그대로 반영된 것은 아니다.[86]

1) 말하는 순간까지 아직 끝나지 않은 활동의 지속

활동동사를 수반한 현재완료 진행형이 과거 어느 시점에 시작되어 지금도 그 활동이 지속되고 있음을 강조한다. 예컨대 The video industry **has been developing** rapidly.에서 목적어를 수반하지 않은 현재완료 진행형은 비디오 산업이 단지 과거 어느 시점부터 발전하기 시작하여 지금도 발전 과정에 있음을 뜻할 뿐, 발전과 관련된 완결점(terminal point)이 있는 것은 아니다. 다만 과거시에서 현재시까지 발전 과정이 지속되고 있는 중이며, 미래시까지도 연장될 수 있다는 점을 암시한다. 다음 예들도 이와 똑같이 설명될 수 있다.

> She **has been waiting** to see you since 2 o'clock.
> [그녀는 너를 만나려고 2시부터 기다리고 있어.]

---

[86] When the perfective and progressive aspects are combined in the same verb phrase (*eg: has been working*), the features of meaning associated with each of them are also combined. Nevertheless, the perfective progressive has a semantic range that is not entirely predictable from the meanings of its components. — Quirk et al. (1985: 210-211). Leech & Svartvik (2002: 70)은 '대개 현재까지 계속되는 기간이 "제한적 계속"이라는 점을 제외하면 현재완료와 현재완료 진행은 같은 뜻을 전달한다.'라고 말하고 있지만, 이와 관련해서는 앞서 Quirk et al.이 잘 설명한 것으로 보인다.

House prices **have been going up** steadily this year.
 [금년에 집값이 꾸준히 오르고 있다.]
It **has been raining** since early morning.
 [이른 아침부터 비가 내리고 있다.]
I**'ve been working** for six hours and now I'll stop.
 [여섯 시간동안 일해 왔으니 이제는 그만 해야지.]

반면에 I **have made** a chair.와 I **have been making** a chair.에서 두 가지 동사형, 즉 현재완료와 현재완료 진행형은 각각 '완료'와 '미완료'(incompletion)를 나타낸다. '완료'는 이미 의자라는 완제품에 도달했다는 뜻을 나타낸다. 반면에 '미완료'는 아직 의자를 만들고 있는 과정임을 나타내는 것이다. 의자가 만들어지려면 그것을 만들기 시작한 단계에서 완성 단계에 이르는 뚜렷한 종결점이 있다. 그러므로 과거 어느 시점부터 지금까지 지속되어 온 의자 만들기를 현시점에서 중단한다면 그 의자는 완제품에 도달한 것이 아니다. 바로 이러한 관점에서 현재완료 진행형이 미완료를 나타낸다는 것이다. 특히 후자의 경우처럼 미완료를 나타낼 수 있으려면 동사 자체이든, 아니면 동사 + 목적어 구조가 종결점이 있는 것이라야 한다.

I **have been fixing** the lamp.
 [나는 램프를 고치고 있었다.]
I **have been reading** your book (but I haven't finished it yet).
 [나는 너의 책을 읽고 있었다. (하지만 아직 다 읽지 못했다.)]
Who **has been cutting** my cherry tree?
 [누가 나의 벚나무를 자르고 있었는가?]

특히 이처럼 완료와 미완료 사이에 존재하는 차이는 과정을 나타내는 전치사 for와 완료를 나타내는 전치사 in의 사용 가능성하고도 결부된다. 즉, 완료를 나타내는 전자의 경우에는 I **have made** a chair $\begin{Bmatrix} \text{in} \\ \text{*for} \end{Bmatrix}$ three hours.라고 하여 in-전치사구를 수반할 수 있지만, 아직도 의자를 만드는 과정을 뜻하는 I **have been making** a chair $\begin{Bmatrix} \text{for} \\ \text{*in} \end{Bmatrix}$ three hours.에는 for-전치사구를 수반하게 된다. 특히 미완료의 뜻을 나타내는 문장에는

but I haven't V-ed yet.라는 말을 추가로 덧붙일 수 있다.[87]

    A: **Have** you **been cleaning** the windows?
        [유리창을 닦고 있었습니까?]
    B: Yes, but I **haven't finished** them yet.
        [예, 하지만 다 닦지는 못했습니다.]

(25a,b)와 (26a, b)에서처럼 현재완료로 나타낸 반복적인 행위가 현재완료 진행형을 사용하여 진행중인 행위를 나타낼 수도 있다.[88]

    (25) a. **I've written** six letters since breakfast.
        [아침밥을 먹고서 나는 편지 여섯 통을 썼다.]
      b. **I've been writing** letters since breakfast.
        [아침밥을 먹고서 나는 편지를 써왔다.]
    (26) a. I **have knocked** five times. I don't think anyone's in.
        [나는 다섯 번이나 노크를 했지만, 안에 아무도 없는 것 같다.]
      b. **I've been knocking.** I don't think anybody's in.
        [나는 여러 번 노크를 했지만, 안에 아무도 없는 것 같다.]

(25a)는 한 가지 일이 이루어진 횟수를 뜻하고, (26a)는 여러 가지 일이 이루어진 횟수를 뜻하는 것이라서 둘다 이미 이루어진 사건이므로 현재완료 진행형으로 나타낼 수 없다. 그러나 (25b)와 (26b)의 현재완료 진행형은 명백히 중단이 없이 진행중인 행위를 나타내고 있다.

2) 최근에 끝난 활동
현재완료 진행형의 또 다른 용법은 주어진 상황이 현재시까지 지속되고 있다고 하는 것이 아니라, 그 상황이 최근의 과거시에 이미 끝났으며, 따라서 그 상황의 결과가 현재 존재하고 있음을 암시한다.[89] 예컨대 다음 중 첫 번째 문장을 한 예로 들자면, 이 문장은 옷이 찢어지고 눈에 멍이 든 상황이 최근에 싸워서 발생하게 된 결과임을 보여주는 증거가 된다.

---

87   Quirk et al. (1985: 211-212).
88   Thomson & Martinet (1986: 174).
89   Celce-Murcia & Larsen-Freeman (1999: 118).

You**'ve been fighting** again.
: [또 싸웠군 그래. → 예컨대 싸워서 핏자국 등이 있는 것을 보고 하는 말임.]

Have you **been crying**?
: [울었니? → 예컨대 눈이 발갛게 되는 등 울었던 흔적을 볼 수 있음을 암시함.]

It **has been raining**, but it has stopped now.
: [비가 내렸는데, 이제는 개였어.]

You**'ve been drinking** again!
: [또 술 마셨구나!]

I don't feel like going out this evening. I**'ve been working** in the garden all day.
: [오늘 저녁에는 외출하고 싶지 않아. 온종일 정원에서 일했어.]

만약 문맥과 동사에 의해 종결점을 나타낼 수 있는 경우에 현재완료 진행은 '미완료'를 나타내어 어떤 일이 이미 완전히 끝났음을 암시하는 현재완료와 구별된다.

I **have been reading** your book (but I haven't finished it yet).　　[미완료]
: [너의 책을 읽는 중인데, 아직 다 읽지 못했어.]

I've **read** your book. I finished it last night.　　[완료]
: [너의 책을 읽었어. 어젯밤에 다 읽었지.]

They **have been repairing** the road for months.　　[미완료]
: [그들은 여러 달 동안 도로 보수 공사를 해오고 있습니다.]

They've **repaired** the road.　　[완료]
: [그들은 도로를 보수했습니다.]

3) 현재까지의 반복

현재시까지의 지속적인 활동은 물론, 동일한 활동이 반복적으로 진행되어 온 활동을 나타낼 수 있다.

People **have been phoning** me all day.
: [온종일 사람들이 내게 전화를 걸어 왔지. → 전화가 반복적으로 걸려 왔다는 뜻.]

I guess I've **been seeing** her three or four times a week.
: [나는 일주일에 서너 차례씩 그녀를 만나온 것으로 짐작된다.]

I think the police **have been listening** in on my phone calls.

[경찰에서 내 전화를 도청해 온 것으로 생각된다. → 복수형 my phone calls가 반복의 뜻을 암시함.]

6.9. 과거완료

1) 현재완료가 과거에 일어난 상황이 현재시와 관련성이 있다는 점을 나타내는 것이라면, 과거완료 <had + 과거분사> 형태는 '과거에서 본 과거'(past in the past), 즉 이미 과거가 된 어떤 특정한 시점을 기준점으로 하여 그보다 더 먼 과거시를 나타내는 시제 표현이다.

과거시   현재시

과거완료 형태를 사용하는 경우에, 그 특정한 과거 시점이 문장에 명백하게 나타나 있거나, 아니면 암시되는 일정시를 기준점으로 하여 그 이전(before-then)에 일어난 상황을 나타내게 된다. 예컨대, I arrived late, but luckily the meeting **had been delayed**.에서 arrived는 과거 기준시가 되며, 이를 기준점으로 하여 이보다 먼저 회의가 연기되었음(had been delayed)을 나타내는 것이 과거완료 시제형이다.

Three years ago, I married "Earl," a man with two children. We **had both been** single parents for years.

[3년 전에 나는 "얼"이라고 하는 두 자녀를 거느린 남자와 결혼했는데, 우리는 둘다 오랫동안 결손 부모였다. → 3년 전을 기준점으로 하여 그 이전에 결손 부모였다는 것을 알 수 있음.]

I **had never heard** Strickland speak so much at one time.

[나는 스트릭랜드가 한 번에 그렇게 말을 많이 하는 것을 전혀 들어본 적이 없었다. → 스트릭랜드가 과거 어느 시점에 말하는 것을 들었는데, 그 시점을 기준점으로 해서 그 이전이라는 뜻임.]

In the spring of 1989 Mom went for a routine mammogram. It revealed a microscopic speck in her left breast that proved to be malignant. She had a mastectomy, but the cancer **had spread** to her lung, her bones and her brain. — Jennifer Mann, "Unforgettable Peggy Mann"

[1989년 봄에 엄마는 정기적인 X선 촬영을 하러 갔다. 촬영 결과는 왼쪽 가슴에 조그마한 반점이 나타났는데, 그것은 악성으로 판명이 났다. 엄마는 유방 절제 수술을 받았지만, 이미 암은 폐와 뼈, 그리고 뇌까지 퍼져 있었다. → mammogram: 유방 X선 사진.]

ago가 현재시를 기준점으로 한 과거시를 나타낸다면, before는 과거 특정 시점을 기준점으로 하여 그 이전에 발생한 사건을 나타내는 경우에 쓰인다.

He died three years **ago**.
[그는 3년 전에 세상을 떠났다.]
As soon as I saw her I knew that I had met her **before**.
[그녀를 보는 순간 나는 전에 그녀를 만났다는 걸 알았다.]

2) 과거에 일어난 사건을 연속적으로 묘사할 때, 시간의 전후 관계 때문에 먼저 일어난 사건은 과거완료로 나타내지만, after, before, 또는 when과 같은 종속접속사를 이용하면 사건 발생의 전후 관계가 명확하기 때문에 굳이 전후 관계를 뚜렷이 밝히고자 하는 경우가 아니면 두 가지 사건을 모두 과거시제로 나타낼 수 있다.

When the guests { **had departed** / **departed** }, Shelia **lingered** a little while.
[손님들이 떠나고 난 뒤에도 쉴리아는 잠시 남아 있었다.]
After the French police { **had successfully used** / **successfully used** } dogs, the German authorities too **thought** of using them.
[프랑스 경찰이 개를 잘 이용하고 난 뒤에 독일 당국자들도 개를 이용할 생각을 했다.]

3) expect, hope, intend, mean, plan 등 미래시를 나타내는 동사들의 <과거완료형 + to-부정사절>, 또는 이런 동사들의 <과거형 + 완료 부정사절> 형태는 진술된 상황이 이루어지지 않았음을 뜻하는 소망이나 의도를 나타낸다.

She { **had intended to do** / **= intended to have done** } so, but was prevented by a headache.
[그녀는 그렇게 하려고 마음 먹었었지만, 두통 때문에 하지 못했다.]
He **had hoped** to set a new world record, but was frustrated by bad weather.
[그는 세계 신기록을 세우려고 희망했었지만, 궂은 날씨 때문에 좌절되고 말았다.]

4) 과거완료 진행형 <had been + V-ing>은 기준점이 되는 과거시 이전부터 얼마동안 지속되어 온 사건을 나타낸다는 점 이외에는 현재완료 진행형과 같다. 이 경우에 과거 기준점은 문맥상에 뚜렷이 나타나거나 그렇지 않으면 암시된다.

> I was delighted when I found a second-hand copy of the book. I**'d been looking for** one for some time.
>> [나는 그 중고 책을 발견하고서 기뻤다. 나는 한동안 찾고 있었다. → 중고 책을 찾은 시점이 과거시이고, 그 이전부터 계속 찾고 있었다는 뜻이기 때문에 과거완료 진행형이 쓰였음.]
>
> It **had been drizzling** all day.
>> [온종일 비가 주룩주룩 내리고 있었다. → 예컨대 when I **went** to see her와 같이 과거 어느 시점을 기준점으로 하여 그 이전부터 계속 비가 내리고 있었다는 뜻임.]

6.10. 미래완료

미래완료는 '미래에서 본 과거'(past in the future), 즉 미래 어느 한 시점을 기준점으로 볼 때 이미 그 이전에 완료되었음을 나타낸다. 이 경우에 at this time tomorrow, by the time, by then 따위와 같은 미래의 기준점이 되는 어느 한 시점이 문장의 표면상에 나타나게 되는데, 미래의 기준점이 되는 바로 이러한 시점이 오면 어떤 상황이 이미 발생되었음을 나타내는 것이 미래완료이다.

> *In ten years' time* the children **will** all **have grown up**.
>> [10년이 지나면 애들이 모두 자라게 될 것이다. → 미래의 기준점 in ten years' time이 되면 애들은 이미 다 성장해 있게 된다는 뜻임. 즉, 미래의 시점에서 보면 애들이 성장한 것은 이미 과거의 일이 되어 있음을 뜻함.]
>
> I hope we**'ll have finished** *by then*.
>> [그때까지는 우리 모두 마치게 되었으면 좋겠다.]
>
> *At the end of the summer* the Blakes **will have been married** for ten years.
>> [여름이 다갈 무렵이면 블레이크 씨 부부는 결혼 10주년을 맞이하게 될 것이다.]
>
> I **will have read** the book three times *if I read it again*.
>> [한번 더 읽으면 그 책을 세 번이나 읽게 된다.]

마지막 문장에서 if I read ...는 'by the time when I read ...'와 같은 뜻이므로 이것이 곧

미래의 시간 기준점이다.

    시간이나 조건을 나타내는 부사절에서는 미래완료 대신에 현재완료가 쓰인다. 이러한 경우에 상황이 발생하는 시점에 초점을 맞춘다면 현재시제가 쓰이고,[90] 미래의 어느 기준점에 이르게 되면 언급된 상황은 이미 완료되어 있다는 점에 초점을 맞추고자 한다면 현재완료가 쓰이게 된다.

> Phone me later, when you **have finished** your dinner.
> [나중에 전화해라. 네가 저녁 식사를 다 마치면. → 미래의 어느 시점에 다다르면 저녁 식사를 이미 마쳐 있다는 뜻을 나타내기 위하여 현재완료가 쓰인 것임.]
>
> Candidates shall remain in their seats until all the papers **have been collected**.
> [시험지를 다 회수할 때까지 후보자들은 자리에 앉아 있어야 됩니다. → 미래의 어느 시점이 되면 시험지가 모두 회수되어 있다는 점을 나타내기 위하여 현재완료가 쓰였음.]

---

90   미래시를 나타내는 현재시제형에 대해서는 6.4.2.5 참조.

제7장

수동태(Passive Voice)

7.1. 능동태와 수동태

7.1.1. 구조적 대립

서술문의 동사가 타동사일 때, 문장의 주어와 목적어 중에서 어느 한 가지 요소에 특별히 관심을 두고자 하지 않는 중립적인 상황을 나타내는 문장은 대개 <주어(**Subject**) + 동사(**Verb**) + 목적어(**Object**)라는 어순으로 배열된다.

그런데 언어라는 의사전달의 매개체는 반드시 화자(speaker)/필자(writer)와 청자(hearer)/독자(reader)가 놓여 있는 특정한 상황 속에서만 사용되며, 따라서 그 상황에 따라 대체로 어순이 정해진다. 예컨대 주어 + 동사 + 목적어 + ... 등으로 이루어진 문장 구조의 경우에 특정한 언어적 상황에 따라 주어와 목적어 중에서 어느 하나를 주제로 삼아 바로 이것을 두드러지게 내세우고자 하는 어순으로 재배열하게 된다. 이러한 경우에 유익하게 사용할 수 있는 문장 구조의 하나가 곧 태(態: voice)[1]라고 하는 문법범주(grammatical category)이다. 태라는 문법범주는 타동사가 만드는 문장에서 주어가 동사에 의해 나타나는 행위를 일으키는 역할을 하는 것이냐, 또는 그 행위의 영향을 받는 것이냐 하는 점을 나타내는 표현 방식이다. 따라서 주어가 동작을 행하는 방식으로 나타나는 것을 능동태(能動態: active voice)라 하고, 이와 반대로 주어가 영향을 받는 방식으로 나타낸 문장구조가 수동태(受動態: passive voice)이다.

---

[1] Jespersen (1924: 164-165)은 'voice'라는 용어가 적절치 못하다고 하여 이 대신에 'turn'이라는 용어를 사용하고 있다: ..., but also the drawback of the traditional term *voice*. Some grammarians in Germany and elsewhere use the word *genus* (genus verbi), which has the inconvenience that it is also used of gender (genus substantivi). It would be best, probably, to use the word *turn*: and say 'active and passive turn.'

(1) a. Oswald assassinated Kennedy. [능동태]
　　　[오스월드가 케네디 대통령을 암살했다.]
　　b. Kennedy was assassinated by Oswald. [수동태]
　　　[케네디 대통령이 오스월드에 의해 암살되었다.]

먼저 두 개의 문장 (1a, b)에 나타난 요소들은 주어와 목적어, 그리고 동사의 형태와 관련하여 다음과 같은 대응관계가 있다.

a. 능동태의 주어 Oswald가 수동태에서 동작주(動作主: agent)로서 전치사 by의 목적어가 된다: by Oswald.
b. 능동태의 목적어 Kennedy는 수동태에서 주어가 된다.2
c. 능동태의 동사 assassinated는 수동태에서 과거분사로 나타난다.
d. 수동태에서는 과거분사 앞에 수동 조동사 be의 적절한 형태가 놓여 수동 동사형 <be + 과거분사>로 나타난다.

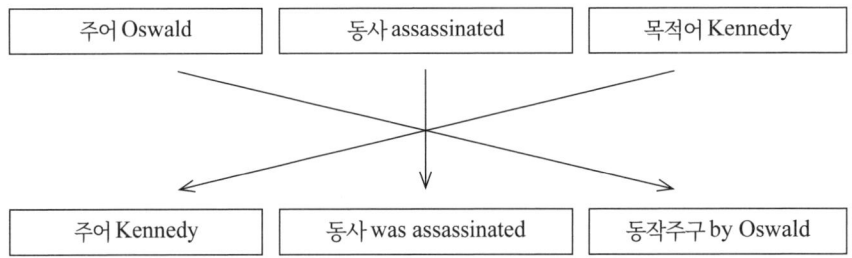

능동 동사형과 이에 대응하는 수동 동사형의 관계는 다음과 같다.

능동 동사형　　　　수동 동사형
break(s) ~　　　　is/are broken
broke ~　　　　　was/were broken
has/have broken ~　has/have been broken

2　수동태에서 동사 앞에 놓이는 주어는 '문법적인' 주어(grammatical subject)이고, by 다음에 놓인 동작주는 '논리적인 주어'(logical subject)이다.

is/am/are repairing ~ is/are being repaired[3]
was/were repairing ~ was/were being repaired
will repair ~ will be repaired
will be repairing ~ will be being repaired

Liles (1979: 71)는 다음과 같이 have 또는 법조동사 다음에 진행형이 놓이는 많은 형태들이 수동형을 허용하지 않는다고 예시하고 있다.

The dog **has been chasing** Michael.
→ *Michael **has been being chased** by the dog.

---

[3] 원래 능동형의 현재진행형이 수동 진행의 뜻으로 쓰이다가 1820년대 이후에 비로소 형태와 뜻이 일치하게 되어 <is being + 과거분사형>이 널리 수동적인 뜻을 나타내기 시작했다: The progressive form is employed to represent an act as going on. In the literary language, it is made up of the progressive form of the verb *be* and the perfect participle of the verb to be conjugated: *'The house is being painted.'* This progressive form arose in the fifteenth century: 'Wyne (wine) is being *y-put* (old perfect participle for *put*) to sale' (in a letter of John Shillingford, about 1447). It spread at first very slowly and did not really become established in the literary language until about 1825. During this period (1447-1825) there were two other competing progressive forms, a gerundial and a participial: (gerundial) 'The house is *in building*,' or in contracted form *a-building*; (participial) 'The house *is building*' (the present participle with passive force) .... Between 1700 and 1825 the participial construction (*is building*) gained temporarily the ascendency in the literary language and was widely used also in colloquial speech.... From 1825 on, however, the form with *being* + perfect participle began to lead all other forms in this competition, so that in spite of considerable opposition the clumsy *is being built* became more common than *is building* in the usual passive meaning, i.e., where it was desired to represent a person or thing as affected by an agent working under resistance vigorously and consciously to a definite end: 'The house is being built.' 'My auto is being repaired.' — Curme (1931: 443-444); Hornby (1975: 82)도 이처럼 현재진행형이 수동의 뜻을 나타내는 극소수의 예가 있다고 다음과 같이 예시하고 있지만, 사실상 오늘날의 영어에서는 찾아볼 수 없다:
The book **is reprinting**. (= is being reprinted)
　[그 책이 지금 재판 인쇄중이다.]
'Hamlet' at the National Theatre **is playing** to full house. (= is being played)
　[국립극장에서의 '햄릿'은 연일 초만원으로 공연 중에 있다.]
Where **is** the new film **showing**? (= is being shown)
　[그 새 영화는 어디서 상영되고 있는가요?]

The owners **should be washing** the windows.

→ *The windows **should be being washed** by the owners.

That man **must have been watching** our house.

→ *Our house **must have been being watched** by that man.

이처럼 영어에서 능동태와 수동태 문장 구조 중에서 어느 하나를 선택하는 경우에 주어와 목적어라고 하는 두 개의 참여자(participant) 중에서 어느 하나를 메시지 전달의 출발점 역할을 하는 주제로 삼아 이것을 문두에 두고, 다른 하나를 문미에 두어 초점을 받게 할 수 있다. 물론 담화상의 기능을 고려하지 않는다면 능동태와 수동태는 전달하고자 하는 기본적인 명제 내용이 대충 같다고 여겨지기 때문에 언어 사용자들은 기분 내키는 대로 이 두 가지 문장 구조 중 어느 것이라도 선택해서 쓰려고 할 것이다. 그렇지만 **특정한 언어 사용의 환경에서는 능동태와 수동태 문장 중에서 반드시 어느 한 가지 문장 구조만 적절할 뿐, 결코 환경에 관계없이 두 가지 구조를 모두 사용할 수 있는 것이 아니라는 점을 명심하여야 할 것이다.**

7.1.2. 태의 대립에 따른 효과

위에서 본 것처럼, 외형적인 구조로 보면 능동태와 수동태는 주어와 목적어의 위치가 바뀌고, 또한 능동 동사와 수동 동사에서 다소의 차이밖에 없는 것처럼 보인다. 즉, 의미상으로 보면, 동작의 주체인 동작주와, 동사가 나타내는 동작, 그리고 이 동작의 영향을 받는 피동의 대상이 무엇이냐 하는 것이 두 개의 참여자(즉, 주어와 목적어)의 의미 역할과 동사가 나타내는 의미에 변화가 없기 때문에 결국 전달하는 내용이 같은 것으로 보는 경향이 있다.[4]

---

[4] Quirk et al. (1985: 159)은 '태'를 문장에 나타난 동작이 전달되는 기본적인 명제 내용을 그대로 유지하면서 두 가지 방법으로 나타낼 수 있도록 하는 문법적인 장치라고 말하고 있다. 또한 Meyer-Myklestad (1967: 113)도 같은 견해를 제시하고 있다: A comparison between the active and passive constructions will show that they differ in form rather than in meaning. They are two different ways of expressing essentially the same idea. If nevertheless neither of them can be considered superfluous and both are, in fact, extensively used, it is because the verbal idea is viewed from different angles, and in passing from one voice to the other the center of interest is shifted from the agent to the 'receiver' of the action, or vice versa. External as well as psychological factors are at work in deciding the choice between the two mode of expression. See also Siewierska (1984: 3).

바로 이러한 점 때문에 영어 사용자들은 이 두 가지 문장 구조를 자기 기분에 따라 맘대로 선택하려고 한다. 그러나 실제 언어 사용에 있어서는 의미상의 차이를 비롯하여 담화 기능적인 차이 때문에 두 가지 문장 형태는 결코 제멋대로 바꿔 사용할 수 있는 것이 아니다.

더 나아가 정보 전달의 기능적 관점(functional perspective)에서 보면, 수동태 문장에서 문두의 주어 위치에 놓인 요소는 구정보로서 문장의 주제가 되며, 문미에 놓여 by의 지배를 받는 목적어인 동작주는 신정보로서 초점(焦點: focus)을 받는다. 그리고 주제를 제외한 나머지 부분은 주제에 대하여 서술하는 부분이다. 바로 이러한 차이 때문에 영어에서 능동태와 수동태라고 하는 두 가지 문장 구조는 담화가 이루어지는 전후 문맥을 통해 앞에서 말한 내용과 이제 말하고자 하는 내용 사이에 적절한 응집 관계(凝集關係: cohesion), 즉 이전에 언급된 정보 내용과 지금 언급되고 있는 정보 내용 사이에 매우 긴밀한 연결 관계가 이루어지도록 하기 위한 문법적 장치인 것이다. 따라서 두 개의 참여자 — 즉, (2a, b)에서 the President와 the prisoners — 중에서 어느 것이 신정보이고, 또한 어느 것이 구정보인가에 따라 능동태와 수동태의 선택이 결정된다. 이상에서 말한 두 문장 구조에 나타난 두 개의 참여자의 관계를 아래의 표에서처럼 나타낼 수 있다.

(2) a. The President has released the prisoners.
   [대통령께서 죄수들을 석방시켰다.]
   b. The prisoners have been released by the President.
   [죄수들이 대통령에 의해 석방되었다.]

능동태	(2a) The President	has released	the prisoners
문법적 기능	주어		직접목적어
의미 기능	동작주		피동 목적어(피동격)
정보의 유형	구정보		신정보
	주제		초점 요소

능동태와 수동태에서 나타나는 이러한 구조적 차이는 언어 사용자로 하여금 메시지의 전달 방식을 선택하게 함으로써 신정보를 문미에 두어 초점을 받게 하는 반면, 구정보를 문두에 배치시킴으로써 이것이 주제가 되도록 문장 구조를 형성할 수 있게 한다. 따라서 언어 사용자는 문장의 두 가지 위치, 즉 문두 위치와 문미 위치를 적절하게 사용하여 담화가 자연스럽게 이루어지도록 한다.[5]

---

5   Downing & Locke (1992: 252; 2006: 253).

7.1.3. <by + 동작주>구

여러 가지 측면에서 볼 때 수동태는 매우 유용한 문법범주 가운데 하나라고 하는 점에는 조금도 의심의 여지가 없다. 그 중의 하나가 곧 수동태는 능동태의 경우와 달리, 여러 가지 요인이 작용함으로 말미암아 <by + 동작주>구 (이하 "동작주"라고 함)를 수동태의 문장 표면에 노출시키지 않을 수 있다는 점이다.6 물론 다음과 같은 수동태 문장에서 동작주를 굳이 내세우고자 한다면 각각 by the people/voters, by the shopkeeper, by the regulation, by educators/teachers, by holders of power 따위와 같은 전치사구를 첨가할 수 있을 것이다.

The exit polls done by the television station indicate that the President **will be reelected**.
    [텔레비전 방송국의 출구조사는 현직 대통령이 다시 선출될 것이라는 점을 나타내고 있다. → 선거 결과는 유권자들에 의해 나타나는 것이므로 이 문장에는 by the people 또는 by the voters가 생략되었다는 점이 분명함.]

Customers **are asked** not to handle the goods in the shop.
    [고객들은 가게 물건들을 건드리지 말라고 한다. → 예컨대 가게의 안내문 등에 쓰여진 내용이라는 것으로 여겨지며, 따라서 by the shopkeeper 등이 생략된 것으로 여겨짐.]

Smoking **is forbidden** during takeoff.
    [이륙할 때에는 흡연이 금지됩니다. → 항공사에서 항공 규정으로 탑승자들에게 비행기가 이륙시에 금연해야 한다고 안내하는 것으로 여겨짐.]

Diagnostic tests **are used** to identify students' strengths and weaknesses.
    [학생들의 장점과 약점을 확인하기 위해 진단 평가가 이루어진다. → 진단 평가를 행하는 사람은 교육자들이나 선생님이라고 여겨짐.]

Power must not **be used** to prolong itself.
    [권력이라는 것은 권력 그 자체를 연장할 목적으로 이용되어서는 안 됩니다. → 권력이라는 것은 예컨대 대통령과 같은 사람이 쥐고 이용한다는 점을 암시할 수 있음.]

---

6 The agent is a freely omissible element of clause structure: there are no cases where the rules of syntax require an agent to be present. — Huddleston (1984: 441). 대개 70~90%의 수동태 문장에서 동작주가 표출되지 않는다고 말하고 있다: 즉, Jespersen (1933: 121), Kilby (1984; 56), Biber (1999: 935), Berk (1999: 120), Celce-Murcia & Larsen-Freeman (1999: 354), and Stein (1979: 126) 등. 이러한 차이는 각자 문법학자들이 조사한 자료상의 차이에 따른 결과라고 생각된다.

반면에, 수동태에서 동작주가 신정보로서 청자/독자에게 필요하고도 중요한 정보를 전달하는 요소이면 반드시 문장 표면에 내세워야 한다.[7] 예컨대 의문문 (3)은 운하를 건설한 사람이 누구인지 알고 싶어서 묻는 질문이다. 이 질문을 한 사람에게는 운하를 건설한 사람이 신정보로서 중요한 정보 내용을 전달하는 것이다. 그러므로 (3)에서 질문에 대한 대답으로 실현된 수동태 문장에서 동작주가 표시된 것은 지극히 자연스럽다. 또한 (4)에서도 ploughs를 주제로 하여 이것을 끄는 동작주가 무엇인가 하는 점을 대립적으로 나타내고자 하기 때문에 결국 tractors와 oxen이 신정보로서 문미에 놓이게 된 것이다.

(3) 'Who was the canal built by?' — 'It was started **by the French** and completed **by the Americans**.'
['누구에 의해 운하가 건설되었습니까?' — '프랑스인들에 의해 시작되어 미국인들에 의해 완공되었습니다.']

(4) Ploughs are pulled **by tractors**, or in some countries **by oxen**.
[쟁기는 트랙터에 의해 끌리거나, 아니면 몇몇 나라에서는 황소에 의해 끌립니다.]

(5) Tools are being developed to help do away with the poisonous gases thrown off **by our millions of motor vehicles**.
[수많은 차량에서 배출되는 유독 가스를 제거하는데 도움이 되는 기구들이 계발되고 있다.]

accompany, precede, possess, actuate, succeed 따위와 같은 동사들은 전달하고자 하는 의미 내용상 부족한 정보량을 보충하기 위하여 수동태에서 반드시 동작주가 보충되어야 한다.[8]

(6) a. An irresistible desire to run away possessed me.
    [도망가고자 하는 억제하지 못하는 욕구가 나를 사로잡았다.]
b. *I was possessed.

---

[7] Stein (1979: 126)은 동작주가 나타나는 비율이 얼마 되지 않는다고 하더라도 동작주를 내세우는 것이 결코 선택적인 것이 아니라고 한다: If the agent phrase was really optional why does it occur then in 1/5 or 1/6 of the passive sentences? There must be reasons for it and these will probably lead to the conclusion that the agent phrase is not that optional after all.

[8] Agentless passives are a most useful device for not providing irrelevant or undesirable information. However, the agent may not be omitted if it provides an essential part of the information. — Palmer (1987: 79).

[나는 사로잡혀 있었다. → 동작주가 생략됨으로 말미암아 의미 내용이 제대로 전달될 수 없기 때문에 비문법적임.]

    c. I was possessed **by an irresistible desire to run away**.

[나는 도망가고자 하는 억누를 수 없는 욕구에 사로잡혔다.]

(7) a. Unworthy motives actuated him.

[무가치한 동기들이 그를 행동에 옮기도록 했다.]

    b. *He was actuated.

[→ 동작주가 생략됨으로 말미암아 문장 해석이 불가능하고, 따라서 비문법적임.]

    c. He was actuated **by unworthy motives**.

[그는 무가치한 동기 때문에 행동에 옮기게 되었다.]

(8) Freeman was preceded in death **by brothers Lawrence Lindsey and Leonard Lindsey and a sister Pat Kerr**.

[프리만은 로렌스 린드시와 레오나르드 린드시 두 남 동생, 그리고 패트 케르 누이 동생보다 나중에 죽었다.]

(9) He was survived only one year **by his daughter**.

[그가 죽은지 불과 1년 만에 딸이 죽었다.]

예컨대 The boy **was killed**.와 The thieves **were caught**.의 경우와 달리, 동사들 중에는 수동태에서 전달하고자 하는 정보량의 부족 때문에 문법적으로 틀린 문장이 되는 것을 막기 위하여 반드시 동작주를 필요로 하는 것이 있는가 하면, 동작주가 표출되지 않으면 대신 다른 부사류(adverbials)를 필수적으로 첨가하여 부족한 정보량을 보충하여 주어야 하는 것들도 있다.[9] *This book **was written**., *The house **was built**. 따위와 같은 수동태 문장들도 전달하고자 하는 정보량의 부족으로 말미암아 문법적으로 틀린 문장이 되고 있다. 그러나 (6)-(9)의 경우와 달리, 이러한 문장에는 (10b, c), (11), (12b, d), (13b, d), 그리고 (14)에서처럼 전달하고자 하는 뜻에 따라 last year, in the village, with great care 따위와 같은 적절한 부사류가 나타나 있는 경우에 동작주는 나타나지 않더라도 문법적으로

---

[9] 이 부분은 Stein (1979: 127-128)이 Mihailović (1965-1966: The Agent in the English Passive. *ELT* 20. pgs. 123-126)을 인용한 것을 여기서 재인용한 것이다. (She (= Mihailović, L.) tries to show that 'the verb determines the choice between passive constructions with the expressed agent and those with the deleted agent' (p. 124) and draws attention to the fact that 'the nominal and some other elements in structure, such as adverbial adjuncts, influence the choice of the passive construction'.)

올바른 문장이 된다.

(10) a. *He was brought up.

[→ 전달하고자 하는 정보량의 부족 때문에 비문법적인 문장임.]

b. He was brought up **by his adoptive parents**.

[그는 양부모(養父母)에 의해 양육되었다.]

c. He was brought up $\begin{Bmatrix} \text{on Cat island in the Bahamas} \\ \text{as a Methodist} \\ \text{properly} \end{Bmatrix}$.

[그는 바하마 군도의 캐트 섬에서/메서디스트 신도로/올바르게 양육되었다. → Methodist: John Wesley의 지도에 의한 신앙 부흥운동에서 일어난 프로테스탄티즘(Protestantism)의 한 교파로서, 개인적이고 사회적인 도덕을 강조함.]

(11) Hostas[10] are grown $\begin{Bmatrix} \textbf{by gardeners} \\ \textbf{for their handsome foliage} \end{Bmatrix}$.

[호스타는 정원사들에 의해/멋진 잎사귀 때문에 재배된다.]

(12) a. Miss Perkinson played the part of the mother.

[퍼킨슨 양은 어머니 역할을 했다.]

b. The part of the mother was played **by Miss Perkinson**.

[어머니 역할은 퍼킨슨 양이 맡았다.]

c. *The part of the mother was played.

[→ 전달되어야 할 정보량이 부족하기 때문에 비문법적임.]

d. The part of the mother was played **well**.

[어머니 역할이 잘 이루어졌다.]

(13) a. A rich man owned the club.

[어떤 돈 많은 사람이 그 클럽을 소유했다.]

b. The club was owned **by a rich man**.

[그 클럽은 어떤 돈 많은 사람에 의해 소유되었다.]

c. *The club was owned.

[→ 전달하고자 하는 정보량의 부족 때문에 비문법적임.]

d. The club was **jointly** owned.

[그 클럽은 공동으로 소유되었다.]

---

10   hosta: a genus of Asiatic perennial herbs.(아시아에 서식하는 여러해살이 허브)

(14) a. This school is maintained **by a charity.**
　　　　[이 학교는 어떤 자선기관에 의해 관리된다.]
　　b. The railway lines have to be **constantly** maintained.
　　　　[철로가 지속적으로 관리되어야 한다.]
　　c. *This school is maintained.
　　　　[→ 양태부사나 동작주 따위와 같은 전달하고자 하는 정보량의 부족 때문에 비문법적임.]

Mihailović이 분류한 또 다른 부류의 동사들의 경우에는 동작주가 선택적으로 생략 가능하다. 즉, 이 부류의 동사들은 능동문의 주어가 유생명사(animate noun)이면 동작주를 생략할 수 있지만, 무생명사(inanimate noun)이면 동작주가 생략되지 않는다는 것이다.

(15) a. Somebody followed me.
　　　　[어떤 사람이 나를 쫓아왔다.]
　　b. I was followed.
　　　　[나는 추적을 당했다.]
(16) a. An even worse insult followed his first one.
　　　　[그의 첫 번째 모욕에 이에 한층 더 심한 모욕이 뒤따랐다.]
　　b. *His first one was followed.
　　c. His first insult was followed **by an even worse one**.
　　　　[그의 첫 번째 모욕에 이어 한층 더 심한 모욕적인 행동이 나왔다.]
(17) My parents didn't plan to have many kids. But their son was followed **by six daughters**.
　　　　[나의 부모님께서는 자녀를 많이 두려고 하지 않았다. 그러나 한 아들을 낳고난 다음에 딸 여섯을 낳았다.]
(18) a. They replaced him.
　　　　[그들은 그를 대신했다.]
　　b. He was replaced.
　　　　[그 사람이 교체되었다.]

(17)에서 But their son ...으로 시작되는 두 번째 문장이 능동문일 때 그 주어가 유생적 존재(six daughters)임에도 불구하고, 동작주가 생략되지 않는 것은 이 문장에서 follow가

(15)에서보다 오히려 (16)에서처럼 해석되기 때문이다.

동작주가 문장 표면에 나타나지 않게 되면 그 결과 문장의 다른 요소들이 문미에 놓여 초점을 받게 된다.[11] 예컨대 (19)에서는 의자에 누가 앉느냐 하는 점보다 오히려 빈자리인가 아닌가 하는 점이 중요한 정보로서 초점을 받게 된다. 마찬가지로, (20)에서는 부사류 for months가, 그리고 (21)에서는 보어 역할을 하는 분사 형용사 unstamped가 신정보로서 초점을 받게 되는 것이다.

(19) Is this seat **taken**?
  [이 자리는 앉을 사람이 있는가요?]
(20) Nothing has been heard of him **for months**.
  [여러 달 동안 그의 소식이 없었다.]
(21) The letters had been sent **unstamped**.
  [그 편지들은 우표를 붙이지 않은 채 발송되었다.]

7.1.4. 수동태와 양태부사

능동태에서는 타동사가 나타내는 행위를 수식하는 양태부사(adverbs of manner)가 대개 목적어 다음에 놓인다. 그러나 수동태에서는 과거분사 앞이나 뒤에 놓일 수 있다.

This room has been { **painted** *badly* / *badly* **painted** }.

[이 방은 페인트칠이 아주 엉망으로 되어 있다.]

그러나 (a) ***badly*** **burnt** (face)(심하게 탄 (얼굴)), a ***tactfully*** **expressed** command(재치 있게 표현된 명령)의 경우처럼 양태부사를 과거분사 앞에 배치하여 뜻의 한 단위가 되도록 하는 것이 보다 자연스럽다고 여겨지기 때문에 대개 수동태에서는 과거분사 앞에 놓이는 것이 보다 일반적이다.

---

11 When the Agent *by*-phrase is omitted in a passive clause, some other element necessarily receives end-focus. This may be a verb, an adjunct, or a Complement. For a verb to be focused, it must contain the main New information and the Agent must be dispensable. — Downing & Locke (2006: 255).

I **am** *profoundly* **impressed** by your tireless pursuit of intellectual and spiritual growth, a true mark of a person's greatness.
    [저는 귀하께서 인간의 위대성에 대한 진정한 표시인 지적·영적 성장을 끈질기게 추구하고 있다는 사실에 깊은 감명을 받고 있습니다. → cp. 능동태: ... impresses me **profoundly**.]

His face **was** *badly* **burnt** by the hot sun.
    [그의 얼굴은 뜨거운 햇볕에 몹시 탔다. → cp. 능동태: The hot sun burnt his face **badly**.]

The medicine must **be** *well* **shaken** before use.
    [그 약은 사용하기 전에 잘 흔들어야 한다. → cp. 능동태: ... must shake the medicine **well**.]

The accounts section has **been** *completely* **computerized**.
    [경리과가 완전히 전산화되었다. → cp. 능동태: ... has computerized the accounts section **completely**.]

More than 33,000 tons of North Korean coal **was** *illegally* **imported** to South Korea last year in violation of United Nations and other sanctions, South Korean government said Friday. — *The New York Times*, August 10, 2018.
    [유엔과 다른 제재를 위반하면서 33,000톤 이상의 북한산 석탄이 작년에 남한에 불법으로 수입되었다고 금요일에 남한 정부가 말했다.]

물론 다음과 같은 예에서처럼 수동태 문장에서 양태부사가 과거분사 다음에 등장하기도 한다. 이러한 어순은 양태부사가 중요한 정보를 전달하기 때문일 것이다.

Nuclear waste will still be radioactive even after 20,000 years, so it must **be disposed of** *very carefully*.
    [핵폐기물이 2만 년 뒤에도 여전히 방사능 물질일 것이다. 그러므로 아주 신중하게 처리되어야만 한다.]

Former first lady Barbara Bush, 83, was in good spirits and was joking with hospital staffers, the Methodist Hospital spokesman said. She **was being fed** *intravenously*. — *CNN*, November 27, 2008.
    [83세의 전 영부인 바바라 부시 여사는 건강 상태가 좋아서 병원 직원들과 농담을 주고받

고 있다고 감리교 병원 대변인이 말했다. 영부인께서는 정맥으로 음식을 공급받고 있었다.
→ Barbara Bush는 미국 41대 대통령 George Bush의 부인.]

또한 양태부사가 전치사구로 나타나는 경우에도 동사 다음에 놓인다.

These boxes should **be handled** *with care*.
[이 상자들은 조심히 취급해야 한다.]

7.2. 수동태의 용법

능동태와 수동태라는 두 가지 문법범주 중 특히 수동태는 여러 가지 점에서 능동태보다 더욱 관심이 집중된다. 즉, 수동태는 정보성(informativeness)의 차이에 따라 새롭고 중요한 정보 내용을 문미에 배치시킨다거나, 반대로 중요하지 않은 정보를 삭제하거나, 알려지지 않았거나 알 수 없는 정보를 일부러 내세우려고 억지로 부정대명사를 사용하는 데서 오는 어색함을 피하려고 하거나, 전후 문맥이 경제적이면서 동시에 자연스럽게 연결되도록 함으로써 결국 정보의 흐름이 마치 물 흐르듯이 자연스럽게 하는데 있어서 더 없이 유익한 정보 전달 장치인 것이다. 이러한 관점에서 볼 때, 능동태와 수동태의 선택은 담화상에 나타나는 문맥에 따라 결정되는 것이다.[12]

7.2.1. 문미 초점과 문미 중점

영어의 일반적인 경향은 청자/독자에게 이미 알려져 있는 구정보(舊情報: old information)는 문두에 배치시키고, 대신에 신정보(新情報: new information)는 문미에 배치하려는 것이다. 이렇게 되면 문두에 놓인 주어는 이전의 담화 내용과 관련된 구정보로서 주제(主題: topic) 역할을 하게 되고, 문미에 놓인 요소는 신정보로서 중요한 정보 내용을 전달하

---

12 We now turn to the discourse motivations that involve the choice of passive. Basically, these are: to cut out unnecessary Given information; to manoeuvre important information into end position; to establish smooth connections between clauses, making for good information flow. These motivations work together in connected discourse. Choice of passive against active are not open, but are conditioned in each individual case by the immediate contextual environment. — Downing & Locke (2006: 253).

는 것이기 때문에 초점(焦點: focus)을 받게 된다.[13] 이것을 문미 초점의 원칙(principle of end-focus)이라 한다. 그러므로 말이나 글이 연속적으로 이어지는 담화에서 논리적으로 보아 주어에 해당되는 요소가 신정보이고, 목적어에 해당되는 요소가 구정보이면 그 문장은 수동태 형식으로 표현하는 것이 아주 자연스럽다. 더욱이 이와 같은 상황에서는 논리적인 주어가 신정보로서 초점을 받게 되기 때문에 <by + 동작주> 형식으로 문장 표면에 반드시 표출되어야 한다.

The power station was wrecked **by a huge gas explosion**.
[엄청난 가스 폭발 사고로 발전소가 파괴되었다. → 주어인 the power station은 정관사를 수반하고 있어서 구정보라는 것을 알 수 있으며, 문미에 놓인 a huge gas explosion은 부정관사를 수반하고 있으므로 신정보로서 문미 초점을 받게 됨. 그러므로 이 문장의 구조가 수동태 형식으로 나타나고 있음.]

The hunter was mauled **by a lion**.
[그 사냥꾼은 사자에게 크게 다쳤다. → the hunter와 a lion에서 각각 정관사와 부정관사가 쓰인 것에 의해 구정보와 신정보임을 나타내고 있음.]

The newspapers that opposed the junta were effectively muzzled by **strict censorship laws**.
[군사 정부에 반대하는 신문들은 엄격한 검열법에 의해 효과적으로 억압을 당했다. → 제한적 관계사절의 수식을 받는 the newspapers는 구정보이고, 관사를 수반하지 않은 복수 명사구 strict censorship laws는 신정보이기 때문에 각각 문두와 문미에 놓여 구정보와 신정보 역할을 하고 있음.]

---

13 We usually begin a sentence with what is already known ('old' or 'given' information) and put 'new' information later in the sentence. This is because the theme is preferably old information. The choice of an active or passive construction may be determined by this principle (which is often referred to as the information principle). — Declerck (1991a: 212); In some situations the passive is used, not because the agent is unimportant, but, on the contrary, because the agent is *new* information that readers would need or want to know. In English, new information typically *follows* old information. The two most informationally prominent positions in a clause are the beginning and the end. While the clause-initial position makes *old* information prominent in English, the clause-final position provides the prominence a writer might want for *new* information. When the theme argument is new information, active voice has it as the clause-final argument. Where the agent argument is new information, passive voice provides a position for it in a clause-final *by* phrase. — Jacobs (1995: 170).

Then **I** was captured by **the Khmer Rouge** and forced to dig canals.
[그때 나는 크메르루즈군에게 체포되어 강제로 운하를 파게 되었다. → 인칭대명사로 나타난 주어 I는 정보의 가치가 약하기 때문에 주제의 위치에 놓였으며, 반대로 the Khmer Rouge는 정관사를 수반하고 있지만, 정보의 가치가 높기 때문에 문미에 놓여 신정보의 역할을 하고 있는 것임.]

어떤 요소가 구정보인가 하는 점이 전후 문맥을 통해 명백히 밝혀지는 경우가 많다. 설령 언급되지 않았다 하더라도 문맥을 통해 예측 가능하거나,[14] 그밖의 방법으로 지식이나 상식을 통해 이미 알고 있는 것일 때도 있다. 다음과 같은 문장에서 수동태의 주어 역할을 하는 요소들은 모두 같은 문장, 또는 이전의 문장에서 이미 언급된 내용을 가리키는 것이기 때문에 구정보에 해당된다.

I was a young Columbia man while I worked in a cafeteria from 6:30 A.M. to 3:00 P.M. *I* was much respected **by the management**, even though I drove the people I worked with insane, because I had standards they couldn't cope with. (Celce-Murcia & Larsen-Freenman 1999: 353)
[나는 젊은 콜롬비아인이었고, 오전 6시 30분부터 오후 3시까지 간이식당에서 일하는 동안 나는 식당 주인으로부터 존경을 받았다. 내가 따라올 수 없을 정도로 모범적이었기 때문에 같이 일하는 사람들을 미치게 만들기는 했지만.]

For example, in 1960 French automobile workers attempted to destroy a new computer. Why? Because *the computer* had been used **by the employer** in determining which workers would be unemployed and sent home during a period when business was poor.
[예컨대 1960년에 프랑스의 자동차 공장 종업원들은 새로운 컴퓨터를 파괴시키려고 했다. 왜 그랬냐고? 사업이 부진하던 시기에 어떤 종업원들을 해고시켜서 집으로 보낼 것인가를 결정하는데 컴퓨터가 이용되었기 때문이었지.]

Character is the crystallized habit, the result of training and conviction. *Every character* is influenced **by the heredity, environment and education**.

---

14 ..., sentence-initial position tends to be used for words or phrases which are, loosely speaking, 'given' or 'predictable' from previous linguistic material, or from the context of utterance, while 'new', less predictable information tended to appear later. — Kilby (1984: 61).

— Ernest Hemingway, "Advice to a Young Man"
[인격이란 훈련과 신념의 결과인 확고한 습관이다. 모든 인격은 유전과 환경과 교육의 영향을 받는다.]

문미 초점의 원칙과 문미 중점의 원칙이라는 두 가지 원칙이 수동태에서 중요한 작용을 한다. 영어에는 일반적으로 문장의 앞부분은 이전의 문맥을 통해서 이미 언급되었기 때문에 비교적 덜 중요한 정보가 짧고 간단하게 제시되고, 문장의 뒷부분을 길게 표현하여 무게를 두고자 하는 이른바 문미 중점의 원칙이 작용하는 경향이 있다.[15]

(22) a. **The pleasurable desire to do a job properly, which in the end makes everybody much happier**, no longer motivates **people**.
b. **People** are no longer motivated **by the pleasurable desire to do a job properly, which in the end makes everybody much happier**.
[결국 인간을 훨씬 더 행복하게 만들기는 하지만, 일을 잘 하고자 하는 즐거운 욕구가 이제는 인간에게 동기를 부여해 주지는 못하고 있다.]

(22a)에서처럼 긴 주어를 문두에 두게 되면 두부 과대(頭部過大: top-heavy) 현상 — 문장의 머리 부분이 필요 이상으로 길어지는 현상 — 이 일어나 문장이 전반적으로 균형을 이루지 못하여 결국 안정감을 잃게 된다. 바로 이러한 이유 때문에 (22b)에서처럼 긴 주어를 문미에 두려면 수동태가 되어야 하는 경우가 있다. 다음과 같은 문장들의 경우에도 문미 중점의 원칙이 두드러지게 작용하고 있다는 사실을 분명히 알 수 있다.

Many Victorians were shocked **by the notion that Man had evolved from lower forms of life**.
[많은 빅토리아 시대인들은 인간이 하등동물에서 진화했다는 생각에 충격을 받았다.]
The man was clearly puzzled **by the familiar way in which the waiter and I chatted with each other**.

---

15 Similarly, length appears to play a role in the use of the passive, as there is a well-attested tendency for long noun phrases to occur towards the end of sentences. — Kilby (1984: 60); An additional motivation for the use of a passive with an Agent *by*-phrase occurs when the Agent is long. By putting it at the end we follow the principle of end-weight ('shortest first, longest last'). — Downing and Locke (2006: 254).

[그 사람은 사환과 내가 이야기를 나누는 친숙한 태도를 보고 당황했음이 분명했다.]

Furthermore, **many discoveries** are made **by men whose scientific effectiveness came as a result of a combination of qualities**.

— Glenn Seaborg, "Letter to a Young Scientist"

[더욱이 갖가지 자질들이 결합됨으로써 결국 과학적 효율성을 갖게 된 사람들에 의해 많은 발견이 이루어졌다.]

그런데 담화가 이루어지는 상황에서 문미 초점과 문미 중점이라는 두 가지 원칙은 서로 불가분의 관계를 갖는다. 즉, 앞서 말한 것처럼 신정보에 해당되는 요소는 초점을 받아야 하기 때문에 문미에 놓이는 것이고, 또한 신정보에 해당되는 부분은 구정보보다 더 상세하게 묘사되고 규정되어야 할 필요가 있기 때문에 자연히 서술 내용이 길어지고 동시에 복잡하게 되어 문미 중점이 이루어지는 것이다. 이러한 점 때문에 결국 수동태 문장에서 주어는 짧고 구조가 간단한 대명사를 포함하여 명사구로 나타나게 되는 것이다.[16] (23)은 문미 초점의 원칙에 따라 구정보에 해당되는 요소 it(= walkman)이 문두에 놓였으며, 이와 더불어 문미 중점의 원칙에 따라 신정보로서 동작주에 해당되는 부분 by the Japanese ... to name their product가 문미에 놓이는 등 두 가지 원칙이 작용하여 수동태 문장이 이루어지게 된 것이다.

(23) Walkman is fascinating because it isn't even English. Strictly speaking, *it* was invented **by the Japanese manufacturers who put two simple English words together to name their product**.

[워크맨은 영어 단어도 아니기 때문에 매력적이었다. 엄격히 말하자면, 이것은 자신들이 만든 제품에 명칭을 부여하려고 두 개의 간단한 영어 단어를 합친 일본인 제조업자들에 의해 만들어졌다.]

---

16 It is clear that end-focus, end-weight and informativeness are closely related. New participants introduced onto the scene of discourse need to be described and defined in more detail than known ones. They are, consequently 'heavy' and are better placed at the end, whereas the subject in a passive clause tends to be 'light', pronouns being the lightest.
— Downing & Locke (2006: 254).

7.2.2. 무동작주 수동태

능동태 문장은 필연적으로 주어와 목적어를 모두 갖춘 구조로 표출되어야 한다. 그렇지만 구조적으로 동작주가 문장의 표면에 나타나지 않게 되면 결국 무동작주 수동태(agentless passive)를 만들게 될 뿐만 아니라, 더 나아가 주어조차도 나타나지 않을 수 있다는 점에서 수동태는 능동태와 다른 특징을 갖고 있다. 이처럼 동작주가 수동태 문장에 나타나지 않는 까닭은 여러 가지 다양한 이유가 있기 때문일 것이다.

특정한 이유 때문에 무동작주 수동태가 쓰인다고 하지만, 이렇게 설명되는 문장들 역시 사실은 위에서 방금 설명한 문미 초점의 원칙에 따라 설명이 가능하다고 여겨진다. 즉, 다음에 제시하는 예들을 보면 문두에 놓인 요소들은 모두 구정보에 해당되는 것이거나, 아니면 총칭적인(generic) 대상을 가리키는 것으로서 막연한 대상을 가리키는 것이 아니기 때문에 충분히 주어가 될 자격을 갖추고 있다고 하겠습니다. 반면에 동작주는 문장의 표면구조에 나타나지 않았지만, 그것은 사실상 알 수 없거나, 설령 알고 있다고 하더라도 어떤 이유에서든간에 표출되지 않았다는 것은 곧 독자/청자들에게 신정보로서의 가치가 없기 때문으로 판단된다. 결국 7.2.2.1과 7.2.2.2에서 다뤄지는 내용들은 동작주가 표면구조에 등장하지 않는 이유에 불과할 뿐, 문미 초점의 원칙에 따라 충분히 설명 가능하다고 본다.

7.2.2.1. 불분명한 동작주

능동태의 주어가 알려지지 않았거나, 또는 밝힐 수 없는 상황에서는 수동태를 사용함으로써 능동태에서 반드시 필요로 하는 동작주를 일부러 내세우지 않고서도 문법적인 문장을 만들 수 있다. 예컨대 He was foully murdered.(그 사람이 처참하게 살해되었다.)와 같은 수동태 문장을 *Someone* murdered him foully.와 같이 부정대명사를 주어로 내세워 능동태 문장으로 바꾸는 것은 밝혀져야 할 적절한 주어가 없다는 점에 초점이 맞춰진 것에 불과한 것으로서,[17] 결과적으로 아주 자연스럽지 못한 문장이 되고 만다. 그러므로 다음과 같은 문장들이 보여주는 것처럼 동작주를 내세울 수 있는 뚜렷한 방법이 (거의) 없는 경우에는 수동태 문장이 이러한 어려움에서 벗어날 수 있는 유일한 방법이라고 할 수 있을 것이다.

---

17 A surface subject is obligatory in each non-imperative English sentence. It is always possible to put *someone* or *something* in the subject slot, but such an indefinite form serves to draw attention to the fact that the subject is not being specified as fully as it might be. — Dixon (2005: 354).

In only 20 years the country **has been transformed** into an advanced industrial power.
 [불과 20년 만에 이 나라는 선진 산업국가로 변모되었다.]

Smallpox **has almost been eradicated**.
 [천연두가 거의 근절되었다.]

Are the seeds of criminal behavior **sown** early in life?
 [범죄 행위의 씨앗이 인생의 조기에 뿌려지는가?]

Cartridges **are ejected** from the gun after firing.
 [발사하고 난 다음에 탄피가 제거된다.]

The solar system to which the earth belongs **was formed** billions of years ago.
 [지구가 속하고 있는 태양계가 수십억 년 전에 형성되었다.]

Perhaps you will **be reincarnated** as a snake.
 [아마도 너는 뱀으로 다시 태어나게 [환생하게] 될 것이다.]

7.2.2.2. 명백한 동작주

동작주를 알 수 없기 때문에 부득이 수동태를 사용해야 하는 위의 문장들과 정반대의 상황도 있다. 이번에는 동작주가 일반적인 사람을 가리키기 때문에 굳이 밝힐 필요가 없다거나, 문장 그 자체의 내용이나 전후 문맥을 통해서 알 수 있거나, 또는 일반적인 지식이나 상식 등을 통해 밝히지 않더라도 분명히 알 수 있기 때문에 동작주를 굳이 밝히고 싶지 않으면 동작주가 문장 표면에 내세우지 않을 수도 있는데, 바로 이와 같은 경우에 유용하게 수동태를 택할 수 있게 된다. 이와 같은 점 때문에 굳이 능동태의 주어를 내세운다는 것은 불필요한 일이며, 이러한 경우에는 능동태보다 수동태가 더 편리한 표현 수단이 되는 것이다.

A white flag **is used** as a token of surrender.
 [항복의 상징으로 백기가 사용된다. → 예컨대 권투 시합에서 매니저는 자기 선수가 심한 부상으로 경기를 계속한다면 생명이 위험하다고 판단된다면 선수 보호 차원에서 흰수건을 링으로 던져 항복한다는 의사표시를 함.]

The notice says "Prams must **be left** outside the shop."
 ["가게 밖에 유모차를 두어야 합니다."라고 게시되어 있다. → 유모차에 아기를 태우고 간 고객이 바로 동작주라는 점이 분명하기 때문에 굳이 밝히지 않을 수 있음.]

The power inherent in the office of President must not **be abused**.
   [대통령의 고유 권한이 남용되어서는 안 됩니다. → 대통령의 권한을 행사하는 동작주는 바로 대통령 자신임을 알 수 있음.]

Our application for visas **was refused**.
   [우리가 신청한 비자가 거절당했다. → 우리가 신청한 비자를 취급하는 특정 국가의 대사관 담당 직원이 동작주라는 점을 쉽게 짐작할 수 있음.]

Our defences must **be reinforced** against attack.
   [공격에 대비해서 우리의 방어시설이 강화되어야 합니다. → 방어시설을 강화해야 할 동작주가 우리나라의 국방 관계자라는 점을 알 수 있음.]

또는 과학적인 글에서는 대개 동작주보다 진술되는 과학적인 사실에 초점이 맞춰지는 것이 보통이다. 그러므로 수동태를 사용함으로써 불필요하게 동작주를 내세우지 않으면서, 동시에 과학적 사실을 주제로 삼아 여기에 관심을 집중시킬 수 있다.

The mixture **is placed** in a crucible and **is heated** to a temperature of 300°C. It **is** then **allowed** to cool before it can **be analysed**.
   [이 혼합물을 도가니에 넣어 섭씨 300도로 가열한다. 그 다음에 분석할 수 있기 전에 먼저 냉각되도록 한다. → 과학적인 글에서는 누가 하느냐 하는 것보다 더 과학적인 과정을 기술하는 것이 더 중요하기 때문에 굳이 동작주를 내세울 필요가 없음.]

상황에 따라서는 의도적으로 능동태의 주어를 내세우지 않으려고 할 때도 있다. 즉, 언급하고자 하는 내용과 관련된 동작주를 내세우는 것이 동작주 자신을 위해서 바람직스럽지 못하다고 생각되는 일종의 '동작주에 대한 배려' 때문에 수동태가 쓰이게 되는 것이다.[18] 예컨대 다음의 (24a, b)와 같은 문장은 종업원 수를 감축한다는 발표를 하는 경우에 경영진 쪽에서는 (24b)보다 오히려 (24a)와 같이 말하는 것이 감축의 주최가 동작주 자신(we)이 아닌 것처럼 에둘러 말함으로써 자신에게 돌아올지도 모르는 모종의 피해를 차단하는 데 유익할 것이다.

---

18 A passive construction will be used if the speaker prefers not to mention the agent (for instance because he is himself the cause of a situation which is unpleasant to the hearer). — Declerck (1991a: 211); The agentless passive has other related functions as well. Sometimes the agent is known but deliberately omitted in order to avoid assigning or taking responsibility. — Berk (1999: 121). See also Thomson & Martinet (1986: 266).

(24) a. There will be some redundancies as a result of the fact that new computer programs **will be introduced**.

> [새로운 컴퓨터 프로그램이 도입됨으로 말미암아 남아 돌아가는 인력이 다소 생기게 될 것입니다.]

b. There will be some redundancies as a result of the fact that *we* will introduce new computer programs. (Declerck 1991a: 211)

> [저희가 컴퓨터의 새 프로그램을 도입함으로써 인력이 다소 남게 될 것입니다.]

(25a)도 (24a)와 마찬가지로, 동작주에 대한 배려라는 심리적인 이유 때문에 수동태가 쓰이고 있지만, (25b)는 오히려 청자에게 반가운 내용을 전달하는 것으로 여겨지기 때문에 기꺼이 능동태가 쓰인 것으로 이해된다.

(25) a. *Overtime rates* $\begin{Bmatrix} \text{are being reduced} \\ \text{will have to be reduced} \end{Bmatrix}$.

> [초과 근무 수당이 감소될/감소되어야 할 것입니다.]

b. *We* are going to increase overtime rates.
(Thomson & Martinet 1986: 267)

> [초과 근무 수당을 늘리게 될 것입니다.]

7.2.2.3. 표현의 간결성

능동태와 달리, 수동태는 어색하거나 비문법적인 문장을 피할 수 있으며, 또한 문장을 간결하게 할 수 있는 이점을 갖는다.[19] 즉, (26a, b)에서처럼 주절과 종속절로 구성된 문장에서 첫 번째 절의 주어가 두 번째 절에 다시 등장할 때 그것은 주어 또는 목적어일 수 있다. 그러나 담화의 원칙상 앞에서 언급된 요소가 두 번째 절에 다시 등장하게 되면 그것은 구정보이기 때문에 문두의 주어 위치에 놓여 주제가 되어야 한다. 이렇게 되려면 두 번째 절은 당연히 수동태가 되어야 한다. 바로 이러한 점 때문에 (26b)가 (26a)보다 훨씬 더 자연스럽고 또한 동작주가 생략되었기 때문에 그만큼 문장이 더 간결해진다.

(26) a. When **he** arrived home *a detective* arrested **him**. (he = him)

---

19 Thomson & Martinet (1986: 266).

[집에 도착했을 때 형사가 그를 체포했다.]
b. When **he** arrived home *he* was arrested (by a detective). (he = he)
[집에 도착했을 때 그는 (형사에게) 체포되었다.]

마찬가지 이유로, (27a)보다 (27b)가 더 자연스럽다. 즉, 앞에 나온 종속절에서 their는 주절에 놓인 the children을 가리키며, 따라서 이것은 구정보에 해당된다. 그러므로 이것은 주절에서 구정보로서 절의 맨 앞에 놓여야 하기 때문에 수동태 구조가 적절하다.

(27) a. When their mother was ill *neighbors* looked after the children.
[어머니가 병중이었을 때 이웃 사람들이 애들을 돌봐 주었다.]
b. When their mother was ill *the children* **were looked after** by neighbors.
[어머니가 병중이었을 때 애들이 이웃 사람들의 보살핌을 받았다.]

(28)에서처럼 두 개의 절이 등위적으로 연결되는 경우에도 마찬가지로 설명된다.

(28) a. John took off his coat and then (John) scolded Mary.
[존이 외투를 벗고 그때 (존이) 메리를 꾸중했다. → 연속되는 두 개의 절에서 동일한 주어이면 두 번째 절의 주어는 생략된다는 규칙에 따라 두 번째 절에서 John이 생략됨.]
b. **John** took off his coat and then **Mary** scolded John.
[존이 외투를 벗었기 때문에 그때 메리가 그를 꾸중했다. → 등위절에서 두 개의 명사구가 하나는 주어 위치에, 다른 하나는 목적어 위치에 있으면 생략이 불가능함. 따라서 두 번째 절에서 John을 생략할 수 없음.]
c. John took off his coat and (**he**) was then scolded **by Mary**. (John = he)
[존이 외투를 벗었기 때문에 그때 (메리로부터) 꾸중을 들었다.]
d. John took off his coat and was then scolded. (Dixon 2006: 356)
[존이 외투를 벗었기 때문에 꾸중을 들었다.]

즉, 첫 번째 절의 주어이면서 주제 역할을 하는 요소 John이 두 번째 절에 다시 등장할 때 그것은 주어 위치(28a) 또는 목적어 위치(28b)에 나타날 수 있다. 그러나 이 경우에도 담화의 원칙상 (28b)에서처럼 두 번째 절의 목적어 위치에 나타나는 것보다 (28c)에서처럼 문장 구조를 수동태로 바꿔 그것이 구정보이기 때문에 주제로서 주어 위치에 놓이도록 하는 것이 훨씬 자연스럽다. 그리고 동일한 대상을 지시하는 이 두 요소가 담화상의 응집력(凝集力: cohesion)이 작용하여 모두 주어의 위치에 놓여 있기 때문에 두 번째 절의 주어 John이 생략될 수 있다.[20] 더욱이 수동태에서 동작주 by Mary가 신정보로서 초점을 받는 중요한 정보가 아니면 생략될 수 있다. 이렇게 되면 결국 능동태에서는 문장의 주어와 목적어가 모두 필수적으로 문장 표면에 등장하여야 하지만, (28d)에서처럼 수동태에서는 이 두 가지 요소가 모두 생략될 수 있으며 따라서 문장이 그만큼 더 간결해지게 되는 것이다.

(28d)에서처럼 두 번째 절의 주어와 동작주가 모두 생략되어 간결해진 문장들의 예를 몇 가지 더 제시한다.

Philip followed him across the passage and **was shown into a room**, small and barely furnished.

[필립은 그를 따라 복도를 지나서 가구가 별로 없는 조그마한 방으로 안내를 받았다.]

Thoreau himself refused to pay taxes and **was clapped into jail**.

[소로우 자신이 세금 납부를 거부해서 투옥되었다.]

Nick came back to the United States, remained on active duty, and **was sent to the Philippines on a classified assignment**.

— Hugh Downs (ed.). *My America*.

[니크는 미국으로 되돌아와서 계속 군인으로 남아서 기밀 업무 취급자로 필리핀에 파견되었다.]

My father's home was burned to the ground during the Cuban Revolution of 1933. His family lost everything and **was exiled**.

— Hugh Downs (ed.). *My America*.

---

20 Every language has some syntactic mechanism for cohering together consecutive sentences in an utterance, identifying common elements and eliminating repetitions. English has a straightforward syntactic rule whereby, if two consecutive clauses have the same subject, this may be omitted from the second clause, e.g. *John took off his coat and then (John) scolded Mary*. However, if two coordinated clauses share an NP which is in subject relation in one and in object relation in another, then omission is not possible — from *John took off his coat and then Mary scolded John*, the final John cannot be omitted. In such circumstances a passive construction may be used; the NP which would be in O relation in an active transitive becomes subject of the passive and, in terms of the syntactic convention, can now be omitted, e.g. *John took off his coat and was then scolded by Mary*.
— Dixon (2006: 356)

[나의 아버지의 집은 1933년의 쿠바 혁명 당시에 완전히 잿더미가 되었다. 아버지 가족들은 모든 것을 잃고, 추방당했다.]

Throughout World War II, China not only fought against invading Japanese troops but **was also embroiled in a civil war** between the Nationalist government of Jiang Jie-shi and communist forces under Mao Zedong.

— Rosenberg & Rosenberg. *In Our Times: America since World War II*.

[2차 세계대전 당시 중국은 일본 침략군에 대항해서 싸우기도 하고, 장개석 국민당 정부와 모택동 치하의 공산당 사이에 벌어진 내전에도 참전했다.]

그러나 다음과 같은 문장에서는 위의 예에서처럼 두 번째 절의 주어는 첫 번째 절의 주어와 동일하기 때문에 생략되었지만, 동작주는 신정보로서 보다 중요한 정보를 전달하는 것이므로 생략될 수 없다.

A man from the census bureau was doing a door-to-door survey. He knocked on the door of one house and **was greeted by a young boy**.

[인구조사국 직원이 집집마다 조사를 하고 있었다. 그가 어느 한 집의 문을 두드리자 어린 소년의 인사를 받았다.]

Mishi tried to stand again but **was seized by sharp pains** in his side and hip.

[미쉬는 다시 일어서려고 했으나 옆구리와 엉덩이의 심한 통증 때문에 견딜 수가 없었다.]

While McCain[21] was on a bombing mission over Hanoi in October 1967, he was shot down, seriously injured, and **captured by the North Vietnamese**.

[1967년 10월에 메케인은 하노이 폭격 임무를 수행하다가 격추되어 중상을 입고 북베트남군에 체포되었다.]

7.2.2.4. 막연한 능동 주어

수동태가 격식적인 영어나 문어체 영어에서보다 비격식적인 영어에서 덜 쓰이는 편이다.

---

21 John McCain(존 메케인(1936.8.29.-2018.8.25)): 해군 사관학교 졸업후 4성 장군이었던 할아버지와 아버지의 뒤를 이어 소위로 해군에 입대하여 베트남 전쟁에 참전. 1967년 하노이 폭격 임무 수행 중 북베트남군에 격추되어 중상을 입고 포로로 체포되어 1973년까지 포로 생활. 1986년부터 32년 동안 아리조나주 출신 미국 연방 하원의원을 거쳐 상원의원을 지낸 보수 진영의 원로 정치인. 2008년 공화당 후보로 대통령 선거에 출마하여 버락 오바마에게 패배함.

다시 말하자면, 비격식적인 영어에서는 you, we, they, people, 또는 someone 따위와 같은 막연한 주어를 내세워 능동태 문장으로 쓰이는 경우가 많다.[22] 수동태 문장에서는 굳이 이와 같은 막연한 주어를 내세우지 않아도 된다.

We/People use electricity for all kinds of purposes.
[우리는/사람들은 모든 목적에 전기를 사용한다.]
Electricity is used for all kinds of purposes.
[전기가 모든 목적에 사용된다.]

They're building some new houses.
[그들은 집 몇 채를 새로 짓고 있다.]
Some new houses are being built.
[몇 채의 집이 새로 지어지고 있다.]

Someone has taken down the poster.
[누군가가 포스터를 철거해 버렸다.]
The poster has been taken down.
[포스터가 철거되었다.]

7.3. 수동태에 따른 제약

방금 위에서 살펴 본 바와 같이, 담화가 이루어지는 상황에서 수동태라는 문법범주가 매우 유용한 표현 수단이기는 하지만, 항상 기분 내키는 대로 수동태를 선택할 수 있는 것은 결코 아니다. 그 이유는, 동사의 선택, 능동태와 수동태에 존재하는 의미상의 차이, 목적어 선택의 문제 등 수동태와 관련된 몇 가지 제약이 수반되기 때문이다.

7.3.1. 동사에 대한 제약

7.3.1.1. 타동성

거의 모든 수동태에 타동사가 포함되어 있지만, 목적어를 수반했다고 해서 모든 타동사가 포함된 능동태 문장을 이에 대응하는 수동태 문장으로 바꿀 수 있는 것은 아니다. 설령

---

22 Eastwood (2005: 126).

타동사가 목적어를 수반하고 있더라도 대체로 언급된 상황이 동작을 나타냄과 동시에 그 상황이 동작주가 마음대로 '통제 가능한' (controllable) 행위일 경우에만 수동태가 가능하다.[23] 결국 동사의 타동성(他動性: transitivity)의 정도는 전달 내용을 수동태로 나타내는 것과 불가분의 관계가 있다.[24]

The firm **has been greatly expanded** by the new manager.

[그 회사는 새 경영자에 의해 크게 확장되었다. → 동작주 the new manager가 의지를 발동해서 회사를 확장시키는 행위를 할 수 있음.]

Happiness comes from experiences in which one's mental and emotional energies **are invested**.

— *Reader's Digest*, October 1994.

[행복이란 자신의 정신적·감정적 에너지가 투자되는 경험에서 나온다. → 행복을 원하는 사람이 의지를 발동해서 정신적·감정적 에너지를 투자하는 능동적인 행위를 할 수 있음.]

반면에 동작주가 마음대로 통제할 수 없는 '과정'(process)이거나, 언급된 내용이 일종의 '사건'(happening)을 가리키는 경우에는 수동태가 불가능하다.[25]

The country **has changed** its appearance.

[그 나라의 모습이 바뀌었다.]

---

23 While almost all passive sentences contain transitive verbs, not all transitive verbs participate in passive constructions. As was indicated in Chapter 1, some sentences are more transitive than others, depending in part on the relative agentiveness of the subject and the degree to which the direct object is affected by the action of the verb. The degree of transitivity a sentence exhibits affects its ability to passivize. — Berk (1999: 116-117).

24 Even a superficial look at the linguistic literature reveals that the term passive is frequently coupled with another linguistic notion, namely *transitivity*. In fact the two notions are so closely intertwined that it is impossible to speak about one without mentioning the other. — Siewierska (1984: 8).

25 As a rule, passivization is only possible when the situation referred to is dynamic and moreover controlled by an agent, i.e. when the reference is to an action (act or activity) or to a process controlled by a human agent.... Passivization is not normally possible in the following cases: 1. when the reference is to a process not controlled by an agent. 2. when the reference is to an event (i.e. to something that is not done but happens). — Declerck (1991a: 200).

The hurricane **has now reduced** its speed.

　　　[태풍의 속도가 이제는 줄었다.]

Mabel **has inherited** some money.

　　　[메이블은 돈을 좀 물려받았다.]

결국 타동사일지라도 이에 대한 목적어가 동사가 나타내는 동작의 영향을 받는다고 생각되지 않는 경우에는 수동태로 바꿀 수 없다. 예컨대 approach라는 동사에 대한 목적어가 the station일 경우에 어떤 사람이 정거장에 접근한다고 해서 그 정거장이 영향을 받는다고는 볼 수 없으므로 He approached **the station**.(그가 정거장으로 접근했다.)이라는 문장을 수동태 문장으로 바꿀 수 없다. 반면에 무기를 가진 강도가 나에게 접근해 온다면 나는 영향을 받을 수 있다고 여겨지기 때문에 The robber approached **me**.와 같은 능동태 문장을 I was approached by the robber.라는 수동태 문장으로 전환이 가능하다. (29a, b)와 (29c, d), (30a, b)와 (30c, d)와 같은 각 쌍의 문장 사이에서도 마찬가지이다.

(29) a. He quickly turned the pages.

　　　　　[그는 재빨리 책장을 넘겼다.]

　　b. The pages **were quickly turned**.

　　　　　[책장이 재빨리 넘겨졌다. → 책장을 넘기게 되면 그 결과 책장이 찢어지게 되거나 더러워지는 등 영향을 받을 수 있기 때문에 수동태로 전환이 가능함.]

　　c. He **quickly turned the corner**.

　　　　　[그는 재빨리 모퉁이를 돌았다.]

　　d. *The corner **was quickly turned**.

　　　　　[→ 어떤 사람이 길모퉁이를 돌았다고 해서 그 모퉁이가 영향을 받는다고 할 수 없기 때문에 수동태 문장으로 전환이 불가능하다고 여겨짐.]

(30) a. The thief **entered the house**.

　　　　　[그 도둑놈이 그 집에 침입했다.]

　　b. The house **was entered by the thief**.

　　　　　[그 집이 그 도둑놈의 침입을 당했다. → 예컨대 그 집에 도둑이 침입하게 되면 그 집이 영향을 받는다고 할 수 있기 때문에 수동태가 가능함.]

　　c. The gas **entered the house**.

　　　　　[가스가 그 집으로 들어갔다.]

　　d. *The house **was entered by the gas**. (Siewierska 1983: 562; 1984:

189)

[→ 그 집에 가스가 들어간다고 해서 그 집이 영향을 받는다고 할 수 없기 때문에 수동태 문장이 불가능한 것으로 여겨짐.]

(31a, b)와 (32a, b)에서 leave의 경우에는 각각 목적어가 사람과 사물이며, 따라서 이들은 모두 주어가 행한 동작의 영향을 받을 수 있기 때문에 이에 대응하는 수동태 문장 (31b)와 (32b)가 문법적이다. 그러나 (33a, b)의 관계에서처럼 목적어가 장소일 때는 주어가 그 장소를 떠난다고 하여 그것이 동작의 영향을 받을 가능성이 있을 것 같지 않다고 여겨지기 때문에 (33b)와 같은 수동태가 허용되지 않는다.

(31) a. Fred **left Mary** at the station.

[프레드가 메리를 정거장에 남겼다.]

b. **Mary was left** at the station.

[메리가 정거장에 남겨졌다.]

(32) a. Fred **left your bicycle** at the station.

[프레드가 정거장에 너의 자전거를 두었다.]

b. **Your bicycle was left** at the station (by Fred).

[너의 자전거가 (프레드에 의해) 정거장에 남겨졌다.]

(33) a. Fred **left the office** at five o'clock.

[프레드가 5시에 사무실에서 나갔다.]

b. ***The office was left** (by Fred) at five o'clock.[26]

[→ 프레드가 사무실에서 나감으로써 사무실이 영향을 받는다고 할 수 없기 때문에 이 문장은 비문법적임.]

---

26 Bolinger도 *The city was left by the child.를 비문법적 문장으로 보면서 동시에, The city was left by all the male inhabitants.는 문법적인 문장으로 인정하고 있다. 그는 이처럼 문법성이 경계선상에 있는 동사들의 경우에 문법성의 판단의 근거의 하나로 영향을 미칠 수 있는 '상대적인 규모'를 들고 있다. 즉, 수동 주어에 얼마나 많은 영향을 미칠 수 있느냐에 따라 문법적이냐 아니냐 하는 점이 결정되는 동사들이 많다고 말하고 있다: There are accordingly many verbs that are borderline, and many factors that influence our judgment. One is relative size. It is ridiculous to think of the Pacific being affected by a single sailor, but a fleet is a different matter. Similarly one visitor against many, something light against something heavy, etc. — Bolinger (1977b: 74).

7.3.1.2. 중간동사

(34a-d)에 열거된 동사들[27]을 중간동사(middle verbs)[28] 라고 한다.

> (34) a. 척도동사(measure verbs): cost, last, number, measure, weigh
> b. 동등·비교동사(verbs of equality and comparison): equal, mean, marry, resemble
> c. 어울림동사(verbs of suiting): become, fit, suit
> d. 소유동사(verbs of possession): have,[29] belong, lack, possess

이러한 동사들은 타동사이면서도 대개 능동태 문장에서만 쓰이고, 이에 대응하는 수동태가 없다.

Crude oil **contains** many different materials.
[원유에는 이물질이 많이 들어 있다.]
Bill seems to **lack** confidence.

---

27 Siewierska(1983: 558).

28 A small group of apparently transitive verbs, the most common of which is *have*, normally occur only in the active: *Jack doesn't possess a life insurance policy.* [*A life insurance policy isn't possessed by Jack.*] .... Because of their other characteristics (*cf.* 10.7) these could be considered transitive verbs complemented by a direct object. Notice, for example, that the noun phrase following the verb requires the objective form in pronouns that have that form. On the other hand, the verbs are sometimes treated as a special class termed MIDDLE VERBS. — Quirk et al. (1985: 735-736); Now we have some verbs that appear to be transitive, in that they are followed by a noun phrase, and yet do not occur in the passive voice. These verbs include *have, lack, fit, cost, weigh, equal, measure, possess, suit, and resemble* .... Because these verbs seem intermediate between transitive and intransitive verbs, they are sometimes called "middle verbs." — Jacobs (1995: 163). See also Declerck (1991a: 201). 이와는 달리, 예컨대 This car drives easily.와 같은 예에서처럼 형태는 능동형이면서 수동적인 뜻을 갖고 주어의 속성을 나타내는데 쓰이는 동사를 중간동사라 부르고, 이러한 문장을 중간구문이라 부르기도 하고 있다.

29 have와 own이 모두 소유동사에 속하지만, own에 대해서 Berk (1999: 118)와 Stein (1979: 128)은 수동태로 쉽게 전환된다고 하지만, Declerck (1991a: 201, note)은 동작주가 회사/상사일 때만 수동태가 가능하다는 예시를 하고 있다:
This corporation is owned by a billionaire. (Berk 1999: 118)
That cabin is owned by a recluse. (ibid)
This office-block is owned by Harper & Co. (Declerck 1991a: 201)

[빌에게는 자신감이 없어 보인다.]
The auditorium **holds** eight hundred people.
[그 강당에는 800명을 수용할 수 있다.]
That orange dress does not **become** her.
[그 오렌지 색 옷은 그녀에게 어울리지 않는다.]
He **resembles** his grandfather.
[그는 자기 할아버지를 닮았다.]
The king **possessed** great wealth.
[왕은 많은 재산을 갖고 있었다.]

이상과 같은 문장들이 수동태를 허용하지 않는 까닭은 주어에게 동작주성(動作主性: agentiveness), 즉 동작주와 같은 성격이 없을 뿐만 아니라, 동시에 동사가 동적인(dynamic) 힘을 발휘하여 목적어에 영향을 미칠 수 있는 능력이 없기 때문이다. 바로 이와 같은 이유 때문에 이런 부류에 속하는 (34a-d)의 동사들은 자유롭게 양태부사(manner adverbs)를 수반하지 못한다는 특성을 가진다.30 즉, 외형적인 구조로 보면 이 동사들이 목적어를 취하고 있지만, 이들 동사가 나타내는 뜻이 동작이나 과정을 나타내는 것이 아니라, 상태를 나타내기 때문이다.

그러나 이런 동사들 중 일부는 상태적인 뜻만 갖는 것이 아니라, 동적인 뜻을 가진 보편적인 활동동사(activity verb)로 쓰여 동작이나 사건을 나타내기도 한다. 예컨대 hold가 중간

---

30 The strict-subcategorization solution is based on the observation that verbs like those in 7 do not take manner adverbials freely, whereas verbs that allow passivization do. In this way the strict-subcategorization feature [+ ___ NP ADV-MANNER] uniquely marks verbs which undergo PASSIVE.

(7) a. Max resembles Harry.
　　*Harry is resembled by Max.
　b. The kimono fits Dotty.
　　*Dotty is fit by the kimono.
　c. The project involves five days of hard work.
　　*Five days of hard work is involved by the project.
　d. That picnic basket weighs a ton.
　　*A ton is weighed by that picnic basket.

— Freidin (1975: 389). 그러나 Lees (1960: 26)는 He resembled her completely.의 경우처럼 resemble은 특정한 양태부사를 수반할 수 있음을 보여주고 있다. 물론 양태부사를 수반하고 있음에도 불구하고 이 문장이 수동태로 전환이 불가능하다.

동사일 때는 '수용하다'라는 뜻이지만, 활동동사로 바뀌면 '붙잡다, 체포하다'라는 뜻을 나타낸다. 따라서 중간동사에 속하는 동사들이 활동동사의 뜻을 나타내게 되면 이러한 동사들은 양태부사를 수반할 수 있기 때문에 수동태 문장으로 전환하는데 아무런 문제도 없다.

The thief **was held** by the police.
[그 도둑놈이 경찰에 체포되었다.]
The city **was soon possessed** by the enemy.
[도시가 곧 적의 손아귀에 들어갔다.]
A good time **was had** by all.
[모든 사람들이 즐거운 시간을 가졌다.]
The plums **were weighed** by the greengrocer.
[채소장수에 의해 그 건포도의 무게를 저울질되었다.]
He **is equalled** in strength by no one. (Palmer 1987: 82)
[그는 어느 누구하고도 힘이 똑같지 않다.]
When you buy a new suit, you should **be professionally fitted**.
[새 옷을 살 때는 직업적으로 어울려야 한다.]
The material **was measured** by the shop assistant.
[그 물건이 가게 점원에 의해 측정되었다.]

7.3.1.3. 다어동사

up, down, in, over, on 등과 같은 불변화사(particle)를 수반한 타동사적 구동사(transitive phrasal verbs)는 (거의) 언제나 수동태로 전환이 가능하다.[31]

To shorten the lecture, the less important parts **were left out** by the lecturer.
[강의 시간을 단축시키려고 덜 중요한 부분이 강사에 의해 생략했다.]
It**'s being put about** that the Prime Minister may resign.
[수상께서 사임할지도 모른다는 소문이 나돌고 있다.]

---

31 When the structure 'V + particle + NP₂' consists of a phrasal verb (verb-adverb combination) with its direct O, a regular passive is nearly always possible. (boldface is mine) — Declerck (1991a: 208); Transitive phrasal verbs virtually without exception have passive variants. (boldface is mine) — Kilby (1984: 76).

The metabolism **is slowed down** by extreme cold.
   [혹한에는 신진대사의 속도가 느리게 된다.]
Not a single question has **been passed over**.
   [단 한 가지 문제도 지나쳐 버리지 않았다.]
No new problem **was brought up** at the meeting.
   [그 회의에서 새로운 문제는 전혀 나오지 않았다.]

또한 전치사를 수반한 동사(prepositional verb)들 중에는 수동태가 허용되는 것도 있고, 그렇지 못한 것들도 있는 것 같다.

The losses will have to **be accounted for**.
   [그 손실에 대해서는 설명되어야 할 것입니다.]
I'm afraid a different line of action **is called for**.
   [다른 행동 노선이 요구되는 것 같은데요.]
The terms of the contract **were consented to** by both parties.
   [계약 조건이 양측에서 승인되었다.]
No other solutions appear to have **been hinted at**.
   [다른 어떤 해결책도 암시되지 않았던 것처럼 보입니다.]

다음과 같은 전치사를 수반한 동사들은 수동태를 허용하는 것들이다.

> account for, agree on, aim at/for, allow for, apply for, approve of, attend to, ask for, believe in, call on, care for, cater for, comment on, deal with, decide on, interfere with, listen to, look at/into/after/for, object to, pay for, rely on, stare at, wonder at

agree with, fail in, live on, succeed in, occur to, take to, take after 등은 수동 변형을 허용하지 않는다.

Many elderly people have to **live on** a small pension.
   [많은 노인들이 소액의 연금으로 살아가야만 한다.]
*A small pension has to **be lived on** by many elderly people.

Nobody **agreed with** the speaker.
[어느 누구도 그 연사의 의견에 동의하지 않았다.]
*The speaker **was agreed with** by nobody.

arrive at, go into와 look into 따위는 추상적이거나 비유적인 뜻을 가진 전치사를 수반한 동사일 경우에만 수동태가 가능하다.[32] 즉, 이들이 수동 동사형으로 전환되는 것은 하나의 문장 성분(constituent)일 경우에 국한된다. 예컨대, look into가 다음과 같이 두 가지로 분석될 수 있다.

(35) look into the room: a. **[look]** **[into** the room](그 방을 들여다 보다)
　　　　　　　　　　　b. **[look into]** [the room](그 방을 조사하다)

look into가 (35a)에서처럼 look과 into로 분석되는 경우에는 동사 **look** + 전치사구 **into the room**의 구조로서 the room은 전치사 into에 대한 목적어이다. 그러나 이것이 (35b)와 같은 구조로 분석되는 경우에는 look into가 하나의 전치사를 수반한 동사이고 the room은 이 동사에 대한 목적어 역할을 한다.

바로 이와 같은 점 때문에 (36a)와 (37a)에서 went into와 arrived at은 모두 구체적인 뜻을 가진 동사 + 전치사구의 구조이기 때문에 (36b),와 (37b)와 같은 수동태가 허용되지 않는다. 반면에, (36c)와 (37c)에서 이들은 모두 추상적이고 비유적인 뜻을 가진 전치사를 수반한 동사이기 때문에 이들은 각각 (36d)와 (37d)에서와 같은 수동태가 허용되는 것이다.

(36) a. The engineers went very carefully into the tunnel.
　　　　[엔지니어들은 조심스럽게 그 터널 **안으로 들어갔다**.]
　　b. *The tunnel was very carefully gone into by the engineers.
　　　　[→ go into가 구체적인 뜻으로 해석되는 경우에는 수동태로 바꾸지 못함.]
　　c. The engineers went very carefully into the problem

32　In English, prepositional verbs can often occur in the passive, but not so freely as in the active. These prepositional verbs are verbal idioms consisting of a lexical verb followed by a preposition.... In these sentences it is clear that the difference in acceptability can be stated in terms of concrete/abstract passive subjects. It is only in the abstract, figurative use that *go into, arrive at, look into,* and many other expressions accept the passive. ― Quirk et al. (1985: 163). See also Beedham (1982: 58).

[엔지니어들은 아주 신중하게 그 문제를 **검토했다**.]

    d. The problem was very carefully gone into by the engineers.
      (Beedham 1982: 58)

[그 문제는 엔지니어들에 의해 아주 신중하게 **검토되었다**.]

(37) a. They arrived at the splendid stadium.

[그들은 웅장한 그 경기장에 **도착했다**.]

    b. *The splendid stadium was arrived at.

[→ arrive at이 구체적인 장소에 '도착하다'의 해석될 때는 수동태가 불가능함.]

    c. They arrived at the unexpected result.

[그들은 예상치 못한 결과에 **도달했다**.]

    d. The unexpected result was arrived at.

[예상치 못한 결론에 **이르렀다**.]

예컨대 pay attention to 따위와 같이, 특정한 동사가 특정한 명사구와 전치사를 수반하여 하나의 동사적 관용어구를 이루는 복성동사(複成動詞: complex verb)라고 하는 것이 있다. 가장 흔히 볼 수 있는 예로서 다음과 같은 것들을 들 수 있다.

> take notice/note of, pay attention/heed to, make allowance for, make fun of, make a mess of, make a fuss of, find fault with, make use of, take care of, take advantage of

이러한 복성동사들이 뜻이나 구조적으로 한 단위를 이루어 (38a, b)와 (39a, b)에서처럼 각각 능동태에 대응하는 수동태를 만들 수 있다.

(38) a. John **took advantage of** Mary.

[존이 메리를 이용했다.]

    b. Mary **was taken advantage of** by John.

[메리가 존에게 이용당했다.]

(39) a. Everyone **made fun of** John.

[모든 사람들이 존을 조롱했다.]

    b. John **was made fun of** by everyone.

[존이 모든 사람들로부터 놀림을 당했다.]

일부 복성동사의 경우에는 이 동사에 내포된 명사구를 타동사에 대한 목적어로 간주하고, 이 명사구를 주어로 삼는 수동태를 만들 수 있다.[33] 이러한 수동태는 (38b)와 (39b)의 형태보다 더 격식적이며, 흔히 명사가 much, little, no, every, some, any 따위와 같은 한정사를 비롯하여, great, small, specific 따위와 같은 형용사의 전치 수식(premodification)을 받아야만 할 것이다. 이렇게 수식어를 수반함으로써 복성동사에 내포된 명사구가 보다 더 큰 문법적인 독립성을 갖게 된다.[34]

A more extensive **use is made of** the passive form.
[수동형이 보다 광범위하게 사용되고 있다. → cp. to make a more extensive use of.]

Little **heed was paid to** her proposal.
[그녀의 제안에 대하여 별다른 관심이 기울여지지 않았다. → cp. to be paid little heed to.]

Little **note was taken of** what I said.
[내 말이 별다른 주목을 받지 못했다. → cp. to be taken little note of.]

Due **homage was paid to** the dead.
[돌아가신 분들에 대하여 적절한 경의가 표해졌다. → cp. to be paid due homage to.]

In many examples it can be argued that there is an agent understood: ***no specific*** **mention is made of** it because .... (Huddleston 1971: 104)
[많은 예에서 명시되지 않고 이해된 동작주가 존재한다는 주장이 가능하다. 즉, ... 때문에 동작주에 대한 명확한 언급이 없다. → cp. to make no specific mention of.]

... if *any* **light is to be shed on** the passive at all, a clear meaning must be assigned to the auxiliary *be*. (Beedham 1982: 50)
[수동태에 대하여 혹시 어떤 밝혀지는 것이 있게 된다면 조동사 be에 대한 뚜렷한 의미가

---

33 With some of these groups an alternative passive construction occurs, with the noun as subject: *Undue advantage was taken of his weakness; Little attention was paid to this warning; No fault was found with my suggestions*. The alternative construction is found especially (but not exclusively) when the noun is preceded by a qualifying word. ― Zandvoort (1969: 55). See also Poutsma (1926: 119).

34 Note that the noun phrase element of a verbal phrase is occasionally used as subject in passive sentences. When this is the case, it is usually found that the noun phrase has premodification (which signals greater syntactic independence for this element). ― Ek & Robat (1984: 246).

부여될 것이다. → cp. to be shed any light on.]
Special **allowances** will **be made for** old age pensioners.
(Ek & Robat 1984: 247)
  [노령 연금 수령자들에 대하여 특별히 참작될 것이다. → cp. to make special allowances for.]

그러나 다음 문장에서처럼 명사가 수식어 없이 나타난 예도 볼 수 있다.

Allowance must, no doubt, **be made for** the astonishing rapidity of communication in these days.
  [분명히 이 시대에 놀라울 정도로 빠른 의사전달의 속도가 고려되어야 할 것입니다. → cp. to be made allowance for.]

7.3.2. 전치사를 수반한 수동태

특이하게도 타동사의 목적어가 아니라, <자동사 + 전치사구> 구조를 가진 능동태 문장에서 전치사의 목적어 역할을 하는 명사구를 주어로 삼는 수동태 문장이 만들어지기도 한다.[35] 즉, (40a)에서처럼 자동사 다음에 놓여 부사적 역할을 하는 전치사구 from this bowl에서 전치사 from의 지배를 받는 목적어 this bowl을 주어로 삼아 (40b)에서처럼 수동태로 전환할 수 있는데, 이를 전치사를 수반한 수동태(prepositional passive)[36]라고 부른다.

---

35 Leaving aside the special cases of inherent preposition verbs and phrasal verbs, we can now consider the question of passivization of an NP that is straightforwardly governed by a preposition. This is plainly possible in English ― as in *Oh dear, my new hat has been sat on* and *This bed was slept in by Queen Elizabeth* ― but in quite limited circumstances. ― Dixon (2005: 370).

36 전치사를 수반한 수동태에 다음 세 가지 부류를 포함시키고 있지만(Huddleston & Pullum 2005: 244), 여기에서는 자동사 다음에 특정 부류의 전치사구가 오는 아래의 (c)와 같은 경우로 범위를 한정시킨다. 그 까닭은, (a)에 내포된 look into는 전치사를 수반한 동사와, (b)에 내포된 take advantage of와 같이 관용어구를 이루는 복성동사(complex verb)에 대해서는 다른 곳에서 취급되고 있기 때문이다:
  a. People are looking into the matter. ~ The matter is being looked into.
  b. They took advantage of us. ~ We were taken advantage of.
  c. Someone has slept in this bed. ~ This bed has been slept in.

(40) a. Someone has eaten **from this bowl**.

　　　[어떤 사람이 이 사발로 식사를 했다.]

　　b. **This bowl** has been eaten **from**. (Hudson 1989: 17)

　　　[이 사발로 어떤 사람이 식사를 했다.]

(40b)에서처럼 **전치사구를 수반한 수동태 문장으로 전환하려면 수동 주어가 어떤 식으로든지 동작주가 행한 동작의 영향을 받을 수 있어야 한다**.[37] 예컨대 (40b)와 같은 수동태 문장이 가능한 것은 이 그릇으로 식사를 하고 난 다음에 닦지 않았기 때문에 그로 말미암아 그 그릇으로 다른 사람이 식사를 할 수 없을 정도로 영향을 받고 있다고 여겨지기 때문이다. 다음과 같은 문장들의 경우에도 전치사의 지배를 받는 목적어가 어떤 식으로든지 영향을 받는다고 여겨지기 때문에 수동태가 가능한 것이다.

This chair has been sat **on** by Fred.
　　[이 의자에는 프레드가 앉았었다. → 프레드가 의자에 앉으므로써 그 결과 의자가 약간 손상되어 다른 사람이 앉을 수 없게 되는 등의 영향을 받는 것으로 여겨짐.]
The flowerbed was walked **over** by the children.[38]
　　[그 화단 위를 어린이들이 밟고 다녔다. → 어린 아이들이 화단을 밟고 다님으로써 그 결과 꽃들이 엉망으로 되어 버렸다는 것을 알 수 있음.]
East End is an industrial area which is lived **in** mostly by working class people.
　　[이스트 엔드는 대부분이 노동자들이 사는 산업지구이다. → East End는 East End of London 이라고도 하는 지역으로 영국 런던 동부의 하류 계급이 많이 사는 지역임. 그러므로 중·상류 계층 사람들은 그곳에 살려고 하지 않는 등의 영향을 받는 지역으로 여겨짐.]
This cave has clearly been lived **in** by woodchucks.

37　Consider finally the pragmatic constraints applying to passives like *This bed has been slept in,* where there is stranding of a locative preposition that is not specified by the verb. Passives of this kind are felicitous only if the VP indicates either a significant property or a change in a significant property of the subject-referent. — Huddleston & Pullum (2002: 1446; 2005: 245).

38　그러나 The ants walked over the flowerbed.를 ***The flowerbed** was walked **over** by the ants.처럼 수동태로 바꾸면 비문법적인 문장이 되어버린다. 그 까닭은, 아무리 많은 개미들이 화단 위를 걸어다닌다고 하더라도 그 때문에 화단에 있는 꽃들이 아무런 영향도 받지 않으며, 따라서 의미상으로 수동문 형성 조건을 충족시키지 못하고 있기 때문이다.

[이 굴에는 분명히 우드척이 살았어. → 동물의 배설물 등이 있어 야영 등을 하기에 적절치 않을 정도로 영향을 받을 수 있음. woodchuck = groundhog: 북미산 옹다람쥐과의 동물로서, 굴을 파서 그 속에 살며, 겨울잠을 잔다.]

전치사를 수반한 수동태가 수동 주어에게 미치는 영향이 바람직한 것인가, 그렇지 않은 것인가 하는 판단은 문맥 내용에 따라서, 또는 동작주가 어떤 영향력을 행사할 수 있는 주체가 될 수 있는가에 따라 결정될 것이다. 예컨대 (41a)는 직관적으로 판단컨대 이 침대에 미국의 초대 대통령 조지 워싱턴이 잠을 잤었기 때문에 역사적으로 관심의 대상이 될 뿐만 아니라, 경매에서 비싼 값을 받을 수 있다는 등 바람직스러운 영향을 받는다고 볼 수 있다. 이와는 반대로, (41b)는 어떤 사람이 이 침대에 자고 난후 정돈 상태가 엉망이라는 뜻을 나타내는 것으로, 그 결과 좋지 못한 영향을 미치고 있음을 짐작할 수 있다.

(41) a. **This bed** was slept **in** by George Washington, our first president!
(Huddleston & Pullum 2002: 1446; Cowan 2005: 396)
[이 침대에는 우리의 초대 대통령 조오지 워싱톤이 잠을 잤었다.]

b. We could see from the rumpled sheets that **the bed** had been slept **in**.
[시트가 구겨진 것으로 보아 이 침대에 어떤 사람이 잠을 잤었다는 것을 알 수 있었다.]

<전치사를 수반한 수동태에 따른 제약>
전치사를 수반한 수동태로 전환하는 것과 관련해서 다음과 같은 몇 가지 제약이 따른다.
첫째, 능동태에서 부사적 역할을 하는 전치사구에서 전치사의 지배를 받는 명사구는 주로 동사가 행한 동작의 영향을 받을 수 있는 대상이라야 한다. 따라서 장소(공간, 이동) 명사구와 도구 명사구는 수동태의 주어 역할을 하는 데 아무런 제약도 받지 않지만, 시간·원인·목적·양태 등을 나타내는 명사구는 동사가 행하는 동작의 영향을 받을 수 있는 대상이 아니기 때문에 수동태의 주어로 삼을 수 없다.[39]

---

[39] The TYPE of adverbial is relevant in determining where Passive applies. Time and cause adverbials generally are not affected by the application of Passive. Spatial and directional locatives, as well as instrumentals, are freely promoted by Passive.... In all the well-formed cases, the object which is made subject is an NP referring to a concrete entity, particularly a definite NP or proper noun. These criteria would automatically rule out NP's in time, cause, and manner adverbials and NP's referring to abstract concepts.— Davison (1980: 46).

둘째, 문장의 주어 역할을 하는 명사구 이외에 또 다른 두 개의 명사구가 있을 때, 즉 타동사의 목적어와 전치사의 목적어가 있을 경우에는 두 개의 명사구가 모두 수동태의 주어가 될 수 있는 것이 아니라, 오로지 타동사의 목적어만 수동태의 주어가 될 수 있다.[40] 그러므로 타동사의 목적어와 전치사구가 모두 수반된 능동태 문장 (42a)와 (43a)를 수동태로 전환한 문법적인 문장은 각각 (42c)와 (43c)이고, 전치사의 목적어를 수동태의 주어로 삼은 (42b)와 (43b)는 비문법적이다.

(42) a. Someone has eaten *Spaghetti* **with his fork**.
   [어떤 사람이 이 포크로 스파게티를 먹었다.]
   b. ***This fork** has been eaten *spaghetti* **with**.
   [→ 타동사의 목적어가 있음에도 불구하고 전치사의 목적어를 수동태의 주어로 삼고 있기 때문에 비문법적임.]
   c. *Spaghetti* has been eaten **with this fork**.
   [스파게티가 이 포크로 먹어졌다.]

(43) a. Someone has drunk *whisky* **out of this glass**.
   [어떤 사람이 이 잔으로 위스키를 마셨다.]
   b. ***This glass** has been drunk *whisky* **out of**.
   [→ (42b)에서와 같은 이유 때문에 비문법적임.]
   c. *Whisky* has been drunk **out of this glass**.
   [위스키가 이 잔으로 마셔졌다.]

셋째, 부사구가 능동태 문장에서는 동사와 전치사구 사이에 놓일 수 있지만, 수동태에서는 반드시 좌초된(stranded) 전치사 다음에 놓여야 한다.[41] 그러므로 수동태에서 부사가 좌초된 전치사 앞에 놓인 (44b)는 비문법적이다.

(44) a. Someone sat *carelessly* **on this chair**.
   [어떤 사람이 이 의자에 조심성 없이 앉았다.]

---

40 There must be no direct object present. If there is, it is only the direct object that can be passivized, not the prepositional object. — Dixon (2006: 371); When more than one non-subject NP occurs, they are not all equally accessible to promotion by passive. A direct object is preferred over an instrumental.— Davison (1980: 49).
41 Davison (1980: 47).

b. *This chair was sat *carelessly* on by someone.
   [→ 부사 carelessly가 전치사 on 다음에 놓여야 함.]

c. **Someone** has sat **on** this chair *carelessly*. (= 44a)

d. **This chair** was sat **on** *carelessly* by someone. (Hudson 1989: 22)
   [이 의자에 어떤 사람이 조심성 없이 앉아 있었다.]

7.3.3. 목적어에 대한 제약

목적어로서 일부 대명사, 부정사절, 동명사절, that-절, 두 개의 목적어가 있는 경우에 생기는 제약을 살펴보고자 한다.

7.3.3.1. 재귀대명사와 상호대명사

주어 + 동사 + 목적어 등으로 이루어진 문장 구조일지라도 주어와 목적어가 같은 대상(coreferent)을 가리키는 관계일 때는 수동태로 바꾸지 못한다. 이러한 제약은 목적어가 재귀대명사나 상호대명사일 때, 그리고 (47a)에서처럼 목적어 역할을 하는 명사구가 주어와 동일한 대상을 가리키는 his, her, their 따위의 소유한정사 + 명사의 결합 구조일 때 작용한다.

(45) a. John saw **himself** in the mirror.
   [존은 거울에 비친 자신의 모습을 보았다.]

b. ***Himself** was seen in the mirror.
   [→ 재귀대명사 himself가 주어의 위치에 놓일 수 없음.]

(46) a. We could hardly see **each other** in the fog.
   [우리는 안개 속에서 서로의 얼굴을 잘 볼 수 없었다.]

b. ***Each other** could hardly be seen in the fog.
   [→ 상호대명사 each other가 수동태에서 주어 위치에 놓일 수 없음.]

(47) a. **Mary** raised **her** head in wonder. (Mary = her)
   [메리는 놀라서 자신의 머리를 들어올렸다.]

b. ***Her head** was raised in wonder (**by Mary**).
   [→ 목적어를 수식하는 소유 한정사가 주어와 동일한 대상이면 수동태가 불가능함.]

(48) a. **He** lifted **her head**.
   [그는 그녀의 머리를 들어 올렸다.]

b. **Her head** was lifted by **him**.

[그녀의 머리가 그에 의해 들어 올려졌다.]

그러나 (45a, b)의 대응 관계와 달리, 동작주를 강조하는 경우에는 (49a,b)에서처럼 주어와 동일 대상을 지시하는 재귀대명사가 수동태에서 동작주 역할을 할 수 있다.[42] 또한 (46a, b)에서와 달리, 상호 대명사 each other가 each ... the other로 분리되면 (50b)에서처럼 수동태가 허용된다.[43]

(49) a. He was surprised **by himself**. (Siewierska 1984: 205)

[그는 자기 자신 때문에 놀랐다.]

b. He is praised **by himself**. (ibid)

[그는 자신을 칭찬한다.]

(50) a. **They** betrayed **each other**.

[그들은 서로 배반하고 돌아섰다.]

b. **Each** was betrayed **by the other**. (Poutsma 1926: 108)

[각자가 상대방으로부터 배반당했다.]

7.3.3.2. 동족목적어

예컨대 He slept **a sound sleep**.에서 목적어 위치에 놓인 a sound sleep을 동족목적어라고 하는데, 이러한 목적어는 동사에 대하여 부사적인 기능을 담당하는 것이다. 즉, 동족목적어는 표현에 생기를 불어넣어 주는 역할을 할 뿐, 본래의 목적어하고는 성격이 다르다. 그러므로 동족목적어가 있는 문장을 수동태로 바꿀 수 없는 것은 지극히 당연하다고 하겠다. 따라서 동족목적어를 주어로 삼는 다음과 같은 수동태 문장은 문법적으로 옳지 못하다.

---

42 In English, but not in the other languages, a reflexive pronoun may function as a passive agent if stressed. — Siewierska (1984: 205). See also Stein (1979: 99).

43 The same reasoning does not apply to the combination with the reciprocal pronoun, the passive conversion, although certainly uncommon, not being precluded by the relation between verb and object. Only the use of the passive voice postulates separation of the two members of which the reciprocal pronoun is composed. Thus *They betrayed each other* admits of being changed into *Each was betrayed by the other*. — Poutsma (1926: 108). See also Siewierska (1984: 206).

*A sound sleep was slept by him.

7.3.3.3. 부정사절과 동명사절

목적어가 부정사절이거나 동명사절일 경우에는 정상적인 수동태 변형이 이루어지지 않는다.

He attempted **to escape**.
[그는 도망치려고 했다.]
***To escape** was attempted by him.
[→ 부정사절을 주어로 하는 수동태 문장을 만들 수 없음.]

그러나 많은 경우에 문두에 놓인 부정사절을 외치(外置: extraposition)시킨 수동태가 쓰이지만, 그렇지 않은 예들도 있다. 예컨대 permit의 경우와 달리, allow는 it을 형식주어로 하는 수동태를 만들지 못한다.[44]

They attempted **to open the door with a crowbar**.
[그들은 쇠지레를 이용하여 문을 열려고 했다.]
→ It was attempted **to open the door with a crowbar**.
[쇠지레를 이용하여 문을 열려고 하는 시도가 이루어졌다.]
They decided **to leave the problem unsolved**.
[그들은 문제를 미해결 상태로 두려고 결심했다.]
→ **It** was decided **to leave the problem unsolved**.
[문제를 미해결 상태로 두려는 것이 결정되었다.]
It is not { *allowed / permitted } to smoke in the library.
[도서관에서는 담배피우는 것이 금지되어 있다.]
Bringing drinks into the classroom is not { allowed / permitted }.
[교실로 음료수를 갖고 들어오는 것이 금지되어 있다.]

---

[44] The passive structure with *it* is only possible with *permit*. — Swan (2005: 35).

People are not $\begin{Bmatrix} \text{allowed} \\ \text{permitted} \end{Bmatrix}$ to smoke in the library.

[도서관에서는 담배피우는 것이 금지되어 있다.]

7.3.3.4. that-절

능동태에서 목적어가 that-절 등일 때에는 이것을 주어절로 하는 정상적인 수동태가 어렵거나 불가능하다. 그러나 수동태로 변형시킬 때 이 주어절을 그 본래의 주어 위치에서 문미로 외치시키게 되면 아주 자연스러운 문장이 된다.

(51) a. The morning papers reported **that the rebels had attacked the capital**.

[조간신문에서는 반란군이 수도를 공격했다고 보도했다.]

b. **It** was reported by the morning papers **that the rebels had attacked the capital**.

[반란군들이 수도를 공격했다고 조간신문에 보도되었다.]

(51a)를 (51b)에서와 같이 수동 주어절이 문미로 외치되면 문장이 아주 자연스러워진다. 그 까닭은, 문상의 주어가 길고 나머지 부분이 짧은 경우에는 긴 주어를 문미로 이동시키고 그 자리에 형식주어 it을 두어 이것이 문미로 이동한 주어절을 가리키도록 함으로써 문장이 전반적으로 균형을 이루어 안정감을 갖게 하는 이른바 문미 중점의 원칙이 작용하기 때문이다.

(51b)와 같은 몇 가지 수동태 문장을 더 보기로 한다.

It was admitted (by everybody) **that she sang** well.

[그녀가 노래를 잘 불렀다고 (모든 사람들의) 인정을 받았다.]

It was thought **that she was attractive**.

[그녀가 매력적이라고 생각되었다.]

It wasn't expected **that he would come back**.

[그가 돌아올 것으로 예상되지 않았다.]

It is often said **that we can never truly know the minds of others**, because we can't get inside their heads.

[우리는 다른 사람의 머릿속으로 들어갈 수 없기 때문에 참으로 다른 사람의 마음을 알 수

없다고 흔히 말합니다.]

또는 담화의 상황에 따라서는 외치된 주어절의 주어를 문장의 주제로 삼고자 한다면 이것을 문두의 위치로 전치(前置: preposing)시킬 수 있다.

It was admitted that **she** sang well.
→ ***She** was admitted that _____ sang well.
   [→ 주어절의 주어 she를 상위절의 주어 위치로 전치시킨 결과 비문법적인 문장이 이루어졌음.]

이 문장에서 보는 것처럼, that-절의 주어가 상위절(上位節: superordinate clause)의 주어 위치로 전치됨으로 말미암아 that-절의 주어가 공백 상태가 되기 때문에 결국 that-절은 부정사절로 바뀌어야 한다. 여기서 주어절인 that-절이 부정사절로 바뀌는 것은 상위절에 놓인 동사 admitted가 비사실동사이기 때문이다.[45]

→ **She** was admitted **to sing well**.
(<It was admitted that she sang well.[46])
   [그녀가 노래를 잘 불렀다고 인정을 받았다.]

이처럼 두 차례의 변형 과정을 거쳐 만들어진 문장 몇 가지를 더 예시한다.

(52) **He** is believed **to be ill**.
   (<**It** is believed **that he is ill**.)
      [그가 몸이 아픈 것으로 믿어진다.]
(53) **He** wasn't expected **to come back soon**.
   (<**It** wasn't expected **that he would come back soon**.)
      [그가 곧 돌아오리라고 기대되지 않았다.]
(54) **Cindi** was thought **to be too small to be a suitable candidate**.
   (<**It** was thought **that Cindi was too small to be a suitable candidate**.)

---

45 사실동사와 비사실동사에 대해서는 본서 제3권 16.5.1 참조.
46 부호 "<"는 'be derived from'이라는 뜻. 따라서 A<B는 'A는 B에서 도출된 것이다'라는 뜻이다.

[신디의 키가 너무 작아서 후보자로서 적합지 않다고 생각되었다.]

(52)-(54)와 같은 수동태 문장에는 두 개의 주어가 존재하는 셈이다. 즉, 문두에 놓인 명사구는 정상적인 서술문에서 동사 앞에 반드시 놓여야 하는 '문법적인' 주어(grammatical subject)이고, 수동 동사 부분을 제외한 나머지 부분은 '논리적인' 주어(logical subject)이다. 예컨대 (52) He is believed to be ill.에서 He는 문법적인 주어이고, 수동 동사 is believed를 제외한 나머지 부분 He ... to be ill.은 논리적인 주어이다. 후자가 논리적인 주어라는 근거는 It is believed that he is ill.에서 is believed의 주어가 that-절이기 때문이다.

이상과 같은 문장에서는 acknowledge, assume, believe, consider, declare, expect, feel, know, report, say, see, suppose,[47] think, understand 등 주로 '말하다' (saying), '생각하다'(thinking)와 의미상으로 관련된 동사들이 상위절의 동사로 쓰인다.[48]

두 개의 명사구가 각각 목적어와 목적보어일 경우에는 목적어만 수동태의 주어로 만들 수 있다.

> The board appointed Graham chairperson.
> [이사회에서는 그래함을 의장으로 임명했다.]
> → Graham was appointed chairperson by the board.

---

47 be supposed to는 관용어구로서, 한 가지 뜻은 'be said to'이다. 그러나 이것이 'to have a duty or responsibility to do something'이라는 뜻도 가지며, (c) 부정형 be not supposed to는 '금지' 또는 '바람직하지 않다'는 뜻을 갖는다. 특히 이러한 뜻을 가질 때 이에 대한 능동형이 없다.
   a. Let's go and see that movie. It's supposed to be very good.
   b. i You're supposed to pay the bill by Friday.
     ii They were supposed to be here an hour ago.
   c. i You're not supposed to play football in the classroom.
     (= 'You aren't allowed to play ....')
     ii Mr Bond is much better after his illness, but he's still not supposed to do any hard work. (= his doctors have advised him not to ...)
   — Murphy (1998: 88).

48 say, think, feel, report, presume, understand 등 일부 동사가 쓰인 경우에는 there로 시작되는 존재문이 목적어절인 경우에도 두 가지 수동태로 만들 수 있다. 특히 (b)에서처럼 there가 보통의 주어처럼 문두에 놓일 수 있는 것은 일부 문장에서 형식주어의 역할을 할 수 있기 때문이다:
   a. They say that there are more than 3,000 different languages in the world.
   b. It is said that there are more than 3,000 different languages in the world.
   c. There is said to be more than 3,000 different languages in the world.

[그래함은 이사회로부터 임명을 받았다.]
Time is sometimes called the fourth dimension.
[가끔 시간이 4차원이라고 불리운다.]
It is because of them that man has been called a social animal.
[인간이 사회적 동물이라고 불리워 온 것은 그것들 때문이다.]
Part of the factory has been designated a no-smoking area.
[공장 일부 지역은 금연 구역으로 지정되었다.]

be said to, be rumored, be reputed to 등은 이에 대응하는 능동형 부정사절 형태를 갖지 않는 결손형(defective)이다.[49] 그러므로 (55b)와 (56b, c)는 비문법적인 문장이다.

(55) a. The Chinese are often said to be very inscrutable.
　　 b. *(We) often say the Chinese to be very inscrutable.
　　 c. We often say that the Chinese are very inscrutable.
　　　　[흔히 중국인들은 이해하기가 아주 힘들다고 말합니다.]
(56) a. They are reputed/rumoured to be extremely rich.
　　　　[그들이 엄청나게 부자라는 평이/소문이 나 있다.]
　　 b. *(A) repute/rumour them to be extremely rich.
　　 c. *(A) repute/rumour that they are extremely rich.
　　　　(Ek & Robat 1984: 250)

7.3.3.5. (대)명사 + that-절 등

동사가 (대)명사 목적어와 절 (that-절, 부정사절, 동명사절, 분사절)을 수반하고 있으면 그 목적어가 수동태의 주어가 될 수 있다.

They told him that it would not be easy.

---

[49] The verbs *repute* and *rumour* are wholly restricted to the passive — and are thus morphologically defective, having only a past participle form. *Repute* takes an infinitival complement, *rumour* either an infinitival or a declarative content clause. *Say* cannot occur in the active with an object + infinitival complement: *They say Kim to be a manic depressive.* — Huddleston & Pullum (2002: 1435-1436).

[그들은 그에게 그 일이 쉽지 않을 것이라고 말했다.]
→ He was told that it would not be easy.
[그는 그 일이 쉽지 않을 것이라는 말을 들었다.]
Someone helped him (to) do his homework.
[어떤 사람이 그가 숙제하는 것을 도와주었다.]
→ He was helped to do his homework.
[그는 도움을 받아 숙제를 했다.]
Several people saw him knocking on the door.
[여러 사람이 그가 노크하는 것을 보았다.]
→ He was seen knocking on the door by several people.
[그가 노크하는 것이 여러 사람들에게 보였다.]

7.3.3.6. 간접목적어와 직접목적어

두 개의 명사구가 각각 간접목적어와 직접목적어일 때는 대개 두 가지 수동태가 가능하다. 즉, 간접목적어나 직접목적어를 수동태의 주어로 삼을 수 있다. 그러나 수동태에서 직접목적어가 주어일 경우에 간접목적어는 거의 언제나 필요한 전치사 to나 for를 수반한다.

(57) a. She gave **her sister** *the car*.
[그녀가 자기의 자매에게 그 자동차를 주었다.]
b. **Her sister** was **given** *the car*.
[그녀의 자매가 그 자동차를 받았다.]
c. **The car** was **given** **to** *her sister*.
[그 자동차가 그녀의 자매에게 주어졌다.]

대개 화자는 사물보다는 인간 (또는 동물)에게 더 관심을 가지며, 따라서 이것을 주제로 삼으려 하기 때문에 간접목적어를 수동태의 주어로 삼는 것을 더 선호한다.

She was given a salary increase.
[그녀의 봉급이 인상되었다.]
I was refused admittance.
[나는 입장이 거절당했다.]

He wasn't allowed the chance of defending himself properly.
[그는 자신을 제대로 방어할 기회가 허용되지 않았다.]

그럼에도 불구하고 간접목적어가 길어지거나, 신정보로서 상대방에게 중요하다고 생각되는 경우에 화자는 간접목적어를 문미에 배치시키고자 한다.

The prize was awarded **to Jane**.
[그 상은 제인에게 돌아갔다.]
The prize was awarded **to an artist who is not yet well-known but who obviously has great talent**.
[그 상은 아직은 널리 알려지지 않았지만 분명히 훌륭한 재능을 가진 예술가에게 돌아갔다.]

bring, do, get, pass, telegraph, write 따위와 같은 동사들은 간접목적어를 수동태의 주어로 만들지 못한다.

They passed **her** the sugar.
[그들은 그녀에게 설탕을 넘겼다.]
→ The sugar was passed **to her**.
[설탕이 그녀에게 넘겨졌다.]
→ ***She** was passed the sugar.
She did **me** a favor.
[그녀가 나에게 호의를 베풀었다.]
→ A favor was done **for me**.
[호의가 내게 베풀어졌다.]
→ *I was done a favor.
We bought **her** a dress.
[우리는 그녀에게 옷을 사주었다.]
→ A dress was bought **for her**.
[그녀에게 줄 옷이 구입되었다.]
→ ***She** was bought a dress.

더욱이 간접목적어가 항상 전치사 to를 수반하는 동사들의 경우에는 간접목적어를 수동태의 주어로 삼지 못한다.

They didn't mention the problem **to us**.
  [그들이 우리에게 그 문제에 대해 말하지 않았다.]
→ The problem wasn't mentioned **to us**.
  [그 문제에 대하여 우리에게 말이 없었다.]
→ ***We** weren't mentioned the problem.

이처럼 간접목적어를 수동태의 주어로 허용하지 않는 동사 부류에 대충 다음과 같은 것들이 있다.

> acknowledge, admit, affirm, announce, complain, confess, declare, dedicate, deliver, demonstrate, describe, devote, explain, introduce, point out, propose, remark, reply, report, say, state, suggest

7.3.4. 의미상의 제약

지금까지 본 바와 같이, 능동태와 이에 대응하는 수동태는 대체로 기본적인 명제(proposition) 내용이 같다. 즉, 동작주와 동작, 그리고 동작의 영향을 받는 대상이 두 가지 문장 구조에서 서로 같다. 이러한 점 때문에 능동태와 수동태 구조 중에서 어느 것을 선택할 것인가 하는 문제를 놓고 언어 사용자들은 대개 담화상에서 주제의 선택이라든가, 또는 청자가 알고 있다고 생각되는 정보 따위와 관련해서 결정하게 된다.[50] 그러나 특정한 문장 유형의 경우, 능동태와 이에 대응하는 수동태 문장을 자세히 들여다 보면 두 문장 구조 사이에 두드러진 의미상의 차이점을 발견할 수 있을 때도 있기 때문에,[51] 문중에 담겨진 뜻도 고려해야 한다.

---

50 In general, however, passive voice clauses and their active counterparts have the same propositional content. The choice between them normally depends on such factors as the topic organization of the discourse and the speaker's beliefs about what the addressee already knows. — Jacobs (1995: 169)

51 We cannot assume that matching active and passive sentences always have the same propositional meaning. The difference of order brought about by changing an active sentence into the passive or vice versa may well make a difference not only in emphasis,

7.3.4.1. 수량어, 대명사, 부정어

수량어(quantifier), 수사(numeral), 부정어(negative) 등의 한정사가 명사를 수식하는 경우라든가, 또는 일부 부정대명사가 주어와 목적어 역할을 하는 경우에는 능동태와 수동태 사이에 의미의 차이가 있을 수 있다.[52]

(58) a. Everyone in the room speaks **three languages**.
　　　　[방안에 있는 모든 사람들이 세 가지 언어를 말할 줄 안다.]
　　b. **Three languages** are spoken by everyone in the room.
　　　　[세 가지 언어가 방안에 있는 모든 사람들에 의해 사용된다.]
(59) a. **Few people** read **many books**.
　　　(= 'There are few people in this world who read lots of books.')
　　　　[책을 많이 읽는 사람이 얼마 되지 않는다.]
　　b. **Many books** are read by **few people**.
　　　(= 'There are many books that are read by few people.')
　　　　[많은 책들이 소수의 사람들에게 읽힌다.]

three languages가 (58a)에서는 막연한 세 가지 언어를 뜻하는 반면, (58b)에서는 예컨대 영어, 독일어, 아랍어 따위와 같이 구체적이고 특정한 세 가지 언어를 가리키는 것으로서, 문장에서 주제 역할을 하고 있다. 또한 (59a, b)에서 few와 many는 한정사로 쓰이고 있다. 이들은 다음에 놓인 명사의 지시 범위를 한정하는 역할을 하는 것으로서 (59a)는 책을 많이 읽는 사람이 소수라는 뜻을 나타내고 있으며, (59b)는 특정한 많은 책들이 소수의 사람들에게 읽히고 있다는 뜻이다.

서로 관련된 문장으로 여겨지는 (60a, b) 중에서 능동태 문장 (60a)는 두 가지 해석이 가능하다. 즉, (60a)는 everyone과 his가 서로 같은 사람을 가리키는가, 아니면 서로 다른 사람을 가리키는가에 따라 해석이 달라진다. 즉, '모든 사람들이 <u>자기 아내를</u> ...'로 해석될 수 있고, 또한 '모든 사람들이 <u>그의 아내를</u> ...'로 해석될 수 있다. 반면에 (60b)에서 his wife는

---

　　but also to the scope of negatives and quantifiers. — Quirk et al. (1985: 165).
52　When clauses contain quantifiers or modals, active and passive clauses may differ in propositional content. The surface order of quantifiers, which differs between actives and passives, is semantically significant. — Jacobs (1995: 171). See also Celce-Murcia & Larsen-Freeman (1999: 348) and Quirk et al. (1985: 165).

주제 역할을 하고 있으며, 주제는 특정한 대상을 가리켜야 하기 때문에 his wife는 오로지 한 가지로만 해석되어서, '특정한 **그의 아내가** 모든 사람들의 ...'라는 뜻이 된다.

 (60) a. **Everyone** pleases *his* wife.
    [모든 사람들이 그의/자기의 아내를 즐겁게 해준다.]
  b. *His* wife is pleased by **everyone**. (Ziff 1966: 226; Stein 1979: 37)
    [그의 아내가 모든 사람들로 인해 즐거워한다.]

(60a, b)의 경우와 정반대로, (61a, b)의 경우에는 수동태 문장 (61a)가 두 가지로 해석 가능한 애매성을 내포하고 있다. 즉, no one과 his wife가 같은 사람을 가리키거나, 또는 그렇지 않을 수 있다. 이에 따라, '어느 누구도 **그의 아내의** ...'라는 뜻이거나, 또는 '어느 누구도 **자기 아내의** ....'라는 뜻으로 해석 가능한 애매성을 갖고 있다. 이와는 대조적으로, (61a)에 대응하는 것이라고 여겨지는 능동태 문장 (61b)에서 his wife는 주제 역할을 하고 있으며, 또한 주제는 특정한 대상을 지시하기 때문에 his wife와 no one이 결코 같은 대상을 가리킬 수 없다. 그러므로 (61b)는 '**그의 아내는** 어느 누구도 ...'라는 한 가지 뜻으로만 해석된다.

 (61) a. **No one** is liked by *his* wife.
    [어느 누구도 그의/자기의 아내의 호감을 사지 못한다.]
  b. *His* wife likes **no one**. (Stein 1979: 37)
    [그의 아내는 어느 누구도 좋아하지 않는다.]

이상과 같은 예를 통해서 보면, 주어와 목적어 위치에서 대명사 또는 한정사의 선택에 따라 능동태와 수동태 문장 중 어느 하나에서 애매성이 초래되고 있다. 이러한 애매성이 위에서 말한 것처럼 단지 대명사와 한정사의 선택상의 문제 때문에 발생하는 것 같지 않다. 예컨대 Everything pleases his wife.라든가, Everyone murdered his wife.는 애매하지 않다. 이러한 점에 비추어 볼 때 일반화해서 단정적으로 말하기가 쉽지 않을 것 같다. 이에 대해 Stein은 문장 (60b), (61b)에서 소유 한정사의 동일 지시적(co-referential) 성격에서 찾아야 할 것 같다고 말하고 있다.[53]

---

53 Ziff does not give any reason why the (b) versions of the sentence exclude the co-referential reading. It seems to me that the reason is to be sought in the anaphoric character of possessive pronouns. In the (b) sentences the possessive pronouns occur at

7.3.4.2. 법조동사

이번에는 법조동사가 내포한 능동태와 수동태 문장에 나타나는 의미상의 차이를 음미해 보기로 한다. 법조동사는 가능성의 정도의 차이를 나타내는 이른바 '진술 완화적'(epistemic)인 뜻을 나타내기도 하고, 명령, 허가 따위와 같은 '근원적'(root)인 뜻을 나타내기도 한다. 바로 이러한 점 때문에 법조동사가 능동태에 쓰일 때와 수동태에 쓰일 때 뜻이 달라질 수 있다.[54] 예컨대 can은 의미 영역 안에 허가와 능력이라는 개념을 포함하는데, 능동태와 수동태에서 뜻의 차이가 어떻게 반영되는지 (62a, b)에서 살펴보기로 한다.

(62) a. John **cannot** do it.
[존은 그 일을 할 수 없다.]
b. It **cannot be done** (by John). (Quirk et al. 1985: 165)
[그 일이 (존에 의해) 이루어질 수 없을 것이다.]

(62a)에서 can은 대개 능력을 나타내는 뜻으로 해석되는 반면, 이 문장을 수동형으로 나타낸 (62b)는 가능성을 나타내는 것으로 해석된다.

또한 의무를 나타내는 must의 경우에는 능동태와 수동태에 쓰일 때 각기 다르다. 즉, 능동태로 나타낸 (63a)에서는 the priest에게 의무가 있음을 뜻하는 반면, 수동태로 나타낸 (63b)에서는 the baby에게 의무가 있다거나 아니면 부모에게 의무가 있을 가능성이 더 크다고 하겠다.

(63) a. The priest **must baptize** the baby.
[목사가 아기에게 세례를 주어야 한다.]
b. The baby **must be baptized** by the priest. (Stein 1979: 38)
[아기가 목사로부터 세례를 받아야 한다.]

---

the beginning of the sentence. They can therefore be expected to refer back to a noun phrase in a preceding sentence which is their co-referent. In the case of the (a) versions the possessive pronouns plus the nouns they determine are not the subjects of the sentence · — they can therefore either refer back to the subject of the sentence (coreference) or to a noun phrase in a preceding sentence (non-coreference). — Stein (1979: 37-38).

54 Moreover, a shift of modal meaning may accompany a shift of voice in verb phrases containing modal auxiliaries. — Quirk et al. (1985: 165).

이 이외에 Ek & Robat (1984: 251)가 제시하고 있는 (64a, b)-(68a, b)와 같은 능동태와 수동태의 각 쌍의 문장에서도 의미상의 대립 관계가 나타나고 있음을 쉽게 알 수 있다.

(64) a. The mechanic **could not repair** the car. (능력)
[그 기계공은 자동차를 수리할 수 없었다.]
b. The car **could not be repaired**. (가능성)
[그 자동차의 수리가 불가능할 것이다.]

(65) a. **Will** you **respray** my car? (요구)
[저의 차를 다시 도색해 주시겠습니까?]
b. **Will** my car **be resprayed**? (물음)
[제 자동차가 다시 도색될까요?]

(66) a. You **may ask** any questions. (허가)
[어떤 질문이라도 하세요.]
b. I **may be asked** any questions. (가능성)
[내가 어떤 질문이든 받게 될지도 모른다.]

(67) a. **Would** you **excuse** me? (요구)
[용서해 주시겠습니까?]
b. **Would** I **be excused**? (가정)
[용서받게 될까요?]

(68) a. You **must have finished** the job before five o'clock. (의무)
[다섯 시 전에 이 일을 마쳐야만 할 것이다. → 다섯 시가 되면 이미 이 일이 마친 상태가 되어 있어야 한다는 뜻을 나타내기 때문에 must have finished라고 쓰였음. 만약 이 일을 마치는 시점에 초점을 맞추고 있다면 must finish로 나타내어야 함.]
b. The job **must have been finished** before five o'clock. (필연성)
[그 일이 다섯 시 전에 끝마쳤음에 틀림없어.]

7.3.4.3. 총칭적 주어

주어와 목적어 모두 예외 없이 어떤 부류 전체를 가리킨다는 이른바 '총칭적인' (generic) 뜻을 나타내는 명사구를 포함하는 문장에서도 능동태와 수동태에서 뜻이 달라진다.

(69) a. **Beavers** build **dams**.

[해리는 댐을 만들 줄 안다.]
    b. **Dams** are built **by beavers**. (Palmer 1987: 85, Park 2002: 212)
       [댐은 해리에 의해 만들어진다.]
(70) a. **Bees** sting **people**.
       [벌이 사람을 쏜다.]
    b. ?**People** are stung **by bees**. (Beedham 1982: 42)
       [사람이 벌에게 쏘인다.]

(69a)와 (70a)는 각각 해리가 댐을 만드는 습성을 갖고 있으며, 벌이 사람들을 쏘는 습성을 갖고 있다고 하는 총칭적인 뜻을 나타내는 것이다. 그러나 (69b)에서 모든 댐들을 해리가 만든다고 하는 뜻이 되기 때문에 일반적인 사실에 맞지 않는다. (70b)에서는 사람들이 벌에 쏘이는 습성을 갖는다고 하는 우스꽝스러운 말이 되기 때문에 더욱 어색한 문장이라고 하겠다.

(69-70)에서와 마찬가지로, (71a)에서도 주어 위치에 놓인 명사구는 총칭적인 뜻으로 해석되지만, 목적어나 동작주 위치에서는 총칭적인 뜻이 없어지기 때문에 결국 능동태와 수동태에서 해석을 달리지는 것이다.[55]

(71) a. **Excessive drinking** causes **high blood pressure**.
       [과음하면 고혈압이 생깁니다. → 일반적으로 과음하면 고혈압이 생길 수 있음.]
    b. **High blood pressure** is caused **by excessive drinking**.
       [고혈압은 과음 때문에 생깁니다. → 고혈압이 과음 때문에 생긴다고 일반화해서 말할 수 없음.]

7.4. 능동-수동태

7.4.1. 능동-수동태의 의미

(72)에서처럼 동사의 형태는 능동형이면서도 수동태가 나타내는 것과 아주 흡사한 수동적인 의미를 가진 문장 구조가 있는데, 이러한 구조를 능동—수동태(activo-passive)[56]라

---

55 Quirk et al. (1985: 166).
56 The peculiarity of this use consists in the passive meaning to be attributed here to the

부르고 있다.

(72) These shirts **iron** *easily*. (Berk 1999: 122)
[이 셔츠들은 다림질이 잘 된다.]

수동태와 달리, 능동-수동태는 형식적으로 어떤 특정한 형태소의 표시가 되어 있지 않다. 이러한 문장은 근본적으로는 타동사로 쓰이는 동사가 자동사로 쓰이고 있다는 특징을 갖고 있다. 그리고 수동태 문장에서처럼, 논리적인 목적어에 해당되는 명사구가 주어 자리에 놓여 '피동 주어'(affected subject)[57]라는 의미 역할을 하고 있으며, 동작주로서의 논리적인 주어에 해당하는 명사구는 문장 표면에 드러나지 않는다.[58]

(72)와 같은 능동-수동태 구조는 주로 수동적인 뜻을 가진 피동 주어의 속성(屬性: at-

---

active verb, which is thus notionally passive though formally active, (Readers who may have scruples at these terms may be pacified by reading PG 165). Now this *activo-passive* use of some verbs is only the last link of the long chain of phenomena considered in this chapter, by which active forms have often come to mean nearly the same things as passives of the same verbs. — Jespersen (1927: 350). Jespersen이 사용하는 activo-passive라는 용어 이외에 가장 널리 사용되는 것으로 middle voice를 비롯하여 adverbial passive (Palmer 1987: 92), medio-passive (Declerck 1991a: 203), pseudo intransitive (Downing & Locke 1992: 124, 2006: 135-136; Kilby 1984: 45-48), pseudo-passive (Berk 1999: 122), patient-subject construction (PSC) (Fellbaum 1985: 21) 따위와 같은 용어가 쓰이고 있다. 'middle'이라는 용어는 이미 resemble, contain, have, weigh, fit 따위와 같은 동사와 관련하여 Jacobs(1995: 163-164)와 Quirk et al. (1985)이 'middle verb'라는 용어를 사용하고 있어서 중복된다는 느낌이 들어서, 그리고 용어 자체가 관련 내용을 선명하게 드러내기 때문에 Jespersen의 activo-passive라는 용어를 그대로 따른다.

57 '피동 주어'란 능동-수동태 문장에서 동사 앞 주어 위치에 놓여 동사가 행하는 동작의 영향을 받는 주어를 뜻한다.

58 수동태에서는 동작주 역할을 하는 논리적 주어가 실제로 문장 표면구조에 등장하지 않는다고 해도 항상 존재하는 것으로 여겨지지만, 능동-수동태에서는 실제로 존재하지 않는다:

40. Passive: That house was built out of sticks.
    (entails: *Someone* built the house out of sticks.)
    Passive: Ovid's poem was read at the ceremony.
    (entails: *Someone* read Ovid's poem.)
    Middle: Ovid's poetry reads smoothly.
    (does not entail that someone reads Ovid's poetry, only that if someone did read it, the reading would be smoothing.)
   — Kaplan (1989: 184-185).

tribute)을 나타낸다. 다시 말하자면, 이것은 문장의 표면구조에 나타나지 않은 어떤 동작주가 어떤 행위를 하느냐 하는 것보다 오히려 동작주가 동사가 나타내는 특정한 행위를 할 때 그 행위의 영향을 받는 피동 주어가 어떤 속성을 갖느냐 하는 점을 나타낸다.[59] 따라서 (72)는 표면에 표출되지 않은 동작주가 이 셔츠를 다림질하면 다림질이 잘 된다고 하는 피동 주어 these shirts의 일반적인 속성을 드러내는 것이다. 그렇지만 이 문장을 These shirts **can be ironed** easily.와 같이 순수한 수동태로 바꾸면 표면구조에 드러나지 않은 동작주가 다림질을 쉽게 해낼 수 있다는 동작주의 능력을 나타낼 뿐, 피동 주어의 속성은 나타나지 않게 된다.

7.4.2. 능동-수동태의 구조적 특성

능동-수동태는 다음과 같은 구조적 특성을 갖는다.

첫째, 이러한 문장에는 행위동사(action verbs)는 쓰이지만, 상태동사는 쓰이지 않는다.[60] 때문에 *Such situations imagine *easily*.와 같은 문장은 주어의 어떤 일반적인 속성을 나타내는 것으로 해석하는데 문제가 없는 것처럼 보이기는 하지만, 문법적으로는 허용되지 않는 구조이다. 그 까닭은 방금 위에서 말한 것처럼 능동-수동태 문장은 표면구조에 나타나지 않은 동작주가 동사에 내포된 특정한 행위를 할 때 피동 주어가 어떤 속성을 나타내는가 하는 점을 말해주는 것이기 때문이다.

His latest novel **is selling** *badly*.
 [그가 최근에 내놓은 소설은 잘 팔리지 않고 있다.]
Foreign cars **sell** *easily*.
 [외제 자동차는 잘 팔린다.]

---

59 능동-수동태의 표면구조를 나타내면서도 애매한 문장도 있다:
  a. Mary wakens easily. (Dixon 2005: 452)
  b. The door opens easily. (Keyser & Roeper 1984: 384)
  즉, (a)에서 waken은 자동사와 타동사로 모두 쓰일 수 있기 때문에 그녀 자신이 깨고 싶을 때 어려움 없이 잠에서 잘 깰 수 있다는 뜻일 수 있다. 아니면 능동-수동태 문장으로 잠자고 있는 그녀를 깨우면 그녀는 금방 잠에서 깬다고 하는 뜻일 수도 있다. (b)는 능동-수동태로 해석되거나, 아니면 open을 능격동사로 해석이 가능하다.

60 It is a fairly commonplace observation that pseudo-intransitive sentences can be formed from action verbs only. — Kilby (1984: 46).

This kind of cloth **washes** *easily*.
[이런 천은 세탁이 잘 된다.]

둘째, 능동-수동태 문장에서는 일반적으로 동사 그 자체만으로는 주어의 속성을 충분히 나타낼 수 없다. 예컨대

*This shirt **washes**.
[이 셔츠는 세탁이 된다.]

에서 동사 washes만으로는 이 셔츠의 속성을 나타낼 수 없다. 만약 이 문장이 성립되려면 다른 셔츠는 세탁이 안 되지만, 이 셔츠만은 세탁이 된다는 뜻을 나타내야 한다. 그러나 사실상 세탁이 잘 되고 안 되는 문제는 있을 수 있지만, 세탁이 전혀 안 되는 셔츠는 있을 수 없다. 그러므로 피동 주어의 속성 내지 성향을 적절하게 나타내려면 대충 다음과 같은 부사류의 도움을 받아야 한다.[61]

---

[61] A distinctive property of middles is that they are usually 'adorned'. This is most frequently done with adverbs, as in (90a,b), but other elements can also serve this function, such as negation (92a), a quantified subject (92b), among other elements.
Examples(91a,b) show that 'adornment' is obligatory with middles:
90a. Greek translates easily.
90b. Bureaucrats bribe easily.
91a. *Greek translates.
91b. *Bureaucrats bribe.
92a. This bread doesn't/won't cut.
92b. Not many/few bureaucrats bribe.
— Ouhalla (1994: 152), According to Vendler's classification, easily is a so called "facility" adverb which says something about the way the action per se is performed. Other adverbs of this kind are with great/some/no difficulty, without problems/trouble, quickly, in a jiffy, etc. The point is that these adverbs do not imply any (lack of) facility or ability on the part of the agent; rather, they state how anybody might perform the action. They implicitly attribute certain properties not to the agent but either to the patient or to the particular action which determine the doability of the action. — Fellbaum (1985: 25-26). See also Quirk et al. (1985: 744) and Dixon (2005: 449-450).

> a. easily, badly, properly, quickly, well, with great/some/no difficulty 따위와 같은 양태부사
> b. 양태부사 역할을 하는 like ...로 시작되는 전치사구
> c. never, not과 같은 부정어

이러한 부사류들은 동사가 나타내는 동작과 관련된 동작주의 능력이 있다/없다 하는 점을 암시하는 것이 아니라, 오히려 피동 주어와 관련된 행위가 어떻게 이루어지는가 하는 점을 나타내는 것이다. 그러므로 Her books **translate** *well*.(그녀가 쓴 책들은 번역하기가 쉽다.)과 같은 문장은 대충 'Her books are of the type that are good in translation.'이라는 뜻을 나타낸다.

These mandarins **peel** *easily* but those oranges **peel** *only with great difficulty*. (Dixon 2006: 451)
   [이 밀감류는 껍질이 잘 벗겨지지만, 그 오렌지는 껍질 벗기기가 아주 힘들어.]
Phonologically the relative clause **reads** *like some kind of interpolation*. (Huddleston 1971: 216)
   [음운론적으로 관계사절은 읽어 보면 어떤 종류의 삽입문구와 같다.]
She does*n't* **frighten** *easily*. (Huddleston & Pullum 2002: 307)
   [그녀는 웬만해서는 겁내지 않는다.]
A machine of faulty design will *not* **sell** *well*.
   [설계가 잘못된 기계는 잘 팔리지 않는다.]

특히 이와 같은 예에서 보는 바와 같이, 능동-수동태 문장에서 동사가 나타내는 행위가 피동 주어 자체가 본래 갖고 있는 것이면 동사 자체만으로는 피동 주어의 속성을 나타내기가 어렵기 때문에 부사류를 필요로 하게 되는 것이다.[62] 예컨대 *This car **handles**.가 비문법적인 이유는, 모든 자동차들이 운전이 가능한 것이지, 언급된 피동 주어인 이 자동차에게만 한정된 고유의 속성은 아니기 때문이다. 이러한 점 때문에 예컨대 This car **handles**

---

62 Why do some PSC(= patient-subject construction) require an adverb while others do not? .... The answer seems to be that an adverb is required in those cases where the verb refers to an action whose performance upon the patient-subject is implicit in, or follows from, the function of the patientsubject. — Fellbaum (1985: 23-24).

smoothly.에서처럼 적절한 부사류를 첨가하여 this car에게만 해당되는 고유의 속성을 나타낼 수 있게 하여야 한다.

아래의 (73 a, b) 두 문장 모두 필요한 부사류를 수반해서 피동 주어의 속성을 충분히 나타내 주고 있기 때문에 문법적으로 적형의(well-formed) 문장이다. 이처럼 필요한 부사류를 수반하는 경우와 달리, 동사 자체만으로도 충분히 피동 주어의 속성을 나타낼 수 있는 경우에는 (73c)에서처럼 부사를 수반하지 않을 수 있다. 즉, (73c)는 다른 모든 철사들은 조금도 구부려지지 않는 속성을 갖는 반면에, 유일하게 이 철사만 구부려지는 속성을 갖는다고 하는 경우이다.

(73) This wire
 a. **bends** *well*.
 b. does***n't*** **bend** *well*.
 c. **bends**.

[이 철사는 a. 잘 구부려진다./b. 잘 구부려지지 않는다./c. 구부려진다.]

7.5. 상태 수동과 동작 수동

7.5.1. be + 과거분사

아무런 문맥도 주어지지 않았을 뿐만 아니라, 수동태에서 동작주도 표출되지 않은 (74a)는 애매하다. 그렇지만, (74b)와 (74c)에서와 같이 적절한 문맥이 주어지게 되면 (74a)에서와 같은 애매성은 더 이상 존재하지 않으며, 따라서 (74b, c)에서 was closed는 뜻이 다르다.

(74) a. The theater **was closed**.

 [극장 문이 **닫혀 있었다/닫혔다**. → 문맥이 주어지게 되면 이 두 가지 뜻 중에 어느 하나로 해석될 수 있음.]

 b. The theater **was closed** by the police on the orders of the mayor.

 [시장의 명령에 따라 경찰에 의해 극장 문이 닫혔다.]

 c. When I got to the theater I found it **was closed**.

 [극장에 다다랐을 때 문이 닫혀 있었다.]

(74a)에 적절한 상황이 첨가되었을 때, closed가 (74b)에서는 동사 opened의 반의어로 쓰인 것이고, (74c)에서는 형용사 open의 반의어로 쓰인 것이다. 그러므로 was closed가

(74b)에서는 동작의 완료를 나타내는 동작 수동태(actional passive)이고, 이와는 반대로 (74c)에서는 동작의 결과에 따른 상태를 나타내는 상태 수동태(statal passive)[63]로서 'was in a closed state'라는 뜻을 갖는다.[64]

(75)와 (76)의 각 쌍의 문장에서도 주어진 특정한 문맥에 따라 (75a)와 (76a)는 동작 수동태이고, (75b)와 (76b)는 상태 수동태로 의미 구분이 뚜렷하다.

(75) a. In June 1960, Mary Jo graduated from high school. The following year she and Dick **were married**. She was employed as a nurse's aide while Dick worked his walk through college.

[1960년 6월에 메리 조우는 고등학교를 졸업했다. 이듬해 그녀는 디크와 결혼했다. 그녀는 간호 보조원으로 취직한 반면, 디크는 고학으로 대학을 다녔다.]

b. They **were married** when I last saw them.

[내가 마지막으로 그들을 만났을 때 그들은 결혼해 있었다.]

(76) a. The stereo **was broken** when it fell out the window.

[스테레오가 창밖으로 떨어져 부서졌다.]

b. The stereo **has been broken** for three weeks now.

[스테레오가 지금까지 3주 동안 부서진 상태로 있다.]

(75a)는 Mary Jo가 졸업한 이듬해(1961년)에 결혼했다는 뜻이므로 동작 수동태이고, (75b)는 지난해 만났을 때 이미 결혼해 있었다는 뜻이므로 상태 수동태이다. 마찬가지로, (76a)는 스테레오가 떨어진 그때 부서졌다는 뜻이므로 동작 수동태인 반면, (76b)는 3주

---

63 Curme의 동작 수동태와 상태 수동태라는 용어 이외에 Huddleston & Pullum (2002)의 동사적 수동태(verbal passive)와 형용사적 수동태(adjectival passive), Declerck(1991a)의 순수 수동태(true passive)와 의사 수동태(pseudo-passive), 그리고 Jacobs (1995)의 동적 수동태(dynamic passive)와 상태적 수동태(stative passive) 따위의 용어가 쓰이고 있다. See also Quirk et al. (1985: 170).

64 The difference between a past participle which remains a predicate adjective after the verb *to be* and one that can be looked upon as forming a passive with the function word *be* may be illustrated by the sentence, "The man *was* lost in the woods." If the context is such that the attention centers upon the fact of the man's situation (the fact that he is in the lost condition), the lost is a predicate adjective; if, however, the context is such that the attention centers upon an antecedent activity "that some one or some thing *caused* this situation," then the expression can be looked upon as a "passive." The so-called "passive," then, is largely a matter of *context*, not a matter of *form*. — Fries (1940: 189).

동안 스테레오가 부서진 상태였다는 뜻으로써 부서진 상태의 지속을 나타내는 상태 수동태이다.

7.5.2. be + 과거분사의 분석

<by + 동작주>를 수반하지 않을 때, be 동사와 과거분사 형태가 결합하여 수동 동사를 이루거나, 아니면 과거분사가 분사 형용사(participial adjectives)일 수 있다.[65] 대개 이러한 양자간의 구분이 명확하지만, 항상 이 구분이 뚜렷한 것은 아니다. 따라서 이 구조는 문장에 내포된 의미와 문맥에 따른 여러 가지 문법적 장치에 따라 서로 다른 두 가지 구조로 분석된다. (77a)를 중심으로 이 두 가지 구조를 비교하여 살펴보기로 한다.

(77) a. All approaches to the town <u>were blocked</u>.
   [그 마을에 이르는 모든 접근로가 ⓐ 봉쇄되었다 ⓑ 봉쇄되어 있었다.]
   b. ⓐ **수동 조동사 be + 과거분사형 (동사): 동작 수동태**
   　ⓑ **연결동사 be + 분사 형용사: 상태 수동태**

이 문장에서 were blocked를 (77b)에서처럼 두 가지 구조로 분석 가능할 것이다. ⓐ <u>**수동 조동사 be + 동사의 과거분사형**</u>이라는 이른바 수동 동사형으로 보면 결국 (77a)는 동작 수동태로서 상태의 변화를 가져오는 동작의 개시(ingression)를 뜻하는 것으로 해석된다. 반면에, ⓑ <u>**연결동사 be + 분사 형용사**</u>(participial adjective)[66]의 구조로 분석한다면 상태 수동태이다. 이렇게 분석하면 blocked는 연결동사 were에 대한 보어로서 주어에 대하여 서술하는 것으로, 과거 어느 시점에 있어서 주어의 상태를 뜻하는 것으로 해석된다.[67] 이와 같

65　What we are concerned with here is the distinction between past participles which have adjectival properties and those which have verbal properties. It is a well-known fact that some past participles of verbs have developed strong adjectival characteristics so that they are often regarded as borderline cases between adjectives and verbal forms. Depending on the particular aspects stressed by individual scholars they will be regarded either as adjectives or as participles of verbs. ― Stein (1979: 29).

66　'분사 형용사'란 형태와 문법적 기능을 합친 표현이다. 즉, 형태상으로 보면 분사형이고, 기능상으로는 형용사적으로 쓰이고 있기 때문에 분사 형용사라고 하는 것이다.

67　Curme은 이러한 경우의 be 동사를 <u>**상태**</u>와 <u>**상태 변화의 개시**</u>라는 두 가지 뜻을 갖는다고 말하고 있다: Thus the one form is employed to denote two quite different things. For many centuries the verb *be*, whether used as copula or passive auxiliary, has had a twofold meaning,

은 분석상의 차이에 따라 (77a)는 '봉쇄되었다'(동작)/'봉쇄되어 있었다'(상태)와 같은 두 가지 뜻으로 풀이될 수 있을 것이다.

다음과 같은 몇 가지 구조적 차이를 통해 이러한 분석의 근거를 엿볼 수 있다.

(1) 문법적으로 ⓐ처럼 해석된다면 이 문장은 동작 수동태이기 때문에 (78a)에서처럼 <by + 동작주>를 첨가할 수 있으며, 따라서 (78b)와 같이 이에 대응하는 능동태로 전환이 가능하다. 그러나 ⓑ로 해석되는 경우에 blocked는 분사 형용사로서 보어 역할을 하는 것이기 때문에 이 문장은 주어 + 연결동사 + 주격보어의 구조이며, 따라서 <by + 동작주>를 첨가할 수 없을 뿐만 아니라, 이에 대응하는 능동태 문장으로 전환도 불가능하다.[68]

(78) a. All approaches to the town **were blocked (by the police)**.
b. The police **blocked** all approaches to the town.

(2) 동작 수동태에는 deliberately, intentionally 따위와 같은 주어/동작주 지향적(subject/agent-oriented) 부사류를 수반할 수 있고(79a, b),[69] 또는 동작의 일시성을 나타내는 부사류를 수반하거나(80a-c), 수동 진행형으로 동작이 진행 중이라는 점을 나타낼 수도 있다(81a, b).

(79) a. He **was *immediately* surrounded** by his students.[70]
　　　　[그는 즉시 제자들에게 둘러싸였다.]

---

　　expressing on the one hand the idea of state, on the other hand the idea of ingression with the meaning of *become*, hence used in the passive to express action: 'Our house *is* (expressing state) painted.' 'Our house *is* (= *becomes*, hence expressing action) painted every year.' — Curme (1931: 446).
68　Quirk et al. (1985: 170).
69　Another piece of evidence relates to subject-oriented (or agent-oriented) adverbs such as *deliberately* and *intentionally*, so called because they tend to modify the external argument, typically agent. These adverbs can occur freely with verbal passives, but not so with adjectival passives. — Ouhalla (1994: 149).
70　(79a)는 동작 수동태의 문장이기 때문에 immediately와 같은 동작을 나타내는 부사류가 첨가될 수 있다. 그러나 외형적인 구조가 동일한 The village was (*quickly) surrounded by coniferous trees.와 같은 문장은 상태 수동태이므로 quickly, immediately 따위와 같이 동작을 나타내는 부사류의 첨가가 불가능하다. 또한 이러한 상태 수동태에는 그 자체가 지속을 나타내는 것이기 때문에 진행형도 불가능하다. — cf. Jacobs (1995: 164).

b. His bills **are paid** *regularly* every month.
[그의 청구서 요금이 매달 정기적으로 납부된다.]

(80) a. They **were injured** *when the platform they were standing on collapsed.* (Huddleston & Pullum 2002: 1437)
[그들은 서있던 플랫폼이 무너져서 부상을 당했다.]

b. Air attacks **were carried out** *last night* on three major towns in the area.
[지난밤에 그 지역의 세 군데 주요 마을에서 공습이 이루어졌다.]

c. The murderer **was arrested** *yesterday*.
[그 살인자가 어제 체포되었다.]

(81) a. Many dated expressions **are** *being* **dropped** from the new dictionary.
[새로운 사전에서 오래된 많은 표현들이 사라지고 있다.]

b. He felt he **was** *being* **pressurized** to resign.
[그는 자신이 사퇴 압력을 받고 있다고 생각했다.]

상태 수동태는 (82a-c)에서처럼 already, all winter, for three months, still 등 완료 또는 상태의 지속을 나타내는 부사를 수반할 수 있게 된다. (83)은 상태 수동태에 주어 지향적인 부사류가 수반되었기 때문에 비문법적이다.

(82) a. His bills **are** *already* **paid**, so he owes nothing now.
[그의 청구서 요금이 이미 납부되어서 지금은 빚이 없다.]

b. The building **is** *already* **demolished**.
[그 건물이 이미 허물어져 있다.]

c. They **were** *still* **married** when I last saw them.
[내가 마지막으로 그들을 만났을 때 그들은 여전히 결혼 상태였다.]

(83) *He **was** *immediately* **surrounded with** many people. (무용 1994: 184)
[그는 즉각 많은 사람들로 에워싸여 있었다. → be surrounded with는 상태를 나타내며, 따라서 부사 immediately가 부적당함. 위의 문장 (79a)와 비교.]

상태 수동태 (84a-86a)는 본질적으로 현재완료의 의미와 비슷하며, 따라서 이들 각각을

현재의 결과적 상태를 나타내는 현재완료 수동태(84b-86b)로 바꾸어 쓸 수 있다.[71]

(84) a. The glass **is broken**.

　　b. The glass **has been broken**. (Palmer 1987: 88)

　　　　[그 유리잔이 깨져 있다.]

(85) a. My bags **are packed**.

　　b. My bags **have been packed.** (ibid)

　　　　[내 가방들이 꾸려져 있다.]

(86) a. I got caught in the rain and my suit **is ruined**.

　　b. I got caught in the rain and my suit **has been ruined**.

　　　　[비를 맞아서 옷이 엉망이 되었다.]

(3) 동작 수동태의 경우와 달리, 상태 수동태에서 과거분사 형태는 일종의 분사 형용사로서 보어 역할을 하기 때문에 일반적인 형용사와 같은 특성을 그대로 갖는다. 따라서 분사 형용사가 정도의 차이를 나타내는 것이면 rather, quite, somewhat, more, most, too, very 따위와 같은 강의어(强意語: intensifier)의 수식을 받을 수 있다.

The girl **was *quite* overwhelmed**. (Declerck 1991a: 202)

　　[그 소녀는 정신적으로 상당히 압박을 받고 있었다.]

I tried to collect my thought but **was *too* excited**.

　　[나는 생각을 가다듬으려고 했지만, 너무나 흥분했었다.]

I'm *very* **interested** in Irish poetry. (Declerck 1991a: 202)

　　[나는 아일랜드 시에 무척 관심이 있다.]

상태 수동태일 경우에 분사 형용사는 부정 접두사 un-을 수반할 수 있는 형용사와 또 다른 공통점을 갖는다.[72] 그러므로 (87a)는 동작 수동태와 상태 수동태로 애매한 해석을 허용

71　Palmer (1987: 88). 6.8.2.3 참조.

72　One of the adjectival properties of the participles in (74a, b) relates to their ability to take the negative prefix *un-*:
　　74a. The island was uninhabited.
　　74b. The performance was uninterrupted.
　　— Ouhalla (1994: 147). See also Huddleston (1971: 100).

하지만, (87b)는 분명히 상태를 나타내는 뜻으로만 해석된다.[73]

(87) a. The manuscript **was finished**.
[그 원고가 모두 마무리되었다/되어 있었다.]
b. The manuscript **was unfinished**.
[그 원고는 마무리가 안 된 상태였다.]

7.6. by 이외의 전치사

다음의 표에서 보는 바와 같이, 주로 감정 변화를 나타내는 일부 동사의 과거분사형 다음에는 by-전치사구와 by 이외의 전치사가 유도하는 전치사구가 모두 올 수 있다. Dixon에 의하면, 이러한 과거분사 다음에 by가 오면 수동적인 뜻을 나타내고, 그밖의 전치사가 오는 것은 형용사 구문의 뜻을 나타내는 것이다.[74]

	수동 구문에서	분사 형용사 구문에서
surprised	by	at
pleased	by	with *or* about
terrified	by	of[75]

---

73 uncover, undo, unpack, untie 따위와 같은 동사에는 예컨대 cover와 uncover, do와 undo등 각각 두 가지 동사형이 있지만, finish에는 이에 대응하는 unfinish라는 형태가 없다.

74 (1b) I was surprised $\left\{ \begin{array}{c} at \\ by \end{array} \right\}$ John's winning the race.
(2b) I was surprised $\left\{ \begin{array}{c} at \\ by \end{array} \right\}$ the result.

Sentences (1b) and (2b) have the syntactic appearance of passives except that the preposition may be *at* or *by*, whereas in a normal passive the underlying A can only be introduced with *by*. Note that we can have *at* or *by* after *surprised*, *about* or *with* or *by* after *pleased*, *in* or *by* after *interested*, *of* or *by* after *terrified*, etc. There is in each case a meaning difference, e.g. *terrified by a noise* (something specific), *terrified of strangers* (a general phenomenon). *By* is always one possibility, suggesting that this alternative could constitute a passive construction, with the other alternative (featuring *at* or *about* or *with* or *of* or *in*, etc) marking an adjectival construction. — Dixon (2005: 166).

75 일부 사전에서는 of 이외에 at도 쓰이고 있다.
I'm terrified of snakes.
[나는 뱀을 무척 두려워한다.]

satisfied	by	with
dissatisfied	—	with
interested	by	in
uninterested	—	in
impressed	by	by
unimpressed	—	by
saturated	by	with

They **were appalled** $\begin{Bmatrix} \text{at} \\ \text{by} \end{Bmatrix}$ the reports of the famine.

[그들은 식량 부족에 대한 보도에 몹시 놀랐다.]

They **were dismayed by** this announcement.

[그들은 이 발표를 듣고 당황했다.]

He **was dismayed at** the change in his old friend.

[그는 옛 친구의 변심에 당황했다.]

I **was surprised** $\begin{Bmatrix} \text{at} \\ \text{by} \end{Bmatrix}$ her reaction.

[나는 그녀의 반응에 놀랐다.]

The man who underestimates himself **is perpetually being surprised by** success, whereas the man who overestimates himself **is** just as often **surprised by** failure. — B. Russell, *The Conquest of Happiness*.

[자기를 과소평가하는 사람은 언제나 성공함으로써 놀라고, 반면에 자신을 과대평가하는 사람은 실패해서 그만큼 자주 놀란다.]

The ground **was saturated with** water.

[땅이 물을 흠뻑 머금고 있었다.]

The ground **was saturated by** the heavy rains.

[큰 비가 와서 땅이 흠뻑 물을 머금었다.]

I **was interested by** what I read in the paper.

[나는 신문에서 읽은 내용에 흥미가 있었다.]

He **is interested in** travel, so he visits a different country every year.

[그는 여행에 관심이 있어서 매년 다른 나라들을 방문한다.]

I **was terrified at** the thought of parashuting. (*Lonman Dictionary of English Language and Culture*)

[나는 낙하산을 탄다는 생각에 몹시 두려워했다.]

We **were incensed** { at / by } their bad behavior.

[우리는 그들의 나쁜 행동에 몹시 화가 났다.]

She **was exasperated** { at / by } his stupidity.

[그녀는 그의 우둔함에 몹시 화가 났다.]

He **was enchanted** { by / with } the idea. (= 'to fill with delight; charm')

[그는 그 생각에 매혹되었다.]

Dictionaries include hundreds of thousands of words, all of which **are known by** some speakers of the language.

— Fromkim et al., *An Introduction. to Language*.

[사전에는 수십만 개의 단어들이 수록되어 있는데, 이 모든 단어들이 일부 언어 사용자들에게 알려져 있다.]

이처럼 두 가지 전치사를 수반할 수 있는 경우에, by-전치사구는 수동태에서 동작주구를 나타내는 것이며, 따라서 이러한 문장은 이에 대응하는 능동태를 갖는다. 그러나 과거분사가 분사 형용사로서 보어 역할을 하는 문장에는 by 이외의 전치사를 필요로 하고 있다. 어떤 전치사를 선택하느냐 하는 문제는 분사 형용사와 전치사의 뜻에 따라 달라진다.[76]

impressed 다음에 두 가지 경우에 모두 전치사 by가 쓰이고 있으며, 따라서 John was impressed **by** the report.와 같은 문장에서 impressed가 수동 동사형인지, 분사 형용사인지 애매하다.

이 이외에도 특정한 전치사를 수반하는 과거분사형으로 자주 사용되는 것을 대충 들면 다음과 같다.

---

disappointed with, appalled at, puzzled at, fascinated with, chagrined at, worried about, delighted with, convinced of, upset with/ at, amazed at, horrified with, inclined to, disgusted at, dismayed with

---

[76] Dixon (2005: 167).

7.7. get-수동태

7.7.1. be-수동태와 get-수동태

대개 수동태라고 하면 be 동사를 수동 조동사로 하는 문장 구조를 가리키는 것으로 생각하게 된다. 그러나 영어에는 be 동사 이외에 get을 수동 조동사[77]로 사용한 get-수동태가 있는데, 이러한 수동태는 격식체에서는 피하려는 경향이 있다. 그러나 비격식적인 영어에서도 be-수동태와 비교하면 사용 빈도가 비교적 낮은 편이지만,[78] Jespersen(1933: 254)은 "*Get* and *become* are now increasingly common as auxiliaries for the passive of becoming."(지금은 변화를 나타내는 수동태에서 조동사로서 get와 become이 점점 더 많이 쓰이고 있다.)이라고 하여 get-수동태가 증가 추세에 있다고 말하고 있다.

> Yesterday Cyril's house **got broken into** by some drunks. (Jacobs 1995: 167)
> [어제 키릴의 집이 술에 취한 몇 사람의 침입을 받았다.]
> My dog **got bitten** by a snake. (Berk 1999: 118)
> [나의 개가 뱀에게 물렸다.]
> She **gets flatly contradicted** by Bernard every time she opens her mouth. (Stein 1979: 51)
> [그녀는 입을 벌릴 때마다 버나드로부터 단호하게 반박을 받는다.]
> I was riding my bicycle, and I **got hit** by a car.
> [나는 자전거를 타다가 자동차에 치였다.]

get-수동태에서도 동작주가 표출되지만, be-수동태와 비교하면 동작주가 나타나는 예가

---

[77] 수동 조동사로 쓰일 때 get은 문법적으로 be 동사와 다르다. be 동사와 달리, get은 일반동사처럼 의문문과 부정문을 만들 때 또 다른 조동사 do가 필요하다. 뿐만 아니라, be 동사는 부정어 not과 결합되어 축약형을 만들 수 있지만, get은 그렇지 않다.
  a. He got fined.
  b. Did he get fined? (*Got he fined?)
  c. He didn't get fined. (*He got not fined.)
  d. *He gotn't fined.

[78] The *get*-passive is avoided in formal style, and even in informal English it is far less frequent than the *be*-passive. — Quirk et al. (1985: 161).

드물다.[79]

    If you keep breaking the club rules you'll **get thrown out**.
       [계속 클럽의 규칙을 어기면 너는 쫓겨나게 될 것이다.]
    More and more people **are getting mugged** in the underground. (Declerck 1991a: 203)
       [점점 더 많은 사람들이 지하철에서 강탈당하고 있다.]
    The unruly students **got punished**. (Berk 1999: 118)
       [규칙을 안 지키는 그 학생들은 처벌을 받았다.]

또한 get-수동태는 항상 동작을 나타내기 때문에 <by + 동작주>가 문장 표면에 나타나지 않았을 때 be-수동태에서 생길 수 있는 의미상의 애매성을 없앨 수 있는 편리한 방편이 되기도 한다.[80]

    (88) a. The chair **was broken**.
          [그 의자가 <u>부서졌다</u>(동작)/<u>부서져 있었다</u>. (상태)]
       b. The chair **got broken**. (Quirk et al. 1985: 162)
          [그 의자가 부서졌다.]

아무런 문맥도 주어지지 않은 환경에서 (88a)는 'Someone broke the chair.'라는 동작 수동태의 뜻을 포함하는 것으로 해석되거나, 또는 'The chair was in the state resulting from prior breaking.'이라는 상태 수동태의 뜻으로 해석이 가능하다. 반면에, (88b)는 항상 동작 수동태의 뜻으로만 해석될 뿐, 결코 상태 수동태의 뜻으로는 해석되지 않는다.

이상과 같은 차이점 이외에 한 가지 차이를 더 들자면, be-수동태에서와 달리, get-수동태

---

79 Moreover, *get* tends to be limited to constructions without an expressed animate agent. — Quirk et al. (1985: 161); A further difference related to the long vs. short distinction is that *get* passives are more likely than *be* passives to occur without an agent. — Xiao et al. (2006: 113). See also Jacobs (1995: 167).

80 The *get*-passive provides a convenient way of avoiding the passive with *be* in cases where there is a potential confusion between the normal passive interpretation and that of the 'statal passive'. Thus the ambiguity between stative and dynamic meaning in *The chair was broken* is eliminated in *The chair got broken*. — Quirk et al. (1985: 162, note [a]).

는 항상 동적동사에서만 가능하기 때문에 상태동사가 쓰인 마지막 문장에서 be 동사 대신에 get이 쓰이면 비문법적인 문장이 된다.

It's upsetting when a person **gets punished** for a crime that they didn't commit. (Leech & Svartvik 1994: 330)
　　[저지르지도 않은 범죄로 처벌을 받을 때는 화가 난다.]
She **got blown up** by her boss for being late.
　　[지각했다고 해서 그녀는 사장으로부터 심하게 꾸중을 들었다.]
Obviously, the manager { is / *gets } **feared** by most of the staff. (Huddleston & Pullum 2002: 1442)
　　[지배인이 대부분의 직원들에게 두려움의 대상임이 분명하다.]
It { was / *got } **believed** that the letter was a forgery. (ibid)
　　[그 편지는 위조된 것이라고 여겨졌다. → 상태동사 believe는 get와 같이 쓰여 동작을 나타내지 않기 때문에 틀림.]

　　외형적인 동일성에도 불구하고 get-수동태와 전혀 다른 <get + 과거분사> 형태의 구조가 있다. 결론부터 말하자면 후자, 즉 <get + 과거분사> 형태의 구조는 연결동사(linking verb)로서의 get와 분사 형용사(participial adjective)로서 보어 역할을 하는 과거분사가 같이 결합된 것이다. 예컨대 He **got caught** in the rain.과 같은 경우, 이 문장에서 rain을 주어로 삼는 능동태 문장을 만들 수 없다. 또한 He **got dressed**.와 같은 경우에도 동작을 나타낼 수 없다. 이 이외에 get washed, get dressed, get lost, get drowned, get engaged/married/divorced 따위에 대해서도 마찬가지로 설명될 것이다. 따라서 <by + 동작주>를 첨가하여 문장을 확장시킬 수 없는 다음과 같은 문장들은 순수한 get-수동태 문장과 구별하여 의사 수동태(擬似受動態: pseudo-passive)라고 한다.[81]

The soldier's legs **got tangled** with the ropes.[82]
　　[그 군인의 다리가 밧줄로 뒤엉켜졌다.]
We are **getting bogged down** in all sorts of problems.

81　Quirk et al. (1985: 161).
82　Collins (1995: 47)는 이에 대응하는 능동태 문장으로 Some wire tangled him up.을 들고 있다.

[우리는 온갖 종류의 문제에 빠져서 헤어나지 못하고 있다.]

I don't want to **get mixed up** with the police again.

[나는 다시는 경찰에 말려들고 싶지 않다.]

Leslie **got irritated** at the naval officer. (Jacobs 1995: 167)

[레슬리는 그 해군 장교에게 짜증이 났다.]

7.7.2. get-수동태의 의미와 용법

be-수동태와 달리 get-수동태는 결과를 나타내는 것이 가장 중심적인 특징 가운데 하나이다.[83] 즉, (89a, b) 두 개의 문장을 서로 비교해 보면 get-수동태가 결과성(resultativeness)이라는 의미 특성을 나타낸다는 점이 한층 더 두드러지게 드러난다.

(89) a. How did he **get killed**? (Givón 1993b: 68)

[어떻게 해서 그가 살해되었는가?]

b. How **was** he **killed**?

[그가 어떻게 살해되었는가?]

get-수동태 (89a)는 결과에 따른 상태에 이르게 된 과정을 묻는 문장이고, be-수동태 (89b)는 동사가 나타내는 동작에 초점을 맞춘 것이다. 바꿔 말하자면, (89a)는 그가 살해당하게 된 이유, 정보가 상대에게 넘어가게 된 이유 따위와 같은 뜻을 내포하는 것으로 해석될 수 있는 반면, (89b)는 그 사람이 살해된 방법에 대해서 묻는 것으로 해석될 수 있게 된다. 이 두 가지 수동태 표현 중에서, 표출된 행위가 일어나게 하는 목적이나 통제력을 동작주 ― 문

---

83 *Resultativeness* appears to be one of the most central characteristics of the GET-passive. The term 'central' here denotes that this characteristic is present with virtually *every instance* of a GET-passive. This is apparent, for instance, in the fact that when a GET-passive has a close parallel in a BE-passive, sometimes the only distinguishing *semantic feature* is this *resultative* aspect which is present with the GET-passive, but not with the BE-passive. ― Tobin (1993: 263); *get*-passives emphasize resulting state and actional features. ― Sawasaki (2000: 15); As becomes clear from this provisional diagram, there is a linguistic area where past participles can be combined either with *become* or *be* or *get* in order to form the passive. The more the action denoted by the verb is (or can be) interpreted as a process the more likely is the use of *become*; the more emphasis there is on the result, the more likely is *get*. ― Stein (1979: 65). See also Close (1975: 227).

장의 표면에 나타나든 나타나지 않든 관계없이 — 가 갖고 있다는 뜻을 나타내는 경우에는 be-수동태를 선택할 것이다.

다른 조건이 같으면, 주어진 특정한 상황에서 피동 주어(patient subject)가 동사가 나타내는 행위를 일으키는 동작주와 같은 역할을 하거나, 적어도 그 상황이 일어나게 하는데 따른 다소 불리하게 책임이 있는 것으로 여겨지는 경우라면 be-수동태보다 get-수동태가 쓰이는 경향이 있다.[84] 때문에 got arrested의 경우에는 intentionally, on purpose와 같은 부사류를 첨가하여 주어의 의도를 노골적으로 나타낼 수도 있다. 즉, 동사가 나타내는 행위와 관련된 의도, 책임, 개입의 정도 등에 있어서 be-수동태보다 get-수동태가 더 강하다. 따라서 (90)에서 수동 조동사의 차이에 따른 두 가지 유형의 수동태 사이에는 방금 말한 바와 같은 의미상의 차이가 있는 것으로 해석되고 있음을 알 수 있다.

(90) He { was / got } arrested.
[그가 체포되었다.]

문장 (90)이 단순히 그 사람이 체포되었다는 사실 자체만 전달하고자 하는 것이라면 was와 got을 모두 쓸 수 있을 것이다. 그러나 이 문장의 주어가 일부러 경찰에 체포되려고 했다는 뜻을 나타내고자 하거나, 부주의한 태도 때문에 경찰에 체포당하게 되었다는 뜻을 전달하고자 한다면 get-수동태를 사용할 가능성이 높다.

다음과 같은 문장에서도 be-수동태와 get-수동태의 선택의 차이에 따라 이와 같은 의미상의 대립 관계를 볼 수 있다.

---

84 .... Thirdly, *get* tends to be preferred when the subject referent is not a purely passive participant, as in *I'm getting vaccinated tomorrow* (where the speaker is quite likely to have taken some initiative). — Huddleston (1988: 178); The use of the word *get* instead of *be* in passive constructions gives a different tone and emphasis. Compare these two sentences: *The demonstrators were arrested by the state police* and *The demonstrators got arrested by the state police*. The first example suggests that the responsibility for the arrests lies primarily with the police. As usual with a passive, the subject of the sentence is the passive recipient of the action. The second example, which uses *get,* suggests a more active role played by the demonstrators, implying that they were arrested as a consequence of their actions (presumably having something to do with the act of demonstrating). — Pickett (2005: 206); Several researchers have pointed out that *get*-passives are likely to express adversity whereas be-passives are not. — Sawasaki (2000: 16).

John { was / got } hurt in the accident.

[존은 사고로 다쳤다.]

John { was / got } fired from the firm.

[존은 그 회사에서 해고당했다.]

He { was / got } invited to the party.

[그는 파티에 초대받게 되었다.]

특히 수동 조동사로서 get은 deliberately와 같은 피동 주어의 의도를 나타내는 양태부사가 첨가된 Jill *deliberately* got arrested.와 같은 문장이나 다음과 같은 문장에 자연스럽게 쓰이게 된다.

My husband **got fined** in Germany for crossing a road.

[내 남편은 독일에서 길을 건너다 벌금형 처벌을 받았다.]

She managed to **get transferred** to the finance department.

[그녀는 가까스로 경리부로 전출되었다.]

Getting elected president of the student union took a lot of time and effort. (Collins 1996: 51)

[학생회장 선거에서 당선되는데 많은 시간과 노력이 소요되었다.]

He did a silly thing: he **got caught** downloading pornography on their computer.

[그가 어리석은 짓을 했지. 즉, 그가 그들의 컴퓨터에서 포르노 사진을 다운받다가 붙잡혔어.]

그러나 주어가 사람일지라도 주어의 의도나 통제력이 암시되지 않는 경우에는 get-수동태를 사용하는 것이 사실상 이상하다.[85] 예컨대 (91)에 was found 대신에 got found를 선택하게 되면 그녀가 일부러 누군가에게 보였다는 뜻을 갖게 되기 때문에 어색하게 생각된다. 더욱이 (92)에서 무생물인 피동 주어에게 어떤 의도가 작용하여 소리가 들린다고 하는 것도 불가능한 일이기 때문에 수동 조동사로서 was heard 대신에 got heard라고 할 수 없

---

[85] The GET-passive in fact seems odd even with a human subject when the resulting construction implies no intent or control on the part of the patientsubject. — Givón (1993b: 68).

는 것이다.

    (91) She **was found** wandering on the beach. (*She **got found** ....)
        (Givón 1993b: 68)
            [그녀가 해변에서 배회하는 것이 보였다.]
    (92) Gunfire **was heard** in the auditorium. (*Gunfire **got heard** ....)
            [강당에서 총소리가 들렸다.]

그러나 설령 주어가 무생물일지라도 인간과 그 소유물 사이에 어떤 연관성이 있다고 할 경우에는 불리하게 영향을 받는 정체가 예측 가능하다.[86] 다음 문장이 무생물이 주어임에도 불구하고 가능한 것은, 전화기 박스 그 자체가 아니라, 이러한 사건이 일어나게 된 책임자(예컨대 전화회사 직원)가 불리하게 영향을 받는 것이라고 여겨지기 때문이다.

    Three telephone boxes **got smashed up** outside that post office.
        [전화기 박스 세 개가 그 우체국 밖에서 박살났다.]

get-수동태는 항상 주어에게 불리하게 영향을 미치는 경우에만 쓰이는 것은 아니다. 예컨대 (93a, b)에서처럼 주어에게 바람직하지 못하다거나, (94a-d)에서처럼 유익한 영향을 미친다고 하는 상황을 나타내는 것이 지배적이다.[87]

    (93) a. Kim **got sacked**.
           [김이 해고당했다.]
       b. My watch **got stolen**.

---

86 Sawasaki (2000: 18).
87 A slightly different interpretation is offered by Lakoff (1971), in terms of the speaker's attitude: 'The *get*-passive in English, unlike the *be*-passive, is frequently used to reflect the attitude of the speaker toward the events described in the sentence: whether he feels they are good or bad, or reflect well or poorly on him or the superficial subject of the sentence.' — Collins (1996: 51); The *be*-passive is stylistically neutral, but *get*-passives are a mark of informal style. They are used for describing situations where the subject-referent is involved in bringing the situation about, or where there is an adverse or beneficial effect on the subject-referent. — Huddleston & Pullum (2005: 245). See also Eastwood (2005: 127) & Sawasaki (2000: 18).

[내 시계가 도난당했다.].

(94) a. Kim **got promoted**.

[김이 승진했다.]

b. My letter **got published**. (Huddleston & Pullum 2002: 1442)

[내 편지가 공표되었다.]

c. Mary **got admitted** to a Ph.D program. (Sawasaki 2000: 18)

[메리가 박사과정 프로그램에 입학 허가를 받았다.]

d. It means that medical staffs must decide who **gets treated** first.

[그것은 누구를 먼저 치료받게 할 것인가를 의료진들이 결정해야 한다는 뜻이다.]

제8장

부정사절(Infinitival Clauses)

8.1. 절 구조

부정사(不定詞: infinitive)란 기본적으로 <(to) + 동사 원형>의 구조를 말하는 것이며, '일정하지 않다'는 뜻을 갖는다. 즉, 인칭(person)·수(number)·시제(tense)·서법(mood) 등을 나타낼 수 있는 동사 형태가 확실히 정해져 있지 않기 때문에 부정사라는 용어가 쓰이게 된 것이다.[1] 이제 전달하고자 하는 뜻에 따라 주어와 동사 등 문장을 구성하는데 필요한 요소들이 모두 갖추어진 완전한 문장 (1a)를 먼저 보기로 한다.

(1) a. She cleans the house every day.
    [그녀는 매일 집안 청소를 한다.]
   b. **For her to clean the house every day** needs a lof of time.
    [**그녀가 매일 집안 청소를 하는 것**은 많은 시간을 필요로 한다.]

(1a)에서 동사 cleans는 주어가 3인칭 단수라는 점을 나타내주면서, 직설법 현재시제형이다. 또한 이 문장은 주어 + 동사 + 목적어 + 수식어의 구조로 이루어진 완전한 문장이며, 이 문장이 나타내는 뜻을 거의 그대로 유지하면서 축약(縮約: reduction)시킨 것이 (1b)에서 문장의 주어 역할을 하는 for her to clean the house every day 부분이다. 이 부분이 보여주는 것처럼 (1a)와 같은 완전한 문장을 축약시키더라도 여전히 주어–술어동사의 관

---

[1] It is called the infinitive because the verb is not limited or "made finite" to indicate person, number, tense, or mood. — Pickett (2005: 254). infinitive: late ME <LL *infinitīv(us)* indefinite = *in*-IN- + *finītīvus* definite; Infinitive clauses are those in which the verb occurs in its infinitive form — *to sleep, to run, to be,* etc. Infinitives, as the name suggests, are not finite; they do not carry tense. — Berk (1999: 237).

계(nexus)를 가진 절 구조²로서 그것은 주어, 목적어, 보어, 수식어 따위와 같은 문장 요소 (sentence element)의 역할을 담당하게 된다. 다만 (1a)의 cleans가 정형동사 형태로서 주어의 인칭과 수 등을 나타내는 반면, (1b)의 to clean과 같은 부정사 형태는 일종의 비정형 동사 형태이기 때문에 주어의 인칭과 수에 따른 구분이 불가능하다. 또한 cleans가 현재시를 나타내고 있음을 명백히 하고 있음에 반해, to clean 그 자체만으로는 시간 관계를 독자적으로는 나타낼 수 없고, 항상 상위절(上位節: superordinate clause)³의 동사형에 의해서만 간접적으로 알 수 있을 따름이다.

원래 부정사는 동사에서 만들어지는 것이고, 동사가 있는 곳에는 위의 (1b)에서처럼 필연적으로 그 동사에 대한 주어가 어떤 형식으로든 존재하게 마련이다. 동시에 부정사로 나타난 동사형의 문법적 특성에 따라 보충 요소로서 목적어와 보어를 가질 수 있음은 물론, 전달하고자 하는 필요한 정보량에 따라 부사적 수식어를 필수적 또는 선택적으로 추가할 수 있다.⁴ **바로 이러한 관점에서 부정사가 만드는 구조를 단순히 부정사구(infinitival phrases)**

---

2 10.1₃. With regard to the syntactical function of the infinitive it is of the utmost importance to remember that *an infinitive always denotes a nexus between a subject (S) and the verbal idea*, but that the S need not always be expressly indicated, in which case the full formula is S° I. Instances of latent subject are extremely frequent. In the first place the latent S is obvious because it is the same as the subject or object, etc., of the (main) sentence: I want to sing S V O(S°I). — Jespersen (1940: 152-153).

3 상위절이란 종속절을 포함하는 절을 말한다. 전통적으로 복문을 주절과 종속절로 이루어진 문장이라고 정의되었는데, 이렇게 정의할 경우 다음과 같은 문장의 경우에 어느 것이 주절이고, 어느 것이 종속절인가?
   a. **What he said** is incorrect.
      [그의 말은 옳지 않다.]
   b. **That John was rude to his teacher** proves **that he has no respect for his elders**.
      [존이 자기의 선생님에게 무례하다는 것은 그가 웃어른들을 존경하는 마음이 없다는 점을 증명하는 것이다.]

(a, b) 두 문장에서 각각 what이 이끄는 절과 두 개의 that-절이 종속절이라고 하면 이에 대응하는 주절은 어느 것인가? 그렇다고 (a)에서 is incorrect와 (b)에서 proves를 주절이라고 하겠는가? 결코 그렇지 않다. 그러므로 이런 문장은 종속절이 포함된 상위절이라고 한다. 상위절은 main clause이며, 이것은 결국 문장이라고 하는 것에 대한 다른 이름이다. 따라서 (a)는 종속절이 주어이고 is는 연결동사, incorrect는 주격보어로 이루어진 문장이다. 그리고 (b)는 앞에 놓인 that-절은 주어, proves는 타동사, 두 번째 that-절은 목적어로 이루어진 문장이다.
   — Quirk et al. (1985: 988-990). See also Ek & Robat (1984: 30-33).

4 The infinitive is a verb form that can function as a noun while retaining certain verbal characteristics, such as modification by adverbs or taking an object. — Pickett (2005: 254). See also Poutsma (1923: 3).

라고 볼 것이 아니라, 보통의 절과 똑같은 구조를 가지고 있기 때문에 부정사절(不定詞節: infinitival clauses)이라고 말하는 것이 타당하다.[5]

그러면 부정사가 이끄는 구조가 문장 안에서 절 형식을 취한다는 점을 명확히 설명하기 위하여 먼저 문장 (2)를 살펴보기로 하겠다.

(2) [**She**] was the first Western journalist [**ever to interview Gorbachev**].
[그녀는 여태까지 고르바초프와 인터뷰를 한 최초의 서방 언론인이었다.]

문장 (2)에서 [ ] 안에 놓인 부분 [She] ... [ever to interview Gorbachev]만 따로 떼어놓고 보면 상위절의 주어 She가 동시에 부정사절의 주어 역할을 하기 때문에 부정사절의 주어가 삭제되어 to-부정사 바로 앞에 주어가 나타나지 않고 있으며, 동사 interview는 타동사이므로 목적어 Gorbachev를 동반하고 있기 때문에 결국 부정사절은 She interviewed Gorbachev.라는 <주어 + 동사 + 목적어>로 이루어진 완전한 절 구조를 가지고 있는 것이다. 그렇지만 to interview Gorbachev 부분은 부정사절이기 때문에 동사 interview의 주어가 단수인지 복수인지, 또한 이 동사가 나타내는 시간이 현재시, 과거시, 또는 미래시 중 어느 시간을 나타내는지 분명히 알 수 없고 다만 상위절의 동사 was에 의해 과거시를 나타내고 있다는 점을 알 수 있을 따름이다.

문장 (3a-h)에는 모두 부정사절이 내포되어 있으며, 또한 이 절에 포함된 요소들이 갖는 문법적 기능을 각각 주어, 동사, 목적어 (간접목적어, 직접목적어), 보어, 수식어 등으로 일일이 표시하였다. 부정사절의 주어를 밝히기 위하여 상위절의 주어와 부정사절의 주어가 같으면 그 주어를 [주어]로 표시하고, 부정사절의 주어가 부정사 바로 앞에 놓여 있으면 그 주어를 <주어>로, 그리고 문장 표면의 어디에도 부정사절의 주어가 나타나 있지 않으면 [∅]로 표시하는 등 부정사절에서 주어가 세 가지 유형으로 나타난다고 하겠다.

(3) a. The regulation is <**for boys and girls**> **to live in the separate dor-**

---

5 부정사절이라는 용어 대신에 부정사구라고도 하지만, 예컨대 I want to go.라는 문장에서 to go를 부정사절이라고 부르는 것이 옳다고 본다. 왜냐하면 동사가 있는 곳에는 뚜렷이 주어가 나타나든 주어가 나타나 있지는 않지만 그 주어가 무엇인지 이해할 수 있으며, 동시에 동사가 있으면 그 동사의 성질이나 나타내고자 하는 뜻에 따라 목적어, 보어, 수식어 등을 수반할 수 있기 때문에 부정사절이라고 하는 것이 타당하다. 문장의 구조를 분석할 경우에는 표면구조(surface structure)만 보아서는 그 구조를 바르게 알 수 없다. 그러므로 구조를 올바르게 이해하려면 반드시 그 문장의 심층구조(deep structure)를 들여다 보아야 한다.

mitories.

[남녀 학생들이 서로 다른 기숙사에서 살도록 규정되어 있다. → 부정사절은 **<주어>+동사+전치사구**의 구조이며, 부정사 바로 앞에 놓인 for boys and girls가 부정사절의 주어 역할을 하고 있음.]

b. I asked <**Ben**> **to lend me some money**.

[나는 벤에게 돈을 좀 빌려 달라고 요청했다. → 부정사절은 <**주어**> + **동사** + **간접목적어** + **직접목적어**의 구조이며, 상위절의 목적어 Ben이 부정사절 to lend me some money에 대한 주어 역할을 하고 있음.]

c. He expects <**me**> **to come early tomorrow**.

[그는 내가 내일 일찍 오기를 기대하고 있다. → 부정사절은 <**주어**> + **동사** + **수식어**이며, me가 부정사절 to come early tomorrow의 주어 역할을 하고 있음.]

d. I thought up a topic <**for you**> **to write on**.

[나는 네가 글을 쓸 주제를 생각해 냈다. → 부정사절은 <**주어**> + **동사** + **전치사**의 구조이며, 부정사절 to write on의 바로 앞에 주어가 for you라는 형식으로 나타나 있음.]

e. [**He**] appeared **to be in high spirits**.

[그는 원기 왕성한 것처럼 보였다. → 부정사절은 [주어] + 동사 + 보어의 구조이며, 상위절의 주어 He가 부정사절 to be in high spirits의 주어 역할을 하고 있음.]

f. [**She**] wants **to be left alone now**.

[그녀는 지금 혼자 있게 해주었으면 하고 바라고 있다. → 부정사절은 [**주어**] + **동사** + **보어** + **수식어**의 구조이며, 상위절의 주어 She가 부정사절 to be left alone now의 주어 역할을 하고 있음.]

g. [**I**] hope **to see him**.

[나는 그를 만나보고 싶다. → 부정사절은 [**주어**] + **동사** + **목적어**의 구조이며, 상위절의 주어 I가 부정사절 to see him에 대한 주어 역할을 하고 있음.]

h. This light is too poor **to read by**.

[이 불빛은 곁에서 책을 읽기에는 너무 희미하다. → 부정사절은 [∅] + **동사** + **전치사**의 구조이며, 부정사절 to read by의 주어가 문장 표면에 나타나지 않고 있음.]

8.2. 부정사절의 유형

8.2.1. to-부정사절과 원형 부정사절

기본적으로 영어의 부정사절에는 to를 수반하는 <**to-부정사절**>과 특정한 구조적 환경에서 to가 없이 쓰이는 <**원형 부정사절**> 등 두 가지 형태가 있다.

> to-부정사절(to + 동사 원형): to go, to study
> 원형 부정사절(동사 원형): go, study

To stay calm in an emergency is important.   [to stay calm: to-부정사절]
 [비상시에는 침착한 태도를 갖는 것이 중요하다.]
The police observed the man **enter the bank**.   [enter the bank: 원형 부정사절]
 [경찰은 그 사람이 은행으로 들어가는 걸 목격했다.]

오늘날 to-부정사절에서 to가 본래는 전치사로서 다음에 놓인 여격명사(與格名詞: dative noun)를 지배하였다. 그러다가 차츰 to는 아무런 뜻도 없고, 또한 문법적인 기능도 담당하지 않으면서 단순히 부정사 표지어(不定詞標識語: infinitival marker) 역할만 하고, 본래의 여격명사는 점차 '동사적인 힘'(verbal force)을 발휘하게 되어 오늘날과 같은 역할을 하는 것으로 변하였다.[6] 그럼에도 불구하고 오늘날의 영어에서 부정사 표지어 to가 본래 갖고

---

6 The infinitive is a verbal noun which for many centuries has been gradually acquiring more and more verbal force. In Old English, the infinitive was still inflected as a noun except in the genitive, which was lost in the prehistoric period: Nominative and accusative *writan* (*to write*), dative *to writenne* or *writanne*. The dative consisted of a distinctive dative form, *writenne*, etc., and the governing preposition *to*, which in Old English usually took a dative object, not an accusative object as today. The remnant of this older inflection is the so called infinitive with *to*, which retains the *to* of the old dative form but has lost the infinitive suffix -*en* and the dative sign -*e*, so that the dative now, aside from its distinctive *to*, is identical in form with the nominative and accusative. — Curme (1931: 455); 3. These two uses represent historically two distinct forms; the simple *write*, for example, is the descendant of O.E. *wrītan*; *to write* is the descendant of O.E. *tō wrītenne* or *wrītanne*. The first, *wrītan*, is the Nominative and Accusative of a Noun derived from the verb-stem by the addition of the suffix -*an*, which is equivalent in meaning to the -*ing* of the Gerund; the second, *wrītenne* or *wrītanne*, is the Dative of the same noun, and was always used with

있던 전치사로서의 뜻, 즉 'toward; in the direction of'(...쪽/방향으로)라는 뜻이 부분적으로 남아 있는 예를 볼 수 있다.[7]

Jealousy drove him **to do** it.
   (= 'toward the doing of it')
[질투심이 그가 그 일을 하는 쪽으로 몰아넣었다. 즉, 질투심 때문에 그가 그 일을 하게 되었다는 뜻임.]

I am ready **to help** her.
   (= 'in the direction of helping her')
[나는 그녀를 도와줄 각오가 되어 있다. 즉, 이미 그녀를 돕는 방향으로 마음이 기울어져 있다는 뜻임.]

Conscience commands you **to speak**.
   (= 'to go toward speaking')
[양심이 말을 하도록 명령한다. 즉, 양심상 말을 하지 않을 수 없다.]

부정사 표지어 to가 여전히 전치사적인 의미가 두드러지게 남아 있는 다음과 같은 문장에서 to 다음에 동명사 형태가 쓰이는 경향을 보이고 있다.[8]

I am looking forward **to seeing** him.
[나는 그를 만나기를 무척 기대하고 있다.]

He is accustomed **to doing** it his own way.
[그는 자기 방식대로 그 일을 하는데 익숙해 있다. → 영국영어에서는 동명사 대신에 부정사 to do가 쓰임.]

---

  the preposition *tō* ('to') governing it. *Wrītan*, therefore, means 'writing', *tō wrītanne*, 'to or for writing', and sometimes 'in writing'. — Onions (1929: 121). See also Meyer-Myklestad (1967: 227) and Miller (2002: 187).

7 Poutsma (1923: 4), Curme (1931: 465)과 Meyer-Myklestad (1967: 227)는 to-부정사를 'prepositional infinitive'라고 부르고 있다.

8 Where the prepositional meaning is strongly marked, the gerund has to be used to the exclusion of the infinitive as the object of to. — Meyer-Myklestad (1967: 228).

8.2.2. 시제와 태

한편 to-부정사절은 시제 형태와 관련하여 to go, to sleep, to be, to walk, to study 따위와 같이 to + 동사 원형의 구조로 이루어지는 <**현재 부정사절**>과, to have slept, to have studied, to have been 따위에서처럼 to have + 과거분사의 구조로 나타나는 <**완료 부정사절**>이라는 두 가지 시제형을 나타낼 수 있다.

> 현재 부정사절(to + 동사 원형): to be, to do, to go, to sleep
> 완료 부정사절(to have + 과거분사): to have slept, to have master

It isn't a crime **to steal** food when your children are hungry.
　[자녀들이 배고플 때 먹을 것을 훔치는 것은 범죄가 아니다.]
To have settled one's affairs is a very good preparation to leading the rest of one's life without concern for the future.
— William. S. Maugham, *The Summing Up*.
　[자신이 안고 있는 문제를 해결했다는 것은 장래에 대한 걱정없이 남은 인생을 살아가는데 아주 좋은 준비가 된다.]
Soldiers who die for their country are said **to have made** the supreme sacrifice.
　[자기 조국을 위해 목숨을 바치는 군인을 최고의 희생을 치렀다고 한다.]

이 두 가지 형태의 부정사절은 다시 진행형과 결합되어 각각 to be + 현재분사 구조인 <**현재 진행 부정사절**>과 to have been + 현재분사 구조인 <**완료 진행 부정사절**>로 확장될 수 있다.

> 현재 진행 부정사절(to be + 현재분사): to be having, to be doing
> 완료 진행 부정사절(to have been + 현재분사): to have been working

The banks are widely believed **to be planning** a cut in interest rates.
　[은행들이 이자율을 낮추려는 계획을 하고 있다고 많은 사람들이 믿고 있다.]
They seem **to be having** some difficulty in starting the car.
　[그들이 자동차를 시동 거는데 좀 애먹고 있는 것 같다.]

He appears **to have been playing** cards at the time of murder.
[살인사건이 일어난 그 시간에 그는 카드놀이를 하고 있었던 것 같다.]

또한 부정사절은 태에 따른 구조적 구분이 이루어지기도 한다. 즉, 부정사절은 방금 본 to + 동사원형 또는 have + 과거분사 구조로 실현되는 능동태(+active voice)와 to be 또는 have been + 과거분사 구조로 실현되는 수동태(passive voice) 등 태와 관련된 두 가지 구조가 있다.

> 현재 수동 부정사절(to be + 과거분사): to be loved
> 완료 수동 부정사절(to have been + 과거분사): to have been helped

It was her dying wish **to be buried** next to her husband.
[남편 곁에 묻히는 것이 그녀의 임종시 소원이었다.]
There are many obstacles **to be overcome**.
[극복해야 할 장애물이 많다.]
John is believed **to have been tricked**.
[존이 속은 것으로 여겨지고 있다.]
The baseball game was **to have been played** today, but it was cancelled.
[야구 경기가 오늘 개최되기로 되었다가 취소되었다.]

8.2.3. 부정

부정사는 동사에서 만들어지는 것이기 때문에, 이를 부정할 때에는 상위절의 동사를 부정할 때와 마찬가지로 부정사 앞에 부정어 not이나 never를 둔다.

For now, Mr. Obama has decided **not to send** more combat troops, although commanders on the ground at one point had requested a total of 30,000 more American troops. — *The New York Times*, March 26, 2009.
[한때 지상군 지휘관들이 추가로 총 3만 명 이상의 미군 병력을 요청했었지만, 현재로서 오바마 대통령은 전투 병력을 추가로 파병하지 않기로 결정했다.]
The president is determined **not to make** any concessions to the terrorists.
[대통령은 테러분자들에게 어떠한 양보도 하지 않겠다는 결의에 차 있다.]

Not to protest is to connive at the destruction of the environment.

[항의를 하지 않는 것은 환경 파괴를 묵인한다는 것이다.]

He's promised **never to tell** a lie again.

[그는 다시는 절대로 거짓말을 하지 않겠다고 약속했다.]

When Wei was released from prison in September 1993, the authorities ordered him **not to speak** to journalists or **to publish anything**.
— Fergus M. Bordewich, "China's Fighter for Freedom"

[웨이가 1993년 9월에 감옥에서 석방되었을 때 당국에서는 그에게 언론인들에게 말을 하거나 어떤 것도 공표하지 말라고 명령했다.]

Erica's mother, sitting nearby, squeezed her daughter's hand. "Please try **not to worry**." — John Pekkanen, "No Greater Love"

[에리카의 엄마는 가까이에 앉아 딸의 손을 꼭 쥐었다. "걱정하지 않도록 하라."]

그런데 상위절의 동사를 부정하는 경우와 부정사절의 동사를 부정하는 경우에는 양자 사이에 의미상의 차이가 따른다. 예컨대, 상위절의 동사를 부정하는 구조인 He **didn't decide** to go.는 갈 것인지 가지 않을 것인지에 대하여 아직 아무런 결정도 내리지 않았다는 뜻이다. 이와 반대로, 부정사절을 부정하는 구조인 He decided **not to go**.는 가지 않는 쪽으로 이미 결정되었다는 뜻을 나타내고 있다. 특히 advise, ask, instruct, remind, tell, warn 등 많은 동사들의 경우에 부정어 not이 상위절의 동사를 부정하느냐, 아니면 부정사절의 동사를 부정하느냐 하는 점에 따라 (4a)와 (4b), (5a)와 (5b) 각 쌍의 문장에서처럼 전달하고자 하는 의미에 큰 영향을 미치게 된다.

(4) a. He told me **not to feed** the animals.

[그는 나에게 동물들에게 **먹이를 주지 말라고** 말했다. →=He said to me, "Don't feed the animals."]

b. He **didn't tell** me to feed the animals.

[그는 나에게 동물들에게 먹이를 주라고 **말하지 않았다**. → 이 문장에는 He didn't say anything.이라는 뜻이 포함되어 있음.]

(5) a. Ask Rex **not to phone**. I don't want to be disturbed.

[렉스에게 **전화 걸지 말라고** 하라. 나는 방해를 받고 싶지 않아.]

b. **Don't ask** Rex to phone. I'll ring him myself.

[렉스에게 전화 걸라고 **말하지 마라**. 내가 직접 전화하겠다.]

be + 형용사, 또는 명사구 + 부정사절 구조의 경우에도 (4a, b), (5a, b)에서와 마찬가지로 (6a, b), (7a, b)에서도 부정어가 상위절의 동사를 부정하느냐, 부정사절 앞에 놓여 부정사절을 부정하느냐에 따른 의미의 차이에 비슷한 영향을 받는다.

(6) a. I **wasn't** sorry to go. (= I went.)
    [나는 간 것을 <u>유감으로 생각하지 않았다.</u>]
   b. I was sorry **not to go**. (= I didn't go.)
    [나는 <u>가지 않은 것을</u> 유감으로 생각했다.]
(7) a. It **wasn't** a surprise to hear from him.
    [그에게서 소식을 들은 것은 놀라운 <u>일이 아니었다</u>. → 이 문장에는 I heard from him.이라는 뜻이 포함되어 있음.]
   b. It was a surprise **not to hear** from him.
    [그에게서 <u>소식을 듣지 못한 것</u>은 놀라운 일이었다. → 이 문장에는 I didn't hear from him.이라는 뜻이 포함되어 있음.]

이처럼 상위절을 부정하는 경우와 부정사절을 부정하는 경우의 차이는 (8a, b)[9]에서와 같이 등위적으로 절이 연결되었을 때 so와 nor 둘 중 어느 것을 선택하느냐의 차이로도 드러난다.

(8) a. I **didn't ask** him to pay for the meal and { nor / *so } did my wife.
    [나는 그에게 식사 값을 내라고 <u>요구하지 않았으며</u>, 나의 아내도 마찬가지였다.]
   b. I asked him **not to pay** for the meal and { *nor / so } did my wife.
    [나는 그에게 <u>식사 값을 내지 말라고</u> 했으며, 나의 아내도 마찬가지였다.]

즉, (8a)는 상위절의 동사를 부정하고 있기 때문에 두 번째 등위절에서 nor와 짝을 이루어 ... and **nor did** my wife **ask** him to pay for the meal이라는 뜻을 나타낸다. 반면에, (8b)에서는 ask가 긍정형이므로 뒤따르는 등위절에서는 so가 선택되어 and my wife also asked him not to pay for the meal과 같이 풀어 쓸 수 있다.

I can't promise not to be late.(늦지 않겠다고 약속할 수 없습니다.)의 경우처럼 상위절의

---

9 Huddleston & Pullum (2002: 1213).

동사를 부정하면서 동시에 부정사절을 부정할 수도 있지만, 이 대신에 I can't promise to be on time.처럼 보다 간결하게 나타낼 수 있다.[10]

한편 부정사절을 부정하는 문장에서 발생하는 비문법성은 문장의 구조적인 이유 때문이 아니라, 의미론적인 이유 때문인 듯하다.[11]

*He helped **not wash up**.
[→ 설거지를 한다고 할 때 그 일을 도울 수는 있어도 설거지를 하지도 않는데 돕는다고는 할 수 없기 때문에 틀린 문장이 되고 있음.]

*He failed **not to come**.
[→ fail to 자체가 '...하지 못하다'라는 부정의 뜻인데, 여기에 다시 부정어를 첨가할 수 없음.]

8.3. 부정사절의 시간 관계

정형동사를 수반하고 있는 보통의 문장의 경우와 달리, 부정사절에서 부정사는 비정형 동사 형태이기 때문에 그 자체만으로는 결코 절대적인 시간 관계(absolute time relation)를 나타낼 수 없고 오로지 상위절의 동사에 따른 상대적인 시간 관계(relative time relation) 밖에 나타낼 수 없다.[12] 즉, 부정사 그 자체의 형태로는 직접 시간 관계를 뚜렷이 나타내지 못하고, 대체로 상위절의 동사가 나타내는 시제 형태에 따라 부정사절의 시간 관계를 알 수 있을 따름이다. 다시 말하자면, **부정사절이 나타내는 시간은 상위절의 동사가 나타내는 시제형이나 그 동사가 갖는 뜻에 따라서 결정된다.** 한 가지 예를 들자면, 다음과 같이 예시된 문장에서 상위절의 동사 toils, toiled, 또는 will toil의 차이에 따라 한 가지 형태로 나타나고 있는 부정사절의 동사 to earn이 나타내는 시간 관계가 각각 현재시, 과거시, 그리고 미래시라는 점을 알 수 있을 뿐, to earn 그 자체만으로는 이러한 시간상의 차이를 알 수 없다.

---

10 Alexander (1996: 304).
11 Palmer (1987: 208).
12 The tenses of the infinitive here express time relatively to that of the principal verb. — Curme (1931: 467).

> 현재시: He *toils* **to earn** a living.
> [그는 생계를 꾸려 나가기 위해 열심히 **일한다**.]
> 과거시: He *toiled* **to earn** a living.
> [그는 생계를 꾸려 나가려고 열심히 **일했다**.]
> 미래시: He *will toil* **to earn** a living.
> [그는 생계를 꾸려 나가려고 열심히 **일할 것이다**.]

정형동사와 달리, 부정사에는 현재형과 완료형이라는 두 가지 형태밖에 없으면서도, 이 두 가지 시제형을 사용하여 모든 시간 관계를 나타낼 수 있다.

8.3.1. 현재 부정사절

일반적으로 현재 부정사절은 '동시성'(同時性: simultaneity)을 나타낸다. 다시 말하자면, 상위절의 동사가 나타내는 시간과 부정사절의 동사가 나타내는 시간 관계가 동일하다는 것이다. 그러므로 상위절의 동사가 현재시를 나타내면 이에 따라 부정사절의 동사도 현재시를 나타내고, 상위절의 동사가 과거시를 나타내면 부정사절의 동사도 과거시를 나타낸다는 점을 뜻한다.

> He *delights* **to be surrounded** by admirers.
> [그는 자신의 팬들에게 둘러싸이는 것을 즐거워한다. → 상위절의 동사 delights가 현재시를 나타내기 때문에 부정사절 to be surrounded 역시 현재시를 나타내고 있음.]
> Opinion *seems* **to be setting** against the proposal.
> [여론이 그 제안을 반대하는 쪽으로 기울어지고 있는 것 같다. → 상위절의 동사 seems가 현재시를 나타내며, 동시에 부정사절 to be setting도 현재시를 나타내고 있음.]
> The cold *was* severe enough **to freeze** the milk.
> [우유가 얼 정도로 추위가 혹독했다. → 상위절의 동사 was가 과거시를 나타내므로 이와 동시에 부정사절 to freeze도 과거시를 나타냄.]
> She *was* furious **to find** that they had gone without her.
> [그녀는 그들이 자기를 빼고 가버린 것을 알고 몹시 화가 났다. → 상위절의 동사 was가 과거시를 나타내기 때문에 부정사절 to find 역시 과거시를 나타냄.]

영어에는 '이후성'(以後性: posterity)을 나타내는 규칙적인 미래 부정사절 형태가 없지만, 가끔 be going to나 be about to가 미래시를 나타낸다.

>   It *seems* **to be going to** rain.
>   [비가 올 것 같다. → 상위절의 동사 seems는 현재시를 나타내지만, 부정사절 to be going to rain은 현재 이후의 시간인 미래시를 나타냄.]
>   The visitors *seemed* **to be about to** leave.
>   [방문객들이 곧 떠날 것 같았다. → 상위절의 동사 seemed는 과거시를 나타내는 반면, 부정사절 to be about to leave는 과거에서 본 미래시를 나타내는 것임.]

더욱이 부정사절이 이후에 발생한 상황을 나타내는 대부분의 문맥에서는 현재 부정사절이 쓰인다. 이러한 경우에 상위절에는 expect, hope, intend, mean, want, would like/love 따위와 같은 미래시를 나타내는 동사들이 쓰인다.

>   I *hope* **to see** him soon.
>   [머지않아 그를 만나고 싶다.]
>   She never really *intends* **to marry** him.
>   [그녀는 정말로 그 남자와 결혼할 생각이 없다.]

8.3.2. 완료 부정사절

완료 부정사절은 '이전성'(以前性: anteriority)을 나타낸다. 즉, 부정사절이 나타내는 상황은 상위절의 동사가 나타내는 상황보다 먼저 일어났음을 뜻한다. 이때 상위절의 동사는 현재시제형 또는 과거시제형이 되고, 부정사절은 완료 부정사절 형태로 나타나고 있으므로 결국 두 개의 절에 포함된 동사형의 시제가 다르다. 즉, 상위절과 부정사절의 동사가 나타내는 시간 관계가 서로 다르기 때문에 부정사절이 완료형으로 표출된 것이다. 이렇게 시제형을 달리 나타냄으로써 결국 완료 부정사절은 상위절의 동사가 나타내는 시간보다 이전에 일어난 상황을 나타낼 수 있게 되는 것이다. 그러므로 상위절의 동사가 현재시를 나타내면 완료 부정사절이 나타내는 시간은 과거시이고, 상위절의 동사가 과거시를 나타내면 완료 부정사절은 '과거속의 과거'(past in the past), 즉 '과거보다 더 먼 과거시'를 나타내는 것이다. 결국 부정사절과 상위절 사이에 시간상의 차이가 생기는 경우에만 상위절과 부정사절의 동사 형태가 다르게 나타나는 것이다.

You *are* wrong not **to have mentioned** it.
  [그 말을 하지 않은 것은 네가 잘못이다. → 청자 you가 현재시 이전에 그 말을 하지 않은 점에 대하여 지금 잘못이라고 말하고 있음.]

He *is alleged* **to have passed** on secret information to a newspaper.
  [그 사람이 비밀 정보를 신문사에 넘겼다고 하는 주장이 있다.]

The minister *was found* **to have appropriated** government money.
  [그 장관이 국고(國庫)를 횡령했다는 점이 드러났다. → 횡령한 것은 상위절의 과거동사 was found가 나타내는 과거시보다 더 이전의 시간을 나타냄.]

Not **to have met** him while he was in town *was* a great disappointment.
  [그 사람이 시내에 있을 때 만나지 않은 것은 크게 실망스러운 일이었다.]

때로는 상위절의 동사가 expect, hope, intend 따위와 같이 미래시를 나타내는 것이면 이 다음에 놓인 완료 부정사절은 미래완료, 즉 미래의 어느 한 시점 이전의 미래 시간을 나타내기도 하는데, 이것은 미래완료 시제와 일치한다.

She *expects* **to have finished** the next chapter by tomorrow.
  [그녀는 내일까지 다음 장(章)을 마칠 것으로 예상한다.]

이 문장은 She expects to **have the next chapter finished** by tomorrow.(그녀는 다음 장이 내일까지 마치게 될 것으로 예상하고 있다.)와 같은 구조보다 덜 일반적일 것이다. 그러나 이 두 가지 문장 구조는 서로 다른 것이다. 즉, 전자는 완료 부정사절을 수반한 것인 반면, 후자는 have + 목적어 + 과거분사로 이루어진 일종의 사역 구문이다.

8.4. 부정사절의 주어

부정사가 만드는 구조는 보통의 정형절과 마찬가지로 그 자체의 주어를 갖는데, 이 주어를 나타내는 방법에는 크게 두 가지가 있다: **명시적 주어**(明示主語: specified subject)와 **이해된 주어**(understood subject).

8.4.1. 명시적 주어

명시적 주어란 for + 목적격 형태로 부정사절 바로 앞에 놓이는 것을 비롯하여 문중의 여러 곳에 뚜렷이 나타나는 것을 '명시적' 주어라고 한다.

8.4.1.1. for + 주어

부정사가 만드는 구조는 보통의 정형절과 마찬가지로 반드시 그 자체의 주어를 갖게 되는데, 그 주어는 <for[13] + (대)명사의 목적격> 형태로 부정사 바로 앞에 놓으며, 정형절에서 주격 형태로 나타나는 주어와 마찬가지로 "...은/는/가/이"라는 조사를 붙여 번역한다.

> **For you to do** such a thing will only cause trouble.
> [네가 그런 짓을 하는 것은 말썽을 일으키게 될 뿐이다.]
> It was thought unbecoming **for young ladies to smoke**.
> [젊은 여성들이 담배를 피운다는 것은 어울리지 않는 일로 생각되었다.]
> The time has come **for them to reappraise** their economic strategy.
> [그들이 자신들이 세운 경제 전략을 재평가해야 할 때가 되었다.]
> My goal is **for the girls to do** well in school and **move** to a city.
> [나의 목표는 여학생들이 학교에서 공부를 잘 해서 도시로 진출하는 것이다.]
> The invention of printing made it possible **for many more people to learn**

---

[13] 부정사절에서 명시적 주어 앞에 놓이는 for는 뜻과 문법적 기능으로 볼 때 전치사가 아니라, 일종의 종속접속사(subordinating conjunction) — 현대문법에서는 보문소(補文素: complementizer)라고 함. — 로 간주된다: Example (35) shows how a subject clause in the form of a *to*-infinitive clause with its own overt subject is typically introduced by *for* ....
(35) *For a pilot to survive a collision in mid-air* is no less than a miracle.
This might lead to the classification of *for* as a preposition. On the other hand, this would leave us with a preposition phrase that would not be directly linked to another sentence element and in which the preposition would not play its normal role of indicating a certain relationship between the prepositional complement and that other sentence element. It should also be noted that, unlike in cases where it is undoubtedly a preposition, *for* has no lexical meaning whatsoever here. Its only role in the sentence is to introduce the non-finite subclause.... These various considerations lead to the conclusion that in this role *for* should be classified as a subordinating conjunction rather than as a preposition. — Ek & Robat (1984: 43-44).

to read.
[인쇄기가 발명된 덕택에 훨씬 더 많은 사람들이 글을 읽을 수 있게 되었다.]

존재문에서 there도 부정사절의 주어가 될 수 있다. 즉, 아래의 문장에서 부정사절은 There is no misunderstanding on this point.라는 존재문에서 만들어진 것이다. there가 주어 역할을 할 수 있는 것은 존재문을 이끄는 일종의 대명사이기 때문이다.

It is essential **for there to be** no misunderstanding on this point.
[이 점에 대하여 아무런 오해도 없어야 하는 것이 절대 필요하다.]

원래 영어의 발달 과정에서 부정사 바로 앞에 놓인 for + (대)명사의 목적격 형태는 연결 동사 be 다음에 놓인 서술 형용사의 일부였다. 예컨대 It is **easy for me** // to do that.과 같은 문장은 To do that is **easy for me**.(그 일을 하는 것이 <u>내게 쉬운</u> 일이다.)와 같이 분석되었으며, 그 결과 for me가 easy와 관련된 것으로 여겨졌다. 그러다가 나중에는 for me가 뒤에 놓인 부정사절의 주어로 바뀌게 되어 결국 이 문장은 **For me *to do*** that is easy.(<u>내가 그 일을 하는 것은</u> 쉽다.)와 같은 구조로 분석되기에 이르렀다.[14]

<부정사절의 주어: 발달 내력>

원래 <for + (대)명사>가 서술 형용사의 일부였음 ⇒	오늘날 <for + (대)명사>가 부정사절의 주어 역할을 함

---

14 In the original infinitive construction, the subject was not expressed but was contained in some noun or pronoun in the principal proposition. Thus from the very start the subject was not a part of the infinitive construction; and later when the infinitive could have a subject of its own, it was placed before the clause outside of its construction, just as it had always stood outside of it. — Curme (1931: 457); 221. (VIII) There are some important innovations in the syntax of the *infinitive*. In such a sentence as 'it is good for a man not to touch a woman', the noun with *for* was originally in the closest connexion with the adjective: 'What is good for a man?' 'Not to touch a woman.' But by a natural shifting this came to be apprehended as 'it is good // for a man not to touch a woman', so that *for a man* was felt to be the subject of the infinitive, and this manner of indicating the subject gradually came to be employed where the original construction is excluded. Thus in the beginning of a sentence: 'For us to levy power Proportionate to th'enemy, is all impossible' (Shakespeare). — Jespersen (1938: 196-197). See also Onions (1929: 123).

It is **easy for me** ‖ to do that.	⇒	It is **easy** ‖ **for me** to do that.
～ **To do that** is easy **for me**.	⇒	～ **For me to do that** is easy.

 이와 같은 역사적인 사실에도 불구하고 for + (대)명사의 목적격 부분을 무턱대고 부정사절에서 주어 역할을 하는 것으로만 단정지어서는 안 되며, 반드시 문맥 내용에 따라 전달하고자 하는 뜻까지도 충분히 고려해야 한다는 점을 잊어서는 안 되겠다.

 예컨대 부정사절 앞에 놓인 for + (대)명사의 목적격형의 문법적 기능이 애매할 때도 있다.[15] 다음 문장 (9a)에서 for us가 앞에 놓인 형용사에 대한 보충 요소이고, 부정사절의 주어는 생략되었다고 보면 (9b)에서처럼 부정사절이 문두의 위치로 이동하더라도 for us는 여전히 형용사 good 다음에 놓여 있게 된다. 그렇지만, for us가 부정사절의 주어라고 한다면 부정사절이 문두의 위치로 이동할 때 (9c)에서처럼 이것도 같이 이동하여야 한다.

(9) a. It would be good **for us** to have a period on our own.
　　　(Huddleston & Pullum 2002: 1183 note)
　b. **To have a period on our own** would be good **for us**.
　　　[우리 자신의 시간을 갖는다면 <u>우리에게</u> 유익할 것이다.]
　c. **For us to have a period on our own** would be good.
　　　[<u>우리가</u> 우리 자신의 시간을 갖는다면 유익할 것이다.]

 반면에 다음 문장 (10)에서 for children은 앞에 놓인 형용사의 일부로 간주하고, 부정사절의 주어로서 for you/us/people 따위가 생략되었다고 보면 문법과 의미의 두 가지 측면에서 전혀 아무런 문제도 발생하지 않는다. 그러나 이것을 부정사절의 주어로 분석한다면

15　A **for** phrase "subject" after a predicate adjective has two possible interpretations. The most common one is that it belongs with the infinitive phrase that follows it. The justification for this interpretation is that the **for** phrase can be moved with the infinitive to subject position. Thus, a sentence like **It is easy for me to do that** is interchangeable with **For me to do that is easy**. Another possible interpretation is that the **for** phrase in such a construction belongs with the predicate adjective that precedes it. This view is justified by the fact that, even when the infinitive is in subject position, the **for** phrase may remain in the predicate: **To do that is easy for me**. In a parallel sentence with a gerund phrase: **Doing that is easy for me** — The **for** phrase is also considered a modifier of the predicate adjective. — Frank (1993: 327). See also Huddleston & Pullum (2002: 1183) and Zandvoort (1969: 21).

give의 목적어인 them과 같은 대상을 가리키는 것이 되기 때문에 them을 재귀대명사로 바꿔야 한다. 또한 이렇게 보게 되면 의미 전달이 불가능하게 된다. 물론 them과 they를 모두 children과 다른 대상으로 본다면 이번에는 문법적인 문제는 해결되겠지만, 의미상의 의문점은 여전히 해결되지 않은 채로 남게 된다.

(10) It isn't **good for children** ‖ to give them everything they want.
 [(우리가) 어린이들에게 원하는 모든 것을 준다는 것이 어린이들에게는 좋지 않다.
 → cp. **(For us/you)** To give them everything they want isn't **good for children**.]

부정사절 앞에 놓인 for + (대)명사의 목적격 형태와 관련해서 다음과 같은 문장에 대해서도 같은 설명을 할 수 있을 것이다.

It is **bad for all of us** to smoke.
 [담배를 피우는 것이 우리 모두에게 좋지 않다. → for all of us가 바로 앞에 놓인 형용사의 뜻을 보충해서 수식하는 것으로 분석되기 때문에 결국 ... bad for all of us와 to smoke으로 분리됨.]
It may be **convenient for you** to talk like that.
 [그렇게 말하는 것이 여러분들에게 편리할지 모릅니다.]

8.4.1.2. of + 주어

<It is/was ... to-부정사절 ....>과 같은 문장에서 be 동사의 보어로서 사람의 '성질'이나 '성향' 등을 평가하는 뜻을 나타내는 다음과 같은 형용사[16]들이 쓰일 때, 외치된(extraposed) 부정사절의 주어는 <of + (대)명사의 목적격> 형태로 나타난다.

> absurd, ambitious, bold, brave, careful, careless, civil, clever, (in)considerate, courageous, cruel, decent, foolish, friendly, generous, good(= kind), (un)grateful, honest, ill-natured, impudent, (un)kind, (dis)loyal, malice, naughty, nice, (im)polite, rash, reasonable, reckless, right, rude, saucy, selfish, silly, sensible, splendid, thoughtful, wicked, (un)wise, wonderful, wrong

---

16 Declerck (1991a: 481).

of + 주어를 수반한 몇 가지 예문을 제시한다.

It was *reckless* **of him to leave** his job before he had another job.
   [그가 다른 직장도 구하기 전에 직장을 그만 둔다는 것은 무모한 짓이었다.]
It was *irresponsible* **of her to leave** the children by themselves in the swimming pool.
   [그녀가 수영장에 애들만 홀로 두는 것은 무책임한 짓이었다.]
It was *cruel* **of him to make** the donkey carry such a heavy load.
   [그가 당나귀에게 그렇게 무거운 짐을 운반하게 하는 것은 잔인한 짓이었다.]

이러한 문장에서처럼 It is silly of you to do that.은 For you to do that is silly.라는 문장에서 주어절이 외치되어 이루어진 것이며, 특히 이처럼 외치 관계에 따라 부정사절의 주어 앞에 놓인 for와 of가 서로 바뀌었다. 후자 **For you to do tha**t is silly.는 행위(act)에 대하여 말하는 것이기 때문에 '그러한 행위 자체가 어리석다'는 뜻이다. 반면에 It is silly of you **to do that**.은 그런 짓을 하는 '너 자신'(you)이 어리석다고 하여 사람에 대하여 말하는 것이다.[17]

위에 열거된 형용사들과 달리, (dis)advantageous, advisable, difficult, easy, essential, hard, hopeless, necessary, (im)possible, useful, useless 따위와 같은 형용사들이 서술적으로 쓰인 문장에서 부정사절의 주어는 for를 동반한다.

Is it really *necessary* **for me to attend** the meeting?
   [정말로 내가 그 회의에 참석할 필요가 있습니까?]
It is not always *economic* **for buses to run** on Sundays.
   [일요일에 버스가 운행되는 것이 반드시 경제적인 것은 아니다.]

---

17 Bolinger (1977a: 135)에 의하면, 보어 역할을 하는 성질 형용사에 대하여 주어 역할을 하는 부정사절이 외치되는 경우에 부정사절 주어에는 of와 for가 모두 가능하지만, 문장 구조는 다르다:
   a. It was foolish for Mary to go there.
   b. It was foolish of Mary to go there.
즉, (a)는 for Mary to go there가 어리석은 행위라고 하여 주어를 포함하여 부정사절이 Mary의 행위가 어리석었다는 점을 나타낸다. 반면에, (b)는 부정사가 나타내는 행위를 하는 Mary 자신이 어리석었다는 뜻을 나타내는 것이다. 그러므로 (a)는 It was foolish‖ **for Mary to go there**.에서처럼 foolish 다음에서 끊어 읽게 되고, (b)는 It was foolish of Mary‖ to go there에서처럼 of Mary 다음에서 끊어 읽게 된다.

부정사절(Infinitival Clauses)

8.4.1.3. 주어 + (to-)부정사절

타동사가 부정사절을 수반하는 문장에서 부정사절의 주어는 for를 동반하지 않는다. 또한 그 주어도 역시 (대)명사의 목적격 형태로 나타난다.

다음과 같은 동사들이 상위절의 동사이면 대개 상위절의 주어와 부정사절의 주어가 서로 다른 것이라야 하기 때문에 상위절의 주어와 달리, 부정사절의 주어로서 목적격 형태의 주어가 명시적으로 존재하게 된다. 예컨대 *I **allow to do** it.에서는 반드시 부정사절의 주어가 나타나서 상위절의 주어 I가 부정사절의 주어로 하여금 to do it 하도록 허가가 이루어져야 함에도 불구하고 그렇지 못하고 있기 때문에 비문법적이다. 그렇지 않으면 상위절의 주어 I가 동시에 부정사절의 주어가 되어야 하는데, 이 또한 비문법적이다.

> advise, allow, assist, bribe, cause, caution, challenge, charge, command, compel condemn, dare, drive(= compel), encourage, entitle, forbid, force, impel, implore, incite, induce, instruct, invite, oblige, order, permit, persuade, press(= urge), recommend, remind, request, require, teach, tell, tempt, urge, warn

They tried to **bribe** the judge to acquit them.
　　[그들은 석방되려고 판사에게 뇌물을 주려고 했다.]
The lack of democracy and equality **impelled** the oppressed to fight for independence.
　　[민주주의와 평등이 결여되었으므로 억압을 받는 사람들은 독립을 위한 투쟁을 하지 않을 수 없었다.]
Remind me to buy some milk tonight.
　　[오늘 저녁에 우유를 좀 사야 한다고 말을 좀 해줘.]

한편 appeal, arrange, hope, long(= want), plan, prepare, vote, wait 따위가 상위절의 동사일 때는 부정사절의 주어 앞에 for가 생략되지 않는다.

Police have **appealed for witnesses to come** forward.
　　[경찰은 증인들에게 출두 요구를 했다.]
Can you **arrange for the gold to be delivered** on Monday?

[금이 월요일에 배달될 수 있도록 해줄 수 있겠습니까?]
We **waited for the taxi to come** before saying goodbye.
[우리는 작별 인사를 하기 전에 택시가 오기를 기다렸다.]

다음과 같은 문장에서처럼, 상위절의 동사에 따라서는 부정사절의 주어가 결코 문장 표면에 명시되지 않는다. 따라서 상위절의 주어가 곧 부정사절의 주어가 된다.

We **agreed to divide** the profits equally.
[우리는 이익금을 똑같이 나눠 갖기로 합의했다.]
Very reluctantly, he **consented to lend** the money to her.
[아주 마음에 내키지 않으면서 그는 그녀에게 돈을 빌려주겠다고 승낙했다.]
The shop **refused to accept** a cheque.
[그 가게에서는 수표를 받지 않았다.]
The terrorists **threatened to blow up** the plane if their demands were not met.
[테러분자들은 자기들의 욕구를 들어주지 않는다면 비행기를 폭파하겠다고 위협했다.]

이처럼 부정사절의 주어가 나타나지 않는 상위절의 동사에는 다음과 같은 것들이 있다.

> afford, agree, aim, attempt, can't bear, cease, choose(= prefer), consent, decide, determine, endeavor, fail, forget, hesitate, hope, learn, neglect, offer, plan, prove, pretend, refuse, tend, trouble, try

afford와 bear는 can을 수반하며, care와 더불어 대개 의문문이나 부정문에서 쓰인다.

I can't bear **to watch** that.
[나는 차마 그 광경을 보고 참을 수 없다.]
Would you care **to dance**?
[춤추고 싶지 않으세요?]

부정사절(Infinitival Clauses)

8.4.2. 이해된 주어

부정사절의 주어가 나타나지 않는 것은 그 주어가 one, any one, you, us, a person, people 등 특정한 사람을 가리키지 않는 일반 주어일 때이다. 즉, 주어가 특정한 사람을 가리키는 것이 아니라, 일반적인 사람과 관련하여 일반적인 내용을 진술하는 경우에는 대개 부정사절의 주어가 문중에 드러나지 않게 되지만, 무엇이 주어가 될 수 있는지 명확히 알 수 있기 때문에 이러한 주어를 '이해된 주어' (understood subject)라고 한다.

It is frightening even **to think of** the horrors of nuclear war.
[핵전쟁의 공포에 대하여 생각하는 것조차도 끔찍스럽다. → 부정사절 to think of …의 주어가 특정한 사람을 가리키지 않고, 어느 누구에게도 모두 해당됨.]

The only way **to succeed** is **to work** hard and **live** a healthy life.
[성공하는 유일한 방법은 열심히 일하고 건전한 삶을 사는 것이다.]

Some people are very hard **to satisfy**.
[만족시키기 무척 어려운 사람들도 있다.]

To love somebody is the actualization and concentration of the power to love. — Erich Fromm, *The Art of Loving*.
[어떤 사람을 사랑하는 것은 사랑하는 힘을 발휘하고 집중하는 것이다.]

The new direct air service will make it possible **to travel** from London to Tokyo in less than 12 hours.
[새로운 직항로 개설 덕택에 런던에서 도쿄까지 여행이 12시간도 걸리지 않게 될 것이다.]

그러나 다음 예에서처럼 일반 주어일지라도 그 주어를 굳이 내세우고자 한다면 부정사절의 주어 자리에 그 주어를 내세울 수도 있다.

A dictionary helps **one to distinguish** correct and incorrect usages.
[사전은 올바른 어법과 틀린 어법을 식별할 수 있게 해준다. → 부정사절의 일반 주어로서 one이 to distinguish 앞에 놓여 있음.]

It is forbidden (**for anyone**) **to smoke** in this room.
[(아무라도) 이 방에서 담배를 피우는 것이 금지되어 있습니다. → 일반 주어로서 for anyone이 to smoke 앞에 놓여 있음.]

The second and perhaps more prevalent reason **for people not to like** their work is that they feel trapped.

　　　[사람들이 자신들의 업무가 마음에 안 맞는다고 하는 두 번째이지만 어쩌면 더 흔한 이유는 자기들이 벗어날 수 없는 좋지 않은 상황에 처해 있다고 느낀다는 점이다. → 일반 주어 people이 not to like 앞에 놓여 있음.]

일반적인 주어와 관련된 진술이 아니라, 특정한 주어와 관련된 진술임에도 불구하고 부정사절의 주어가 명시되어 있지 않을 때에는 전반적인 문맥 전후 관계를 통해 나타나지 않은 주어를 이해할 수 있다. 예컨대 It was dreadful **to witness that spectacle**.(그 광경을 목격하는 것은 끔찍스러운 일이었다.)과 같은 문장에서는 주어로서 대체로 for us가 생략된 것으로 보더라도 무리가 없을 것이다.

　　The doctor left instructions **to change** the bandages every day.
　　　[의사는 매일 붕대를 바꾸라고 지시했다.]
　　The plan was **to surround** the enemy camp and **cut off** their escape route.
　　　[그 계획은 적진지를 포위하고 그들의 도주로를 차단하는 것이었다.]
　　The motion **to ban** the sale of guns was carried by 76 votes.
　　　[총기 판매를 금지하자는 동의안이 76표 차이로 가결되었다.]

8.4.3. 주어의 생략

방금 위에서 보았던 동사들은 그 특성상 반드시 부정사절의 주어로서 (대)명사의 목적격 형태를 요구하는 것들과, 주어가 문장의 표면구조에 내세울 수 없는 것들이다. 또 한 가지 다른 동사 유형으로는 상위절의 주어와 부정사절의 주어가 다른 경우에는 부정사절의 주어를 반드시 내세워야 하지만, 이 두 개의 주어가 동일한 대상을 가리키는 것이면 부정사절의 주어가 생략되어야 하는 동사들도 있다. 다음과 같은 두 개의 문장 (11a, b)를 보자.

(11) a. **I asked him to go**.
　　　　[나는 그에게 가라고 했다.]
　　 b. I asked **to go**.
　　　　[나는 가게 해달라고 요청했다.]

(11a)에서는 상위절의 주어(I)와 부정사절의 주어(him)가 서로 다르기 때문에 부정사절의

주어 him을 생략할 수 없다. 반면에 (11b)의 경우에는 상위절의 동사 asked의 주어와 부정사절 to go의 주어가 서로 같은 것이기 때문에 부정사절의 주어가 반드시 생략되어야 한다.

ask, beg, choose(= prefer), expect, hate, help, intend, like, love, need, prefer, prepare, promise, want, wish 따위와 같은 동사들이 상위절의 동사로 쓰일 때 전달하고자 하는 뜻에 따라 부정사절의 주어가 생략된다.

I want **to speak** to the manager.
[나는 지배인과 대화를 하고 싶다. → 상위절의 주어와 부정사절의 주어가 같다. 그러므로 부정사절의 내용은 I speak to the manager.임.]

I want **you to speak** to the manager.
[나는 네가 지배인과 대화하기를 바란다. → 상위절의 주어는 I인 반면, 부정사절의 주어는 you이다. 그러므로 부정사절의 내용은 You speak to the manager.임.]

I **prefer you not to go** there alone.
[나는 네가 혼자서 거기 가지 말았으면 한다.]

The donor **prefers to remain** anonymous.
[기부자는 계속 익명으로 있고 싶어 한다.]

He fervently **begged us not to go**.
[그는 우리가 가지 않기를 간절히 요청했다.]

He **begged (to be allowed)** to go.
[그는 가게 해달라고 요청했다.]

그러나 일부 동사들, 특히 assume, believe, imagine, think 등 사고동사(思考動詞: thinking verb)들이 상위절의 동사일 경우에는 상위절의 주어와 부정사절의 주어가 서로 같다고 하더라도 부정사절의 주어를 생략할 수 없고, 반드시 재귀대명사 형태로 내세워야만 한다. 예컨대 **He believes himself** to win in the election.(그는 자신이 선거에서 승리할 것이라고 믿는다.)에서 상위절의 주어 He와 부정사절의 주어 himself가 서로 같은 사람임에도 불구하고 himself를 생략한 결과인 *He **believes to win** in the election.은 문법적으로 틀린 문장이다.

Imagine **yourself to be** rich and famous.
[자신이 부자이고 또한 유명인사라고 생각해 보아라.]

He assumed **himself** to be a suitable man for the job.

[그는 자신이 그 일에 적임자라고 생각했다.]

이런 동사들도 수동형으로 나타나게 되면 부정사절의 주어가 상위절의 주어 위치로 이동된 것이기 때문에 상위절의 주어와 부정사절의 주어가 같을지라도 부정사절의 주어를 별도로 내세우지 않는다.

> **She** is believed **to have gone** to the USA.
> [그녀가 미국으로 건너간 것으로 믿어진다. → 상위절의 동사 is believed의 주어 she는 부정사절의 동사 to have gone의 주어이기도 하지만, 이에 대한 주어로서 herself를 문장 표면에 내세울 수 없음.]
> **He** is thought **to have been killed** in an air crash.
> [그가 비행기 추락 사고로 사망한 것으로 생각된다. → 이 문장에서도 마찬가지 이유로 부정사절의 주어가 명시되지 않았음.]

부정사절의 주어를 가리키는 요소가 상위절의 주어 이외의 다른 역할을 하는 것으로 문중의 다른 위치에 놓여 있을 때에도 부정사절의 주어가 문중에 나타나지 않는다. 예컨대 The job of **the police** is **to keep** the peace.(경찰의 임무는 평화를 유지하는 것이다.)에서는 상위절의 주어 the job를 수식하는 전치사구에 포함된 명사구 the police가 부정사절 to keep the peace의 주어 역할을 하고 있다. 또 다른 예를 몇 가지 더 들어보기로 한다.

> I'll leave it to **you to buy** the tickets.
> [표를 사는 것은 너에게 맡기겠다. → 간접목적어 you가 부정사절의 주어 역할을 함.]
> She felt offended at my remarks, but it wasn't **my** intention **to hurt** her.
> [그녀는 내 말을 듣고 기분이 상했지만, 난 그녀에게 상처를 줄 생각이 없었다. → was의 보어 역할을 하는 명사구 my intention에서 intention을 수식하는 한정사 my가 부정사절의 주어임.]
> It is not within **my** power **to help** you.
> [너를 돕는 일은 내 능력을 벗어난다. → 전치사구 within my power에 포함된 명사구 my power에서 명사를 수식하는 한정사 my가 부정사절의 주어임.]
> The ability **to speak** several languages was among **his** attainments.
> [여러 개의 언어를 말할 수 있는 능력은 그가 달성한 능력 중의 하나이다.]

8.5. 부정사절의 용법

부정사절은 명사적·형용사적·부사적인 문법적 기능을 담당한다.

8.5.1. 명사적 용법

부정사절이 수세기에 걸쳐 갖가지 보어와 수식어를 수반한 새로운 유형의 독특한 종속절 형식으로 발달되어 내려온 결과, 점차적으로 이전부터 사용되어 내려온 주어와 정형동사 등을 두루 갖춘 that-절을 대신하여 쓰이기 시작하면서 점차 사용 영역을 확대하여 나가게 되었다.[18]

이렇게 발달되어 내려온 부정사절은 한편으로는 동사적 성격을 그대로 유지하면서도 다른 한편으로는 부분적으로 명사적인 성격을 간직하고 있기 때문에[19] 명사(구, 절)와 마찬가지로 문장 요소로서 주어·보어·목적어와 같은 문장 요소가 될 뿐만 아니라, 이들 요소에 대한 동격 역할을 하기도 한다.

1) 주어

To escape from a nervous fatigue in modern life is a very difficult thing.
— B. Russell, *The Conquest of Happiness*.

---

18 For centuries the *to*-infinitive and its modifiers have been developing into a distinct subordinate clause of a new type, which has been crowding more and more out of common use the older *that*-clause with a finite verb, so that the *to*-infinitive has acquired functions unknown to the simple infinitive. Today the infinitive clause introduced by *to* is a form of expression which is felt and used as a more convenient subordinate clause than the more formal clause introduced by *that*, followed by a nominative subject and a finite verb. In a grammatical sense they are two expressions for the same thing. — Curme (1931: 457).

19 10.1₂. The partly substantival character of the infinitive is shown by its power to stand as a primary (as subject, object, etc.) as well as by its mixed active-passive character in some cases. — Jespersen (1940: 152); Gradually the prepositional infinitive came to be felt as the proper form to complete the meaning of the verb in all categories. As the prepositional infinitive had come to be felt as a unit, a verbal noun, it became natural to employ it not only as the object of the verb but also as the subject, for a noun may be used as either the subject or the object of the verb. This development was greatly favored by the distinctive form of the prepositional infinitive. — Curme (1931: 456).

[현대인의 생활에서 신경의 피로를 피하기란 매우 힘든 일이다.]

To be able to fill leisure intelligently is the last product of civilization.
[여가를 현명하게 보낼 수 있게 되는 것은 문명의 최후 산물이다.]

For her to behave like that is rather surprising.
[그녀가 그렇게 행동한다는 것은 다소 놀라운 일이다.]

To feel sorry for oneself is to dilute one's inner power to overcome.
— Paramhansa Yoganada, *How to be Happy All the Time*.
[어떤 일 때문에 낙심하는 것은 그 일을 이겨낼 수 있는 자신의 내적인 힘을 약화시키는 것이다.]

화자가 일반적으로 '사실적인'(factual) 상황을 말하는 것이라면 주어로서 동명사절이 더 많이 쓰인다. 반면에, 어떤 특정한 상황, 특히 상위절이 나타내는 상황이 일어나는 시간에 부정사절이 나타내는 상황은 아직 일어나지 않았다는 뜻을 나타내는 문장에서 주어는 동명사절보다 오히려 부정사절이 더 보편적이다.[20] 그러므로 부정사절이 나타내는 것은 사실이 아닌(irrealis), 즉 '생각'(idea)에 불과한 내용을 나타내는 것이라고 할 수 있기 때문에 예컨대 **To fall** was **to die**.는 'If someone were to fall, he would unquestionably die.'라고 풀어 쓸 수 있을 것이다.[21]

To steal from the poor is disgraceful.
(= It is disgraceful that one **should** steal from the poor.)
[가난한 사람의 물건을 훔친다면 그것은 수치스러운 일이다. → 부정사절은 '훔치게 된다면'이라는 뜻을 나타낸다.]

Stealing from the poor is disgraceful.
(= It is disgraceful when people steal from the poor.)

---

20 It follows that a gerund clause may be preferred when the speaker talks about a factual situation in general, whereas an infinitive clause will be the more usual construction when we are talking about a particular situation, especially if the latter has not yet actualised at the time of the head clause situation. — Declerck (1991a: 468); I would prefer a negative formulation of the rule to the effect that the infinitive is used as subject in sentences that do not describe empirically known instances of an action, but any instance of the action whenever, or if, it occurs. But in practice this is probably equivalent to saying that it is used about hypothetical or potential performances of the action. — Conrad (1982: 11).

21 Duffley (1992: 126).

[가난한 사람의 물건을 훔치는 것은 수치스러운 일이다. → 동명사절은 훔친다는 '사실' 자체가 수치스러운 일이라는 뜻을 나타내는 것임.]

2) 주격보어

His greatest desire was **for his daughter to take over the business**.

[그가 가장 크게 바라는 점은 자기 딸이 그 사업을 맡아 주는 일이었다.]

One of the ways of diminishing envy is **to diminish fatigue**.
— B. Russell, *The Conquest of Happiness*.

[시기심을 줄이는 한 가지 방법은 피로감을 줄이는 일이다.]

The toughest thing for a writer is **to maintain the vigor and fertility of his imagination**. — E. Hemingway, "Advice to a Young Man"

[작가에게 있어서 가장 어려운 일은 정력과 풍부한 상상력을 유지하는 것이다.]

The purpose of education is **to educate the individual for the society in which he must live** and **to give him the power to change that society**.
— E. Green, "Education for a New Society"

[교육의 목적은 개인이 살아가야 할 사회를 위해 개인을 교육시키고, 그에게 그 사회를 변화시킬 힘을 부여하는 것이다.]

의사 분열문(pseudo-cleft sentence)에서 상위절의 동사로서 do의 한 가지 형태, 즉 do, does, did 중 어느 하나가 포함되면 보어로서 원형 부정사절이 가능하다. 그러나 보어 역할을 하는 부정사절의 주어가 명확하게 밝히고자 하는 경우에 그 주어는 for + (대)명사의 목적격 형태로 나타나며, 이 다음에는 반드시 to-부정사절이 놓이게 된다.

All I did was **print out the table of contents**.

[내가 한 것은 목차를 프린트 한 것뿐이었다. → all로 시작되는 의사 분열문 구조에서 was의 보어는 원형 부정사절 형태로 나타나고 있음.]

All I can do is **to make some remarks on a few verbs or groups of verbs**.

[내가 할 수 있는 일은 몇 가지 동사 또는 동사군에 대한 몇 마디 말을 하는 것이다. → 의사 분열문 구조에서 is의 보어로서 to-부정사절이 나타나 있음.]

What they expected was **for the performance to begin at six**.

[그들이 예상했던 것은 공연이 6시에 시작하는 것이었다. → what으로 시작되는 의사 분열문 구조에서 was의 보어 역할을 하는 부정사절의 주어로서 for the performance가 등

장하고 있음.]

3) 동격

I am told that Seoul's goal for the Kim-Bush summit is a simple one: **to alleviate anxiety**.

[나는 김 (대통령)과 부시 (대통령)간의 정상회담에서 서울 (한국 정부)의 목표는 간단한 것, 즉 분노를 가라앉히는 것이라는 말을 들었다. → a simple one (= goal)은 부정사절 to alleviate anxiety와 동격 관계임.]

Your ambition, **to become a farmer**, requires the energy and perseverance that you so obviously have.

[농부가 되고자 하는 너의 야망은 네가 명백히 갖고 있는 정력과 불굴의 정신을 요구한다. → your ambition과 부정사절 to become a farmer는 동격 관계임.]

I am aware that a heavy responsibility rests on you, **to help support your aging parents**.

[나는 한 가지 막중한 책임, 즉 노령화되어 가시는 부모님을 돌보는 일에 조력하는 일을 깨닫고 있다. → a heavy responsibility와 to help support your aging parents는 동격 관계임.]

He asked for one thing — **to be left in peace**.

[그는 한 가지, 즉 조용히 있게 해달라고 요청했다. → one thing과 to be left alone은 동격 관계임.]

4) 간접목적어

동명사절과 달리, 부정사절은 여기에 내포된 뜻으로 보아 도무지 수혜자(recipient)가 될 수 없기 때문에 간접목적어 역할을 하지 못한다. 그러므로 간접목적어 자리에 부정사절이 놓인 문장은 비문법적이다. 그러나 동명사절은 간접목적어가 될 수 있다.

We didn't give { **doing that** / ***to do that** } a second thought.

[우리는 그 일을 하는 것을 두 번 다시 생각하지 않았다.]

5) 직접목적어

부정사절 그 자체의 주어를 수반하지 않은 다음과 같은 문장에서 부정사절은 타동사의 직접목적어이다.

The writer of this article wishes **to remain anonymous**.
[이 기사를 쓴 사람은 계속 이름이 밝혀지지 않기를 바라고 있다.]
They will rejoice **to hear the happy news**.
[그들은 그 반가운 소식을 듣고서 기뻐할 것이다.]
I hate **to see you so unhappy**.
[나는 네가 그렇게 불행해지는 것을 보기가 무척 싫다.]

그러나 <타동사 + 목적격 (대)명사 + 부정사절>과 같은 구조가 포함된 문장은 외형적으로는 동일하지만, 상위절의 동사가 어떤 것인가에 따라 그 구조가 똑같이 분석되지 않는다.
다음과 같은 예에서는 <목적격 (대)명사 + 부정사절>이라는 두 개의 요소 전체가 타동사의 목적어 역할을 하는 것으로 분석된다.

We like *all parents* **to visit the school**.
[우리는 모든 부모들이 학교에 방문하기를 원한다.]

이 문장에서 all parents와 to visit the school이 각기 다른 두 개의 문장 요소로서의 기능을 담당하는 것이 아니라, 이 두 개의 요소가 합쳐진 전체가 타동사 like의 목적어 역할을 하는 것이다. 그 근거는, it 대신에 대명사로 바꿀 수 있을 뿐만 아니라, 목적어 부분이 의사 분열문(擬似分裂文: pseudo-cleft sentence)에서 be 동사의 보어 자리에 놓일 수 있기 때문이다.

We like { it / all parent's visit }.
[우리는 그것을/모든 부모님들의 방문하는 것을 좋아한다.]
What we like is **for all parents to visit the school**.
[우리가 원하는 바는 바로 모든 부모님들이 학교에 방문하는 것이다. → like의 목적어에 해당되는 부분, 즉 for all parents ... the school 부분이 의사 분열문에서 is의 보어 역할을 하는 것임.]

다음과 같은 문장들도 동일한 구조를 갖는다.

Jack wants *his children* **to eat a better breakfast**.

[재크는 자기 자녀들이 보다 나은 아침밥을 먹기를 원한다.]

They expect *the students* **to enjoy the classes**.
[그들은 학생들이 수업을 즐기리라고 예상한다.]

He will prefer *me* **to meet her**.
[그는 내가 그 여자를 만나 주었으면 할 것이다.]

이와 달리, 다음 문장에서는 타동사 다음에 놓인 목적격 (대)명사 형태는 상위절의 동사에 대한 목적어이고, 부정사절은 이 동사에 대한 보충어 역할을 하는 것으로 여겨진다.

(12) I persuaded *the doctor* **to examine my daughter**.
[나는 그 의사가 내 딸을 진찰하도록 설득했다.]

상위절의 동사가 expect, like, want 류의 경우와 달리, persuade 류가 상위절의 동사이면 이 다음에 놓인 목적격 (대)명사 형태만 타동사의 목적어이고, 부정사절은 상위절의 동사에 대하여 보충 요소로 여겨진다. 그러므로 이 문장에서 부정사절을 탈락시킬 수 있으며, 또한 the doctor를 목적어로 삼으면서 부정사절을 that-절로 바꿀 수 있다.

I persuaded *the doctor*.
I persuaded *the doctor* **that he should examine my daughter**.

또한 (12)와 같은 구조의 문장에서는 부정사절 안에서 목적어 역할을 하는 요소를 수동태의 주어로 삼게 되면 본래의 뜻과 달라진다. 즉, (12)와 같은 능동태 문장에서는 설득당하는 사람이 the doctor인 반면, 이를 수동태로 변형시킨 다음 문장에서는 설득당하는 사람이 the daughter로 바뀌게 된다.

I persuaded **my daughter** to be examined by the doctor.[22]

---

22 I persuaded the doctor *to examine my daughter*.와 같은 문장과 달리, I persuaded the student to play the piano.와 같은 문장에서 부정사절에 포함된 목적어를 수동태로 변형하여 이루어진 *I persuaded the piano to be played by the student.라는 문장에는 상위절의 동사 persuaded의 목적어로서 반드시 유생적 존재(animate being)라야 함에도 불구하고 무생물인 the piano가 목적어 위치에 놓였기 때문에 비문법적이다. 그러나 똑같은 외형적인 구조를 가진 이 문장에 persuaded를 want로 바꿔 수동태 문장으로 변형시켰을 때 문법성에 어긋나지 않는다: I wanted the piano to be

[나는 딸을 설득시켜 의사의 진찰을 받도록 했다.]

상위절의 동사가 persuade와 같은 동사들 중에는 지시적인(deontic) 뜻을 가진 force, order, urge, warn 등이 있다.

We forced him to share his chocolate.
[우리는 그가 쵸코렛을 나누어 먹도록 강요했다.]
The guard ordered the intruders to leave.
[경비원은 그 침입자가 떠나도록 명령했다.]
Kathy's family urged her to find another job.
[가족들은 캐시에게 딴 직장을 찾아보라고 촉구했다.]

또 일부 상위절의 동사들은 두 개의 목적어를 동반한다. 즉, 타동사 다음에 놓인 목적격(대)명사 형태는 간접목적어이고, 부정사절은 직접목적어로 생각할 수 있을 것이다.

I told *Harold* **to hand me the wrench**.
[나는 해롤드에게 렌치를 건네달라고 했다.]

이 문장에서 부정사절을 직접목적어 역할을 하는 것으로 간주하는 이유는 이 부분을 something으로 바꾼 I told Harold something이라는 문장이 가능하기 때문이다. 그러나 이렇게 분석하게 되면 결국 상위절의 동사 tell이 persuade와 마찬가지로 지시적인 뜻을 갖는다는 점을 간과하는 것이 된다. 바로 이러한 점을 고려하면 이 문장의 경우에도 부정사절을 상위절의 동사에 대한 보충 요소로 볼 수 있게 된다.
다음 문장들도 위 문장과 동일하게 볼 수 있을 것이다.

We asked the students to attend a lecture.
[우리는 그 학생들에게 강의에 출석하라고 요구했다.]
He taught his son to drive.
[그는 자기 아들에게 운전하는 법을 가르쳤다.]

---

played by the student. — Palmer (1987: 180).

8.5.1.1. 부정사절의 외치

부정사절이 그 본래의 위치에 놓이지 않고 문미 위치, 즉 문장의 마지막 위치로 이동하는 현상을 볼 수 있는데, 이를 외치(外置: extraposition)라 한다. 부정사절의 외치에는 주어절의 외치와 목적어절의 외치 등 두 가지 유형이 있는데, SVOC 문장 구조에서 목적어 (O) 역할을 하는 부정사절은 목적보어 (C) 다음의 위치, 즉 문미(文尾: sentence-final) 위치로 외치가 필수적이다.

8.5.1.1.1. 주어절의 외치

주어 역할을 하는 부정사절이 그 자체의 주어, 목적어, 보어, 수식어 등을 수반하게 되면 그것은 문장의 나머지 부분, 즉 술부(predicate)에 비해서 상대적으로 길어지게 될 수 있을 뿐만 아니라, 동시에 그 구조도 보다 복잡해지게 마련이다. 이와 같은 경우에는 일반적으로 부정사절 전체를 문미 위치, 즉 술부 다음으로 이동시키는 이른바 외치라는 문법적인 현상이 일어나게 된다. 그리고 본래 문두(文頭: sentence-initial)의 주어 자리에 놓여 있던 부정사절이 외치됨으로 말미암아 생긴 그 빈자리에는 아무런 뜻도 가지지 못하고 단지 주어 자리를 채워주는 역할만 하는 허사(虛詞: expletive) 'it'이 놓이게 된다. 이렇게 되면 결국 하나의 문장에 두 개의 주어가 동시에 존재하게 된다. 이러한 경우에 문미 위치로 외치된 부정사절은 사실주어(事實主語: real subject) 역할을 하게 되고, 문두에 빈 주어 자리를 채워주는 역할을 하는 it은 형식주어(形式主語: formal subject)[23]로서 외치된 부정사절을 가리키는 역할을 하게 되는 것이다.[24]

(13) a. **For women to wear tight skirts** is fashionable nowadays.
 [요즘은 여성들이 몸에 꼭 끼는 스커트를 입는 것이 유행이다.]
 b. **It** is fashionable nowadays **for women to wear tight skirts**.

---

23 형식주어 'it'을 공주어(空主語: dummy subject)라고도 부른다.

24 In English, as in many other languages, an infinitival clause can function as the subject of the superordinate predication, and in this case it is called an 'infinitival subject clause'. Such infinitival clauses can be subjectless themselves, or their subject can be introduced by the particle *for*, Infinitival subject clauses may appear before the matrix verb, that is the usual position for subjects in English, or they can be 'extraposed' — moved to the end of the matrix clause, with the pronoun *it* functioning as an empty or 'dummy' subject. — Mair (1990: 20).

[→ it은 형식주어로서 외치된 사실주어인 부정사절을 가리키는 것임.]

다음 예들도 (13b)와 같이 설명되는 문장들이다.

It's not good **to drink on an empty stomach**.
  [공복 상태에서 술을 마시는 것은 좋지 않다.]
It's a fallacy **to suppose that wealth brings happiness**.
  [부(富)가 행복을 가져온다는 생각은 잘못이다.]
It is far better **to acquire beauty than to be born with it**.
  — E. Hemingway, "Advice to a Young Man"
  [태어날 때부터 아름다운 것보다 (후천적으로) 아름다워지는 것이 훨씬 더 낫다.]
It takes less gasoline and produces fewer emissions **to travel at 55-70 k.p.h**.
  [시속 55-70km로 달리는 것이 가솔린 소모가 적고 배기가스도 덜 방출된다.]
It must be next door to impossible **to rise to power in a democratic community** unless you can catch the ears of the public.
  — William S. Maugham, *The Summing Up*.
  [민주주의 사회에서는 대중의 귀를 붙잡지 않고서 권력의 자리에 오른다는 것은 거의 불가능한 것이 틀림없다.]
Sometimes I have thought **it** would be an excellent rule **to live each day as if we should die tomorrow**.
  — Hellen Keller, "Three Days to See"
  [가끔 나는 하루하루를 내일 죽게될 것처럼 산다는 것이 굉장한 규칙일 것이라고 생각해 왔다. → 이 글은 1933년 1월 *Atlantic Monthly*에 기고되었던 것임.]

이처럼 주어 역할을 하는 부정사절을 문미 위치, 즉 술부 뒤로 이동시키고 아무런 뜻도 없는 허사 it을 문두에 두는 것은 두 가지 이유 때문이다. 즉, 한편으로는 앞에서는 대충 가볍게 말하고, 보다 중요한 내용을 문미에 배치시켜 그것이 초점(焦點: focus)을 받도록 하기 위한 방편이다. 또 다른 한편으로는, '두부 과대'(頭部誇大: top heavy) 현상을 피하려는 것이다. 문장의 앞부분에 많은 정보를 배치시키게 되면 문장이 균형을 이룰 수 없게 된다. 그러므로 길고 복잡한 주어를 문미로 이동시켜 균형을 이루게 함으로써 결국 문장이 전반적으로 안정감을 갖도록 하기 위한 영어의 일반적인 생리를 반영하는 것이다.

부정사절이 appear, be, remain, seem 따위와 같은 연결동사의 주어일 때 외치가 아주 흔히 이루어진다. 특히 술부에 비해 부정사절이 상대적으로 긴 경우에 그렇다.

It appears advisable **to compromise**.
[화해를 하는 것이 바람직스러운 것처럼 보인다.]
It is a pity **for there to be no time to go more fully into this subject**.
[이 문제를 보다 충분히 검토할 시간 여유가 없다는 것이 애석하다.]
It seemed unnecessary **to take further precautions**.
[더 이상 주의를 기울이지 않아도 될 것 같았다.]

Doing it is foolish.에서처럼 동명사절이 주어 역할을 하는 문장을 의문문으로 바꾸게 되면 Is **doing it** foolish?와 같이 단순히 주어와 be 동사의 위치만 서로 바꾸면 된다. 그러나 **To finish the work in time** is impossible.(그 일을 시간 안에 마치는 것은 불가능하다.)의 경우처럼 부정사절이 주어일 때는 먼저 **It is impossible to finish the work in time**.으로 주어절을 외치시키고 난 다음에 **Is it impossible to finish the work in time?**처럼 의문문으로 바꿀 수 있다.

외치된 부정사절에서 타동사 또는 전치사의 목적어 역할을 하는 명사구가 주어 위치로 이동시킴으로써 주제 역할을 하게 할 수 있다. 그러므로 다음의 세 문장은 사용할 수 있는 환경이 각각 다르다.

To please her is easy.
[그녀를 즐겁게 해주기란 쉬운 일이다. → to please her는 이 문장의 주어이면서 동시에 주제 역할을 하고 있음. 주제로서 to please her는 "그녀를 즐겁게 해주는 일에 대해서 말하자면"이라는 뜻임.]
~ It is easy **to please** her.
[→ 형식주어 it을 두고, 이것을 가리키는 to-부정사절을 외치시키게 되면 문장이 균형을 이루게 되어 안정감을 가짐과 동시에, 앞에서 내층 가볍게 말하고 뒤에서 사세히 말하기 위한 구조임.]
~ **She** is easy to please _____.
[→ 타동사 please의 목적어가 주어 위치로 상승(raising)하여 이 문장의 주어이면서 동시에 주제 역할을 하고 있음. 즉, 문두에 놓인 주어 she는 동시에 주제 역할을 하여 "그녀에 대해서 말하자면"이라는 뜻을 전달하는 역할을 하고 있음.]

부정사절에서 명사구가 전치사의 목적어일 때에도 위와 꼭 마찬가지로 설명된다.

To get along *with* John is hard.
  [존과 사이좋게 지내기가 어렵다. → 주제가 "존과 사이좋게 지내는 것에 대해서 말하자면"이라는 뜻임.]
~ It is hard **to get along *with* John**.
  [→ 간단하게 문두에는 it을 형식주어로 두고, 뒤에서 사실주어로서 상세하게 나타내려고 하는 것임.]
~ **John** is hard to get along *with* ____.
  [존은 사이좋게 지내기가 어렵다. → 주제 John에 대해서 "존에 대해서 말하자면"이라는 뜻임.]

8.5.1.1.2. 목적어절의 외치

목적어와 목적보어를 가진 SVOC라는 문장 구조에서 목적어가 명사구 형태로 나타날 때 그 명사구 목적어는 반드시 본래의 목적어 위치, 즉 목적보어 앞에 놓여야 한다. 그러나 목적어로서 부정사절이 등장하는 경우에 그 부정사절은 목적보어 다음의 위치로 외치되는 것이 필수적(obligatory)이다. 즉, 목적어 역할을 하는 부정사절은 문미로 이동해서 사실목적어(real object)가 되고, 본래의 목적어 자리에는 아무런 뜻도 없는 형식목적어(formal object) it을 배치시켜 문미 위치로 외치된 사실목적어를 가리키게 하여야 한다.

He makes *it* an inevitable rule **not to give anything to beggars**.
  [그는 거지들에게 아무것도 주지 않는 것을 불변의 규칙으로 삼고 있다. → 목적어 역할을 하는 부정사절이 본래의 위치에 놓인 *He makes **not to give anything to beggars** an inevitable rule.이라는 문장은 비문법적임.]
Americans consider *it* almost a right **to be materially well off and physically comfortable**.
  [미국인들은 물질적으로 부유하고 신체적으로 안락해지는 것을 거의 권리라고 여긴다.]
We thought *it* best **to keep the bad news from him**.
  [우리는 그 좋지 못한 소식을 그에게 비밀로 하는 것이 가장 좋을 것이라고 생각했다.]

8.5.1.2. 의문 부정사절

why를 제외한 who, what, which, when, where, how와 같은 의문사와 to-부정사절이 한데 결합되어 명사적으로 쓰이게 된다. 이러한 구조는 의문사 + 주어 + must/ should/ can + 동사 ... 등 절이 필요로 하는 요소들이 두루 갖추어진 형식적인 정형 의문사절(finite interrogative clauses)이 축약됨으로써 보다 간편하게 사용할 수 있는 표현 방식으로서, 이러한 구조를 우리는 의문 부정사절(interrogative infinitive clause)[25]이라고 한다.

who to see
which to choose
what to do
when to start
where to stay
how to solve it, etc.

이러한 구조는 의문사와 관련해서 선택해야 할 가장 바람직한 행동이 어떤 것인가에 대하여 묻는 간접 의문문 형식이다.[26] 예컨대 I wonder **what to choose**.(무엇을 선택해야 좋을지 모르겠다.)는 무엇을 선택해야 가장 바람직한 행동인가에 대하여 간접적으로 묻는 문장이다. 특히 이 구조가 <의문사 + 주어 + 법조동사 must/should/can + 동사 + ... > 등을 모두 갖춘 정형절(finite clause)로 바뀔 때 법조동사를 필요로 하는 까닭은 본래 부정사절은 미래시에 벌어지는 상황을 나타내는 것이고, 또한 미래시는 불확실하다는 점을 나타내는 것이기 때문이다.

(14) a. I wondered **<u>what to choose</u>**.
   (= **what I should choose**)

---

25 <의문사 + to-부정사절> 구조를 Quirk et al. (1985: 1052)은 infinitive wh-clause라고 부르며, Meyer-Myklestad (1967: 237)는 elliptical infinitival clause라 부른다. 필자는 이러한 표현 형식을 interrogative infinitive clause라고 부르는 것이 바람직하다고 생각한 나머지 이 용어를 사용하기 시작했는데, 나중에 알고 보니 Huddleston & Pullum (2002: 1264)이 이미 이 용어를 사용하고 있음을 알게 되었다.

26 The pattern(= question word + to-infinitive) expresses an indirect question about what the best action is. — Eastwood (2005: 147).

[나는 무엇을 선택해야 좋을지 몰랐다.]
b. He told me **when to switch off** the central heating.[27]
   (= **when I must switch off**)
   [그는 나에게 언제 중앙 난방 장치를 꺼야 하는지 말해 주었다.]
c. She asked John **what to do**.
   (= **what she should do**)
   [그녀는 존에게 무엇을 해야 하느냐 하고 물었다.]
d. There is a good deal of confusion about what practically meditation is and **how to practice it**.
   (= **how one should practice it**)
   [정확히 말해서 명상이 어떤 것이며, 또한 어떻게 명상 수행을 해야 하느냐에 대하여 많이 혼동된다.]

(14a-d)에서 부정사절을 정형절로 바꿀 때 정형절의 주어는 전달하고자 하는 문맥 내용에 따라 결정된다. (14a)에서는 상위절의 주어와 부정사절의 주어가 같으며, (14b)에서는 상위절의 간접목적어 me가 부정사절의 주어임을 알 수 있다. (14c)에서는 상위절의 주어 she가 부정사절의 주어임을 알 수 있다. (14a-c)의 어느 경우하고도 달리, (14d)에서는 부정사절의 주어가 문중의 어느 요소와 동일한 것이 아닌 일반적인 사람을 암시하고 있다.

더 나아가, 의문 부정사절 구조는 다음과 같은 동사를 비롯한 표현들과 함께 나타나게 된다.

동사	ask, consider, decide, discover, explain, find out, forget, inquire, (not) know, learn, observe, perceive, remember, see, show, understand, wonder
동사 + 간접 목적어	advise someone, show someone, teach someone, tell someone
동사 + 전치사	think about, worry about

---

27 의문 부정사절을 정형절로 고쳐 쓰고자 할 때 정형절의 주어를 무엇으로 하느냐 하는 것이 때로는 상위절의 동사에 따라 달라질 수 있다. 예컨대 He told me when to switch off the central heating.에서 의문 부정사절을 정형 의문사절로 바꾸면 … when I should switch off the central heating.이라고 하겠지만, 만약 상위절의 동사로 told 대신에 asked를 택한다면 … when _he_ should switch off the central heating.이라고 해야 할 것이다.

명사 + 전치사	decision on, guidance on/about, information about, instruction on, problem of, tips on
형용사	obvious, not sure
관용어구	(don't) have an idea, not have a clue

(Eastwood 2005: 148)

I found out **where to buy** fruit cheaply.
  [나는 과일을 싸게 살 수 있는 곳을 알아냈다.]
After my wife died I didn't know **who to turn to**.
  [아내가 세상을 떠나고 난 후 나는 누구에게 의지해야 좋을지 몰랐다.]
There was much greater divergence on **how to handle** the crisis.
  [그 위기를 어떻게 처리해야 하느냐 하는 점에 대하여 의견이 상당히 분분했다.]
I have no idea of **what to tell** them if they ask for an explanation.
  [그들이 설명해 달라고 하면 뭐라고 말해야 할지 모르겠다.]
If you decide that you will go on holiday, there are a number of related decisions you will have to make. You need to decide **who to go with**, **when to go**, **where to go**, **how to get there**, **where to stay** when you arrive and **how long to stay**. — Jeffries, L. 1998, *Meaning in English: An Introduction to Language Study*.
  [휴가 가기로 작정을 한다면 이와 관련해서 결정해야 할 사항들이 많다. 누구와 같이 갈 것인가, 언제 갈 것인가, 어디로 갈 것인가, 교통수단을 어떻게 할 것인가, 도착하면 어디에 투숙할 것인가, 그리고 언제까지 체류할 것인가 하는 점을 결정할 필요가 있다.]

want to know, wonder 다음에, 그리고 decide, know, remember, think 따위와 같은 동사가 포함된 부정문이나 의문문에서 종속접속사 whether가 to-부정사절을 수반하여 선택의 문제를 논하거나 의심을 나타낸다.

I wonder **whether to write or phone**.
  (= whether I should write or phone)
  [편지를 써야 할지 전화를 걸어야 할지 모르겠다.]
Whether (or not) to buy it is the question.
  [그것을 사느냐 (사지 않느냐) 하는 것이 문제이다.]

습득된 기술이 상당히 일상적인 것을 뜻하는 것이라면 learn/teach how to ... 구조에서 how가 생략되기도 한다. 특히 경험을 통해서 배운다는 내용일 때에는 learn how to ...라고 하지 않고, 단지 learn to ...만 쓰인다. 그러나 how가 생략된 나머지 learn to는 'learn how to'라는 뜻 이외에 'become'이라는 뜻도 갖기 때문에 문맥을 따라 적절하게 해석하여야 한다.

He taught me (**how**) **to drive**.
[그는 나에게 운전하는 법을 가르쳐 주었다.]

She **learned** { *how to / to } trust nobody.
[그녀는 어느 누구도 믿지 않게 되었다. → 경험을 통해서 배웠다는 뜻이므로 learned how를 쓸 수 없고, 대신 learn to가 쓰인 것임.]

I have never taken a course in writing. I **learned to write** naturally and on my own. — Ernest Hemingway, "Advice to a Young Man"
[나는 창작 수업을 받아본 적이 없다. 나는 저절로 그리고 내 스스로 글을 쓰게 되었다. → 문맥 내용으로 보아 경험을 통해서 저절로 배웠다는 뜻이므로 learned to가 쓰였음.]

tell someone how to do ...와 how가 생략된 tell someone to do ...는 뜻이 다르다. 전자는 'instruct'(가르치다)라는 뜻이지만, 후자는 'order'(...하도록 명령하다)라는 뜻이다.

He told me **how to replace** a fuse.
[그는 퓨즈를 교체하는 방법을 내게 가르쳐 주었다. → told는 'instructed'라는 뜻임.]
He told me **to change** the fuse.
[그는 퓨즈를 교체하라고 내게 말했다. → told는 'order'의 뜻으로 쓰였음. 즉, 이 문장은
He said to me, "Change the fuse."를 간접화법으로 바꾼 것임.]

의문사 중에서 what, which, whose, how는 다음 예에서처럼 명사를 수반하여 의문 한정사(interrogative determiner) 역할을 하기도 한다.

He had made up his mind exactly **what words to use**.
(= what words he should use)
[그는 정확히 무슨 말을 할 것인지 결정을 내린 상태였다.]

I haven't decided yet **which course to take**.

[나는 어떤 과정을 선택해야 할지 아직 결정을 하지 않았다.]

We've had a small disagreement about **how much to spend on the renovations**.

[수리비로 얼마를 쓰느냐 하는 문제에 대하여 우리는 약간 의견이 엇갈렸다.]

이상과 같은 **의문 부정사절은 일종의 명령적인 뜻을 내포하기 때문에 그 대답이 명령문으로 나타나는 것이 특징이다.**[28] 그러므로 예컨대 I asked one of the locals **which way to go**.(나는 그 지역의 어느 한 사람에게 어느 길로 가야 하느냐 물었다.)에 대하여 당사자는 대충 Go straight ahead just for two blocks.(두 블록을 곧장 가시오.) 따위와 같은 대답을 할 수 있을 것이다.

8.5.2. 형용사적 용법

8.5.2.1. 명사구 + to-부정사절

a student **standing under a tree**(나무 아래 서있는 학생), the book **which I've read twice**(내가 두 번 읽은 그 책), the pepper **on the table**(식탁에 있는 그 고추 가루), a glass **full of water**(물이 가득 들어 있는 잔) 따위에서 명사구가 각각 분사절, 관계사절, 전치사구, 또는 형용사 + 전치사구와 같은 표현의 후치 수식을 받을 수 있는 것과 마찬가지로, 부정사절 역시 명사구 다음에 놓여 이 명사구를 후치 수식하는 형용사적인 역할을 하기도 한다.

부정사절이 명사구의 일부로서 앞에 놓인 명사구를 수식하는 형용사적인 역할을 할 때 부정사절은 앞에 놓인 명사구에 대하여 일종의 관계사절과 같은 역할을 한다. 그러므로 부정사절은 관계사절 형식으로 변형이 가능하다.

---

[28] Subordinate interrogatives commonly have infinitival form, expressing what we have called direction questions:
  [50] i I was considering <u>whether to get my jacket from the car</u>.
    ii Frequently readers request advice on <u>how to establish a good lawn</u>.
The answers have the force of directives and would characteristically be expressed as imperatives (<u>Get</u>/ <u>Don't get your jacket from the car</u>, etc.)
— Huddleston & Pullum (2002: 985).

***The only way* to get rid of a temptation** is to yield it.
>   (= the only way in which one gets rid of a temptation)
>   [유혹을 없애는 유일한 방법은 그것에 굴복하는 것이다.]

***The best place* to put the piano** is in the living room.
(= the best place where you should put the piano)
>   [피아노를 둘 가장 적절한 장소는 거실이다.]

A smile is ***an inexpensive way* to improve your looks**.
>   (= an inexpensive way in which you improve your looks)
>   [미소는 외모를 보다 좋게 보이게 하는 값싼 방법이다.]

There is ***a time* to be born** and there is ***a time* to die**.
>   (= a time when we are to be born and when we are to die.)
>   [태어날 때가 있는가 하면 죽을 때도 있는 법이다.]

Give me the liberty **to know**, **to utter**, and **to argue freely according to conscience**.
>   [나에게 양심에 따라 알고, 말하고, 자유롭게 주장을 펼 수 있는 자유를 달라.]

A Swiss company has found a way **to convert animal waste into fuel**.
>   [스위스의 한 회사가 동물의 배설물을 연료로 바꾸는 방법을 알아냈다.]

부정사절이 수식할 수 있는 명사 유형들이 여러 가지가 있다. 가장 흔한 것은 동사 또는 형용사에서 파생된 것들이다. 먼저 동사에서 파생된 명사들이 부정사절의 수식을 받는 예를 보기로 한다.

***The motion* to increase the club's membership charges** was carried/defeated by 15 to 10.
>   [클럽의 회비를 인상시키자는 동의안이 15대 10으로 가결/부결되었다.]

We were kept completely in the dark about ***his plan* to sell the company**.
>   [우리는 회사를 팔려는 그의 계획을 전혀 모르고 있었다.]

Some people have ***an inborn tendency* to put on weight**.
>   [태어날 때부터 살찌는 경향이 있는 사람들도 있다.]

***Their claim* to have developed atomic weapons** is not very convincing.
>   [원자 무기를 개발했다는 그들의 주장은 아주 설득력이 있는 것이 아니다.]

이러한 문장에서처럼 부정사절의 수식을 받는 명사들 일부를 예로 들자면 다음과 같다.

> advice, attempt, claim, consent, decision, desire, demand, determination, effort failure, intention, offer, motion, plan, promise, proposal, refusal, request, scheme, temptation, tendency, wish

이러한 명사형들은 attempt의 경우처럼 동사형과 같은 형태도 있고, decision과 같이 동사형과 다른 것도 있으며, 또한 effort의 경우처럼 전혀 동사형이 없는 것들도 있다.

부정사절의 수식을 받는 이러한 명사형들은 이에 대응하는 동사형으로 바꾸더라도 의미상의 차이가 없다. 또한 이 명사에 대한 동사형으로 바꾸게 되면 부정사절은 이 동사에 대한 목적어 역할을 하는 것이고, 동시에 양자 사이에는 일종의 동격 관계(apposition)가 있는 것으로 분석될 수 있을 것이다.[29]

He made ***an attempt* to stand up**.

(= He **attempted** to stand up)

[그는 일어서려고 시도했다. → 명사 attempt가 형태상의 변화 없이 동사로 쓰이게 되면 부정사절 to stand up은 이 동사에 대한 목적어 역할을 하게 됨.]

***His refusal* to sell the shares** disappointed his partners.

(= That he **refused** to sell the shares)

[그가 자기의 몫을 팔지 않겠다고 거절한 것이 동료들을 실망시켰다. → 명사 refusal이 동사형 refuse로 바뀜으로써 부정사절 to sell the shares는 이 동사에 대한 목적어 역할을 하게 됨.]

다음의 명사들은 형용사에서 파생된 것이다.

> ability, advantage, ambition, anxiety, certainty, eagerness, impatience, inclination, necessity, readiness, reluctance, responsibility, willingness

---

29 *His decision to move to the West Coast was made a long time ago.*
I admire her resolution not to be intimidated by any threats.
The infinitive after any of these nouns may also be viewed as the "object" of the noun (**his desire to go**) just as it is after the verb (**he desired to go**) or it may even be viewed as an appositive, like the **that** clause in **his desire that I go**. — Frank (1993: 334).

We were surprised at *her reluctance* **to accept any money for her work**.
[우리는 그녀가 자신이 일한 대가로 돈을 받지 않으려고 하는 것에 놀랐다.]
His ability **to get on with people** is his chief asset.
[사람들과 좋은 친분 관계를 갖는 능력이 그의 큰 자산이다.]

이상과 같은 예에서처럼, 형용사에서 파생된 명사가 부정사절의 수식을 받는 구조에서 부정사절은 수식받는 명사의 형용사 형태에 대한 보충 요소의 역할을 하는 것이다. 예컨대, 다음 문장에서 his impatience는 <소유 한정사 + 명사>의 구조로서, 뜻으로 보면 He is impatient.라는 <주어 + 주격보어>의 관계로 풀이되는 것이며, 이 다음에 놓인 부정사절은 형용사 impatient의 뜻을 보충해 주는 역할을 하는 것이다.

His impatience **to leave right away** was very noticeable.
= That he was *impatient* **to leave right away** was very noticeable.
[그가 당장 떠나고 싶어하는 마음이 아주 역력했다.]

그러나 일부 명사들은 부정사절을 수반하지 않고, 대신에 특정한 전치사가 이끄는 전치사구를 수반하여 명사가 나타내는 뜻을 구체적으로 보충해 주는 보충 요소(complementation)의 역할을 하는 것이다.

I have *no intention* **of marrying** her. (*to marry)
[나는 그 여자와 결혼할 생각이 없다.]
There is *no hope* left **of finding** any survivors. (*to find)
[생존자들을 찾아낼 가망성이 전무하다.]
I hate *the thought* **of getting** old. (*to get)
[나는 늙어간다는 생각을 하기 싫다.]
Some people have *a preference* **for eating out**. (*to eat)
[외식하는 것을 더 좋아하는 사람들도 있다.]
There's nothing to compare with *the pleasure* **of being** with you. (*to be)
[너와 같이 있는 즐거움과 비교할만한 것이 아무것도 없다.]

그러나 pleasure는 It's *a pleasure* **to be** with you.에서처럼 부정사절을 수반하기도 한다.

이렇게 바뀔 수 있는 관계사절은 많은 경우에 필연성이나 의무의 뜻을 나타낸다. 특히 수식받는 명사구가 have의 목적어일 때는 항상 그렇다.

I've got a couple of questions **to ask**.
(= which I must ask)
[나에게 물어야 할 질문이 두 가지가 있다.]
He has a reputation **to live up to**.
(= which he must live up to)
[그 사람에게는 더럽히지 말아야 할 명성이 있다.]

the first, the second, the last, the only, 또는 가끔 최상급 구조가 부정사절의 수식을 받을 수 있는데, 이러한 경우에 부정사절을 <주격 관계대명사 + 동사 ...>로 이루어진 관계사절로 바꿀 수 있다.

He loves parties; he is always ***the first* to come** and ***the last* to leave**.
(= the first who comes and the last who leaves)
[그는 파티를 좋아한다. 그래서 그는 항상 맨 먼저 와서 맨 마지막에 가는 사람이다.]
She was ***the only one* to survive** the crash.
(= who survived the crash)
[그녀는 충돌 사고에서 살아남은 유일한 사람이었다.]
Aristotle, so far as I know, was ***the first man* to proclaim explicitly that man is a rational animal**. — B. Russell, *Unpopular Essays*.
[내가 아는 바에 의하면, 아리스토텔레스는 인간은 이성적인 동물이라고 분명히 선언한 최초의 사람이었다.]
When drought hits Africa, the pastoralists are among ***the first* to suffer** and ***the first* to die**. —Blaine Harden, "African Aid: How not to Help"
[아프리카에 가뭄이 닥쳐오면 목자들이 맨 먼저 고통을 당하고, 그래서 맨 먼저 죽음에 이르게 된다.]

이러한 구조로 이루어진 부정사절은 목적격 관계대명사를 이용하여 바꾸어 쓸 수 없기 때문에 예컨대 the first man **that we saw**를 부정사절을 사용한 구조로 나타낼 수 없다. 그러나 다음 예에서처럼 관계대명사가 수동 동사형의 주어는 될 수 있다.

He is the second man $\begin{Bmatrix} \text{\textbf{to be killed}} \\ \text{\textbf{who was killed}} \end{Bmatrix}$ in this way.

[그는 이렇게 살해된 두 번째 사람이다.]

8.5.2.2. 전치사를 수반한 to-부정사절

예컨대 다음과 같은 예를 먼저 보기로 하자.

the next question **to consider** < **to consider** the next question
   [검토해야 할 다음 문제 < 다음 문제를 검토하다]
someone **to talk** *to/with* < **to talk** *to/with* someone
   [이야기를 나눌 어떤 사람 < 어떤 사람과 이야기를 나누다]
a case **to keep my records** *in* < **to keep my records** *in* a case
   [나의 기록물을 보관할 상자 < 상자에 나의 기록물을 보관하다]

여기서 'A<B' 표시는 'A derives from B' 즉 A는 B에서 나온 것이라는 뜻이다. 따라서 첫 번째 예에서는 the next question이 타동사 consider의 목적어이기 때문에 타동사 다음에 아무런 전치사도 필요하지 않다. 그러나 두 번째 예에서 talk은 자동사이기 때문에 바로 목적어를 거느릴 수 없으며, 그럼에도 불구하고 목적어를 거느리게 하려면 전달하고자 하는 뜻에 따라 in, into, to, with 따위와 같은 적절한 전치사가 필요하다. 또한 마지막 예에서는 전치사구에서 전치사의 지배를 받는 명사구 a case가 부정사절의 수식을 받는 것이기 때문에 부정사절에 전치사가 필요하다. 이 구조에 전치사가 없으면 *to keep my records **a case**와 같은 구조가 틀린 것임은 물론, 아무런 뜻도 전달하지 못한다.

부정사절에 반드시 특정한 전치사를 필요로 하는 몇 가지 예를 들자면 다음과 같다.

There are still **a few details to talk** *over*.
   [아직도 논의해야 할 몇 가지 세부 사항들이 있다. → cp. to **talk** *over* a few details.]
I have **much furniture to be disposed** *of*.
   [나에게는 처분해야 할 가구가 많다. → cp. **to be disposed** *of* much furniture.]
A noisy smoke-filled room is not **the best environment to work** *in*.
   [시끄럽고 연기 가득한 방은 작업하기에 가장 좋은 환경이 아니다.]
Miss Wilkinson recommended Heidelberg as **an excellent place to learn**

German *in*.

[윌킨슨 양은 하이델베르그를 독일어를 배울 수 있는 가장 좋은 곳으로 추천했다.]

You are **a son to be proud** *of*.

[너는 자랑스러운 아들이다.]

It is right and good that each of us does his best to make this world **a better place to live in**.

— Paramhansa Yogananda, *How to be Happy All the Time*.

[우리들 각자가 이 세상을 살기 더 좋은 곳으로 만들기 위해 최선을 다하는 것은 옳고 좋은 일이다. → 인용된 책에서는 each of us 다음에 do가 쓰였음.]

그렇지만 때로는 격식을 갖추지 않은 말에서 전치사가 생략되기도 한다. 예컨대 money to buy food **with**라고 하여 전치사 with가 있어야 to buy food **with** money와 같은 동사구를 이룰 수 있음에도 불구하고 동사구에서 반드시 필요한 전치사가 부정사절에서 생략되어 있다.

I want some scissors **to cut my nails** (*with*).

[나는 손톱을 자를 가위를 원한다.]

The best place **to go** (*to*) for dinner is the little restaurant around the corner.

[저녁을 먹으러 갈만한 가장 좋은 곳은 그 모퉁이를 돌면 있는 그 조그마한 식당이다.]

He cursed his fate because he had no money **to travel**.

[여행갈 돈이 없어서 그는 자기의 운명을 저주했다. → to travel 다음에 with가 생략되었음.]

아주 격식적인 영어에서는 이러한 구조 대신에 <명사 + 전치사 + 관계대명사 + to-부정사절> 구조를 사용할 수 있다.[30] 이러한 구조가 쓰이려면 문장에 나타난 동사가 필요로 하는 전치사가 있어야 하기 때문에 관계대명사 앞에 반드시 전치사가 있어야 하는 것이다. 예컨대 *a friend whom to play는 to play **with** a friend에서 나온 것이므로 전치사 with가 관계대명사 앞에 반드시 있어야 한다.

She found a pretty vase **<u>in which to put the flowers</u>**.

---

[30] In a very formal style, another structure is possible: noun + preposition + *whom/which* + infinitive. — Swan (2005: 262).

(= in which she could put the flowers)

[그녀는 그 꽃을 꽂을 예쁜 꽃병을 찾았다.]

Mary needs a friend **with whom to play**.

[메리는 같이 놀 친구가 필요하다.]

He's looking for a place **in which to live**.

[그는 살 곳을 찾는 중이다.]

I lack words **with which to express my thanks**.

[나는 고마움을 이루 다 말로 표현할 수 없다.]

8.5.3. 부사적 용법

다른 부사류들과 마찬가지로, 부정사절이 부사적인 역할을 할 때 그것은 문장 전체 (→ 8.6(독립 부정사절) 참조), 동사, 형용사, 또는 부사 등을 수식함으로써 문중에서 목적·결과·원인/이유·정도·조건 따위와 같은 뜻을 전달한다.

1) 목적·목표:

목적을 나타내는 부정사절은 주어의 의도(intention) 내지 도달점(destination)을 나타낸다.

The cowman needed grasslands **to provide food for his cattle**.

[소치는 그 사람은 자기 가축들에게 먹이를 공급하기 위하여 초지(草地)를 필요로 했다.]

A few days later Mrs Carey went to the station **to see Philip off**.

[며칠 뒤에 커레이 부인은 필립을 전송하러 역으로 갔다.]

The union was formed **to protect the rights and interests of miners**.

[광부들의 권익을 보호하기 위하여 노조가 결성되었다.]

He tensed his muscles **to spring**.

[그는 뛰어오르려고 근육에 불끈 힘을 주었다.]

To be successful, a salesman needs a deep reserve of optimism to withstand constant rejection.

— William Thomas Buckley, "How to Cope with Crisis"

[성공하려면 판매원은 끊임없이 거절해도 이겨낼 수 있는 확고한 낙관주의가 몸에 배어 있어야 한다.]

일반적인 목적이 아닌 특정한 목적의 뜻을 나타내는 경우에는 부정사절이 쓰이며, for + 동명사절이 부정사절을 대신하지는 않는다. for + 동명사절은 is/are used 다음에 쓰여 문중에 나타난 어떤 물건이 쓰이는 전형적이거나 일반적인 목적을 나타내는데, 이러한 뜻을 나타낼 때에는 이 대신에 부정사절이 쓰일 수도 있다. 그러나 was/were used 다음에 부정사절이 오면 그것은 특정한 과거시를 나타내는 것이지, 일반적인 내용을 전달하는 것이 아니다.[31]

I went to London { to learn / *for learning } English.
[나는 영어를 배우러 런던으로 갔다. → 영어를 배우러 간다는 것이 일반적인 목적을 뜻하는 것이 아닌 특정한 목적이므로 for learning English라고 할 수 없음.]

A saw is used { for cutting / to cut } wood.
[톱은 나무를 자르는데 쓰인다. → 일반적으로 나무를 자르는데 톱이 사용된다는 말이므로 for + 동명사절과 부정사절이 모두 가능함.]

A chain saw was used { to cut / *for cutting } down the old tree.
[그 오래된 나무를 자르려고 체인 톱이 사용되었다. → 특정한 나무를 자른다는 뜻이므로 for + 동명사절이 쓰이지 못하고, 부정사절이 쓰였음.]

연속적으로 이어지는 말이나 글 속에서 목적을 나타내는 부정사절의 내용이 앞에서 말한 내용 속에 이미 언급된 것이라면 그 내용은 다음에 이어지는 문장에서 구정보가 된다. 이러한 문맥적 상황에서 부정사절은 필연적으로 문두에 놓여 주제 역할을 하게 된다. 그리고 이렇게 문두에 놓인 부정사절의 주어는 항상 상위절의 주어와 동일한 대상을 가리키는 것이기 때문에 그 자체의 주어는 나타나지 않는다.

---

31 ***For + -ing* form** can be used after a noun, or after an indefinite pronoun such as *something* or *anything*, to explain the purpose of an object or material — what it is for.
A strimmer is a machine for cutting grass and weeds.
I need something for killing flies.
This structure is mostly used to talk in general about types of object and material. When we talk about somebody's purpose in using a particular object, we are more likely to use an infinitive.
I must find something to kill that fly.
— Swan (2005: 298) See also Azar (1999: 326).

"Control does not mean stopping these things entirely, or over-indulging," he continued. "Control means balance. **To achieve it**, calm down the parts of the mind that are running so fast."

— S. Rama, *Meditation and Practice*.

["통제란 이러한 것을 전적으로 중단시키거나 하고 싶은대로 내버려 두는 것을 뜻하지 않는다. 통제란 균형을 뜻한다. 라고 그는 말을 계속 했다. 이것을 이루기 위해서는 헐떡거리고 있는 그 마음을 진정시키십시오." → 부정사절의 내용은 바로 앞에 놓인 내용을 뜻하기 때문에 구정보를 나타내며, 따라서 이 부분이 문두에 놓이고 있음. 그리고 부정사절의 주어는 다음에 놓인 명령문의 생략된 주어 you와 동일한 것으로서 생략되어 있음.]

To beat the daily grind, you may have to change your habits.

— Jean Parvin, "How to Beat the Daily Grind"

[힘든 하루의 일과를 잘 해내려면 생활 습관을 바꿔야만 할지도 모른다. → 부정사절의 주어는 상위절의 주어 you를 가리킴. the daily grind: things that you have to do every day that are tiring or boring(날마다 해야 하는 피곤하거나 지루하게 만드는 일).]

To survive you must be patient and smart.

[살아남으려면 인내심이 있어야 하고, 똑똑해야 한다. → 부정사절의 주어는 상위절의 주어 you를 가리킴.]

To enter the data into the computer, you type it in then press the "Enter" key.

[자료를 컴퓨터에 입력시키려면 그 자료를 치고 나서 "Enter" 키를 누른다. → 부정사절의 주어는 상위절의 주어 you를 가리킴.]

This book is not a cancer guide. It is a philosophy of life — i.e you have one life: spend it doing things you care about. **To do this**, you need to accept two ideas. — Andrew Matthews, "Follow Your Heart"

[이 책은 암에 대한 지침서가 아니다. 이것은 인생 철학이다. 즉, 여러분은 하나의 인생을 가지고 있다. 여러분이 관심 대상의 일을 하면서 인생을 보내는 것. 이렇게 하려면 여러분은 두 가지 생각을 받아들일 필요가 있다.]

적절한 문맥이 주어지지 않으면 명사구 바로 다음에 부정사절이 올 경우에 이 부정사절이 부사적으로 쓰여서 목적을 나타내는 것인지, 아니면 형용사적인 역할을 하여 앞에 놓인 명사구를 수식하는 것인지 애매할 때도 있다. 다음 문장 (15a)에서 부정사절 to give her daughter가 '목적'을 나타내는지, 형용사적으로 쓰여 앞에 놓인 명사구 a toy를 '수식'하는 것인지 애매하다. 이러한 경우에 in order to나 so as to를 사용하거나, 위에서 제시된 예에서처럼 부정사절을 문두의 위치로 이동시킬 수 있으면 부사적으로 쓰인 것이 분명하지만, 부정사절을 관계사절로 바꿀 수 있으면 형용사적인 뜻을 갖는 것이 된다. 그러므로 (15a)에서 밑줄 친 부정사절을 부사적으로 쓰인 것으로 본다면 (15b)와 같이 각각 in order to가 쓰이거나, (15c)에서처럼 문두의 위치로 이동이 가능하게 되지만, 형용사적으로 쓰인 것으로 간주한다면 (15d)에서처럼 부정사절을 관계사절 구조로 나타낼 수 있게 된다.

(15) a. She bought *a toy* **to give her daughter**.
　　　[그녀는 자기 딸에게 주려고/자기 딸에게 줄 장난감을 하나 샀다.]
　　b. She bought a toy **in order to give her daughter**.
　　　[딸에게 주려고 그녀는 장난감을 하나 샀다.]
　　c. **To give her daughter** she bought a toy.
　　　[자기 딸에게 주려고 그녀는 장난감을 하나 샀다.]
　　d. She bought a toy **which she would give to her daughter**.
　　　[그녀는 자기 딸에게 줄 장난감을 한 샀다.]

so as to와 in order to, 그리고 이에 대한 부정형 so as not to와 in order not to를 써서 '목적'의 뜻을 강조할 수 있다. 특히 so as to와 비교하면 in order to가 더욱 격식적이고 동시에 보다 더 의도적인 목적을 나타내며, 또한 'for + 주어'를 수반할 수 있다.

I immersed myself in work **so as to stop thinking about her**.
　[나는 그녀에 대한 생각을 더 이상 하지 않으려고 일에 몰두했다.]
A reformer must have a high level of morality and be ready to share the burdens of reform **in order to persuade those who may suffer to accept it**.
　[개혁가는 높은 수준의 도덕심을 가져야 하고, 아울러 개혁을 수용하기에 고통스러울지도 모르는 사람들을 설득시키기 위하여 개혁의 부담을 함께 할 각오가 되어 있어야 한다.]
I sent the plans { **in order for you to** / ***so as for you to** } study them fully before the meeting
　[회의 전에 충분히 검토해 볼 수 있도록 너에게 계획서를 보냈다.]
She opened the door quietly **so as not to wake the baby**.

[그녀는 아기를 깨우지 않으려고 살며시 문을 열었다.]

더욱이 in order to와 so as to를 사용하게 되면 부정사절이 갖는 또 다른 용법과의 혼동을 피할 수 있다. 다음 (16a, b)와 (17a, b) 각 쌍의 문장을 서로 비교해 보면 표면구조(surface structure)는 동일하면서도 부정사절이 갖는 기능과 의미가 서로 다르다는 점을 알 수 있다.

(16) a. Some people **hesitate to say** what they think.
   [자신의 생각을 말하기를 주저하는 사람들도 있다. → 부정사절은 상위절의 동사 hesitate의 목적어 역할을 하고 있음.]

b. Some speakers **hesitate** { (so as) / (= in order) } **to choose** the right word.
   [적절한 말을 선택하려고 말을 머뭇거리는 연사들도 있다. → 부정사절이 부사적으로 쓰여 '목적'이라는 뜻을 나타내고 있음.]

(17) a. Our host left us, { (so as) / (= in order) } **to pay** the bill.
   [우리를 초대한 사람은 요금을 지불하려고 우리 곁을 떠났다. → 초대한 사람이 요금을 지불했음.]

b. He invited us to a restaurant then **left us to pay** the bill.
   [그 사람은 우리를 식당으로 초대해 놓고서 나중에는 우리에게 식사비를 내게 했다. → 초대받은 우리가 식사비를 지불한 것임.]

보다 격식적인 경우에 쓰이는 try to ... 대신에 비격식체 영어에서는 try and ... 등이 자주 사용된다. 이러한 구조는 명령문과 법조동사가 수반된 문장에 국한된 표현으로서, 반드시 try가 원형으로 나타날 경우에만 가능하다. 그러나 목적을 나타내는 경우에는 tries, trying, tried와 같은 형태들은 to부정사절을 수반한 구조로 나타나지만,[32] tries, tried, trying 다음에 and가 오는 구조는 사용할 수 없다.

Try and eat something. You'll feel better if you do.
   [뭔가를 좀 먹도록 해라. 그러면 기분이 더 좋아질 것이다.]
Try and get me some fresh vegetables.

---

32   Randall (1988: 58).

[신선한 야채를 좀 사다 달라.]

I **tried to eat** something.

[나는 뭔가 좀 먹으려고 했다.]

I **am trying to do** better.

[나는 더 잘 하려고 노력중이다.]

I **have tried to do** better.

[나는 더 잘 하려고 노력을 기울여 왔다.]

*I **am trying and do** better.

[→ 진행형 다음에 부정사절이 올 수 없음.]

come, go, hurry up, run, stay, stop 따위의 동사들이 비격식적인 영어에서 '목적'의 뜻을 나타내는 부정사절 대신에 and를 이용한 등위구조를 수반할 수 있다. 위의 try의 경우와 달리, 이런 구조에서 이 동사들은 반드시 원형이 아니더라도 가능하다.

Let's stop { **to have** / **and have** } a rest.

[일을 그만 두고 좀 쉽시다.]

They ran { **to help** / **and helped** } the wounded soldier.

[그들은 부상당한 그 군인을 도우려고 달려갔다.]

He seldom stays { **to have** / **and has** } a drink when the meeting is over.

[그는 웬만해서는 회의가 끝난 다음에 한 잔 하려고 남아 있지 않는다.]

I'd love you to **come and see** our new house.

[네가 우리 새 집을 보러 왔으면 한다.]

비격식적인 미국영어에서는 go 다음에 and가 생략되는 예를 흔히 볼 수 있다.

Go jump in the river!

[가서 강물로 뛰어들어라!]

"**Go see** Grandma now," Mother said.

['지금 할머니 뵈러 가거라.' 하고 엄마가 말했다.]

If you show an interest in him, he'll be interested in you. **Go talk** to him.

[네가 그에게 관심을 보이면 그도 너에게 관심을 보일 것이다. 가서 그 사람하고 말해 보거라.]

2) 결과

예컨대 다음 두 개의 문장 (18a, b)를 비교하여 보기로 하자.

(18) a. He went home **to get his coa**t.
　　　　[그는 외투를 가지러 집에 갔다.]
　　b. He went home **to find his old friend George waiting for him**.
　　　　[그는 집에 가보니 옛 친구 조오지가 기다리고 있음을 알게 되었다.]

(18a, b) 두 문장이 외형적인 구조는 서로 같지만, 전달하고자 하는 뜻은 다르다. (18a)는 부정사절이 나타내는 '목적'을 이루기 위하여 집에 가는 행위가 이루어지는 것을 뜻한다. 그러나 외형적인 구조가 동일함에도 불구하고 (18b)는 표출된 행위에 따른 '결과'(consequence)를 나타낸다.[33] 즉, (18b)에서 부정사절은 목적을 나타내는 것이 아니라, '예상치 못한 결과'를 나타내는 것이며, 따라서 부정사절을 <and + (주어 +) 동사 ...> 등으로 풀어 쓸 수 있다.

He returned home **to learn that his daughter had just become engaged**.
　　　　　　(= **and found** that his daughter had just become engaged.)
　　[집에 돌아와서 그는 자기 딸이 방금 약혼했다는 것을 알게 되었다.]
He rose from humble origins **to become prime minister**.
　　　　　　(= and became prime minister.)
　　[그는 보잘 것 없는 집안에서 태어나 수상이 되었다.]
Over the next ten years, Thomas (= Thomas Jefferson) and Martha had six children. Three children did not live **to see their first birthday**.
— *The Complete Book of United States History*.
　　[다음 10년에 걸쳐 토마스 제퍼슨과 그의 부인 마사는 여섯 자녀를 두었다. 그 중 세 자녀는 태어나 첫 번째 생일을 맞이하지 못하고 세상을 떠났다. → 출처는 미국 초등학교 3학년 역

33　The *to*-infinitive is often employed to express an entirely different kind of result, namely, a result which is the natural outcome of events or plans which are independent of the action described in the principal proposition: 'They parted never *to see each other again*.' 'He waked *to find all this a dream*.' — Curme (1931: 293-294).

사 교과서이며, Thomas Jefferson은 미국 3대 대통령.]

A great number of Scandinavian families settled in England **never to return**, especially in Norfolk, Suffolk and Lincolnshire. (Jespersen 1938: 58)
[상당히 많은 스칸디나비아 가정들이 영국에 정착하여 결코 돌아가지 않고 특히 노포크, 서포크와 링컨셔 등지에 정착했다.]

특히 결과를 나타내는 부정사절 바로 앞에 only가 첨가되면 진술된 결과가 놀랍다거나, 실망스럽다고 하는 뜻이 추가된다. 이러한 경우에는 부정사절 바로 앞에 쉼표(,)가 첨가되기도 한다.[34]

He hurried to the house ***only to find it was empty***.
 (= ... and was disappointed when he found that it was empty.)
[그는 집으로 달려갔는데, 가보니 집이 텅 비어 있었다.]
He returned after the war, ***only to be told*** that his children had been killed.
[전쟁이 끝난 후 돌아왔으나 그는 이미 자녀들이 살해되었다는 말을 들었을 뿐이었다.]
He finally won his lawsuit(,) ***only to find*** that his lawyers would get most of the money.
[마침내 그가 승소했으나, 결국 변호사들이 대부분의 그 돈을 가져가려는 걸 알게 되었다.]
They(= millions of children) act like little toy engines, wound up with a little power, running without a track, ***only to smash up*** against anything that comes across their path.
 — Yoganada Paramhansa, *How to be Happy All the Time*.
[수많은 어린이들이 약한 힘으로 태엽을 감고, 선로 없이 달리다가 마주 오는 물건과 부딪쳐서 완전 박살나는 등 조그마한 장난감 기계처럼 행동을 한다.]

부정사절이 나타내는 이러한 용법은 주로 find, hear, see, be told 따위와 같은 동사에 국한되며, 이러한 동사 이외의 다른 동사들이 쓰이게 되면 '목적'을 나타내는 경우와 혼동될 가능성이 있다.[35]

---

34 Huddleston & Pullum (2002: 1223).
35 Thomson & Martinet (1986: 222).

so/such ... 다음에 as to로 유도되는 부정사절이 놓여서 결과의 뜻을 나타낸다.

The house is **so dilapidated as to need** major repairs.
　[그 집은 너무나도 낡아서 (그 결과) 대대적인 수리가 필요하다.]
Don't be **so innocent as to believe** everything the politicians tell you.
　[순진하게 정치인들이 말하는 걸 모두 믿지 마라.]
He is **such a dear as to be loved** by everybody.
　[그는 대단히 귀여워서 모든 사람들의 사랑을 받는다.]

<too ... to와 enough to do>

또한 부정사절이 나타내는 결과적인 뜻은 too ... to do와 ... enough to do와 같은 표현으로도 나타낼 수 있다. too는 'to a higher degree than is necessary or good'(필요 이상으로)라는 뜻으로 '과다함'(excess)을 나타내는 것으로서, 뒤따르는 부정사절은 부정적인 결과를 나타낸다. 반면에, enough는 'to a sufficient degree'(충분히)라는 뜻으로 '충분함'(sufficiency)을 나타내며, 다음에 놓인 부정사절은 긍정적인 결과의 뜻을 나타낸다. 이러한 뜻을 나타내는 구조에서 **too** 다음과 **enough** 앞에는 모두 문중에서 담당하는 문법적인 기능에 따라 정도의 차이를 나타낼 수 있는(gradable) 형용사 또는 부사가 놓이게 된다. 즉, 그것이 동사에 대한 보어 역할을 한다면 형용사가 필요하고, 동사에 대한 수식어 역할을 하는 것일 때에는 부사가 필요하게 된다.

Life is too short. + We can't be interested in everything.
= Life is { **too short** / **not long enough** } (for us) **to be interested** in everything.
= Life is **so** *short* that we can't be interested in everything.
　[인생이 너무 짧아서 우리는 모든 일에 관심을 둘 수 없다. → 여기에 나열된 부정사절과 that-절 모두 위의 처음 두 개의 문장, 즉 Life is too short.과 We can't be interested in everything.이 합쳐서 만들어진 것임.]
He is strong + He can lift it.
= He is *strong* **enough to lift** it.
= He is **so** strong that he can lift it.
　[그는 그것을 들어 올릴 수 있을 만큼 힘이 세다. → 이 두 개의 문장은 처음 두 개의 문장, 즉 He is strong.과 He can lift it.이 하나로 합쳐진 것임.]

The bridge was **too *narrow* for the truck to cross**.
    (= not wide enough for the truck to cross)
 [그 다리는 너무 좁아서 트럭이 지나갈 수 없었다.]
That ice is **too *thin* to stand on**.
    (= not thick enough to stand on)
 [그 얼음의 두께가 너무 얇아서 서 있을 수 없다.]
Viruses are **too *small* to be seen** by the naked eyes. They can't multiply on their own, so they have to invade a living cell to reproduce.
 [바이러스는 너무 작아서 육안으로는 보이지 않는다. 바이러스는 스스로 증식되지 못하므로 번식하려면 살아있는 세포를 공격해야 한다.]
Weather conditions were ***bad* enough to give** pause to even the most experienced climbers.
 [가장 노련한 등산가들일지라도 망설이지 않을 수 없을 정도로 기상 조건이 나빴다.]
I don't know her ***well* enough to form** an estimate of her abilities.
 [나는 그녀의 능력을 헤아릴 수 있을 정도로 그녀를 잘 알지 못한다.]

too … to do 구조를 내포하고 있는 문장에서, 상위절의 주어이면서 동시에 부정사절의 동사에 대한 목적어이면 이 동사에 대한 목적어를 다시 나타낼 수 없다. 다음 문장에서 these boxes가 문법적으로는 상위절의 주어 역할을 하고 있지만, 논리적으로 보면 부정사절의 동사 carry의 목적어이기 때문에 carry의 목적어를 별도로 나타낼 수 없다.

 These boxes are too heavy **to carry**.
  [이 상자들은 너무 무거워서 운반할 수 없다. → carry의 목적어 these boxes가 주어 위치로 이동했음에도 불구하고 다시 carry의 목적어를 나타내면 틀린 문장이 됨.]

이와 동일한 표면구조를 가졌음에도 불구하고 문장 (19a)는 두 가지로 분석이 가능한 애매한 문장이다.[36] 하나는 (19b)에서처럼 부정사절에서 eat에 대한 일반적인 목적어 anything이 생략되었으며, 또한 상위절의 주어 the dog가 부정사절의 주어와 동일하기 때문에 부정사절의 주어가 생략된 것으로 분석된다. 이렇게 보았을 때는 ⓐ와 같이 해석된다. 다른

---

36 이러한 애매성은 문장 구조적인 문제 때문에 생기는 것이 아니라, 문장을 구성하는 단어의 선택에서 오는 것이다. 그러므로 The sheep is too hairy to eat.의 경우와 달리, The plate is too hot to touch.라든가, You are too young to understand.와 같은 문장은 전혀 애매하지 않다.

하나는, (19c)에서처럼 부정사절의 주어가 일반적인 주어이기 때문에 생략되었으며, 부정사절에서 eat의 목적어 the dog이 상위절의 주어 위치로 이동하여 주어이면서 동시에 주제 역할을 하고 있는 것이다. 이 경우에는 ⓑ처럼 해석된다.

(19) a. The dog is too hairy to eat.
   b. The dog is too hairy **(for it(= the dog))** to eat **(anything)**.
      [ⓐ 그 개는 너무 털이 많아서 (아무것도) 먹지 못한다.]
   c. The dog is too hairy **(for us)** to eat.
      [ⓑ 그 개고기는 털이 너무 많아서 (우리가 그것을) 먹지 못한다.]

(19b)와 (19c)에서 the dog는 각각 "개"와 "개고기"라는 뜻으로 번역된다.
too ... to do와 ... enough to do가 포함된 문장 구조에서 부정사절이 나타내는 결과적인 뜻은 so ... that ... (can/can't)가 포함된 정형절 형식으로 바꿔 나타낼 수 있다.

The plate was **too hot to touch**.
(= The plate was **so hot that we couldn't touch it**.)
   [접시가 너무 뜨거워서 건드릴 수 없었다.]
The ice was **thick enough to walk on**.
(= The ice was **so thick that we was able to walk on it**.)
   [얼음이 그 위를 걸을 수 있을 정도로 두꺼웠다.]

3) 이유/원인

content(ed), delighted, excited, fortunate, glad, grateful, honored, (un-)lucky, pleased, proud, relieved, sad, sorry, surprised, thankful, thrilled 등 감정적 반응(emotional reaction)을 나타내는 형용사나 분사 다음에 놓인 부정사절은 원인이나 이유를 나타낸다. 예컨대 I am **glad to see** you here again.은 다시 만나게 된 것이 화자에게 '기쁨'이라는 감정적 반응을 일으키게 하는 원인을 제공하는 것이 된다.

I was **surprised to see** how moved she was.
   [나는 그녀가 얼마나 감동했는가 하는 것을 알고서 놀랐다.]
I am **delighted to hear** of your success.

[네가 성공했다는 소식을 들으니 반갑다.]

She was **furious to find** that they had gone without her.

[그녀는 자기를 빼고 그들만 갔다는 것을 알고서 몹시 화가 났다.]

They were **alarmed to find** the house empty.

[그들은 그 집이 비어있음을 알고서 크게 놀랐다.]

4) 판단의 근거

부정사절이 나타내는 내용은 문장의 나머지 부분에 제시된 내용에 대한 일종의 판단의 근거를 제시하는 것이다. 예컨대 다음의 첫 번째 문장에서 그 사람을 정신이 나갔다고 판단을 내리는 근거는 바로 부정사절로 나타난 이처럼 궂은 날씨에 조깅하는 점 때문이다.

He must be off his head **to go jogging** in this weather!

[이런 날씨에 조깅을 나가다니 그는 틀림없이 돌았어!]

What a fool I was **to have expected** him to help me!

[그 사람이 나를 도와줄 것으로 생각했다니 나는 참으로 바보였지!]

They were ill-advised **to buy** that house.

[그 집을 사다니 그들은 현명치 못했어.]

5) 조건:

부정사절은 조건을 나타내며, 문장의 나머지 부분은 그 조건에 대한 결과를 나타낸다.

He'd be stupid not **to report** the accident to the police.

[그 사건을 경찰에 신고하지 않는다면 그는 어리석은 사람일 것이다.]

The government would be unwise **to ignore** the growing dissatisfaction with its economic policies.

[정부가 경제 정책에 대한 불만이 점차 고조되고 있음을 간과해 버린다면 현명치 못한 처사일 것이다.]

이러한 경우에 부정사절을 조건절 형식으로 풀어쓸 수 있는데, 예컨대 다음의 첫 번째 문장에 쓰인 would be는 가정법 과거를 나타내는 문장에서 결과절의 동사형이다. 그러므로 가정법 과거를 나타내기 위하여 조건절에는 일반적으로 일반동사의 과거형이 쓰이게 된다. 이처럼 조건절에 나타나는 동사형은 결과절이 나타내는 동사형에 따라 결정된다.

To do that **would be** considered impolite to you.

(= It **would be** considered to be impolite of you **if you did that**.)

　　[네가 그 짓을 한다면 그것은 예의에 어긋난 행동으로 간주될 것이다.]

For a decision to be valid, more than half of the members must support it.

(= **If a decision is to be valid**, more than half of the members **must support** it.)

　　[결정이 유효하려면 과반수 회원들이 그 결정을 지지해야 한다.]

8.6. 독립 부정사절

부정사절이 문두에 놓이거나, 간혹 문미에 놓여 문장 전체를 수식하는 일종의 문장 부사(sentence adverb)와 같은 역할을 하기도 하는데, 이렇게 쓰인 것을 독립 부정사절(independent infinitive clause)이라고 한다. 이처럼 쓰인 부정사절은 다음과 같이 두 가지 내용을 전달한다.[37]

(1) 다음 예들은 진술 내용에 대하여 말하는 사람의 입장에서 부수적인 견해를 나타낸다.

---

to tell (you) the truth, to speak strictly, strange to say, to be honest, to make things worse, to use a common expression, to coin a term

---

The car broke down on the way home, and **to make matters worse** it was pouring with rain.

　　[집으로 가는 도중에 자동차가 고장났다. 설상가상으로 비도 억수같이 쏟아졌다.]

Sad to say, the weather here has been nothing but rain all this week.

　　[애처롭게도 이곳 날씨가 이번 주 내내 비만 내렸다.]

To be perfectly frank, you're a bad driver.

　　[아주 솔직히 말해서 너는 운전 솜씨가 서툴러.]

To be honest, I just don't like him.

　　[솔직히 말해서 나는 그 남자가 마음에 들지 않는다.]

---

[37] Such sentence modifiers commonly represent a speaker's parenthetic remarks. These parenthetic infinitive phrases may take the form of: 1. A speaker's side comments on the subject under discussion. 2. A transitional expression in the development of a narration or discussion. — Frank (1993: 336).

To be quite candid, I don't like your hairstyle.
[탁 터놓고 얘기지만 난 너 머리 모양이 싫어.]
To do him justice, we must admit that his intentions were good.
[그에 대하여 공정하게 말하자면, 우리는 그의 의도가 옳았다는 점을 인정해야만 합니다.]

또는 (2) 이야기나 논의 과정에서 나타나는 표현 형식을 전환시키는 일종의 '전환적'(transitional)인 표현들도 있다.

> to change the subject, to return to our subject, to begin with, to conclude, to cut a long story short, to mention a few examples

To begin with, I don't like his attitude.
[무엇보다도 먼저 나는 그의 태도가 맘에 들지 않는다.]
To put it another way, do you like him?
[바꿔 말하자면 너는 그 남자가 마음에 드니?]

8.7. 분리 부정사절

to forget, to know, to solve, to understand 따위에서처럼 to-부정사절은 두 개의 요소가 서로 하나의 긴밀한 문법적 단위를 이루는 것이다. 바로 이러한 점 때문에 to와 동사는 결코 분리되지 않고 마치 한 단어인 것처럼 양자 사이에 아무런 문법적 요소도 끼어들 수 없이 항상 같이 붙어서 하나의 문법적 기능을 담당한다.[38] 바로 이러한 사실 때문에 부정사를 수식하는 부사는 원칙적으로 부정사의 바로 앞이나 뒤에 놓여야 한다는 것이 예나 지금이나 언어의 순수성을 지키려고 하는 사람들, 즉 '순수주의자'들(purists)의 생각이다. 따라서 이러한 사람들은 이 두 개의 요소 사이에 부정사를 수식하는 부사가 놓이는 것을 허용하지 않고,[39] 다음과 같은 예에서처럼 부사가 부정사의 앞이나 뒤에 놓이게 한다.

---

[38] 원래 영문법은 라틴어 문법에서 차용된 것이며, 라틴어 문법에서 부정사는 한 단어로 된 것이므로 다른 단어가 끼어들 여지가 없었기 때문에 언어의 순수주의자들은 영어의 부정사절에서 to와 동사 사이에 부사가 삽입되어서는 안 된다고 주장하였다.

[39] The only rationale for condemning the split infinitive is based on a false analogy with Latin. The thinking is that because the Latin infinitive is a single word, the English infinitive should be treated as if it were a single unit. But English is not Latin, and people

It would be impossible *completely* **to synthesize** all the traditions into one research program.
　[모든 전통을 하나의 연구 프로그램으로 완전히 통합하는 것은 불가능할 것이다.]
It is advisable *always* **to wear** a safety belt when you're driving.
　[운전할 때는 항상 안전띠를 메는 것이 바람직하다.]
　　　　　　　　　 { *to leave* the country *suddenly* }
　He was wrong { *suddenly to leave* the country }.
　[그 사람이 갑자기 나라를 떠난 것은 잘못이었다.]

그럼에도 불구하고 to *always* live from hand to mouth(항상 그날 벌어서 그날 먹으며 살아가다), to *easily* win(거뜬히 이기다), to *thoroughly* investigate(철저히 조사하다), to *really* understand the matter(그 문제를 실질적으로 이해하다)의 경우에서처럼 부정사를 수식하는 부사를 사이에 두고 to와 동사가 서로 분리되는 구조를 분리 부정사절(分離不定詞節: split infinitive clause)이라고 하며, 이러한 구조는 수식 관계를 명쾌하게 밝혀주기 때문에 그동안 널리 애용되어 왔다. 그 결과, 1998년에 와서 Oxford 출판사의 사전 편찬자들은 분리 부정사절 구조를 올바른 표현으로 공식적으로 공표하였는데, 그 내용을 보도한 국내 영자신문인 Korea Times의 보도 내용의 일부를 인용하면 다음과 같다.

Old Saybrook, Connecticut(AP) — It's time *to officially abandon* the rule against the split infinitive. Oxford dictionaries, makers of the self-proclaimed "last word on words," has ended its centuries-old ban on splitting infinitives.
Some language purists are unhappy with the change. They say the infinitive — a verb with "to" in front of it — should always remain joined. For example, the infinitive "to jump" should be modified as "to jump quickly," they say, and never "to quickly jump." (…) The change is included in the new *Oxford American Desk Dictionary*, which came out last month. The dictionary says the prohibition on split infinitives can lead to "awkward, stilted sentences." [italic's mine.]
[Old Saybrook(연합) — 지금이야말로 분리 부정사를 반대하는 규칙을 공식적으로 버려

---

　　split infinitives all the time without giving it a thought. — Pickett (2005: 441).

야 할 시점이 되었다. 단어에 대하여 자체적으로 독립하여 최종적인 선언을 하는 옥스퍼드 사전은 분리 부정사에 대한 해묵은 금지에 종지부를 찍었다. 일부 언어의 순수주의자들은 이러한 변화에 불만을 품고 있다. 그들은 앞에 to를 수반한 동사인 부정사는 항상 붙어있어야 한다고 말한다. 예를 들어, 부정사 "to jump"는 "to jump quickly"처럼 수식을 받아야 하지, 절대로 "to quickly jump"처럼 수식을 받게 해서는 안 된다고 말하고 있다. … (중략) 이러한 변화가 지난달에 나온 *Oxford American Desk Dictionary* 신판에 실려 있다. 이 사전에는 분리 부정사를 금지시키면 "어색하여 자연스럽지 못한" 문장을 만들게 된다고 쓰여 있다. → 첫 줄의 이탤릭체 *to officially abandon*은 필자가 임의적으로 한 것임.]

한때는 분리 부정사절이 상당히 비난의 대상이 되었으나, 특히 최근에 와서는 오랜 편견에서 벗어나 널리 사용되고 있는 실정이다. 예컨대 다음과 같은 문장은 분리 부정사절을 사용하여야 하는 이유를 명백히 설명해 주는 좋은 예가 된다.

   We failed **to *completely* understand** it.
   [우리는 그 문제를 완전히 이해하지는 못했다.]

만약 이 대신에 We failed ***completely* to understand** it.에서처럼 부사 completely가 부정사 바로 앞에 놓이게 되면 결국 이 문장은 두 가지 구조를 갖는 것으로 분석될 수 있을 것이다. 즉, completely가 상위절의 동사 failed를 수식하는 것으로 분석하게 되면 '전혀 이해하지 못했다' 라는 뜻으로 해석될 수 있을 것이다. 그러나 이 부사가 부정사 to understand를 수식하는 것으로 분석하게 되면 '완전하게 이해하지는 못했다' 라는 뜻으로 해석될 수 있게 된다.[40]

다음 문장의 경우도 부사 better를 to-부정사절 바로 앞에 두게 되면 마찬가지로 애매한 구조를 가진 것으로 볼 수 있을 것이다. 즉, better가 is designed와 to equip 둘 중 어느 것을 수식하는 것인지 애매할 수 있다.

---

40 In the older form with the adverb before the *to* there is no clearly marked beginning to the infinitive clause, which sometimes leads to ambiguity: 'He failed *entirely* to comprehend it.' It is not clear here whether *entirely* modifies *failed* or *comprehend*. We can construe the sentence either way with a difference of meaning. If *entirely* modifies *comprehend* it would be better to place it before *comprehend*: 'He failed *to entirely comprehend it.*' Thus the split infinitive is an improvement of English expression. — Curme (1931: 459).

The course is designed **to *better* equip** graduates to go into business.

[이 강좌는 장차 실업계로 진출하려는 대학 졸업생들이 보다 잘 준비를 하도록 하기 위하여 마련된 것이다.]

이처럼 구조와 의미면에서 초래되는 애매성을 없애려면 다음과 같은 문장에서와 같이 분리 부정사절을 사용하는 것이 보다 바람직스럽다고 하겠으며, 실제로 이러한 분리 부정사절 형태가 아무런 문제없이 현재 널리 즐겨 사용되고 있는 실정이다.

No one has carried out a study **to *fully* determine** current usage.

[아직까지 오늘날의 어법을 완전히 해결하려는 연구를 한 사람은 아무도 없다.]

I am trying **to *consciously* stop** feeling guilty about her death.

[나는 그녀의 죽음에 대하여 의식적으로 죄의식을 갖지 않으려고 하고 있다.]

It is one thing to talk about climbing Mount Everest, but **to *actually* do** so is quite another matter.

[에베레스트산 등정에 대해 말하는 것과 실제로 등정하는 것은 전혀 별개의 문제이다.]

U.S. Secretary of State Warren Christopher said that the United States hopes **to *fully* normalize** relations with North Korea in time, "but never at the expense of our vital ties with South Korea."

[미국무장관 워렌 크리스토퍼는, 미국은 언젠가 북한과 완전한 관계 정상화를 바라지만, "절대로 우리의 한국과의 중요한 관계를 희생시키지는 않겠다."라고 말했다.]

8.8. be + to-부정사절

<be + to-부정사절>은 여러 가지 미묘한 뜻의 차이를 보이고 있다. 그럼에도 불구하고 여기에는 어떤 유형의 '예정'(arrangement)이라는 공통된 뜻을 암시해 주고 있다. 이러한 예정은 '명령'과 같은 특정한 사람의 의지에 달려 있는 것일 수도 있고, 상호간의 합의에 따른 것이거나, 또는 인간의 한계를 벗어난 운명에 따른 것일 수도 있다.[41]

---

41 This construction is used to express several different shades of meaning. The meanings expressed by the *be + to*-infinitive construction in these sentences have one thing in common: they all imply some sort of arrangement. It may be an arrangement dependent on the will of a particular person, i.e. an order or a command; or it may spring from a mutual agreement; or it may be an 'arrangement' dependent on the will of a non-personal

1) 종종 (계획·예정·선언 등에 따라) 미래 어느 시점에 일어나도록 미리 결정된 사건(happening)을 나타낸다. 예컨대 어떤 선언적인 행위가 이루어졌다거나, 주어 이외의 다른 사람에 의해 이미 계획이 세워졌다는 점을 뜻하는 것으로서, 공식적인 계획이라는 점을 암시할 때가 많다.

> Professor Williams **is to give** a series of lectures on environmental pollution.
> [윌리엄스 교수는 환경오염에 관한 일련의 강연을 하기로 되어 있다.]
> The Prime Minster **is to speak** on television this evening.
> [수상께서 오늘 저녁 TV에서 연설을 합니다.]
> The students **are to start** their exam at 9: 30 a. m.
> [학생들은 오전 9시 30분에 시험을 시작합니다.]
> The first summit **is to be held** in the United States "soon after the U. S. elections" on November 4. — Washington (AFP)
> [최초의 정상회담이 미국의 11월 4일 선거 직후에 미국에서 개최되기로 되어 있다.]

<be + to-부정사절>의 과거시제형은 '과거에서 본 미래'(future in the past)를 나타낸다. 즉, 과거 어느 시점을 기준으로 해서 볼 때 그 이후의 미래시가 되는 시점에 일어날 계획을 나타낸다. 이 구조가 완료 부정사절 형태로 바뀌게 되면 기대되었던 상황이 이루어지지 않았음을 나타낸다.

> Officially, my term of employment **was to end** in three months.
> [공식적으로는 나의 고용 기간이 3개월 뒤에 끝날 것이었다. → 과거 어느 시점을 기준으로 그 때부터 3개월 뒤에 끝난다는 뜻임.]
> I **was to have started** work last week, but I changed my mind.
> [지난주에 일을 시작하려다가 마음을 바꿨다. → but I changed my mind에 의해 과거에서 본 미래의 계획이 이루어지지 않았음을 알 수 있음.]
> They **were to have got married** in December last year.

---

or non-human Destiny. — Christophersen & Sandved (1971: 228); BE TO seems to mean *a practical determining of subsequent events*. The determining agent appears to be a single compelling factor: fate, an authority, or a decisive circumstance. — Joos (1964: 22). See also Zandvoort (1969: 12-13).

[그들이 작년 12월에 결혼할 것이었다. → = They had planned to get married …와 같은 뜻으로, 결국 결혼이 이루어지지 않았음을 암시함.]

2) 운명(destiny):

I don't know what **is to happen** to us.
　　[우리에게 어떤 일이 발생할지 난 모른다.]
How often **am** I **to suffer for** your folly?
　　[너의 어리석음 때문에 난 얼마나 자주 고통을 당해야 한단 말인가?]
Thirty years later, this precocious youth **was to be** the first President of the United States. (Leech 1989: 103)
　　[30년 후에 이 조숙한 젊은이는 미국의 초대 대통령이 될 것이었다.]

이 경우에 장차 일어날 운명적인 상황은 인간의 힘이 미치지 못하는 의지 또는 운명을 뜻하는 것이다.

3) 명령(order) 내지 지시(instruction)를 나타낸다.

Nuclear war **is to be avoided** at all costs.
　　[어떤 희생을 치르더라도 핵전쟁은 피해야 한다.]
Entries **are to be sent in** before May 3.
　　[참가자 명단은 5월 3일 이전에 제출되어야 합니다.]
You **are** not **to stand** here.
　　[너는 여기에 서 있어서는 안 된다.]
The money **is to be used** for a particular purpose.
　　[그 돈은 특정 목적에 쓰여야 한다.]

이와 같은 경우에 의무는 화자가 부과하거나, 또는 이보다 일반적으로 공적인 권한을 가진 사람(official authority)이 내리는 것을 나타낸다. 이러한 점에서 보면, 다음 두 문장은 뜻이 다르다. 즉, (20a)에서 be + to-부정사절은 그가 독일로 돌아오라는 명백한 명령을 받았다는 점을 암시하는 것이다. 반면에, (20b)에서 have to[42] 는 그가 독일로 돌아오라는 명

42　have to에 대해서는 본서 제1권 "5.4.9 have (got) to" 참조.

령을 받았기 때문일 수도 있겠으나, 이보다 오히려 주어 자신이 처한 상황, 예컨대 돈을 몽땅 잃어버렸다거나, 또는 몸이 아프다거나 하는 따위와 같은 이유 등 외부적인 요인 때문에 돌아가지 않을 수 없게 되었다는 점을 암시한다.

(20) a. He **is to return** to Germany tomorrow.
   [그는 내일 독일로 돌아가야 한다.]

b. He **has to return** to Germany tomorrow.
   [그가 내일 독일로 돌아가야 한다.]

4) 가능성(possibility)을 나타낸다. 특히 부정사가 be found, be seen 형태로 나타나는 경우가 많다.

Beer like that **is not to be had** outside of Germany.
[그러한 맥주는 독일 이외의 지역에서 구할 수 없다.]
You can't learn a foreign language in a week; it's **not to be expected**.
[한 주일 만에 외국어를 배울 수는 없다. 그렇게 기대할 수는 없다.]
The book **was nowhere to be found**.
[그 책은 아무데서도 찾을 수 없었다.]

5) 현재의 계획 등을 강조하는 조건절에 쓰여 '조건'(condition)이라는 개념에 '목적'(purpose)이라는 개념이 첨가된다. 그러므로 다음에 예시된 문장에서 if-절은 'in order to ...' 또는 'if we are going to(= intend, wish)'라는 뜻에 가깝다.[43]

If we **are to get** there by lunchtime we had better hurry.
[점심 시간까지 거기에 도달하려면 서둘러야 해.]
You must speak out, if you **are to remain** friends.
[계속 친구 관계를 유지하려면 솔직하게 말해야 한다.]
We must grant freedom to others if we **are to be free** ourselves.

---

43 A special use of *am/is/are to* in if clauses adds to the notion of 'condition' that of 'purpose': *If we are to win the competition, we must start training now.* The meaning of the *if* clause here is close to 'In order to win the competition ...', or 'If we are going to (i.e. intend to) win the competition ....' — Leech (1989: 103, note b). See also Declerck (1991a: 376).

[우리 자신이 자유인이 되려면 다른 사람들에게 자유를 베풀어야 한다.]

The law must be given more teeth if crime **is to be properly controlled**.

[범죄를 적절하게 다스리려면 법의 효력이 더 강해야 한다.]

<be + to-부정사절>이 단순히 'deserve'('적절하다, 마땅하다')라는 뜻을 나타낼 때도 가끔 있다.

Both the players and the coach **are to be congratulated** on their great victory.

[대승을 거둔 점에 대하여 선수들과 코치가 모두 축하를 받아 마땅하다.]

Drug addicts **are to be helped rather than arrested**.

[마약 복용자들은 체포되어야 할 것이 아니라 도움을 받아야만 한다.]

He **was partially to blame** for the accident.

[그 사건 때문에 그가 부분적으로는 비난을 받아야만 했다.]

Haste action **is to be deprecated**.

[조급한 행동은 비난받아 마땅하다.]

be to-부정사절의 관용적 용법이 있다. 즉, be to가 come 또는 be와 결합하여 이루어진 문장, 예컨대 The best is **still to come**.과 The best is **yet to be**. 모두 'The best is still ahead of us, in the future.'(가장 좋은 것은 아직 오지 않았다.)로 풀어 쓸 수 있을 것이다.[44] 또한 이 두 문장은 have가 포함된 I **have yet to see** him smile.이라는 부정적인 뜻이 깃들어 있는 문장과 비슷하다.

8.9. 대부정사절

간단히 말하자면, **대부정사절**(代不定詞節: pro-infinitive clause)이란 부정사절에서 다른 요소들은 모두 생략되고 오로지 부정사 표지어(標識語: marker) 'to'만 단독으로 남아 그것이 생략이 이루어지기 이전의 완전한 부정사절을 대신하는 것을 말한다.[45] 다시 말하자면,

---

44　There is another idiomatic use of *am/is/are* to with the verb *come* (or, in elevated literary style, with the verb *to be*): *The best is still to come; The best is yet to be*. Both of these could be paraphrased 'The best is still ahead of us, in the future'. — Leech (1989: 103, note c).

45　예컨대 I bought a good book yesterday. The book is very valuable.에서 the를 anaphoric 'the'

이미 앞에 놓인 절에서 언급된 술부의 내용이 부정사절 형식으로 다시 언급될 때 문맥 내용이 명확하면 불필요한 반복을 피하고 간결하게 표현하기 위하여 부정사 표지어 to가 단독으로 남아 본래의 부정사절을 대신하게 되는 것이다.[46] 예컨대 다음과 같은 문장에서

I told him to **come back** but he refused **to**.
[나는 그에게 돌아오라고 말했지만, 그는 (돌아오기를) 거절했다.]

to 다음에는 문맥 내용으로 보아 come back이 생략되었으며, 바로 이러한 환경에서 to가 홀로 남아 생략된 부정사절을 대신하고 있는 것이다.

대부정사절은 주로 want, like, love, hate, hope, try 따위와 같은 동사 다음에, have to, used, ought 따위와 같은 준법조동사 뒤에서, 서술 형용사 뒤에서, 또는 일부 명사 뒤에서 쓰인다.

He would like to **come**, but he's **not allowed to**.
[그는 오고/가고 싶어하지만, 허락을 받지 못하고 있다. → to come 대신에.]
'I can't **lend you any more money**.' — 'I'm not asking you **to**.'
['너에게 돈을 더 빌려줄 수 없네.' — '빌려달라고 하고 있지 않은데.' → to lend me any money 대신에.]
Do not **look up any more words in your dictionary** than you absolutely **have to**. — Gladys Doty & Janet Ross, *Langage and Life in the U.S.A.*
[반드시 찾아보아야 할 단어보다 더 많은 단어를 사전에서 찾지 마라. → have to look up in your dictionary 대신에.]
She doesn't **live in the country**, but she **used to**.
[그녀가 지금은 시골에 살지 않지만, 과거에는 시골에서 살았었지. → used to live in the country 대신에.]
'Please **bring your children with you**.' - 'I'll be **glad to**.'
['애들도 같이 오너라.' — '물론 그렇게 하지.' → glad to bring my children with me

---

라고 부르는 것처럼, He always helped me, as I asked her *to*.에서 대부정사 to를 Zandvoort (1965: 23)는 anaphoric 'to'(전방 조응적 'to')라고 부른다.

46 **To** substitution occurs after many words that are normally followed by infinitives. Such substitution is used to avoid repetition of a part of a predicate that has already been mentioned. — Frank (1993: 339).

대신에.]
I wanted to **come with you**, but I won't be **able to**.
[너와 같이 오고 싶었지만, 그렇게 할 수 없겠네. → able to come with you 대신에.]

She **goes to the beach** every time she has the **opportunity to**.
[그녀는 기회 있을 때마다 해변으로 간다. → the opportunity to go to the beach 대신에.]

I haven't **gone to that exhibition** yet, nor do I have any **intention to**.
[아직 그 전시회에 가보지도 않았지만, 가고 싶은 생각도 없어. → to go to that exhibition 대신에.]

부정사절 전체가 생략되기도 한다. 특히 명사, 형용사, 그리고 다음에 부정사 없이 쓸 수 있는 동사 뒤에서 이처럼 생략이 허용된다.

He'll never **leave home**; he hasn't got **the courage** (**to**).
[그는 절대로 집을 떠나지 않을 것이다. 용기도 없고.]

You can't force him **to leave home** if he's not **ready** (**to**).
[그가 마음의 준비가 되어 있지 않으면 그에게 집을 나가게 할 수 없지.]

I don't know if I can **come**, but I'll **try** (**to**).
[갈 수 있을지 모르지만, 노력해 볼게.]

I don't think he knows how **to sew** but if he says he can, let him **try**.
[나는 그가 바느질할 줄 모른다고 생각하지만, 그가 할 줄 안다고 하면 해보도록 해라.]

대개 be 동사와 상태를 나타내는 have는 생략되지 않는다.

You've got *more freckles* than there **used to have**. (… *there **used to**.)
[넌 전보다 주근깨가 더 많이 생겼구나.]

There are *more flowers* than there **used to be**. (… *there **used to**.)
[전보다 꽃이 더 많아졌다.]

대부정사절 형태로서의 how는 to를 수반하거나 생략될 수 있다.

He needs to **fix his car** but doesn't know **how to**.

[그는 자동차를 수리할 필요가 있지만, 수리할 방법을 모르고 있다.]
I would like to **help you** but I don't know **how (to)**.
[도와주고 싶기는 하지만 도울 방법을 몰라.]
The children will make the decorations if we show them **how (to)**.
[그 애들에게 장식하는 걸 가르쳐 주면 장식을 하게 될 것이다.]
Choosing a gift needn't be a chore. It can be fun — when you know **how**.
— Barbara Bartocci, "Real Ways to Say You Care"
[선물을 고르는 일이 귀찮기만 한 것은 아니다. 방법을 알기만 하면 즐거운 일이 될 수 있다.]
One arm is already off the statue. We don't know **how**.
[팔 하나가 동상에서 떨어져 나갔는데, 우리는 어떻게 해서 그렇게 되었는지 모른다.]

다음과 같은 구조의 문장에서는 전달되는 의미상의 오해가 생길 수 있기 때문에 to의 생략이 허용되지 않는다.

(21) a. Change and problems will come whether we want them **to** or not.
[변화와 갖가지 문제들이란 우리가 원하든 원치 않든 생기게 마련이다.]
b. 'May I go out this evening?' — 'Yes, I'll allow you **(to)**. *or*
'No, I'd hate you **to**.'
['오늘 저녁에 외출해도 됩니까?' — '그래 허락하지.'/'안돼. 네가 그렇게 하는 것이 아주 싫어.']

You can **leave** if you want **(to)**.(원한다면 떠나도 좋다.)와 같은 문장에서는 부정사 표지어 to까지 생략되더라도 의미 전달에 아무런 문제가 생기지 않는다. 그러나 want 바로 다음에 명사구가 놓인 위의 (21a)에서 to가 생략되면 want의 목적어가 them to come이 아니라, them(= change and problems) 뿐인 것으로 해석할 수 있기 때문에 to가 반드시 필요하다. 또한 (21b)에서 hate의 경우에도 단순히 hate you라고만 하면 너를 싫어한다는 뜻이 되기 때문에 전달하고자 하는 뜻을 올바르게 전달하려면 to가 반드시 필요하다.[47]

대부정사절은 앞에 놓인 절의 술부를 대신하는 것이 일반적이지만, 다음과 같이 뒤에 오는 술부를 대신하기도 한다.

---

47 Close (1975: 73).

Often as I ask him **to**, he never **helps his father**.
   [자주 그에게 요청해 보지만, 그는 절대로 아버지를 도와 드리지 않는다. → = Often as I ask him **to help his father**, ...]
If you want me **to**, I will **invite Kim as well**.
   [원한다면 김 씨도 초청하지.]
Although he really would like **to**, he's ashamed to ask a girl **to dance**.
   [그가 어떤 아가씨하고 춤추고 싶은 마음이 간절하지만, 춤을 추자고 하기가 쑥스러워한다.]
A person who wants (**to**) can **find a way**.
   [원하는 사람은 방법을 찾을 수 있다.]

대부정사절의 부정 표현은 not to이다.

The guests got up **to leave**, but their hostess begged them **not to**.
   [손님들이 가려고 일어섰지만, 안주인이 가지 말라고 요청했다.]
You may **go there** if you wish, but it would be advisable **not to**.
   [원한다면 가도 좋지만, 가지 않는 것이 좋을 듯하다.]

8.10. 수동 부정사절

부정사절은 동사적 성격을 갖기 때문에 동사가 갖는 성격의 대부분을 갖는다. 그 가운데 하나로서 곧 부정사절이 능동형과 수동형 두 가지를 모두 가질 수 있는데, 이런 경우에 일반적으로 능동 부정사절은 능동적인 뜻을 나타내고, 수동 부정사절은 수동의 뜻을 나타낸다.

(22) a. I like **to teach**.
           [나는 가르치는 것을 좋아한다.]
     b. I like **to be taught**.
           [나는 배우기를 좋아한다.]

(22a, b) 두 문장에서 상위절의 주어와 부정사절의 주어가 같기 때문에 부정사절의 주어가 생략되었다. (22a)에서는 현재 능동 부정사절의 생략된 주어가 동작주(agent)로서 능동적인 행위를 하는 것이고, (22b)에서 수동 부정사절은 생략된 주어가 동작의 영향을 받는 수동적인 뜻을 나타내고 있다.

<명사구 + 부정사절> 구조가 해야 할 일, 즉 '의무'를 나타낼 수 있다. 이러한 경우에 전달하고자 하는 뜻에 따라 수동형과 능동형이 모두 가능하다.

There's a lot of work **to do/to be done**.
   [해야 할 일이/이루어져야 할 일이 많다.]
There are six letters **to write/to be written**.
   [써야 할 편지가/쓰여야 할 편지가 여섯 통이 있다.]
Give me the names of the people **to contact/to be contacted**.
   [접촉해야 할/접촉되어야 할 사람들의 이름을 내게 달라.]
The people **to interview/to be interviewed** are in the next room.
   [면접해야 할/면접을 받을 사람들이 옆방에 있다.]

이상과 같은 예에서 능동 부정사절 구조로 나타나면 부정사절의 수식을 받는 명사구가 부정사의 목적어로 분석되지만, 수동 부정사절로 나타낼 경우에는 수식받는 명사구가 수동 부정사절의 주어로 분석될 수 있다. 그러므로 예컨대 a lot of work **to do**는 to do a lot of work라는 뜻이고, a lot of work **to be done**은 a lot of work **which is to be done by me**로 분석될 수 있다.

방금 위에서 살펴 본 예에서처럼 능동형과 수동형 부정사절이 모두 가능할 때, **화자가 부정사절이 나타내는 동작의 주체, 즉 동작주에 더욱 관심을 기울이는 경우에는 능동 부정사절을 선호한다**. 그러므로 이러한 문장에서는 부정사절의 주어로서 for us/you/him/me 따위를 첨가할 수 있다.

The thing **to do** is to look for essentials.
   [해야 할 일은 꼭 필요한 것들을 찾는 일이다.]
They've sent Jane a form **to fill in**.
   [그들은 제인에게 작성할 서식을 보냈다.]
There are so many things **to think of** before we decide.
   [우리가 결정을 내리기 전에 생각해봐야 할 일들이 아주 많다.]
The next question **to consider** was the crucial one.
   [검토해야 할 다음 문제는 아주 중요한 일이었다.]

반면에, **부정사절이 나타내는 행위 그 자체나, 또는 동작의 영향을 받는 사람이나 사물에**

더욱 관심을 기울이고자 할 때에는 수동 부정사절을 선택하게 된다.[48] 그러므로 이런 경우에는 <by + 동작주>를 내세워 수동의 뜻을 뚜렷이 밝힐 수 있게 된다.

The carpets **to be cleaned** are in the garage.
　[세탁할 카페트가 차고에 있다.]
His desk is covered with forms **to be filled in**.
　[그의 책상이 작성해야 할 서식들로 덮여 있다.]
I have to send my passport **to be renewed**.
　[나는 갱신할 여권을 보내야 한다.]
Microbes are too small **to be seen** *by the naked eye*.
　[미생물은 너무 작아서 육안으로 볼 수 없다.]
He is not a person **to be disturbed** *by little things*.
　[그는 사소한 일 때문에 마음이 흔들릴 사람이 아니다.]

이러한 경우에 be 동사 다음에 오는 부정사절은 대개 수동형으로 나타난다.

The cleaning is **to be finished** by midday.
　[청소는 정오 무렵까지는 끝마쳐야 한다.]
He was proud **to be invited** to speak.
　[그는 연설 초청을 받고 자랑으로 여겼다.]
This form is **to be filled in** in ink.
　[이 서식은 잉크로 작성되어야 한다. → fill in과 in ink라는 두 개의 요소가 결합된 구조임.]
A mid-afternoon fire alarm banished all Student Center users into the rain Tuesday for about 25 minutes, though fire was nowhere **to be found**.
　— *The Egyptian*.
　[불난 흔적을 어디서도 찾을 수 없었으나, 화요일 오후 중반 25분 동안 화재 경보로 학생회관의 모든 이용자들이 빗속으로 쫓겨나야 했다. → *The Egyptian*은 미국 일리노이 주 소재 Southern Illinois University에서 발행되는 일간 신문 명칭임.]

48　We prefer active infinitives if we are thinking more about the person who will do the action.... We use passive infinitives if we are thinking more about the action, or the person/thing that the action is done to. — Swan (2005: 263).

to let[49]와 to blame 등의 부정사절은 능동형이면서도 수동의 뜻을 나타내는데 쓰이지만, 동시에 바로 이 뜻을 나타내는 경우에 수동 부정사절 구조 to be let/blamed도 동시에 쓰인다는 점에 유의하여야 한다.[50]

Nobody was **to blame** for the accident.
[어느 누구에게도 그 사고의 책임이 없다. → 능동형이 수동적인 뜻을 나타내고 있음.]
He is more **to be pitied than blamed**.
[그는 비난을 받기보다 더 동정을 받아 마땅하다.]
The top floor of the house is **to let** to a young couple.
[그 집의 꼭대기 층은 어느 젊은 부부에게 임대줄 것이다.]
The house is **to be sold or let**.
[그 집은 팔리거나 임대될 것이다.]

한편 congratulate, encourage, avoid 따위의 동사와 관련해서 가치 판단을 나타낼 때에는 수동 부정사절이 쓰인다.[51]

You are **to be congratulated**. (Swan 2005: 263)
[너는 당연히 축하를 받을만하다.]
This behavior is **to be encouraged**. (Swan 2005: 263)
[이러한 행동은 격려를 받을만하다.]
Jack's work leaves much **to be desired**.
[재크의 작품에는 부족한 점이 많다.]

8.11. 원형 부정사절

원형 부정사절(bare infinitive clause)이란 부정사 표지어 to를 수반하지 않고 단지 동사의 어간형(base form)을 기본으로 하여 그밖에 필요한 요소들로 이루어지는 절 구조를

---

49 to let. The passive voice is now, perhaps, rather more frequent than the still common active voice. It is, of course, unavoidable in the combination *to be sold or let*. — Poutsma (1923: 76).
50 Poutsma (1923: 73-75) and Alexander (1996: 305).
51 Swan (2005: 263).

말한다. 예컨대 I can help **him do his best**.(나는 그가 최선을 다하도록 도와줄 수 있다.)에서 him do his best라든가, I saw **him walk toward the house**.(나는 그가 그 집 쪽으로 걸어가는 것을 보았다.)에서 him walk toward the house가 바로 원형 부정사절 구조이다. 이러한 점에 비추어 볼 때, 원형 부정사절에도 to-부정사절에서처럼 동사의 어간형을 축으로 하여 전달하고자 하는 뜻에 따라 목적격 형태로 나타나는 주어를 비롯하여 목적어, 보어, 수식어 따위와 같은 문장 요소들이 모두 포함되어 있다.

　to-부정사절과 달리, 원형 부정사절은 특정한 언어적 환경으로 사용 영역이 제한되어 있다. 즉, 이 구조는 to부정사절과 바꿔 쓸 수 있는 경우도 간혹 있지만, I saw him **run**.과 He was seen **to run**.에서처럼 일정한 언어적 환경에서는 결코 바꿔 쓸 수 없다.

　원형 부정사절이 쓰이는 언어적 환경을 하나씩 보기로 한다.

1)법조동사
　can, could, may, might, shall, should, will, would, do/does/did 따위와 같은 (법)조동사 다음에.

　　I*'ll* think about it and let you know tomorrow.
　　　[이 문제를 생각해 보고 내일 알려주겠다.]
　　I *couldn't* **expect her to love me** as I loved her.
　　　[내가 그녀를 사랑했던 것처럼 그녀가 나를 사랑하리라고 기대할 수 없었다.]
　　I tried to give him some money, but he *wouldn't* **take** any money.
　　　[나는 그에게 돈을 좀 주려고 했지만, 그는 일절 받으려고 하지 않았다.]

일부 고정된 표현 had better, would rather/sooner, rather than 다음에.

　　He paid the fine *rather than* **appeal to a higher court**.
　　　[그는 상급법원에 항소하지 않고 벌금을 물었다.]
　　Some of them *would rather* **live in danger than die of loneliness and boredom**.
　　　[그들 중 일부는 외로움과 권태감 때문에 죽느니 차라리 위험 속에서 살기를 좋아한다.]
　　We*'d better* **turn that music down** before your Dad gets angry.
　　　[너의 아빠가 화를 내시기 전에 우리는 음악 소리를 줄여야 한다.]

2) 지각동사

지각동사 다음에. behold, feel, hear, listen to,[52] notice, observe, overhear, perceive, see, smell, watch, witness 등 대부분의 지각동사의 능동형 다음에는 주어를 수반한 원형 부정사절이 온다.

She threw a stone into the pond and *watched* **the ripples spread**.
  [그녀는 연못에 돌을 던져 잔물결이 퍼져나가는 것을 보았다.]
The police *observed* **the man enter the bank**.
  [경찰이 그 남자가 은행으로 들어가는 것을 목격했다.]
I *saw* **him get into his car** and **drive away**.
  [나는 그 사람이 자동차에 타서 몰고 가버리는 것을 보았다.]
I *felt* **something crawl up my arm**.[53]
  [나는 뭔가 팔위로 기어오르는 것을 느꼈다.]

가끔 비격식적(informal)인 영어에서 hear say, hear tell 따위에서와 같이 지각동사 바로 다음에 주어를 수반하지 않은 원형 부정사절이 오는 예를 볼 수 있다.[54] 그러나 이런 구조는 예컨대 hear somebody say ...에서 somebody 따위와 같은 부정사절의 주어가 생략된 것으로 여겨진다.

---

52 listen to와 watch는 수동 부정사절을 수반하지 않는다(Dixon 2005: 252):
    a. They watched John kick Mary.
    b. *John was watched (to) kick Mary.
    a. I listened to him sing.
    b. *John was listened (to) sing.
53 to feel과 to see가 인식동사의 뜻일 때에는 to-부정사절을 동반한다:
    I felt the plan to be all wrong. (Zandvoort 1969: 17)
    I saw them to be obnoxious. (Duffley 1992: 30 (= 36)).
54 Christophersen & Sandved (1971: 149)는 hear say, make believe, make do 따위를 고정된 어구로 보고 있다. 그러나 마지막 두 가지의 경우만 이 두 단어가 합쳐져 하나의 뜻을 이루는 고정된 어구라고 여겨진다:
    He **made believe** that he was the son of a peer.
      [그는 귀족의 아들 행세를 했다.]
    We haven't got meat, so we'll have to **make do** with bread.
      [고기가 없어서 우리는 빵으로 대신해야 할 것이다.]

I **heard say** that there will be an election soon.

    [곧 선거가 있으리라고 한다.]

Have you ever **heard tell** of Captain Blackbeard?

    [블랙비어드 선장에 대한 말을 들어본 적이 있는가?]

지각동사들이 수동형으로 바뀌게 되면 그 결과 원형 부정사절이 to-부정사절로 바뀌게 된다.

The woman *was observed* to follow him closely.

    [그 여인이 그 남자 뒤를 바싹 쫓아가는 것이 목격되었다.]

He *was heard* to groan.

    [그의 신음 소리가 들렸다.]

She *was seen* to enter the building about the time the crime was committed.

    [범죄가 저질러지는 그 무렵에 그녀가 건물 안으로 들어가는 것이 보였다.]

<논리적인 주어와 문법적인 주어>

<지각동사 + 원형 부정사절> 구조가 수동태로 바뀌게 되면 논리적인 주어(logical subject)가 불연속성(discontinuity)을 띠게 된다. 즉, 동사를 사이에 두고 논리적인 주어가 둘로 분리된다. 그 한 예로, 위의 첫 문장에서 the woman은 문법적인 주어(grammatical subject)일 뿐이고, 논리적인 주어는 동사 부분 was observed를 제외한 the woman과 to follow him closely이다. 이처럼 논리적인 주어가 동사 부분을 사이에 두고 분리되었다고 하여 불연속 주어(不連續主語: discontinuous subject)[55]라고 한다. 특히 이 부분을 논리적인 주어로 간주하는 근거는, 이 문장을 능동태 문장 (Somebody) observed **the woman follow him closely**.로 바꾸었을 때 the woman follow him closely 부분이 동사 observed의 목적어 역할을 하는 것이기 때문이다.

3) 사역동사

사역동사 다음에. have, let, make 등 능동형 사역동사들은 <목적격형 명사구 + 원형 부정사절>을 수반한다. get은 사역동사이면서도 to-부정사절을 수반한다.

---

55 Ek & Robat (1984: 46, 328-329).

The president silenced his opponents by *having* **them put in prison**.
[대통령은 정적들을 투옥시킴으로써 정적들의 말문을 막았다.]

When they found the criminals the police arrested the minnows but *let* **the big fish go**.
[경찰에서 범인들을 찾아내어서 연준모치들은 체포하고 큰 고기들은 놓아주었다. 즉, 사소한 범죄자들은 체포하고 큰 범죄자들은 놓아줘 버렸다는 뜻.]

The extra cargo *made* **the ship sink**.
[초과 선적된 화물 때문에 그 배는 침몰했다.]

I *got* **the neighbors to cut down the tree** that deprived us of the sunlight.
[나는 이웃 사람들에게 햇빛을 가리는 나무를 자르도록 했다.]

make의 수동형은 to를 수반한다. 그러나 have는 이에 대응하는 수동형이 없으며, let은 대개 수동형을 사용하지 않고 대신에 be allowed to와 같은 표현이 쓰인다.

He *was made* **to pay for** the damage he had done.
[그는 자기가 입힌 피해 보상을 하지 않을 수 없었다.]

They didn't *let* **us speak**. ~ We *were not allowed* **to speak**.[56]
[그들은 우리가 말하도록 허락하지 않았다. ~ 우리는 말해도 좋다는 허락을 받지 못했다.]

have, make, 그리고 get은 모두 'X causes Y to do something'(X는 Y로 하여금 어떤 일을 하게 하다)이라는 기본적인 내용을 갖는 사역동사이지만, 뜻이 똑같은 것은 아니다. 즉, make는 'X forces Y to do something'(강요하다), have는 'X requests Y to do something'(요구하다), 그리고 get은 'X persuades Y to do to something'(설득하다)이라는 뜻을 나타낸다.[57]

---

56 let은 능동과 수동의 원형 부정사절을 수반한다. 그러나 수동 부정사절에서 let은 다른 동사로 대신하게 된다. 따라서 They let him know ...는 He was told ...와 같은 수동태 문장으로 대신하게 되며, They let him see the documents.는 He was allowed to see them.으로 대신하게 된다. — Thomson & Martinet (1986: 220). let의 수동 가능성에 대하여 *Macmillan English Dictionary for Advanced Learners* (2007)에는 John was let go after it was discovered that he stole some files.라는 예문을 제시하고 있는 반면, *Longman Exams Dictionary* (2006)는 수동형이 불가능한 것으로 되어 있다. 또한 Dixon (2005: 251)은 관용적 어법에서 let이 원형 부정사절을 수반한 수동태가 쓰인다고 말하고 있다: The balloons/pigeons/ prisoners were let go.

57 Azar (1999: 339).

4) help

help는 때로 그 자체의 주어를 수반하여 to-부정사절 또는 원형 부정사절 형식으로 나타날 수 있다.

Can you ***help*** me (to) repair the car?
[자동차 수리하는 것을 도와줄 수 있는가?]

In addition to its other healthy properties, green tea may ***help*** **improve memory** and **prevent some age-related memory loss**.
— Bean Ornish, MD., "Food for Life" (*Reader's Digest*, May 2007.)
[건강을 가져오는 다른 특성 이외에도 녹차는 기억력을 증진시키고, 나이가 들어 일어나는 어떤 기억력 상실을 방지할 수 있을 것이다.]

There is also continued grousing within Mrs. Clinton's circle that Mr. Obama is not doing more to ***help*** **her pay off her debt**, and continued grousing within Mr. Obama's circle that Mrs. Clinton expects him to do much to ***help*** **her repay her debt**.
— *The New York Times*, July 28, 2008.
[또한 클린턴 여사 진영에서는 자신의 빚을 갚는 것을 오바마 씨가 도와주려는 더 많은 노력을 기울이지 않고 있다고 계속 불평을 하고 있으며, 오바마 씨 진영에서는 클린턴 여사가 자신의 빚을 상환하는 것을 돕고자 하는 노력을 많이 할 것으로 기대하고 있다고 계속 불평을 하고 있다.]

help 다음에 to-부정사절과 원형 부정사절 중에서 어느 것이 쓰이느냐에 대한 문제에 대답하는 것은 쉬운 일이 아니다.

Quirk et al. (1985: 1206, note [b])은 to-부정사절은 영국영어에서 보다 흔히 쓰이는 반면, 원형 부정사절은 미국영어에서 보다 흔히 쓰인다고 말하고 있다.

이와는 달리, Wood (1962: 137)[58]에 따르면, 돕는 사람(즉, 상위절의 주어) 자신이 부정

---

58 Duffley (1992: 25)에서 인용함; Sentence (50a) might be used to describe John facilitating my writing the letter.... But, in this scenario, I actually write the letter myself. Sentence (50b), on the other hand, might be used to describe a cooperative effort where John and I did the letter together, perhaps writing alternate paragraphs:
(50a) John helped me to write the letter.
(50b) John helped me write the letter.

사절의 동사가 나타내는 행위의 일부를 직접 한다거나, 도움을 받는 사람과 공동으로 어떤 행위를 한다고 하는 경우에 help 다음에는 원형 부정사절 형태를 수반할 수 있다. 반면에, Christophersen and Sandved (1962: 149)는 help가 'contribute to'(기여하다)라는 뜻을 가질 때에는 거의 예외없이 to-부정사절을 수반한다고 지적하고 있다. 즉, 상위절의 주어가 부정사절의 동사가 나타내는 상황을 수월하게 해준다는 뜻을 암시하는 경우에는 to-부정사절이 쓰일 가능성이 아주 높다는 것이다.

>Jill ***helped*** **him (to) lay the table**.
>[질은 그가 식사 차리는 것을 도와주었다.]
>The BBC commentary ***helped*** **us to see the gravity of the situation**.
>[BBC 방송사의 해설이 상황의 심각성을 이해하는데 도움이 되었다.]
>Perhaps a journey abroad might ***help*** **you to get over your grief**.
>[아마도 해외여행이 슬픔을 극복하는데 도움이 될 것입니다.]
>Believing in God ***helped*** **me to get through that crisis**.
>[신의 존재를 믿는 것이 그 위기를 이겨내는데 도움이 되었다.]

Bolinger (1974: 75)[59]의 (23a, b)와 Dixon (2005: 201)의 (24,a, b)도 모두 같은 방식의 설명을 뒷받침해주는 좋은 예들이다.

>(23) a. He ***helped*** **me climb the stairs** by propping him up with his shoulders.
>>[그는 자기 어깨로 나를 받쳐주면서 내가 계단 오르는 것을 도와주었다. → 계단을 오르는 행위를 그 사람도 같이 했다는 뜻을 암시함.]
>
>>b. He ***helped*** **me to climb the stairs** by cheering me on.
>> (Duffley 1992: 25).
>>>[그는 나를 격려해주면서 내가 계단을 오르도록 도와주었다. → 계단을 오를 수 있는 용기가 생기도록 나를 격려해 수었다는 뜻을 암시함.]
>
>(24) a. John helped Mary **to eat** the pudding (by guiding the spoon to get mouth, since she was still an invalid).

— Dixon (2005: 251). See also Hyde (2000: 35).
59 Duffley (1992: 25)에서 간접 인용함.

[존은 (아직도 환자이기 때문에 수저가 입에 닿도록 해줌으로써) 메리가 푸딩을 먹는 것을 도와 주었다.]

b. John helped Mary **eat** the pudding. ((he ate half.)

[존은 메리가 푸딩을 먹는 것을 도와주었다. → 즉, 존이 절반 정도를 먹음으로써 메리가 먹을 양의 일부를 대신 먹어 주었음.]

이상과 같은 예를 통해서 보면, 돕는 사람 자신이 부정사절의 동사가 나타내는 행위에 직접 참여하는 경우에는 help + 원형 부정사절이 선택되고, help + to-부정사절은 도움 자체가 간접적인 경우에 선호한다는 공통점을 갖고 있다.[60]

help의 수동형 다음에는 to-부정사절이 온다.

He *was not helped* **to dig the garden**.

[그는 정원을 파는데 도움을 받지 못했다.]

5) 의사 분열문

all I do ..., what I do ...로 시작되는 이른바 do를 수반한 의사 분열문(擬似分裂文: pseudo-cleft sentence)에서 be 동사에 대한 보어로서 원형 부정사절 또는 to-부정사절이 놓여 신정보(new information) 역할을 한다. 이러한 경우에 be 동사 다음의 보어 위치에 놓이는 원형 부정사절 또는 to-부정사절의 동사는 do가 나타내는 구체적인 동작을 나타내는 것이기 때문에 know, like, love, understand 따위와 같은 상태동사는 쓸 수 없고, paint, study, work 따위와 같은 동적동사라야 한다.

What she **did** was **(to) close all the windows**. (의사 분열문)

[그녀가 한 일은 창문을 모두 닫은 것이었다. → 이 문장은 She closed all the windows.(그녀는 창문들을 모두 닫았다.)에서 생긴 것임.]

All they **do** is **(to) put letters into envelopes**. (의사 분열문)

[그들이 하는 일은 편지를 봉투에 넣는 일 뿐이다. → 이 문장은 They put letters into envelopes.(그들은 편지를 봉투에 넣었다.)에서 생긴 것임.]

All a young man needs to do is **to work intelligently at the task before**

---

60 The consensus then is more or less that *help* + bare infinitive is used when the helper participates directly in the activity for which he is giving assistance, while *help* + *to* is preferred when the assistance is felt as mediate or indirect. — Duffley (1992: 25).

him.

[젊은이가 할 필요가 있는 일은 자기 앞에 놓인 일을 지적으로 하는 것뿐이다.]

All I could do was **just sit and wait**.

[내가 할 수 있는 것이라고는 단지 앉아서 기다리는 일뿐이었다.]

What a fire-door does is **delay the spread of a fire**.

[방화문이 하는 일이란 불이 번져나가는 것을 지연시키는 것이다.]

6) 등위절

동일한 문법적 기능을 담당하는 두 개의 부정사절이 등위접속사 and, or, as well as 따위로 연결될 때 두 번째 절이 흔히 원형 부정사절 형태로 나타난다. 반면에 마지막 세 개의 문장에서처럼 등위적으로 연결된 부정사절 사이의 대립 관계 때문이거나, 강조하고자 하는 이유 때문에 두 번째 부정사절이 보다 중요하다고 여겨질 때에는 to가 첨가되기도 한다.[61]

I'd like you **to have a look** at this *and* **tell me what you think of it**.

[나는 네가 그것을 보고 어떻게 생각하는지 말해주었으면 한다. → 첫 번째 절에는 to have a look at이 쓰였으며, and 다음에 놓인 두 번째 절에는 원형 부정사절 tell me가 쓰이고 있음.]

Do you want **to have dinner** now *or* **wait till later**?

[지금 저녁 식사를 하고 싶으냐, 아니면 기다리겠느냐?]

I have **to feed the animals** *as well as* **look after the children**.

[나는 애들도 돌보고 동물들에게 먹이도 줘야 한다.]

We need to persuade more drivers to leave their cars at home *and* **to use the train instead**.

---

[61] When there are several infinitives with the same or similar construction, it is common usage to employ *to* with the first infinitive and understand it with the next one or the following ones: 'I wished *to finish* my business and [to] *get* away.' 'I hoped to *draw* him into the open and [to] *settle* with him.' 'I thought it better *to take* the anthem myself than [to] *give* it to a junior, who would be sure to make a mull of it.' However, whenever the second or later infinitive becomes important by reason of a contrast or a wish to emphasize it in any way, it becomes at once more natural to+ repeat the to: 'It was better to laugh than *to cry*.' '*To be* or not *to be*, that is the question.' In involved constructions it is always desirable to repeat *to* to make the grammatical relations and the thought clear. — Curme (1931: 481).

[우리는 자동차를 집에 두고 대신 열차를 이용하도록 더 많은 운전자들을 설득할 필요가 있다.]
She may decide to remarry *or* **to live with one of her sisters**.
[그녀는 재혼을 하거나 자매 중의 한 사람과 같이 살기로 결정할지도 모른다.]
Thus, the goal is not to make the mind empty, *but* rather **to quiet the mind** by giving it a single focus.
[그러므로 목표는 마음을 비우는 것이 아니라, 오히려 마음에 하나의 초점을 맞춤으로써 마음을 고요하게 하는 것이다.]

7) 전치사

또한 but(= except)과 except와 같은 전치사 다음에. 즉, 이러한 전치사가 do anything/nothing/everything 다음에 올 때 흔히 원형 부정사절이 쓰인다.

Election days are torture because there's nothing to do *but* **wait**.
[선거날은 기다리는 일밖에 없기 때문에 상당히 고통스럽다.]
Can't you do anything *but* **ask silly questions**?
[너는 어리석은 질문밖에 할 줄 모르느냐?]
They don't want to do anything *except* (*to*) **play football**.
[그들은 축구하는 것 말고는 아무 것도 하고 싶어 하지 않는다.]

than 다음에도 보통 원형 부정사절이 쓰인다. 그렇지만 마지막 예에서처럼 부정사절의 주어를 내세울 때에는 반드시 to-부정사절이 온다.

It is easier to do it yourself *than* **explain to somebody** how to do it.
[그 일을 하는 방법을 어떤 사람에게 설명하는 것보다 자신이 직접 하는 것이 더 쉽다.]
Nothing would please me more *than* **for her to win the next election**.
[그녀가 다음 선거에서 승리하는 것보다 더 나를 기쁘게 해줄 수 있는 일이 없을 것이다.]

8) Why ...?

why (not)로 시작되는 독립 의문문에서. <Why + 원형 부정사절?>은 Why do/should I ...?와 같은 문장 구조에서 조동사와 주어가 생략된 구조로서, It's not worth the trouble to ...'(애써 ...할 가치가 없다) 또는 'I don't think you should ...'(네가 ...할 필요가 없다고 생각한

다)와 같이 주로 부정 명령적인 뜻을 포함하고 있다.[62] 또한 예컨대 **Why don't** you **clean** your teeth?(왜 이를 닦지 않느냐?)와 같은 문장의 축약형 <Why not + 원형 부정사절?>의 구조는 '제안'이나 '조언'의 뜻을 담고 있는 일종의 '명령적'인 문장이다.[63]

Why argue with him? He'll never change his mind.
[어째서 그 사람과 말다툼을 하지? 그 사람은 절대로 마음을 바꾸지 않아. → 순수한 의문문의 뜻을 나타내는 것이 아니라, 그 사람과 말다툼하는 것이 쓸모없는 짓이라는 서술문의 뜻이 포함됨.]

Why spend such a lot of money?
[도대체 왜 이렇게 많은 돈을 쓰는 것이냐? → 돈을 많이 쓸 가치가 없는 곳 또는 돈을 많이 쓸 필요가 없는 곳에 돈을 많이 쓰는 것에 대하여 의아하게 생각한다는 서술문의 뜻이 포함되어 있음.]

Avoid speaking negative things. **Why look at** the drains, when there is beauty all around? — P. Yogananda, *How to be Happy All the Time*.
[부정적인 말을 하지 마라. 사방이 온통 아름다운데 어째서 시궁창을 바라보느냐?]

Why not write to her?
[어째서 그녀에게 편지를 쓰지 않는 것이냐? → 그녀에게 편지를 쓰는 것이 좋겠다는 조언의 뜻을 담고 있음.]

Why not apologize and **ask** his pardon?
[왜 사과를 해서 그에게 용서해 달라고 하지 않느냐? → 사과를 해서 용서해 달라고 요청하는 것이 바람직스럽다는 조언의 뜻이 담겨져 있음.]

---

62 Quirk et al. (1985: 820).
63 Questions beginning with *Why don't you* and the abbreviated *Why not* are commonly used as directives. The directives are invitations or (more commonly in AmE) suggestions or instructions. — Quirk et al. (1985: 821). See also Swan (2005: 616).

제9장

동명사절(Gerund Clauses)

9.1. 동명사와 현재분사

대체로 14세기를 전후하여 동명사[1]와 현재분사가 각각 갖고 있었던 독특한 형태상의 차이가 붕괴되어, 지금에 와서는 동명사와 현재분사가 모두 동사 원형에 -ing[-iŋ]이 첨가된 한 가지 형태로 통일됨으로써 외견상으로는 양자간의 형태를 구분하는 것이 불가능하게 되었다. 그러나 형태가 같음에도 불구하고, 이 두 가지는 원래 그 문법적인 기능이 달랐었기 때문에 이러한 기능상의 차이가 지금도 그대로 남아 있다고 하겠다.[2]

9.1.1. 구조와 뜻

먼저 <동명사 + 명사>일 때와 <현재분사 + 명사>일 때, 양자는 구조와 뜻이 다르다. 즉, 동명사 + 명사는 일종의 복합어 구조이고, 현재분사 + 명사의 구조는 수식 구조로서, 이에 따라 뜻이 서로 다르다. 즉, 복합어 관계일 때 동명사는 수식받는 명사가 어떤 '유형'(type)의 것인가를 나타내는 것으로, '목적'이나 '용도'를 나타내는 것으로서 명사적인 뜻이 강한 반면

---

1   동사 어간에 어미 -ing을 첨가해서 만들어진 형태가 gerund, gerund phrase, gerund clause, nominal -ing clause (<nominal -ing participle clause), -ing noun, -ing form 따위의 명칭으로 불리우고 있는데, 여기서는 여러 가지를 고려해서 전통적으로 사용되어 온 gerund clause라는 용어를 사용한다.

2   The gerund was originally a verbal noun in *-ing* (until about 1250 also with the form *-ung*). Thus it differed from the present participle in meaning, which was originally an adjective and until about the fourteenth century had a different ending, namely, *ende* (or *inde, ynde, ande*), so that the two suffixes were farther apart in form and meaning than they are today. They have both in course of time acquired more verbal force, but the gerund is still a noun and the present participle is still an adjective. — Curme (1931: 483). See also Meyer-Myklestad (1967: 200).

에, 현재분사는 형용사적인 뜻이 보다 강하다.³ 그러므로 예컨대 (1a)에서 running shoes는 'shoes for running'이라는 뜻으로 목적이나 용도를 나타내는 동명사 + 명사의 구조인 반면, (1b)에서 running water는 'water that is running'이라는 뜻으로 진행중인 동작을 나타내는 현재분사 + 명사의 구조이다.

(1) a. Here are your **running shoes**.
    [여기에 너의 운동화가 있다.]
  b. I love the sight of **running water**.
    [나는 흘러가는 물을 보기를 좋아한다.]

다음과 같은 표현들은 <동명사 + 명사> 구조를 갖고 있다.

> **closing** ceremony(폐회식), **growing** pains(= 'pains in the limbs of young children' 성장기의 신경통), a **running** competition(달리기 경주), a **hearing** aid(보청기), a **swimming** pool(수영장), a **walking** stick(= 'a stick for walking' 지팡이), a **waiting** room(대기실), a **sleeping** pill(수면제), **working** conditions(근로조건), a **changing** room(= 'a locker room' 탈의실), a **smoking** compartment(흡연실), **swinging** door(회전문), **turning**-point(전환점)

다음 예들은 <현재분사 + 명사>의 구조로 수식어와 수식받는 명사로 이루어진 것이다.

> a **running** stream(= 'a stream that is running' 흐르는 개울물), a **falling** star(= 'a star that falls' 별똥별), **boiling** water(끓는 물), a **hunting** lion(먹이를 사냥하는 사자), **swimming** swans(수영하고 있는 백조들), a **waiting** train(대기중인 열차), **working** men and women(일하고 있는 남녀들), sliding doors(미닫이 문)

---

3 -ing 형태가 명사 앞에 놓여 명사를 수식하는 한정적 용법으로 쓰이거나, 아니면 be 동사류 다음에 놓여 서술적으로 쓰이는 것은 현재분사이며, 이러한 분사를 기능과 형태를 고려하여 '분사 형용사'(participial adjectives)라고 한다. 특히 서술적으로 쓰이는 경우에는 예컨대 The children are playing on the lawn.이나 The house was burning.에서 playing과 burning의 경우처럼 동사적인 힘을 가진 것은 진행형으로 쓰인 것인 반면, an amusing story, a charming hostess, a daring attempt와 같은 예에서 현재분사형은 각각 comical/funny, delightful, bold와 같은 뜻을 가진 순수한 형용사로 간주된다. — cf. Zandvoort (1965: 24).

이번에는 다음과 같이 동명사를 수반하고 있는 복합어를 구조적으로 살펴보기로 한다. 여기에 제시된 복합어들은 대체로 두 번째 구성 성분을 동명사로 해서 이루어진 '목적어 + 타동사'의 구조이다.[4] 특히 동명사가 그 다음에 목적어를 수반한 **Collecting** coins is an interesting hobby.의 경우와 달리, 이러한 구조에서 목적어 역할을 하는 명사는 그 의미에 관계없이 항상 단수형으로 나타난다.

> money-**making**(돈벌이), bull-**fighting**(황소 싸움), sight-**seeing**(관광), leave-**taking**(휴가 가기), horse-**racing**(경마), gold-**mining**(금 채광), fortune-**hunting** (돈 많은 여자 찾기), taxi-**driving**(택시 운전)

구조적으로 볼 때, 이상과 같은 예들은 예컨대 money-**making**이 to make money로 풀이되는 것처럼 동명사를 동사로 하고 첫 번째 요소인 명사를 목적어로 하는 '동사 + 목적어' 관계를 나타내는 복합어이다. 그렇지만 모든 복합어 관계를 나타내는 구조들이 동일한 문법적 관계를 나타내는 것은 아니다. 예컨대 sun-**rising**, cock-**crowing**과 같은 예에서는 '주어 + 동사'의 관계, 그리고 church-**going**과 같은 예는 go to church와 같이 '동사 + 부사'의 관계를 나타내는 것도 있다.[5]

9.1.2. 강세

이 두 가지 구조, 즉 <동명사 + 명사>일 때와 <현재분사 + 명사>의 구조에서 동명사와 현재분사는 강세(stress)의 위치에서도 차이가 있다. 즉, <동명사 + 명사>의 복합어 구조일 때는 동명사에 제1강세(primary stress)가 놓이고 수식받는 명사는 약한 강세를 받는 반면, <현재분사 + 명사>의 수식 관계를 나타내는 구조일 때는 수식받는 명사가 제1강세를 받는다. 그러므로 예컨대 복합어 구조 a **séwing** machine(재봉틀)과 수식 구조의 관계를 가진 a

---

4 The nouns used in these gerund-compounds are mostly in the objective, less frequently in the subjective or in some adverbial relation to the verb with which they are connected. — Poutsma (1926: 493).

5 The nouns used in these gerundial compounds are mostly in the objective, less frequently in the subjective or adverbial relation to the verb with which they are connected. Sometimes also the relation is uncertain, more than one interpretation being possible. — Poutsma (1923: 137).

running **stréam**(흐르는 개울물)은 강세를 받는 요소가 서로 다르다.[6]

> 동명사 + 명사: a **bathing** costume(수영복), **working** clothes(작업복), **writing** paper(편지지), **boiling** point(융점), a **living** room(거실);
> 현재분사 + 명사: **boiling** water(끓는 물), **changing** circumstances(변화하는 상황), the **following** example(다음의 예)

<동명사절인가, 분사절인가?>

지금까지 위에서 의미와 문법적인 관계를 따라 동명사와 현재분사 형태가 복합어 또는 수식 관계를 나타내는 하나의 명사구를 이루었을 때 여기에서 나타나는 양자간의 차이를 보았는데, 양자간의 차이는 동명사와 현재분사가 만드는 절 구조가 문장 안에서 담당하는 문법적인 역할에서도 드러난다. 즉, (2a, b)에서 sitting here in the sun 부분이 동일한 구조를 가지고 있으면서도 (2a)에서는 문장의 주어 역할을 하는 동명사절인 반면, (2b)에서는 분사절로서 부사적인 역할을 하고 있다.

(2) a. **Sitting here in the sun** is very pleasant.
　　　　[여기 양지바른 곳에 앉으니 참으로 유쾌하다.]
　　b. **Sitting here in the sun**, I still feel cold.
　　　　[여기 양지바른 곳에 앉아 있어도 여전히 춥다. → 분사절은 Even though I am sitting here in the sun이 축약된 것임.]

이와 똑같은 예를 하나 더 들기로 한다.

Peeling navel oranges repulses John.

---

[6] 예컨대 There was a smoking cigarette end in the ashtray.에서 a smoking cigarette end의 경우처럼 대개 문중에서 다른 단어들과의 관계 때문에 전달되는 의미가 명백하지만, 강세 등의 차이를 고려하지 않는다면 다음과 같은 예에서 외형상 동일한 구조로 이루어진 밑줄 친 부분은 애매하다:
　a. <u>Visiting relatives</u> can be a nuisance.
　　i. paying a visit to relatives (<u>친척을 방문하는 일</u>은 귀찮을 수 있다.)
　　ii. relatives who are visiting you/us (<u>방문하는 친척들</u>은 귀찮을 수 있다.)
　b. Smoking grass can be nauseating.
　　i. putting grass in a pipe and smoking it(<u>풀을 파이프에 넣어서 피우는 것</u>은 구역질이 난다.)
　　ii. fumes from smoldering grass (<u>타는 풀에서 나는 연기</u>는 구역질이 난다.)

[네이블을 벗기는 것이 존을 구역질나게 만든다. → peeling navel oranges는 동명사절로서 문장의 주어 역할을 하고 있음. navel orange(네이블): 오랜지의 한 종류.]

Peeling navel oranges, John watched the game.

[네이블 껍질을 벗기면서 존은 그 경기를 보았다. → peeling navel oranges는 분사절로서, 시간 부사절과 같은 역할을 하고 있음.]

9.2. 동명사의 형태

9.2.1. 시제형

동작명사(→ 9.4 참조)와 현재분사의 경우와 마찬가지로, 영어의 동명사도 원형 동사에 -ing을 붙여서 만들어지는 동사가 갖는 한 가지 형태이다. 이것은 원래 특정한 동사에서 만들어진 순수한 명사가 오랜 역사를 거치는 동안 점차적으로 특정 동사에 관계없이 모든 동사에서 만들어진 것이며, 또한 16세기에 들어와서는 동명사가 동사적인 힘이 강하게 부각되면서 시제와 태에 따른 형태를 갖게 된 것이다.[7] 따라서 동명사에는 reading, speaking, helping 따위처럼 원형 동사에 -ing을 첨가한 형태의 <현재 동명사(present gerund)>와 having read, having spoken, having helped처럼 having + 과거분사 형태로 나타나는 <완료 동명사(perfect gerund)>가 있다.

> 현재 동명사(동사 원형 +-ing): reading, speaking, helping
> 완료 동명사(having + 과거분사): having read, having spoken

Striving for success without hard work is like trying to harvest where you haven't planted.

[열심히 일하지도 않으면서 성공하려고 하는 것은 씨앗을 심지 않은 곳에서 수확하려고 하는 것과 같다.]

Being overweight is an established risk factor for diabetes and high blood pressure.

---

7 As the gerund in the sixteenth century was felt as having strong verbal force, it began to appear with forms for voice and tense. — Curme (1931: 484, 140). 그런데 동명사가 나타내는 현재 동명사와 완료 동명사는 절대적인 시제 형태가 아니라, 상대적인 시간 관계를 나타내는 형태이다.

[과체중은 당뇨병과 고혈압을 가져올 수 있는 확실한 위험 요인이다.]
I repent **having been** so generous to that scoundrel.
[나는 그 악당에게 상당히 너그럽게 대해 준 점을 후회한다.]
She admitted **having stolen** the bicycle.
[그녀는 자전거를 훔쳤다는 점을 인정했다.]

그러나 동사적 성격이 보다 더 강한 부정사의 경우와 달리, 동명사는 진행형이 없다. 즉, 동명사는 '완료된'(fulfilled) 상황을 나타내지만, 진행형은 '진행중인' (progressive) 상황을 나타내는 것이기 때문에 동명사가 진행형으로 나타나게 되면 결국 의미상의 충돌이 발생하게 된다. 예컨대 *She **likes being writing** letters.와 같은 문장이 문법적으로 허용되지 않는 까닭은, 이미 과거에 수차례에 걸쳐 편지를 썼던 경험을 토대로 좋아한다는 말을 하면서 진행형으로 나타내면 지금 쓰고 있는 것을 좋아한다는 뜻이 되기 때문에 결국 의미상의 충돌이 생기게 되는 것이다.[8]

9.2.2. 수동

동명사가 만드는 구문이 명사구의 성질을 가지면서도 동시에 '절성'(節性: clauseness), 즉 절의 성격을 갖는다는 점을 보여 주는 근거는, 동명사는 동사에서 만들어지는 것이기 때문에 시제와 더불어 being watched, being examined, being impressed 따위와 같은 현재 수동 동명사와, having been impressed 따위와 같은 완료 수동 동명사 형태로 나타날 수 있다는 점 때문이다.

> 현재 수동 동명사(being + 과거분사): being watched, being examined
> 완료 수동 동명사(having been + 과거분사): having been watched

---

8   진행형과 동명사가 결합하지 못하는 것은 다음의 문장 (a)는 비문법적인 반면, (b)는 문법적이라는 점에서도 알 수 있다. 즉, (b)에서는 주절(he got down to work)의 내용이 이루어질 때 동명사절이 나타내는 상황은 그 이전에 이미 완료되었음을 나타내기 때문에 문법적이다. 반면에 (a)에서는 주절의 동사가 나타내는 과거시에 동명사가 나타내는 상황이 이미 완료되었어야 함에도 불구하고 여전히 진행중이기 때문에 비문법적이다. ― Duffley (2006: 5).

   a. ***After he** was reading **all his e-mail**, he got down to work. (= (5))
   b. **After** reading **all his e-mail**, he got down to work. (= (6))

I expressed my indignation at **being unfairly dismissed**.

[나는 부당 해고를 당하게 된 점에 분노를 표했다.]

Generally speaking, people work harder if they work voluntarily instead of **being told** to do something.

[일반적으로, 사람들은 어떤 일을 하라는 말을 듣지 않고 자발적으로 하게 되면 더 열심히 일한다.]

He resents **having been accused**.

[그는 비난을 받은 것에 분개하고 있다.]

He took the oath of office last week after **having been elected** with an impressive 76% of the vote.

[그는 76%라는 압도적인 득표로 선출되고 나서 지난주에 취임 선서를 했다.]

9.2.3. need + -ing 등

동사의 능동형이 능동의 뜻을 나타내고, 수동형이 수동적인 뜻을 나타내는 것이 당연한 이치이지만, 이러한 수동태의 표지가 없음에도 불구하고 deserve, demand, need, require, doesn't bear, want 따위와 같은 요구동사(verbs of requirement) 다음에 오는 동명사는 다음에 예시한 문장에서처럼 능동형이면서도 수동적인 뜻을 나타내며,[9] 따라서 마지막 문장에서처럼 <by + 동작주>를 명시할 수도 있다. 이러한 구조는 미국영어보다 영국영어에서 보다 보편적이다.

---

9   The simple ing is frequently used as an adjunct or object to verbs when the meaning is clearly that of an action performed, not that of an agent performing it. Such verbs are *to deserve, need, require, want* (when meaning 'to need'). *to bear* (especially in negative and interrogative sentences). — Kruisinga (1931: 114); A quite different variety of *-ing* construction occurs just with a number of verbs that are frequently found with a passive complement clause — they comprise *need, require* and *deserve*, and also a sense of *want* that is almost synonymous with need. This *-ing* construction has similar meaning to a passive TO clause with coreferential subject omission, e.g. *That meat requires cooking* corresponds to *That meat requires to be cooked*; and *This brat needs/wants spanking* corresponds to *This brat needs/wants to be spanked*. — Dixon (2005: 191). See also Jespersen (1940: 112). Huddleston & Pullum (2002: 1199-1200)은 이처럼 능동형 형태이면서 수동의 뜻을 갖는 동명사 구조를 'concealed passive'라고 부르고 있다. Cowan (2008: 409) 역시 이러한 구조를 'concealed passive'라고 하여 Huddleston & Pullum과 같은 용어를 사용하고 있다.

We have so many tasks which **need doing** in all phases of medicine, public health, agriculture, and basic research.
— Glenn Seaborg, "Letter to a Young Scientist"
  [우리에게는 의학, 대중의 건강, 농업, 그리고 기초 연구 등 모든 면에서 이루어져야 할 일들이 상당히 많다.]

'Hamlet' is **required reading** for this course.
  [이 과정을 이수하려면 햄릿(Hamlet)을 반드시 읽어야 합니다.]

His words **don't bear repeating**.
  [그의 말은 되풀이하기에 적절치 않다.]

The article **needs checking** by the editor.
  [그 논문은 편집자가 검토해봐야 한다.]

이러한 구조의 문장에서 능동형의 동명사들은 모두 타동사에서 만들어진 것이며, 따라서 이 동사에 대한 논리적인 목적어에 해당되는 명사구가 외형상으로는 상위절의 동사에 대한 주어 위치에 놓여 문법적으로는 주어 역할을 하고 있기 때문에 주어 위치로 이동한 목적어를 무시한 채 또 다른 목적어를 내세운다면 결국 비문법적인 문장이 되어버린다.

My new watch doesn't **need winding** $\left\{ \begin{array}{c} \text{*it} \\ \varnothing \end{array} \right\}$
  [나의 새 시계는 태엽을 감지 않아도 된다.]

이 문장에서 동명사형 winding의 논리적인 목적어는 외형상 상위절의 주어 역할을 하고 있는 my new watch이기 때문에 별도의 목적어를 다시 내세울 수 없다. 더 나아가 동명사가 수동적인 뜻을 갖는다고 하여 *... need being wound와 같은 수동 동명사 형태로도 나타낼 수 없다.

다음 문장에 나타난 두 개의 동명사형 punishing은 각각 수동과 능동의 뜻을 나타내고 있다. 즉, 앞에 놓인 punishing은 수동적인 뜻을, 그리고 뒤에 놓인 것은 그 자신의 목적어를 거느리고 있는 것으로서 능동적인 뜻을 나타내는 것이다.

She **deserved punishing** for **punishing me**. (Jespersen 1933: 322)
  [그녀는 나를 벌 준 대가로 벌을 받아 마땅했다.]

deserve, need 다음에 능동 동명사 형태 대신에 <to be + 과거분사>의 수동 부정사 형태의 구조를 사용함으로써 형태와 의미가 동일하게 할 수도 있다.[10]

> He **needs to be encouraged**.
> [그는 격려를 받을 필요가 있다.]
> This proposal **deserves to be examined** carefully.
> [이 제안이 자세히 검토될만하다.]
> Teachers require **to be warned** against shouting. (Zandvoort 1969: 30)
> [선생님들은 소리를 지르지 말도록 경고를 받아야 한다.]

상위절의 동사로서 want는 능동 동명사 형태만 있을 뿐이며, 이에 대응하는 수동 부정사 형태는 존재하지 않는다.[11]

> The car **wants servicing**. (= needs to be serviced) (Swan 2005: 272)
> [그 자동차는 서비스를 받아야 한다.]

9.2.4. 부정

부정사절을 부정하는 경우와 마찬가지로, 동명사절을 부정하는 부정어 not, never 등은 동명사 앞에 놓인다.[12] 그러나 마지막 예에서처럼 완료형 동사를 부정할 때 빈도부사 never는 조동사와 일반동사 사이에 놓인다.

---

10 After *to need, to require* and *to want* the gerund varies with the passive infinitive. In this case the grammatical subject of the finite verb is at the same time the logical object of the gerund. — Zandvoort (1969: 30); But with one small group of verbs (such as *deserve, need, require,* and *want*, etc.) it is not the understood subject of the participle, but its understood object that is identified with the subject of the superordinate clause. In such cases, therefore, the participle construction matches in meaning the passive of the corresponding infinitive construction (the bracketed part is mine): Your shoes *need* mending/to be mended. That door *needs* painting/to be painted. — Quirk et al. (1985: 1189).
11 문용 (1994: 72, 2008: 75). Swan (2005: 272)은 (21)에서처럼 want servicing을 want to be serviced로 풀어쓰지 않고 있다.
12 It was partly the teacher's fault for *not* explaining things clearly enough.는 'be somebody's fault for doing something'이라는 관용구가 포함된 문장이며, for가 잘못 삽입된 것으로 오해하기 쉽다.

Anemia can be caused by **not eating** the right foods.
[적절한 음식을 먹지 않게 되면 빈혈증이 생길 수 있다.]
Not punishing these hooligans amounts to condoning their crime.
[이런 불량배들을 처벌하지 않는 것은 그들의 범죄행위를 용서하는 것이다.]
His employer was irritated at his **never getting** to work on time.
[그의 사장은 그가 결코 제 시간에 출근하지 않기 때문에 화가 났다.]
I have some suspicion of the police **having never properly searched** the room.
[나는 경찰이 방 수색을 결코 제대로 하지 않았다는 점에 대하여 의심을 품고 있다.]

<no + 동명사>

동명사 형태가 부정어 no를 수반하여 어떤 행위가 금지되었다거나 불가능하다는 점을 나타내기도 한다. 이러한 구조는 종종 게시문에서 주어와 목적어 등을 수반하지 않고 단독으로 표현된다.

No fishing
[낚시금지]
"Do not try to skip steps," he would advise. No jumping!"
["계단을 건너 뛰려고 하지 마십시오. 점프하지 마세요." 라고 그가 조언하곤 했다.]
No loitering!
[빈둥거리지 말 것]
No parking/stopping
[주/정차금지]
No passing.
[통행금지]
No soliciting.
[강매금지]
No tipping[13] (= 'No rubbish to be tipped here.')
[쓰레기를 여기에 버리지 마시오.]
No trespassing

---

13 상당량의 쓰레기더미를 버린다고 하는 경우에는 No dumping이라고 하며, 소량의 쓰레기에 대해서는 Don't litter(쓰레기 버리지 마시오), No littering(쓰레기 투기 금지)이라 함.

[출입금지]

그러나 위의 예에서처럼 게시문의 뜻을 갖는다고 하더라도 동사가 목적어를 거느리게 되면 'No + 동명사' 구조 대신에 명령문 구조로 나타내야 한다.[14]

Do not touch these wires.
[이 철사를 건드리지 마시오. → *No touching **these wires**.라고 하지 않음.]
Do not feed the animals.
[동물들에게 먹이를 주지 마시오.]

9.3. 동명사의 성격

동명사는 동사에서 나온 명사형으로서, 문법적 기능이나 구조로 볼 때 부정사와 동작명사(動作名詞: action nominals)의 중간 위치를 차지하는 것이다. 따라서 동명사는 부정사와 비교하면 동사적 성질이 덜 뚜렷하지만, 동작명사와 비교하면 명사적 성격이 다소 덜 뚜렷하다고 하겠다.[15]

이러한 위치에 있는 동명사는 다시 명사적 성격과 동사적 성격을 갖는데, 이 두 가지 성격을 항상 두루 갖는 것은 아니다. 전달되는 내용을 따라 어느 한 가지 성격이 부각되기도 하고, 두 가지 성질이 모두 드러나기도 한다.[16]

---

14 Swan (2005: 271). See also Thomson & Martinet (1986: 228)
15 The gerund is a substantival form of the verb which is intermediate between the infinitive and the noun of action; i.e. it is of a less distinctly verbal than the infinitive, and of a more distinctly verbal nature than the noun of action. — Poutsma (1926: 467).
16 The gerund is of a variable nature: i.e. sometimes it exhibits either exclusively verbal or exclusively substantival features, sometimes at once verbal and substantival features. — Poutsma (1926: 468); Verbal nouns are gerunds proper when they have nominal and verbal force combined. They perform at once the function of a noun and that of a verb. In actual use one of these functions is usually the more predominant. — Meyer-Myklestad (1967: 200); Any of several linguistic forms in languages other than Latin that are felt to be analogous to the Latin gerund; *esp*: the English verbal noun in *-ing* that has the function of a substantive (as subject or object of a verb, object of a preposition, or complement of a verb) and at the same time shows the verbal features of tense and voice (as *choosing, having chosen, being chosen*), capacity to take adverbial qualifiers, and may have subject in the objective or common case but often takes in place of a subject a possessive qualifier

9.3.1. 명사적 성격

동명사가 명사적 성격을 갖는다는 것은 동명사가 그 자신의 주어, 목적어, 보어 등 어떤 성분도 수반하지 않고 단독으로 쓰일 수 있음은 물론, 보통의 명사들처럼 a, the, this, a lot of, some, -'s, my, your 따위와 같은 한정사, 또는 형용사를 수반하여 나타내고자 하는 적절한 뜻을 나타낼 수 있다는 점 때문이다. 또한 명사가 일반적으로 갖는 속격형과 수(數: number)를 나타낼 수 있으며, 다른 명사와 결합하여 복합어 등을 만들 수 있다. 바로 이러한 점 때문에 동명사는 문중에서 주어, 목적어, 보어 따위와 같이 보통의 명사가 담당하는 문법적인 기능을 담당한다.

His chief hobby is **gardening**.
[그의 주된 취미는 정원을 가꾸는 일이다. → 동명사 gardening이 불가산명사처럼 단독으로 쓰였음.]

In the US, **hunting** is a popular sport among some people, while others think of it as inhumane.
[미국에서는 사냥이 일부 사람들 사이에서 인기있는 스포츠인 반면, 다른 사람들은 사냥을 비인간적인 것으로 생각한다. → 동명사 hunting이 불가산명사와 같이 단독으로 쓰이고 있음.]

I detest *all this* **quibbling**.
[나는 얼버무리는 이 모든 행위를 무척 싫어한다. → 동명사 quibbling이 명사와 마찬가지로 두 개의 한정사 all과 this의 한정을 받고 있음.]

I did *some* **shopping** this morning.
[오늘 아침에 쇼핑을 좀 했다. → 동명사 shopping이 한정사 some의 한정을 받고 있음.]

There have been indiscriminate **burnings**, **pillagings**, and **shootings**.
[줄곧 무차별적인 방화, 약탈, 그리고 총격 사건이 있어 왔습니다. → 동명사들이 보통명사들처럼 복수형으로 나타나고 있음.]

He was waked by *an insistent* **tapping** on his door.
[그는 문을 계속 두드리는 소리에 잠에서 깨었다. → 보통의 명사들과 마찬가지로 동명사

---

denoting the agent of its action esp. in literary use and when the agent is a pronoun or a noun denoting a person or persons <in the sentences "I am surprised at his taking the matter so lightly" and "he left without anyone in the room noticing his departure", *taking and noticing are gerunds*> — *Webster's Third New International Dictionary*.

tapping이 한정사와 형용사의 수식을 받고 있음.]

***Excessive* drinking** is incompatible with good health.

[음주를 지나치게 하면 건강을 유지하지 못합니다. → 명사와 마찬가지로 동명사 drinking 이 형용사 excessive의 수식을 받고 있음.]

이상과 같은 예에서 동명사는 동사 어간에 -ing이 첨가된다는 점을 제외하면 어떤 면에서도 동사적인 성격은 찾아볼 수 없는 순수한 명사에 가깝다고 할 수 있을 것이다.

9.3.2. 동사적 성격

9.3.2.1. 절 구조

동명사의 명사적 성격을 잠시 보았으니, 이번에는 동사적 성격을 살펴보기로 할 차례이다. 부정사절이나 분사절의 구조와 마찬가지로 동명사도 동사에서 비롯된 것이기 때문에 동사가 갖는 고유의 성질을 상당히 갖고 있다. 그러므로 단문에서 전형적으로 나타나는 정형동사(定形動詞: finite verbs)와 마찬가지로 동명사 형태도 그 자신의 명시적(specified) 주어 또는 이해된(understood) 주어를 비롯하여 동사의 문법적 특성과 전달하고자 하는 내용에 따라 목적어, 보어, 그리고 부사적 부가어(adverbial adjunct)와 같은 문장 요소를 동반할 수 있다.[17] 동명사가 갖는 이러한 동사적 성격은 다음에 열거한 완전한 문장 (3a)가 축약된 구조 (3b)를 통해서 잘 드러난다. 물론 완전한 문장을 축약하더라도 축약되기 이전과 적어도 내면적으로는 똑같은 구조를 갖는다. 즉, 내면구조를 분석해 보면 (3a)를 동명사 구조로 축약한 (3b)는 독립된 문장과 마찬가지로 주어(Susan's) + 동사(driving) + 부사적 부가어(at night)로 이루어져 있다. 그리고 축약된 구조는 (3c)에서처럼 문장의 일부로서 목적

---

17 The verbal features of the gerund are the same as those of the infinitive and the present participle. Like these verbals, it may be attended by an object, non-prepositional or prepositional, or by an adverbial adjunct, or by both an object and an adverbial adjunct. — Poutsma (1926: 469); The previous section has made clear that a gerund can take a subject NP, any of the verb complements (direct O, indirect O, OC, SC, PO), and adverbial adjuncts (including the possibility of a *by*-adjunct expressing the agent). This means that a gerund has the same syntactic potentialities as a finite verb form, so that we can really speak of a **gerund clause** if it appears with one or more of these verbal syntactic characteristics. — Declerck (1991a: 500).

어 역할을 하고 있다. 바로 이러한 점 때문에 동명사가 이루는 구조를 동명사구[18]라고 하지 않고, 동명사절(動名詞節: gerund clause)이라고 하는데, 이는 동명사가 동사적 성질을 가진 이른바 동사적인 동명사(verbal gerund)로서의 특성을 잘 나타내 주고 있기 때문이다.

 (3) a. Susan drives at night.
   [스잔이 밤에 운전한다.]
  b. Susan's driving at night
   [스잔이 밤에 운전하는 것]
  c. Susan hates (*Susan's) driving at night.
   [스잔은 밤에 운전하는 것을 무척 싫어한다.]

문장 (3a)에서 축약된 동명사절 (3b)는 문장의 일부로서 (3c)에서처럼 문장의 한 요소로서의 역할을 한다. 그러므로 (3c)에서 동명사절은 상위절의 동사 hates에 대한 목적어 역할을 하는데, 이 문장에서는 부정사절의 경우와 마찬가지로 상위절의 주어(Susan)와 동명사절의 주어(Susan's)가 동일하기 때문에 동일 명사구 삭제(Equi(valent)) NP(Noun Phrase) Deletion) 원칙에 따라서 동명사절의 주어 Susan's가 필수적으로 생략됨으로써 결국 (3c)와 같은 문장이 생긴 것이다.

다음에 예시된 문장 속에 들어 있는 동명사절은 그 속에 포함된 요소들이 갖는 문법적 기능을 각각 주어, 동사, 목적어, 보어, 수식어 등으로 표시하였다. 특히 주어와 관련해서는 상위절의 주어와 동명사절의 주어가 같으면 그 주어를 [주어]로 표시하고, 동명사절의 주어가 동명사 바로 앞에 있으면 <주어>로, 그리고 문장의 나머지 다른 위치에 주어가 있으면 주어라고 표시했으며, 문장의 표면에 주어가 전혀 나타나지 않고 암시되는 경우에는 [∅]로 표시하여 구별하였다.

 Lying late in the morning is a great shortener of life.
  [아침에 늦잠을 자는 것은 생명을 크게 단축시키는 것이다. → 문중에 포함된 동명사절은 [∅] + 동사 + 수식어 + 수식어의 구조이며, 동명사 lying에 대한 주어는 일반적인 사람을 가리키기 때문에 문중에 나타나지 않았음.]

---

18 일부 문법학자들은 여전히 '동명사구'라고 부르기도 한다: Frank (1993: 310). 심지어 Baker (1997: 186)에서 We regret your **having called the police**.에서 having ... the police와 같은 구조를 present-participial verb phrase(현재분사 동사구)라고 부르고 있다.

I cannot abide **seeing such cruelty**.

[나는 그렇게 잔인한 행위를 참을 수 없다. → 문중에 있는 동명사절은 [주어] + 동사 + 목적어의 구조이며, 동명사 seeing의 주어는 상위절의 주어와 동일하기 때문에 동명사절에서 삭제되었음.]

His becoming a leader involved many responsibilities.

[그가 지도자가 되었다는 데는 많은 책임이 따랐다. → 문중에 포함되어 있는 동명사절은 <주어> + 동사 + 주격보어의 구조이며, 동명사 becoming의 주어 his가 바로 앞에 놓여 있음.]

Does she resent **my being here**?

[그녀는 내가 여기 있는 것을 못마땅해 하는가? → 문중에 포함되어 있는 동명사절은 <주어> + 동사 + 수식어의 구조이며, 동명사 being의 주어 my가 바로 앞에 놓여 있음.]

Lending him money merely fosters his unthrifty habits.

[그에게 돈을 빌려주는 것은 그의 낭비하는 버릇을 키워주는 것뿐이다. → 문중에 포함된 동명사절은 [∅] + 동사 + 간접목적어 + 직접목적어의 구조이며, 동명사 lending의 주어는 일반적인 사람이기 때문에 생략되었음.]

Leaving your car unlocked is just inviting trouble!

[자동차 문을 잠그지 않은 채로 두는 것은 바로 문제를 불러오는 것이지! → 문중에 포함된 동명사절은 주어 + 동사 + 목적보어의 구조이며, 목적어의 일부로 나타난 한정사 your가 동명사 leaving의 주어 역할을 하는 것임.]

Growing crops on this land is a struggle against nature.

[이 땅에서 농작물을 재배하는 것은 자연과 싸우는 것이다. → 문중에 포함된 동명사절은 [∅] + 동사 + 목적어 + 수식어의 구조이며, 동명사의 주어는 일반적인 사람을 가리키기 때문에 나타나지 않았음.]

Protecting yourself from the sun is the single most important step you can take to have your younger-looking, healthier skin.

— Nelson Lee Novick, M. D., "Executive Health's Good Health Report."

(from *Reader's Digest*, May 1992)

[햇빛으로부터 자신을 보호하는 것은 더 젊어 보이고, 더 건강한 피부를 갖기 위해 여러분이 취할 수 있는 단 하나의 가장 중요한 조치가 된다. → 동명사절 protecting yourself from the sun은 [∅] + 동사 + 목적어 + 수식어 역할을 하는 전치사구의 구조로 이루어져 있으며, 주어는 재귀대명사로 나타난 목적어와 동일한 you가 생략되었음.]

9.3.2.2. 절성과 명사성

방금 위에서 예시한 예문에서처럼, 동명사가 만드는 구조는 대개 '주어 + 동사' 등 동사의 특성에 따라 절이 필요로 하는 요소들을 두루 갖추고 있기 때문에 구조적으로는 '절성'(節性: clauseness), 즉 절의 성격을 갖는다. 바로 이러한 점에서 보면 동명사절도 부정사절이나 that-절과 구조적으로 같다. 그러나 부정사절이나 that-절과 달리, 동명사절은 '명사성'(名詞性: nouniness), 즉 명사적 성격도 갖고 있기 때문에 마치 하나의 명사구와 동일한 문법적 작용을 하기도 한다.[19]

첫째, 예컨대 The student is diligent.에 대한 Yes/No 의문문은 단순히 주어인 명사구 the student와 be 동사의 어순을 바꿔서 Is the student diligent?처럼 만들어진다. 동명사절이 주어 역할을 하는 경우에도 이것이 갖는 명사성 때문에 (4a)와 같은 문장을 (4b)에서처럼 단지 주어 역할을 하는 동명사절과 동사의 어순만 도치시키면 Yes/No 의문문이 만들어진다.

(4) a. **Bill's avoiding the question *was*** really important. →

　　　[빌이 그 질문을 회피하는 것은 정말 중요했다.]

　b. ***Was* Bill's avoiding the question** really important?

　　　[빌이 그 문제를 회피한 것이 정말 중요했습니까? → 동명사절과 be 동사의 어순만 바뀌어 Yes/No 의문문이 되었음.]

19　이러한 점 때문에 Baker (1997: 188)는 동명사 구조를 명사구라고 부르고 있다. 그런가 하면 Pullum은 동명사 구조가 명사구, 동사구, 그리고 절의 성질을 모두 갖는 것으로 보아야 한다고 말하고 있다: "The descriptive problem with NGPs(= Nominal Gerund Phrases) is that although they are like NPs in their distribution, they show in their internal structure some signs of being like NPs but also some very clear signs of being like VPs. If they are NPs, both traditional and modern theories suggest they should have noun heads; if they are VPs, they should have V heads. But in fact they show some signs of NP structure and some signs of VP structure. NPs are also in some sense parallel to clauses. There is some kind of a relevant syntactic relationship between the NGP *your breaking the record* and the clause *you broke the record*. We need an analysis of NGPs that accurately specifies the properties they share with NPs, with VPs, and with clauses." — Pullum (1991: 764-765); What emerges from the above is that the *-ing* construction is something of a hybrid: it has both clause-like and NP-like properties and clearly differs quite significantly both from a prototypical clause and from a prototypical NP — it lies towards the boundary between them. — Huddleston (1984: 317).

그러나 that-절이나 부정사절이 주어 역할을 하는 문장은 단순히 주어와 동사의 어순만 바꿔서 Yes/No 의문문으로 만들 수 있는 것이 아니라, 먼저 주어 역할을 하는 that-절이나 부정사절이 외치되고 난 다음에 형식주어 it과 be 동사의 어순을 바꿔야 한다.

(5) a. **That he is dishonest** is unbelievable.

  [그가 정직하지 못하다는 것이 믿어지지 않는다.]

  b. Is it unbelievable **that he is dishonest**?

  [그가 정직하지 못하다는 점이 믿을 수 없는가? → 주어 역할을 하는 that-절과 다음에 놓인 be 동사의 어순을 바꿔서 만든 Yes/No 의문문 *Is that he is dishonest unbelievable?은 비문법적이며, 따라서 that-절을 외치시키고 난 다음에 Yes/No 의문문으로 바꾸어야 함.]

(6) a. **To estimate his abilities** is impossible.

  [그의 능력을 측정하는 것은 불가능하다.]

  b. Is it impossible **to estimate his abilities**?

  [그의 능력을 측정하는 것이 불가능한가? → 부정사절이 갖는 절성 때문에 주어 역할을 하는 부정사절과 be 동사의 어순을 바꿔 Yes/No 의문문으로 만들 수 없기 때문에 *Is to estimate his abilities impossible?은 비문법적이며, 따라서 부정사절을 외치시키고 난 다음에 비로소 Yes/No 의문문으로 만들 수 있음.]

목적어 다음에 목적보어 또는 전치사구 등이 포함되어 있는 문장에서는 목적어 역할을 하는 that-절이나 부정사절이 본래의 목적어 자리에는 놓이지 못하고 반드시 외치되어야 한다. 그러나 목적어 역할을 하는 동명사절은 명사적 성격과 절성을 모두 갖고 있기 때문에 그 자신의 본래 자리에 놓이기도 하지만, 외치가 허용될 수 있는 조건이 충족되는 경우에는 문미의 위치로 외치될 수도 있다 (→ 동명사절의 외치에 대해서는 9.8에서 다루게 된다).

He found **having to wait so long** very frustrating.

  [그는 그토록 오랫동안 기다려야만 하는 것이 아주 실망스러운 일이라는 걸 알게 되었다. → 동명사절이 목적어 본래의 자리, 즉 목적보어 앞에 놓여 있음. 그러나 이 문장에서 동명사절을 외치시켜 He found **it** very frustrating **having to wait so long**.이라고 하여도 문법적인 문장임.]

I made **settling the matter** my prime objective.

  [나는 이 문제를 해결하는 것을 나의 주된 목표로 삼았다. → 목적어 역할을 하는 동명사절

이 목적어 본래의 자리, 즉 목적보어 앞에 놓여 있음. 그러나 목적보어 my prime objective가 목적어인 동명사절의 외치를 허용하지 않는 것이기 때문에 목적어가 외치된 문장 *I made it my prime objective **settling the matter**.는 비문법적임.]

I looked upon it as very natural that the world of letters should have attached no great importance to my work.

[나는 문학계에서 내 작품에 큰 비중을 두지 않았을 것이라는 점을 아주 당연하다고 보았다. → that-절로 나타난 목적어가 반드시 목적보어 as very natural 다음에 놓여야 하기 때문에 that-절이 외치되었음.]

I'll leave buying the tickets to you.

[표를 사는 것은 너에게 맡기겠다. → 동명사절이 목적어 자리에 놓여 있으며, I'll leave **it** to you **to buy the tickets**.에서처럼 부정사절이 목적어일 경우에는 반드시 외치되어야 함.]

that-절이나 부정사절은 전치사의 목적어가 되지 못하지만, 동명사절은 명사구와 마찬가지로 전치사의 목적어가 될 수 있다.

There is a good chance of { **her complete recovery** / **her recovering completely** / *that she will recover completely }.

[그녀가 완전히 회복될 가능성이 충분히 있다. → 전치사의 목적어로서 명사구와 동명사절은 자연스럽지만, that-절은 비문법적임.]

He was offended at { **Galahad's having arrived late** / *that Galahad had arrived late / *for Galahad to have arrived late }.

[그는 갤러헤드가 늦게 도착해서 화가 났다. → 전치사의 목적어로서 동명사절은 자연스럽지만, that-절과 부정사절은 비문법적임.]

Barley and oats are effective in lowering blood cholesterol level.

[보리와 귀리는 혈중 콜레스테롤의 수치를 낮추는데 효과가 있다. → 동명사절 lowering blood cholesterol level은 전치사 in의 목적어 역할을 함.]

더욱이 I am afraid **that it's going to rain**.이나 I am afraid **to see her**. 따위에서처럼 형용사의 보충 요소로 that-절이나 to-부정사절이 올 수 있다. 동명사절은 형용사의 보충 요소가 될 수 없지만, 형용사가 I am afraid **of seeing a furious dog**.의 경우처럼 전치사를 수반하는 경우에는 전치사의 보충 요소로 동명사절이 올 수 있다. 물론 이처럼 형용사가 전치사를 수반하는 경우에는 that-절이나 to-부정사절은 올 수 없다.

> I'm not sure **of your claim's being true**.
> [나는 너의 주장이 사실이라는 점을 확신하지 못한다. → 전치사 of 다음에 that-절이 수반된 *I'm sure of that your claim is true.는 비문법적임.]
>
> I'm worried **about nobody's being home**.
> [나는 아무도 집에 없는 것이 걱정이 된다. → 전치사 about의 목적어로 that-절은 올 수 없으므로 *I'm worried about that nobody's home.은 비문법적임.]

9.4. 동명사절과 동작명사구

9.4.1. 구조적 차이

동사 원형에 -ing이 첨가되어 만들어졌다는 점에서는 동명사와 동작명사(動作名詞: action nominal)[20]가 형태는 동일하지만, 이들을 포함하고 있는 동명사절과 동작명사구를 서로 비교해 보면 뚜렷한 차이가 있다. 즉, 동명사가 포함된 동명사절은 문장이 갖는 성질을 훨씬 더 많이 갖고 있는 반면, 동작명사를 포함하는 동작명사구는 명사적인 특성을 훨씬 더 많이 가지고 있다고 하겠다.[21] 먼저 (7a-d)의 구조를 살펴보자.

---

20 中島文雄 (조성식 역)(1981: 117)은 다음과 같은 예에서 -ing 형을 동명사가 아니라, 동작명사로 보고 있다. 그러나 동작명사는 his **looking up** of the information(그가 그 정보를 찾는 것)에서처럼 반드시 이 앞에 한정사를 수반하고, 이 다음에 논리적으로 목적어 또는 주어 역할을 하는 명사구를 거느리고 있는 of-구를 수반하여야 한다.
   My coat needs **mending**. (내 코트는 수선해야 한다.)
   His language doesn't bear **repeating**.(그의 말은 되풀이해서 들을 수 없을 지경이다.)
   The cloth won't bear **washing**. (이 천은 빨 수가 없다.)
   Kilby (1984)와 Lees (1963) 이외에 거의 모든 문법서에서 동작명사와 동명사를 구분하지 않고 이 두 가지 구조를 모두 동명사라고 부르고 있다. 예컨대 Poutsma (1923: 111) 역시 Unlike the infinitive, the gerund may be followed and modified by a prepositional word-group with *of*, representing either a subjective or objective genitive.라고 하여 동작명사구를 동명사라고 부르고 있다.

21 The gerund and the action nominal are both ways of nominalizing sentences (...). However, gerundive constructions have many more of the properties of sentences than action nominals, and many fewer of the properties of nouns. ― Kilby (1984: 127).

(7) a. **That he shot those rare birds relentlessly** appalled us.
　　　[그가 그런 희귀한 새를 무자비하게 쏘았다는 것이 우리에게 커다란 충격을 주었다.]
　b. **his shooting** those rare birds relentlessly　　　　　　　(동명사절)
　c. **his relentless shooting** of those rare birds　　　　　　(동작명사구)
　d. ~ **the relentless shooting** of those rare birds **by him**　(동작명사구)

(7a)에서 that-절은 전달하고자 하는 내용을 완전한 문장의 형식으로 나타낸 것이고, (7b)는 기본적인 명제 내용을 변화시키지 않으면서 (7a)의 that-절을 동명사절 구조로 축약시킨 것이다. 그리고 (7c, d)는 (7b)보다 한 걸음 더 명사에 가까워진 동작명사구의 구조이다. 우선 임시적으로 (7b)와 (7c, d)의 차이를 비교해 보면, 동명사절에서 동명사는 그 자신의 목적어를 직접 거느리고 있는 반면, 동작명사구는 전치사 of를 사용하여 두 개의 명사구 사이에 목적어 속격(objective genitive)이라는 문법적 관계가 있음을 나타내 주고 있다. (동명사가 자동사에서 만들어진 것이라면 주어 속격 관계를 나타낸다.) 그리고 (7c)에서는 동작명사에 대한 주어 shooting 앞에 소유 한정사가 놓였는데, 이 대신에 (7d)에서는 정관사가 그 자리에 놓였고, 주어에 해당되는 요소는 <by + 동작주> 형식으로 나타나고 있다.

대개 (7b-d)의 동명사절과 동작명사구를 모두 동명사 한 가지로 취급하고 있지만, 사실상 이 두 가지 표현 형식은 구조와 의미면에서 서로 다른 면을 보여 준다. (7b)는 우리가 흔히 말하는 동명사절이고, (7c, d)는 동작명사구라고 하는 것으로서 그 자신의 논리적인 주어나 목적어 역할을 하는 명사구가 문법적으로 전치사 of의 목적어로 나타난다. 특히 동명사는 여전히 동사적인 성격을 상당히 유지하고 있는데 반해, 동작명사는 여러 가지 면으로 보아 동명사가 보다 더 명사적인 성격으로 기울어진 형태이다.[22]

동명사절과 동작명사구는 다음과 같은 중요한 구조적인 차이가 있다.[23]

(1) 동명사절은 대개 속격 형태의 주어를 수반하거나 여러 가지 요인이 작용함으로써 그

---

[22] 동작명사 다음 단계는 추상명사로 완전한 명사화가 이루어진다.(→ 본서 제1권 1.9 참조) Huddleston (1984: 315)은 동작명사구에서 (a) 동작명사와 추상명사가 모두 허용되거나, (b) 동작명사가 허용되지 않는 다음과 같은 예를 들고 있다:

(a) the { **growth** / **growing** } of tomatoes, the { **payment** / **paying** } of the bill;

(b) the { **arrival** / *arriving } of Joan Sutherland, the { **resignation** / *resigning } of the prime minister,

[23] Jespersen (1933: 321-322). See also Kilby (1984: 127-128) and Lees (1963: 65-66).

주어를 수반하지 않을 수도 있다.

> The idea of **Harold's getting a job as a traveling salesman** doesn't appeal to his wife.
>> [해롤드가 여행 상품 판매원으로 직장을 갖고 있다는 생각이 자기 아내를 기쁘게 해주지 못한다. → 동명사절의 주어 Harold's가 명시되었음.]
>
> **His turning up** will guarantee the success of the meeting.
>> [그가 참석하는 것이 그 모임의 성공을 보증해 줄 것이다. → 동명사절의 주어 his가 명시되었음.]
>
> **Being considered a leader in our society** is the ultimate compliment.
>> [우리 사회의 지도자로 여겨지는 것이 최고의 찬사이다. → 동명사절의 주어가 나타나지 않았음.]

그러나 동작명사구에서 동작명사는 단독으로 쓰이지 못하고 그 자신의 주어가 속격 형태로 바로 앞에 명시되거나, <by + 동작주> 형식으로 나타난다. 또는 주어를 수반하지 않게 되면 전달하고자 하는 뜻에 따라 any, the, some, this, that 등 적절한 한정사를 수반하게 된다. 다시 말하자면, 동명사절의 경우와 달리, 동작명사는 결코 단독으로 쓰이지 못한다.

> I was impressed by *her* **handling of the affair**.
>> [나는 그녀가 그 문제를 처리하는 것을 보고 감명을 받았다. → 동작명사구에서 주어가 속격형 her로 나타나 있음.]
>
> *The* **extirpating of six million Jews by the Germans during World War II** is one of the darkest pages of history.
>> [2차 세계대전 당시 독일인들에 의해 6백만명의 유태인들이 학살당한 것은 역사의 가장 어두운 장에 속한다. → 동작명사구에서 주어가 by the Germans로 나타나 있으며, 대신에 주어가 놓일 수 있는 자리에는 한정사 the가 놓여 있음.]
>
> *The* **new chairman's chairing of the meeting** was not satisfactory.
>> [신임 의장이 회의를 주재하는 것이 만족스럽지 못했다. → 동작명사구에서 주어가 the new chairman's 라는 속격 형태로 나타나 있음.]
>
> *Some* **cutting of taxes** will result from this law.
>> [이 법의 시행으로 세금이 약간 삭감될 것입니다. → 동작명사구에서 주어는 나타나지 않고 한정사 some을 수반하고 있음.]

We must put an end to *this* killing of innocent people.
[우리는 이처럼 죄 없는 사람들을 죽이는 일을 더 이상 하지 말아야 한다. → 동작명사가 지시한정사 this를 수반하고 있음.]

The spreading of such ideas is a great disservice to the State.
[그런 생각을 퍼뜨리는 것은 국가에 크게 해롭다. → 동작명사가 정관사를 수반하고 있음.]

(2) 동명사절에서 동명사는 목적어, 보어, 부사적 수식어 등 정보 전달에 있어서 그 자신이 필요로 하는 보충 요소를 '직접'(immediately) 거느린다.

He prided himself on **having never been beaten at chess**.
(Jespersen 1933: 321)
[그는 체스 게임에서 한 번도 패배한 적이 없는 것을 자랑으로 여겼다. → 완료 수동 동명사가 부사구를 거느리고 있음.]

Do you recollect **meeting her**?
[그녀를 만났던 기억이 떠오르는가? → 동명사가 목적어를 직접 거느리고 있음.]

After **importing gas**, and **being told not to import oil**, many countries went on to anyway in spite of the embargo. (Duffley 2006: 110)
[가스 수입을 하고 나서 그리고 기름 수입을 하지 말라는 말을 듣고 난 뒤에 수입 제한 조치가 있음에도 불구하고 많은 나라들이 계속 수입했다. → 두 개의 동명사가 직접목적어를 거느리고 있음.]

그러나 동작명사구에서는 후치 수식하는 of-전치사구 형식을 이용하여 목적어를 나타내게 되는데, 이 경우에 목적어 — 반드시 명사라야 함 — 는 전치사에 대한 목적어이면서 동시에 동작명사에 대한 논리적인 목적어 역할을 한다.

The lowering of interest rates will act as a stimulant to economic growth.
[이자율을 낮추는 것이 경제 성장의 자극제가 될 것이다. → 동작명사구 the lowering of interest rates는 동작명사를 동사로 삼고 전치사구에서 명사구를 목적어로 삼는 동사 + 목적어 관계를 갖는 구조임: (The banks) lower interest rates.]

The villagers are unanimous in their opposition to **the building of a by-pass**.
[마을 사람들은 만장일치로 우회도로 개설을 반대하고 있다. → 동작명사구 the building

of a bypass는 문장의 의미 내용으로 보아 (...) builds a bypass.라는 동사와 목적어 관계를 나타내는 것임.]

I admired **your delicate handling of the situation**.

[나는 네가 그 사태를 잘 처리한 점에 찬사를 보냈다. → 동작명사구 your delicate handling of the situation은 You handled the situation delicately.라는 주어 + 동사 + 목적어 + 수식어 관계를 갖는 것임.]

위의 예에서 동작명사구들은 아래와 같이 각각 완전한 문장에서 도출된 것이다. 이 예들이 보여주는 것처럼, 동작명사구에서 전치사의 목적어 역할을 하는 명사구는 모두 동작명사의 동사형에 대한 목적어 역할을 하는 것임을 알 수 있다.

(The banks) lower interest rates.
[은행들이 이자율을 낮추다.]
(The city) builds a bypass.
[시에서 우회도로를 내다.]
You handled the situation delicately.
[네가 이 사태를 세심하게 처리했다.]

다음과 같은 예에서 동작명사는 자동사에서 만들어진 것이다. 이러한 구조에서는 동작명사와 전치사의 지배를 받는 목적어 사이에는 논리적으로 주어 + 동사의 관계가 있다.

The plotting and intriguing of the ambassador for his own ends finally caused his dismissal.

[그 대사는 자신의 뜻을 이루려고 음모와 술책을 부리다가 마침내 파면당하고 말았다. → 동작명사구 the plotting and intriguing of the ambassador에서 동작명사 plotting과 intriguing은 자동사에서 나온 것이고, 전치사의 지배를 받는 목적어인 명사구 the ambassador는 주어 역할을 하는 것이다.]

The nation lamented **the passing of its great war leader**.

[국민들은 위대한 전쟁 지도자의 서거를 슬퍼했다. → 동작명사구 the passing of its great leader에서 동작명사 passing은 자동사에서 나온 것이고, 전치사의 지배를 받는 목적어인 명사구 its great war leader는 주어임.]

The shouting of the children disturbed his sleep.

[그 어린이들이 외치는 소리에 그가 잠을 설치고 말았다. → 동작명사구 the shouting of the children에서 동작명사 shouting은 자동사에서 나온 것이고, 전치사의 지배를 받는 명사구 the children은 이 구조에서 주어 역할을 하는 것임.]

위의 세 개의 문장에서 동작명사는 모두 자동사에서 나온 것이고, 전치사구에서 전치사의 지배를 받는 목적어는 이 동사에 대한 논리적인 주어에 해당되는 것이다. 그러므로 위의 동작명사구는 각각 다음과 같이 주어-술어동사의 관계(nexus) — 줄여서 주술관계(主述關係) — 라는 점을 나타내는 것이다.

The ambassador plotted and intrigued.
[그 대사가 음모와 술책을 부렸다.]
The nation's great war leader passed.
[이 나라의 전쟁 지도자가 서거했다.]
The children shouted.
[그 어린이들이 소리를 질렀다.]

(3) 동명사는 주로 양태부사(manner adverb), 또는 가끔 빈도부사(frequency adverb)의 수식을 받을 수 있다.

I was surprised at **John's speaking English** *so proficiently*.
[나는 존이 그토록 능숙하게 영어를 말하는 것을 보고서 놀랐다. → 동명사 speaking이 양태부사 so proficiently의 수식을 받고 있음.]
Brown's *deftly* painting his daughter is a delight to watch.
[브라운이 자기 딸을 솜씨있게 그린 것을 보노라면 즐겁다.]
She is worried by **his being ill** *so frequently*.
[그녀는 그가 그토록 자주 아프기 때문에 걱정이 되고 있다. → 동명사 being ill이 so frequently라는 빈도부사의 수식을 받고 있음.]

반면에, 동작명사는 명사적인 성격이 강하므로 보통의 명사들과 마찬가지로 형용사 — 주로 -ly가 첨가된 양태부사에서 나온 형용사형 — 의 수식을 받아 동작명사가 나타내는 행위가 어떻게 이루어지고 있는가를 나타낼 수 있다. 그러므로 다음 문장에 포함된 동작명사구에서 동작명사들은 각각 바로 앞에 놓인 inept와 continuous와 같은 형용사의 수식을 받고 있기 때문에 문법적이지만, 만약 이 대신에 각각 양태부사 ineptly와 빈도부사 continuously로 바뀌게 되면 이들은 모두 비문법적인 문장이 된다.

John's *inept* handling of a minor problem turned it into a major crisis.
[존이 사소한 문제를 잘 처리하지 못함으로써 이 문제가 큰 위기로 뒤바뀌고 말았다. → 동작명사 handling이 형용사 inept의 수식을 받고 있음.]

This *continuous* breaking of the rules is irritating.
[이렇게 계속 법을 어기는 것은 언짢은 일이다. → 동작명사 breaking이 형용사 continuous의 수식을 받고 있음.]

(4) 동명사에는 여전히 동사적인 성격이 있기 때문에 조동사를 사용하여 완료 동명사와 수동 동명사를 만들 수 있다.

Standing by friends during difficult times is important.
[어려운 시기에 친구를 도와주는 것은 중요한 일이다. → 능동형 현재 동명사절에는 조동사가 필요 없음.]

You'll rue **having kicked that policeman**.
[그 경찰관에게 발길질을 한 것을 후회하게 될 것이다. → having kicked는 완료동명사이므로 조동사 have를 필요로 하고 있음.]

The one pleasure that he desires is that of **being caressed by his mother**.
[그가 바라는 한 가지 기쁨은 어머니로부터 귀여움을 받는 것이다. → 동명사가 수동형 being caressed로 되어 조동사 be를 필요로 하고 있음.]

She's angry about **not having been invited**.
[그녀는 초대를 받지 못한 것 때문에 화가 났다. → 완료 수동 동명사 having been invited가 다시 부정어 not을 수반하고 있음.]

그러나 동작명사는 명사적 성격이 보다 강하기 때문에 시제와 태에 따른 조동사를 수반하지 못하며, 따라서 완료형이나 수동형을 만들 수 없을 뿐만 아니라, 부정어 not을 수반하지 못한다.

John's { *having mended / *not mending / mending } of the car surprised me.

[존이 자동차를 수리하는 것이 나를 놀라게 했다. → 동작명사를 완료형 John's having mended of the car와 같이 할 수 없을 뿐만 아니라, John's not mending of the car와 같이 부정어 not을 첨가할 수 없음.]

The $\left\{\begin{array}{l}\text{*being stored}\\ \text{storing}\end{array}\right\}$ of merchandise became a problem after the warehouse burned down.

[창고가 화재로 무너지고 난 후에 상품을 저장하는 문제가 생겼다. → 동작명사를 수동형으로 나타낼 수 없으므로 *the being stored of merchandise라고 할 수 없음.]

(5) 동명사와 동작명사는 모두 동사에서 만들어진 것이다. 그러나 동명사는 어떤 동사에서도 만들어지지만, 동작명사는 동작을 나타내는 것이라야 하기 때문에 일반적으로 admire, believe, belong, know, like 따위와 같은 비행위 동사(non-action verbs), 즉 상태를 나타내는 동사에서는 만들어지지 않는다. 그러므로 오른쪽 란에 있는 동작명사구는 모두 틀린 표현이다.

동명사절	동작명사구
his **having** a hat [그가 모자를 갖는 것]	*his **having** of a hat
his **resembling** his mother. [그가 자기 어머니를 닮은 것]	*his **resembling** of his mother
his **considering** her silly behavior [그가 그녀의 어리석은 행동을 고려하는 것]	*his **considering** of her silly behavior
John's **appreciating** the concert [존이 그 연주회를 평가하는 것]	*John's **appreciating** of the concert

그러나 the remembrance of him, the thought of annoying her, the need of a better education 따위와 같은 명사구에 포함되어 있는 remembrance, thought, need 등은 상태동사가 완전한 추상명사 형태로 바뀐 것이다.

(6) 마지막으로, 동명사절은 '명사구와 같은'(noun-phrase like) 성격을 가지면서도 동시에 절의 성격도 갖기 때문에 조건을 충족하게 되면 외치가 이루어질 수도 있지만, 동작명사구는 명사구의 일종이기 때문에 어떤 경우에도 외치가 불가능하다.

Attending so many meetings is a tedious business.

→ **It** is a tedious business **attending so many meetings**.

[그렇게 많은 회의에 참석하는 것은 따분한 일이다.]

The shooting of foxes is fun.

→ *It is fun **the shooting of foxes**.

[여우 사냥하는 것은 재미있다. → 동작명사구는 외치가 불가능하므로 이 문장에서 동작명사구를 외치시킨 두 번째 문장은 비문법적임.]

9.4.2. 의미의 차이

지금까지는 동명사절과 동작명사구의 구조적인 차이를 살펴보았는데, 이와 더불어 이들이 나타내는 의미의 차이를 살펴보기로 한다.

먼저 동작명사는 항상 동작을 나타내는 것으로서, 첫 번째 문장에서와 같이 동작 그 자체(action itself)를 가리키거나, 두 번째 문장에서처럼 표출된 동작이 실행되는 양태(manner)를 나타낸다.

John's questioning of Bill's leadership has caused a lot of concern.

(= John's action has caused a lot of concern.)

[존이 빌의 지도력을 의심하는 것이 많은 불안을 불러 일으켰다.]

Jack's handling of the situation was not very tactful.

(= The way in which Jack handled the situation was not very tactful.)

[재크가 그 사태를 처리하는 것이 별로 재치가 없었다. → 재크의 사태 처리 방식을 말하고 있음.]

그러므로 동작명사구를 주어로 내세우려면 술부는 반드시 동작 그 자체를 묘사하는 것이거나, 그 동작이 어떻게 일어나는가 하는 양태를 나타내는 것이라야 한다.

한편 동명사절은 두 가지, 즉 '사실'(fact)과 '동작'(action)을 나타낼 수 있다.

Their leaving the country at that time surprised the police.　　　　(사실)

[그 때 그들이 출국했다는 점이 경찰을 놀라게 했다. → 그들이 출국했다는 '사실'이 경찰을 놀라게 했다는 뜻임. 따라서 이 문장은 **The fact that they left the country at that time** surprised the police.와 같이 풀어 쓸 수 있음.]

Trying to digest new information in one lump is difficult. (동작)
— Patricia Skalka, "Six Keys to Quicker Learning"

[한꺼번에 새로운 정보를 소화하려고 하는 것은 힘들다. → 이 문장은 The action of trying to digest new information in one lump.라는 '동작'의 뜻을 갖는 것임.]

이처럼 동명사절이 '사실'을 뜻하느냐, '동작'을 뜻하느냐 하는 점은 그 문장에 담겨진 전반적인 내용을 통해서 알 수 있다. 그러나 다음과 같이 문맥 내용이 뚜렷한 상황, 즉 술부가 나타내는 뜻에 따라 전달되는 뜻이 분명해진다. 따라서 문맥 내용에 따라 (11a)는 '사실'을 나타내는 뜻으로 해석되지만, (11b)는 '동작'을 나타내는 뜻으로 해석된다.

(11) a. **Your driving a car to New York in your condition** disturbs me. (사실)
[너의 건강 상태에서 뉴욕까지 자동차를 운전하는 것이 나를 걱정하게 한다.]
b. **Your driving a car to New York** took longer than I expected. (동작)
(Quirk et al. 1985: 1064)
[네가 뉴욕까지 운전하는 것이 내가 예상했던 것보다 더 시간이 걸렸다.]

더욱이 뜻으로 보면, (12a-c)에서처럼 동작명사구는 (12a-c)와 같은 문법적인 틀(frame)에 나타난 술부를 수반한다. 이러한 술부의 내용은 동작동사가 나타내는 동작과 관련해서 예컨대 (12a)에서처럼 문장에 나타난 동작이 시각적으로 볼 수 있는 것이거나, (12b)의 경우처럼 시간적으로 연장이 가능한 것이다. 또는 (12c)에서처럼 동작이 이루어지는 양태를 나타내는 것일 수도 있다. 이와 같은 술부는 위에서 본 것처럼 뜻으로 보아 동작명사구처럼 '동작'을 나타내는 주어하고는 어울리지만, '사실'을 나타내는 동명사절하고는 어울리지 못한다.[24]

(12) a. _____ was a dreadful sight.

---

24 One can use syntactic frames to test the semantic distinctiveness of the two forms. E.g. the predicate '_____ was a dreadful sight' could hardly be used appropriately of a fact; neither could '_____ was rather prolonged'. Facts are not the sorts of things which are visible, nor do they have temporal extension. A manner interpretation is virtually forced by a predicate such as '_____ was totally botched'. It is difficult to force a fact interpretation with a particular syntactic context, but clearly a verb such as <u>shock</u> is capable of having facts as subject, though also acts and manners. — Kilby (1984: 134).

[...은 끔찍스러운 광경이었다.]
  b. _____ was rather prolonged.
     [...은 다소 시간이 지연되었다.]
  c. _____ was totally botched.
     [...은 완전히 엉망으로 이루어졌다.]

(13)과 같은 예에서처럼 하나의 동작명사구가 수반되는 술부에 따라 각각 '동작'과 '양태'를 나타내는 것으로 해석할 수 있다. 즉, (13a)는 그의 운전하는 행위 그 자체가 놀라운 모습을 보여준다는 뜻이고, (13b)는 그의 운전 방식이 서툴다고 말하는 것이다.

(13) a. His driving of the car **was a dreadful sight**.
     [그가 운전하는 것을 보니 무섭다.]
   b. His driving of the car **was totally botched**.
     [그가 운전하는 솜씨를 보니 완전히 서툴다.]

한편 동명사절에서 동명사는 '사실'과 '동작'을 나타낼 수 있다.[25] 아무런 문맥이 주어지지 않는다면 이러한 뜻의 차이가 불분명할 때도 있다. 특히 다음 문장에서처럼 동명사절이 동명사 단독으로 나타나거나, 그 자신의 속격형 주어만 나타났을 때 그렇다.

I was surprised at **his driving**. (Kilby 1984: 133)

이 문장은 두 가지 해석이 가능하다. 즉, 그가 한동안 앓고 난 후에 운전하기 어려울 것으로 알고 있었는데, 이제 보니 운전이 가능하다는 '사실'을 알고서 놀랍다는 뜻으로 해석이 가능하다. 또는 그가 운전하는 모습을 보고 나서 운전하는 방식, '양태'가 놀랍다는 뜻으로도 해석될 있다는 것이다. 이 두 가지 뜻을 토대로 해서 위의 문장을 다음과 같은 두 개의 문장으로 나타낼 수 있다.

I was surprised at **the fact that he was driving**.
I was surprised at **the way he was driving**.

---

25 Quirk et al. (1985: 1064). See also Declerck (1991: 495-96) and Kilby (1984: 133-34).

9.5. 동명사절의 시간 관계

부정사의 경우와 마찬가지로, 동명사는 비정형동사(nonfinite verb form)의 한 가지 형태이므로 이것이 나타낼 수 있는 시간 관계는 중립적이다. 즉, 동명사 형태 그 자체는 정형동사(finite verb form)처럼 '절대적인' 시제형을 갖지 못하고 '상대적인' 시제를 갖는 것이다. 때문에 동명사 그 자체가 독립적으로 시간 관계를 나타내지 못하고 항상 상위절의 동사가 갖는 시제형이나 그 뜻에 따라 시간 관계를 짐작할 수 있게 된다.[26] 예컨대 다음 문장 (14)에서 동명사 형태 repairing 그 자체만으로는 어떠한 시간 관계를 나타내는지 전혀 알 수 없다. 그렇지만 상위절의 동사 형태가 is saving, saved, will save 중에서 어느 것이냐에 따라 repairing이 나타내는 시간이 각각 현재시, 과거시, 미래시를 나타내고 있다는 것을 알 수 있다. 결국 동명사가 나타내는 시제 형태가 단지 현재시제와 현재완료라는 두 가지밖에 없음에도 불구하고 진행형을 제외한 단순 시제형과 복합 시제형이 나타내는 모든 시간 관계를 나타낼 수 있다.[27]

---

26 The participial forms used in gerund phrases indicate the same kind of time as they do in participial phrases. The -ing form is neutral with respect to time; the time that is intended often depends on the tense or the meaning of the main verb. — Frank(1993: 311); As you have seen, neither infinitive nor *ING* clauses carry tense. They do, however, express what some linguists call relative tense. This means that the time frame expressed by the main verb is usually extended to the non-finite verb. — Berk (1999: 256).

27 Thus the gerund, though having only two tenses, can express all the time relations expressed by the more complicated finite verb. — Curme (1931: 485). Curme (1931: 485)이 제시하고 있는 동명사의 두 가지 시제형과 이를 풀어 쓴 문장에 나타난 구체적인 시간 관계를 예시하면 다음과 같다:

   a. His having such poor health *is* against him. (현재시제: 현재시)
     (= The fact that he **has** such poor health is against him.)
   b. There *is* a possibility of his having arrived this morning. (현재완료: 과거시)
     (= There is a possibility that he **arrived** this morning.)
   c. I *have heard* of his { doing / having done } it before. (현재완료: 과거시)
     (= I have heard that he **has done** it before.)
   d. After having finished my work I *went* to bed. (현재완료: 과거 이전)
     (= After I **had finished** my work, I went to bed.)
   e. There *is* no hope of his coming soon. (현재시제: 미래시)
     (= There is no hope that he **will come** soon.)
   f. There *is* hope of his finishing it by evening. (현재시제: 미래시)
     (= There is hope that he **will have finished** it by evening.)

(14) By **repairing** the TV set himself, he $\begin{Bmatrix} \text{is saving} \\ \text{saved} \\ \text{will save} \end{Bmatrix}$ a lot of money.

[자신이 직접 TV를 수리하여 그는 많은 돈을 저축하고 있다./저축했다./저축할 것이다.]

9.5.1. 현재 동명사절

기본적으로 현재 동명사절은 '동시성'(同時性: simultaneity)을 나타낸다. 다시 말하자면, 현재 동명사절은 상위절의 동사가 나타내는 시간과 동일한 시간 관계를 나타낸다. 즉, 다음에 열거된 예들은 상위절의 동사가 현재시제, 과거시제, 그리고 미래 표현에 따라 동명사절이 나타내는 시간 관계도 각각 현재시, 과거시, 그리고 미래시를 나타내고 있음을 보여주고 있다.

I *don't* like **being pent up in the house all the time**.
[나는 온종일 집안에 들어박혀 있는 것을 싫어한다.]
He *was* accustomed to **doing a heavy work**.
[그는 중노동에 익숙해 있었다.]
Some jobs ahead of us *will* require **using different raw materials**.
[우리 앞에 놓여 있는 몇 가지 일들은 상이한 원자재를 사용하여야 할 것이다.]

그러나 이러한 동시성이라는 시간 관계가 엄격하게 지켜지지 않고, 동명사절이 나타내는 상황은 사실상 상위절이 나타내는 상황보다 나중에 일어나는 것일 수도 있고, 먼저 일어난 상황을 나타내는 것일 때도 많다. 예컨대 (15a)에서 상위절의 동사가 과거형(did ... resent)이기 때문에 이에 따라 그들이 그곳에 있었던 시점도 과거시이거나 그 이전이었을 것이라는 점을 배제하지 않는다. 특히 이 문장이 보여주는 것처럼, 동명사절을 이에 대응하는 정형절로 바꿨을 때 시간상의 차이를 분명히 느낄 수 있기 때문에 시제의 구분을 무시하더라도 별로 문제될 것이 없게 된다.[28] (15b, c) 두 개의 문장에서는 상위절과 동명사절이 모두 현재

---

28 As in the case of the finite verb, the disregarding of the tense-distinction in the gerund is mostly due to the fact that no necessity is felt to consider the time-spheres of the two predications in mutual relation, the mind being satisfied with viewing both of them from one and the same dividing-point. Thus there is nothing strange in the use of the imperfect,

형으로 나타나 있지만, (15b)는 이후의 상황, 즉 장차 휴가를 갈 수 있을지에 대한 현재의 가망성을 묻는 것이다. 그러나 (15c)는 이전의 상황, 즉, 과거에 있었던 상황에 대한 현재의 고마움을 전하는 것이다.

(15) a. ***Did*** she resent $\begin{cases} \textbf{their being} \\ = \textbf{that they were} \\ = \textbf{that they had been} \end{cases}$ there?

[그들이 거기에 있는/있었던 것을 분개하였는가?]

b. ***Is*** there any chance of your **having** a holiday this year?

[네가 올해에 휴가를 갈 어떤 가능성이 있는가?]

c. I ***appreciate*** your **giving** me so much of your time.

[나는 네가 내게 많은 시간을 내줘서 고맙게 생각한다.]

9.5.2. 완료 동명사절

완료 동명사절은 항상 '이전성'(以前性: anteriority)을 나타낸다. 즉, 동명사절의 동사가 나타내는 완료 동명사형은 상위절의 동사가 나타내는 시간보다 앞선 시간에 일어난 상황을 나타낸다. 따라서 상위절의 동사가 현재시제이거나 미래 표현이면 완료 동명사절은 완료시제나 과거시제와 동등하다.

His **having worked** in a factory ***is*** no disgrace.

(= That he has worked in a factory is no grace.)

[그가 공장에서 노동을 했다는 것은 결코 수치스러운 일이 아니다. → 과거에 공장 노동자였다거나, 지금까지 공장 노동자로 일해 왔다는 점에 대하여 현재 수치스럽게 생각하지 않는다는 뜻을 나타냄.]

He ***will*** never admit **having done** it.

(= He will never admit that he has done it.)

[그는 자신이 그 짓을 했다는 것을 절대로 인정하지 않을 것이다.]

---

instead of the perfect gerund, in such a sentence as *He was hanged for killing a man* (MASON, Eng Gram., § 200), seeing that the difference of the time-spheres of the two predications may also be left unexpressed if the gerund-clause is replaced by a full clause introduced by *because: He was hanged because he killed a man.* — Poutsma (1926: 482). See also Declerck (1991a: 494).

I *regret* **not having worked** harder at school.
　[나는 재학 시절에 좀 더 열심히 공부하지 않았던 것을 후회한다. → 문맥 내용으로 보면 완료 동명사절은 과거시를 나타내고 있음.]

상위절의 동사가 과거형이면 완료 동명사절은 과거완료와 같다. 그러므로 완료 동명사절은 '과거보다 더 먼 과거'를 나타낸다. 예컨대, 다음의 첫 문장에서 그녀가 어떤 문제에 대하여 눈이 멀었었다는 것은 그녀가 자책한 특정한 과거 시점보다 더 이전의 상황이다.

She *blamed* herself for **having been** so blind.
　[그녀는 자신이 그렇게 눈이 멀었었다는 점에 대하여 자책했다.]
He *was* filled with remorse for **having refused** to visit his dying father.
　[그는 임종에 가까운 아버지를 문병하기를 거절했었던 점에 대하여 뉘우치는 모습이 역력했다.]

특히 admit, deny, dislike, forget, can't help, imagine, recollect, regret, remember 따위의 동사들은 동명사절이 나타내는 상황이 상위절의 동사가 나타내는 상황보다 먼저 발생했다는 점을 나타낼 때 현재 동명사절과 완료 동명사절을 모두 쓸 수 있다. 다만 상위절의 동사가 나타내는 시간보다 동명사절의 동사가 나타내는 상황이 먼저 발생했다는 점을 밝히기 위하여 완료 동명사절 형태가 요구되지 않는다면 현재 동명사절 형태를 더 선호하는 경향이 있다.[29]

I *regret* { attending / having attended } the meeting.
　[나는 그 모임에 참석했던 것을 유감으로 생각한다. → 현재 동명사절과 완료 동명사절이 모두 과거시에 일어났던 점을 나타내고 있음.]
She *admitted* { attending / having attended } the bicycle.
　[그녀는 그 자전거를 훔쳤다는 점을 시인했다. → 현재 동명사절과 완료 동명사절 모두 과거시 이전에 훔쳤다는 사실을 시인한다는 점을 나타내고 있음.]

일반적으로 현재 동명사절을 사용함으로써 언급된 상황이 상위절의 동사가 나타내는 시

29　Declerck (1991a: 503).

간보다 먼저 발생했는지 애매하게 되거나 애매성을 초래하게 될 가능성이 있는 경우에만 완료 동명사절이 사용될 것이다. 그렇지만 목적어절인 that-절에 있는 과거완료 형태와 마찬가지로 완료 동명사절도 시간 관계를 좀 더 섬세하게 구분할 수 있다는 점에서 특히 문어 영어에서 즐겨 사용되는 편이다.

9.6. 동명사절의 주어

동명사는 절 구조를 이루기 때문에, 그 자체의 시제와 태에 따른 형태를 갖는 것 이외에 또 다른 성격을 보여준다. 즉, 그것은 어떤 식으로든 그 자신의 주어가 필연적으로 존재하게 된다는 점이다. 따라서 부정사절의 경우와 마찬가지로, 동명사절에도 두 가지 방법으로 주어가 표출될 수 있는데, 동명사 절의 주어가 명백히 나타나 있으면 그 주어를 '명시적 주어'(明示的主語: specified subject)라 하며, 이렇게 함으로써 일반적으로 문장에서와 같은 <주어 + 동사 + ...>라는 주술관계(主述關係: nexus)가 뚜렷하게 드러나게 된다. 이와는 달리, 문장의 표면에는 나타나지 않을지라도 실제로는 그 주어가 있는 것으로 이해되기도 하는데, 이것을 '이해된 주어'(understood subject)라고 한다.

9.6.1. 명시적 주어

명시적 주어를 동명사 바로 앞에 내세우게 되는 경우에 그것은 일반적으로 속격(genitive)형이다. 그러나 때로는 속격형과 목적격형이 모두 쓰이게 되거나, 또는 여러 가지 요인이 작용함으로 말미암아 목적격형이 선택되기도 한다.

9.6.1.1. 속격 주어

동명사절의 주어가 표시되어야 할 경우에 그것은 동명사 바로 앞에 나타난다. 이러한 경우에 주어는 원칙적으로 John's, Mary's, the president's 따위와 같은 명사의 속격형[30]이거

---

30 Like a verb, a gerund may have a subject, but, like other verbal nouns, its subject is in the genitive, here, however, only the old subjective genitive in -s, or instead of the genitive the person implied in a possessive adjective, *my, his*, etc., which were originally genitives of the personal pronouns and are still often used as such: 'I am provoked at *John's* talking so rudely' (or 'at *his* talking so rudely'). — Curme (1931: 485-486).

나, 인칭대명사의 속격형 my, your, his 등[31]으로 실현된다.

> ***George's* making fun of people** got him into serious problem.
> [조오지가 사람들을 놀리는 것이 그 자신을 심각한 문제에 빠지게 했다.]
> ***His* being a policeman** alters everything.
> [그가 경찰관이라는 점이 모든 것을 바꿔 놓는다.]
> I have a certificate attesting to ***my* having been** to the South Pole.
> [나는 남극에 갔다 왔다는 점을 입증하는 증명서를 갖고 있다.]

동명사절의 주어 형태로 속격형을 사용하는 데 제약이 따르기도 한다. 즉, 무생물이나 추상적인 개념을 나타내는 명사, 속격형이 없는 대명사, 또는 기타 속격형으로 나타낼 수 없는 단어, 복합 명사구(complex noun phrase)를 비롯하여 보다 긴 어구가 주어일 때에는 속격형으로 나타낼 수 없다. 특히 this/these와 that/those와 같은 지시대명사라든가, all, some, any, several 따위와 같은 부정대명사 등이 속격형 주어로 나타낼 수 없는 일부 예에 해당된다.[32]

> I've no objection to ***anybody* coming into my lesson**.
> [나는 어느 누구라도 내 강의를 들으러 오는 것을 반대하지 않는다. → 동명사절의 주어: 부정대명사 anybody.]
> Instead of ***her health* improving after the operation**, it got worse.
> [그녀의 건강은 수술을 받고 나서 회복되기는커녕 더 악화되었다. → 동명사절의 주어: 추상적인 개념 her health.]
> Do you remember ***the students and teachers* protesting** against the new rule?
> [너는 학생들과 선생님들이 새로운 법에 반대했다는 것을 기억하고 있나? → 동명사절의 주

---

[31] 명사에 -'s를 첨가한 형태나 my, your, his, their 따위가 형태상의 차이만 있을 뿐, 나타내는 뜻과 기능면에서 아무런 차이도 없기 때문에 이 두 가지 형태를 모두 속격형이라 부른다. 즉, 후자를 소유형용사라고 부를 이유도 없을 뿐만 아니라, 그렇게 부르는 것은 옳지않다고 본다.

[32] ...; but while the genitive subject was the more current in earlier English, the use of an accusative subject has been much extended in present English, one of the chief reasons being the restricted use of the s-genitive with inanimate objects and with phrases, and the lack of possessive forms with many pronouns and other parts of speech which can serve as subject. — Meyer-Myklestad (1967: 203).

어: 등위접속사 and로 연결된 두 개의 명사구 the students and teachers.]

There is no need of the president of ***the company* attending the meeting**.

[회사 사장이 그 회의에 참석할 필요는 없다. → 동명사절의 주어: 복합 명사구 the president of the company.]

I am afraid there's not much prospect of ***this* being finished before the weekend**.

[이 일이 주말이 오기 전에 끝날 가망성이 많지 않을 것 같다. → 동명사절의 주어: 지시대명사 this.]

동명사절의 주어로 쓰인 대명사 there도 속격형을 나타낼 수 없다.

***There* being no index to that book** is a great disadvantage.

[그 책에 색인표가 없는 것이 큰 결함이다.]

상위절의 주어와 동명사절의 주어가 서로 같으면 대개 동명사절의 주어가 절의 표면구조 상에 나타나지 않는다.[33] 예컨대, *He* repented **having shot** the bird.는 SVO((S2)G)의 구조로 된 문장인데, 여기서 S = (S2)의 관계, 즉 He는 repented의 주어(S)이면서 동시에 동명사절 having shot ...의 주어(S2)이기도 하기 때문에 동명사절의 주어가 동일 명사구 삭제(Equi (valent) NP Deletion) 원칙에 따라 삭제되어 나타나지 않는다.

The factory has ceased **making bicycles**.
[그 공장에서는 자전거 생산을 중단했다.]

The prisoners escaped by **digging an underground tunnel**.
[그 죄수들은 지하 터널을 파서 탈출했다.]

He narrowly escaped **being drowned**.
[그는 하마터면 익사할 뻔 했다.]

---

[33] 보다 오래 된 영어에서는 주절의 주어와 동명사절의 주어가 같을 때에도 동명사절의 주어가 자주 표출되었다(Curme 1931: 178):

Since *her* (now suppressed) being at Lambton, **she** had heard that Miss Darcy was exceedingly proud. (J. Austen, *Pride and Prejudice*, III. Ch. II)

[램턴에 있고 난 이래 그녀는 다아시 양이 상당히 자부심이 강하다는 말을 들었다. → 오늘날에는 since 다음에 속격형 주어가 나타나지 않음.]

She enjoys **giving money to the poor**.
[그녀는 가난한 사람들에게 즐겨 돈을 준다.]

그러나 advise, allow, propose, recommend, suggest 따위가 상위절의 동사일 경우에는 상위절의 주어와 목적어 역할을 하는 동명사절의 주어가 다름에도 불구하고 그 주어가 표출되지 않는다. 즉, 이 동사들은 다른 사람에게 어떤 행위를 하도록 요구하는 뜻을 나타내는 것이기 때문에, 이 다음에 오는 동명사절의 주어는 당연히 상위절의 주어와 다른 사람이라야 한다. 하지만, 아래의 마지막 문장에서는 동명사절의 주어에 제안자인 Charles 자신도 포함될 수 있다.

He **advised applying at once**.
[그는 즉시 지원하라고 조언했다.]
He **recommends wearing safety equipment**.
[그는 안전장비를 착용하라고 권한다.]
He **suggested looking for another job**.
[그는 다른 직장을 찾아보라고 제안했다.]
Charles **suggested going for a picnic** and we all agreed.
[찰스가 소풍가자고 제안해서 우리 모두 동의했다.]

이와는 달리, 문장의 전후 문맥상 어디엔가 동명사절의 주어가 될 수 있는 요소가 분명히 있기 때문에 다시 굳이 동명사절의 주어를 내세울 필요가 없다.[34] 예컨대 **Pleading ignorance of the law** won't help *you* if *you* are caught.(체포될 경우에 법을 몰랐다고 변명해도 도움이 되지 않을 것이다.)에서는 문맥을 통해 동명사절의 주어가 동명사절의 목적어와 동시에 if-절의 주어 you라는 점을 충분히 짐작할 수 있다. 다음과 같은 문장에서도 동명사절의 주어가 어디엔가 나타나 있다.

I haven't a penny left; **buying drinks for everyone** has cleaned *me* out

---

34 Often, however, the gerund has no subject of its own, as there is elsewhere in the sentence a noun or pronoun which is felt not only as performing its own proper function but as serving also as the subject of the gerund: 'I am going down there this evening; so you must excuse me for *hurrying away*.' — Curme (1931: 491).

completely.

[내게 남은 돈이 한 푼도 없다. 모든 사람들에게 술을 사주다 보니 돈이 완전히 바닥난 것이다. → 앞 문장의 주어 I와 두 번째 문장에서 목적어 역할을 하고 있는 me가 동명사절의 주어임.]

Floating in space changes ***the astronaut's*** bodies and brains in many ways.

[우주 공간에 떠 있는 것은 여러 면에서 우주인의 신체와 뇌를 변화시킨다. → 문맥 내용으로 보아 the astronaut가 동명사절의 주어임.]

Skipping one meal and overeating at the next could encourage ***your*** body to put on weight.

[한 끼를 거르고 다음에 과식하는 것이 체중이 늘어나게 할 수 있을 것이다. → 동명사절의 주어는 일반적인 사람을 뜻하는 your임을 알 수 있음.]

Improving lymphatic flow will help prevent muscle soreness....

Increasing *your* flexibility with yoga and stretching exercises will also help. — *Reader's Digest.*

[림프액의 흐름이 원활해지면 근육 통증이 없어지게 될 것이다. 요가를 해서 몸이 더 유연해지고 스트레칭을 하는 것도 도움이 될 것이다. → 동명사절의 주어는 일반적인 사람을 가리키고 있는 your라는 점을 알 수 있음.]

마지막으로, 동명사절이 상위절의 주어 역할을 할 때는 (16a)와 같이 동명사절의 주어로서 속격형을 선호하거나, 때로는 문두의 속격형 주어가 놓이는 것을 피하기 위해 (16b)처럼 It ... that의 외치된 주어절 구조를 사용하거나, 또는 (16c)처럼 동명사절은 사실적인 내용을 나타내는 것이기 때문에 동명사절을 the fact 와 that-절이 동격 관계를 이루는 the fact that-절과 같은 복합 명사구 구조로 나타낼 수도 있다.

(16) a. **My forgetting her name** was embarrassing.[35]

---

35 주어 역할을 하는 동명사절의 주어로 목적격 형태가 쓰이는 것을 비문법적이라고 하는 문법학자도 있다(Declerck 1991a: 500). 그렇지만 Kilby (1984: 139)는 *John coming* is a good idea.를 문법적인 문장으로 간주하며, 또한 Berk (1999: 252)에 의하면, 동명사절의 주어로서 명사의 목적격 형태를 사용하는 사람들이 많으며, 인칭대명사의 목적격 형태를 사용하더라도 아무런 문제가 없는 것으로 여기는 사람들도 있다:

Jim/Him losing all that money really upset his wife.

b. **It** was embarrassing **that I forgot her name**.

c. **The fact that I forgot her name** was embarrassing.

[내가 그녀의 이름을 잊어버린 것은 난처한 일이었다.]

9.5.1.2. 목적격 주어

때로는 동명사절의 주어로서 속격과 목적격 형태가 모두 쓰이기도 하는데,[36] 대체적으로 격식체(formal) 영어에서는 속격 형태가 쓰이지만, 비격식체(informal) 영어에서는 목적격 형태를 취하는 경향이 있다.[37] 특히 속격형을 쓸 때보다 목적격 형태는 더욱 강조하는 것이 되고, 말로 할 때는 목적격 형태의 주어에 더 긴 휴지(休止: pause)를 두게 된다.[38]

I hope you don't mind *my* **coming to see you like this**.

[내가 이처럼 너를 만나러 온 것을 꺼려하지 말았으면 한다.]

I don't mind *you* **borrowing my car**, but you ought to ask me first.

[내 차를 빌려가도 좋지만, 먼저 내게 물어봐야 해.]

Do you remember $\left\{ \begin{array}{c} my \\ me \end{array} \right\}$ **loaning you that book**?

[너는 내가 너에게 그 책을 빌려준 것을 기억하고 있나?]

이러한 구조의 문장에서 인칭대명사의 목적격이나 명사의 통격(通格: common case) 다음에 -ing 절이 있는 경우에 구조적인 애매성이 있을 수 있다. 그러나 I saw **him coming**

---

36 그러나 Declerck (1991a: 500)는 avoid, consider, defer, delay, deny, enjoy, postpone, put off, risk, suggest 따위와 같은 동사에 대한 목적어로 동명사절이 올 때 그 주어는 보통 속격형이 쓰인다고 말하고 있다:
I didn't really enjoy *his* reciting that poem.
Give that letter to me. I won't risk *your/you* losing it.
See also Alexander (1996: 316. 16.45.2).

37 In an informal style it is more common to use object forms (like *me, John*) instead of possessives (*my, John's*) with -ing forms, especially when these come after a verb or preposition. — Swan (2005: 271).

38 In *informal usage*, the unchanged forms of nouns, as well as the object forms of personal pronouns, may be used for "subjects" of gerunds .... They are more emphatic than the possessive forms; in speech they receive greater stress and are followed by a longer pause. — Frank (1993: 312).

here.에서 coming을 him에 대한 부가어로 분석하든가, 또는 him을 주어로 하고 coming here를 술부로 보는 일종의 주술관계(nexus)로 분석할 수 있는 반면, him coming을 두 개의 문법적인 단위로 분석되는 것이 아니라, 하나의 문법적인 단위, 즉 목적어로 분석되는 것이다.[39]

9.6.2. 이해된 주어

동명사절의 주어가 문장의 어느 곳에도 나타나지 않았다고 동명사절의 주어가 없는 것은 결코 아니다. 동명사가 존재한다는 것은 곧 그에 따른 주어가 있다는 점을 뜻한다. 이러한 점은 다음 문장에서처럼 전후 문맥이나 대화를 통해 동명사절의 주어가 특정한 사람이라는 점을 분명히 알 수 있기 때문이거나,

Borrowing such a large sum was a big mistake.
[그렇게 많은 돈을 빌린 것은 큰 잘못이었다. → 동명사절의 주어는 생략된 화자 또는 청자 자신이거나, 또는 화제의 중심에 놓인 어떤 특정한 사람일 것으로 생각됨.]

또는 **Borrowing large sums** is a big mistake.(거액의 돈을 빌리는 것은 큰 잘못이다.)에서처럼 주어가 anyone, everyone, we, you, one, a person, people 따위와 같은 일반적인 사람으로 이해되기 때문이다.

---

[39] Although the *ing*-form after the objective or common case is formally a participle, we certainly do not feel that *coming* in *I do not like him coming here* modifies *him* in the same way as it does in *I saw him coming: coming* in the former sentence is, in fact, a half-gerund. — Sweet (1898: 121); Sometimes it is nearly immaterial to the meaning whether an ing after a noun (or pronoun) is taken to be a gerund or a participle. The construction in *I see (hear) John coming* may be analyzed S V O(12), if *coming* is taken to be a simple adjunct to John, or S V O(S$_2$P), if *John coming* is taken as a nexus-object. But coming may also be a gerund, and then we have S V O(S$_2$G). — Jespersen (1940: 146). Sweet는 타동사 다음에 목적격 + -ing 구조를 half-gerund라고 부르고 있다.
참고: (1) S V O(12) = 주어 + 동사 + 목적어(= Primary(1차어) + Secondary(2차어)의 구조.
　　　(2) S V O(S$_2$P) = 주어 + 동사 + 목적어(= 주어 + 서술어)의 구조.
　　　(3) S V O(S$_2$G) = 주어 + 동사 + 목적어(= 주어 + 동명사)의 구조.
Frank (1993: 312)도 We can't understand *them* <u>doing a thing like that</u>.과 같은 문장에서 목적격형 주어를 수반한 동명사절에 대하여 'Such a gerund phrase may be considered as the second part of a two-part object.'라고 말하고 있다.

Being busy is not always the same as being productive.
— Patricia Skalka, "Six Keys to Quicker Learning"
[바쁘게 움직이고 있다고 하여 반드시 일이 생산적으로 이루어지고 있다는 말은 아니다.]
Not being tall is not a serious disadvantage in life.
[키가 크지 않다고 하여 살아가는데 크게 불이익을 받는 것은 아니다.]
Knowing a language means being able to produce new sentences never spoken before and to understand sentences never heard before.
— Victoria Fromkin et al., *An Interoduction to Language*.
[언어를 안다는 것은 전에 한 번도 말해본 적이 없는 새로운 문장을 말할 수 있고, 전에 한 번도 들어본 적이 없는 문장을 이해할 수 있다는 뜻이다.]
Good nutrition includes eating the proper amount of food each day.
[좋은 영양 상태라는 것은 매일 적절한 양의 음식을 먹는 것을 포함한다.]

9.7. 동명사절의 용법

문법적인 기능에 있어서 부정사절이 명사적·형용사적·부사적으로 쓰이는 반면, 동명사절은 구조적인 측면에서 보면 시제와 태에 따른 상이한 형태를 갖추고 있어서 강한 '동사적인 힘'(verbal force)을 가지고 있으면서도 문법적인 측면에서는 오로지 명사가 놓일 수 있는 위치에만 놓여 명사적인 기능을 담당한다. 그러므로 동명사절은 부정사절보다 명사에 더욱 가까운 것으로서, 문중에서 일반적인 명사구와 마찬가지로 주어·목적어·보어 등의 역할을 한다.

1) 주어:
주어 역할을 하는 동명사절은 흔히 상위절의 동사로서 be 동사를 수반하여 일반적인 진술을 한다.

Using others for one's own profit is immoral.
[자신의 이익을 위해 다른 사람을 이용하는 것은 비도덕적인 짓이다.]
In today's ever-changing workplace, **being known as a quick study** is the best possible job insurance.
— Donna Brown Hogarty, "Big Career Mistakes and How to Avoid Them"

[오늘날의 변화무쌍한 작업장에서 학습 속도가 빠른 사람으로 알려지는 것은 가능한 최상의 직장 보험이다.]

Finding a cure for Alzheimer's disease becomes more important as America's population ages.

[알츠하이머 병의 치료법을 찾는 것이 미국인들이 나이가 들어감에 따라 보다 더 중요하게 된다.]

Learning, for Socrates, is a process of recollecting what one has forgotten.
— Jean-François Revel & Mattheiu Ricard, *The Monk and the Philosopher*.

[소크라테스의 경우에 배운다는 것은 자신이 잊었던 것을 생각해 내는 작용이다. → 플라톤의 상기설(想起說: theory of recollection)을 말하는데, 인간은 태어나기 이전에는 모든 것을 알고 있다가 태어나면서 모든 것을 잊는다. 나중에 학습을 통해 배워서 안다는 것은 과거에 잊었던 것을 다시 기억해 내는 것을 뜻한다는 것임.]

Being a good friend, and **having a good friend**, can enrich your days and bring lifelong satisfaction.
— Sue Browder, "How to Build Better Friendships"

[좋은 친구가 되고, 또한 좋은 친구를 갖는 것은 여러분의 나날을 풍요롭게 해주고 평생을 만족스럽게 해줄 수 있다.]

또한 동명사절은 상위절의 동사구가 나타내는 뜻에 따라 처음 세 개의 문장에서처럼 인과 관계를 나타내거나, 마지막 두 개의 문장의 경우처럼 동사가 나타내는 감정을 나타낸다.[40]

Taking extra vitamins may reduce your liability to colds.

[비타민을 더 많이 복용하면 감기에 걸릴 가능성이 줄어들 것이다.]

"Running **a marathon** doesn't make *you* any healthier than **briskly walking three miles three times a week**," says sports-medicine specialist Charlotte A. Tate. — Sue Browder, "Don't Be an Exercise Dropout"

["마라톤을 하는 것이 일주일에 세 번씩 3마일을 활기차게 걷는 것보다 더 건강하게 만들지는 못한다." 라고 스포츠 의학 전문가인 샬로트 A. 테이트가 말하고 있다. → 이 문장에서도 동명사절의 주어는 일반적인 사람을 가리키는 you라는 점을 알 수 있음.]

---

[40] The gerund phrase may also function as the subject of a verb expressing: 1. Cause-effect relationship, 2. Emotion. — Frank (1993: 316-317).

There is no cure for diabetes, but it's often preventable — and even reversible. What you can do: **Losing even 10 pounds** can make a difference. For people ages 50 to 71, **being overweight** increases the risk of premature death from all causes by 20% to 40%.

— *Reader's Digest*, Nov. 2006.

[당뇨병을 고칠 수 있는 방법은 없지만, 종종 예방 가능하거나 고칠 수 있을 수도 있다. 여러분이 할 수 있는 일은 다음과 같다. 심지어 10파운드의 체중을 줄이는 것이 효과가 있을 수 있다. 50세에서 71세의 나이에 해당되는 사람들의 경우에 과체중이 되면 온갖 이유 때문에 20%에서 40%까지 일찍 세상을 떠날 위험성이 있다.]

Seeing her so thin and pale shocked him. (Frank 1993: 317)

[그녀가 그렇게 마르고 창백한 모습을 보고 그가 충격을 받았다.]

John's mistreating his wife disgusted me.

[존이 자기 아내를 학대하는 것이 나를 구역질나게 했다.]

특히 동명사절이 주어와 술부 사이에 인과 관계를 나타내는 동사를 수반할 때는 '조건'적인 뜻이 포함된다.

Not punishing them amounts to condoning their crime.

(= 'If you do not punish them, it amounts to condone their crime.')

[그들을 처벌하지 않는 것은 그들의 범죄행위를 용서하는 것이나 다름없다.]

2) 주격보어:

주격보어가 될 수 있는 것은 현재 동명사절 뿐이다.[41] 주어와 주격보어를 연결하는 동사는 거의 언제나 be 동사이며, 상위절의 동사에 대한 주어는 항상 추상적인 개념을 나타낸다.

Going to London is **not making a real journey**.

[런던에 가는 것은 진정한 여행이 되지 못한다.]

Gorbachev's greatest achievement was **ending the Cold War**.

[고르바초프의 가장 위대한 업적은 냉전을 종식시킨 것이었다.]

One reward of my job is **meeting people**.

---

41 Declerck (1991a: 502).

[내 직업이 주는 한 가지 보상은 사람들을 만나는 일이다.]

3) 직접목적어:

Please excuse **my calling on you at such a late hour**.
[이렇게 늦은 시간에 방문한 것을 용서해 주세요.]
People resent **having to do something** because they have no other choice.
[사람들은 달리 선택의 여지가 없기 때문에 어떤 일을 해야만 하는 것을 언짢게 생각한다.]

4) 간접목적어:
일반적으로 간접목적어는 사람이나 사물을 가리키고, 어떤 행위를 가리키지 않는다. 그러나 동사가 나타내는 동작의 영향이 구체적인 목적어에 뿐만 아니라, 추상적인 내용에도 그대로 적용될 수 있기 때문에 동명사절이 간접목적어가 될 수 있는 것이다. 특히 이러한 경우에는 당연히 직접목적어도 추상적이다.

He didn't give **helping her** a second thought.
[그는 그녀를 돕는 것을 두 번 다시 생각하지 않았다.]
We gave **your boasting** no attention.
[우리는 네가 뽐내는 것에 관심을 기울이지 않았다.]

5) 목적보어:

We consider his so-called advice **as meddling in our affairs**.
[우리는 이른바 그의 조언을 우리 일에 대한 간섭으로 여긴다.]
I'd call that **shirking your responsibilities**.
[나는 그 점을 너의 고의적인 책임 회피라고 부르고 싶다.]

방금 위에서 본 것과 동일한 목적어 + 목적보어의 구조에서 동명사절이 목적보어 역할을 할 뿐만 아니라, 다음과 같이 목적어 역할도 한다.

This made **working with them** an unpleasant experience.
[이 때문에 그들과 같이 일하는 것이 따분한 경험이 되었다. → 동명사절이 목적어 역할을

하고 있음.]

He considers **taking advice** beneath his dignity.
[그는 조언을 듣는 것을 체면을 손상시키는 일로 여긴다. → 동명사절이 목적어 역할을 하고 있음.]

6) 전치사의 목적어:

that-절과 마찬가지로 부정사절도 절의 성격이 강하기 때문에 일반적으로 전치사의 목적어가 될 수 없다. 반면에, 동명사절은 오히려 명사구와 같은 문법적인 작용도 하기 때문에[42] 명사구와 마찬가지로 전치사의 목적어 역할을 할 수 있다. 이 때 전치사는 insist on, depend on, refer to, object to에서와 같이 ⓐ 전치사를 수반한 동사(prepositional verb)의 일부이거나,

He objected *to* **their entering the factory** without permission.
[그는 그들이 허가도 받지 않고 그 공장으로 들어가는 것을 반대했다.]
He insisted *on* **paying the entire bill** for dinner.
[그는 저녁 식사 비용 전액을 내겠다고 고집을 부렸다.]

ⓑ 특정한 명사나 형용사에 수반된다.

His *pretense of* **being rich** didn't fool anyone.
[그가 부자인 체 해도 어느 누구도 속지 않았다. → 명사 pretence는 전치사 of를 수반하며, 이다음에 동명사절이 올 수 있음.]
Their preparations for **traveling abroad** were very time-consuming.
[그들이 외국 여행을 준비하는데 상당히 시간이 많이 걸리는 것이었다.]
Many people make *the mistake of* **running after money first** instead of first seeking happiness.
[많은 사람들이 행복보다 논을 먼저 추구하는 질못을 범힌다.]
He is *fond of* **playing with the dog**.
[그는 개와 같이 노는 것을 좋아한다.]

---

42 From these internal similarities to clauses, we might expect that the gerundive would be clause-like in its external syntax as well. As a matter of fact, though, it is much closer in external behavior to the noun phrases ... than it is to the clauses. — Baker (1995: 187).

또는 ⓒ 동명사절과 결합하여 동사를 수식하는 부사적인 역할을 하기도 한다.

I was glad to be allowed to go out *after* **being confined to my room for several days**.
  [여러 날을 방에 갇혀 있다가 외출을 허락받게 되어 기뻤다. → after + 동명사절이 동사 go out을 수식하는 부사적인 역할을 하고 있음.]

Instead of **making a fuss**, you should have complained quietly.
  [소란을 피우지 말고 너는 조용히 불평을 했어야 했는데.]

9.8. 동명사절의 외치

9.8.1. 외치의 조건

부정사절, that-절, 또는 wh-의문사절과 마찬가지로, 주어 역할을 하는 동명사절도 외치(外置: extraposition)될 수 있다. 즉, (17a)에서처럼 동명사절이 주로 be 동사와 보어 역할을 하는 형용사/명사 등으로 이루어진 술부에 비해 상대적으로 길고 복잡하면 동명사절 형식으로 나타난 (17a)의 주어절이 (17b)에서처럼 술부인 is ridiculous 다음의 위치로 외치되는 예들을 볼 수 있는데, 이로 말미암아 생기는 빈 주어 자리에는 형식주어(formal subject) it이 놓여 외치된 사실주어(real subject)인 동명사절을 가리키게 할 수 있다.

(17) a. **Working so late in the evening** is ridiculous.
  [그토록 늦은 저녁 시간까지 일하는 것은 어리석은 짓이다.]
  b. It's ridiculous **working so late in the evening**.
  [→ 주어 역할을 하는 동명사절이 술부인 is ridiculous 다음의 위치로 외치되었음.]

그러나 동명사절은 분명히 절 구조를 가지고 있으면서도 문법적 작용에 있어서는 절보다는 오히려 명사구와 같은 성격이 보다 두드러지기 때문에 외치가 이루어지는 경우에 제약이 다소 뒤따른다. 즉, 동명사절이 나타내는 사건에 대하여 상위절의 술부가 '정감적 반응'(emotional reaction)을 나타내는 경우에만 동명사절의 외치가 허용되는데,[43] 술부에

---

[43] Extraposition is *impossible* if the noun-clause is gerundival, unless the matrix clause expresses an emotional reaction to the event described by the noun-clause. — Hudson

놓여 이와 같은 정감적 반응을 나타내는 형용사나 명사의 예로는 대체로 exciting, dull, hard, irritating, nice, pleasant, regrettable, useless, wonderful, wrong; fun, no good, no use 등[44]을 들 수 있을 것이다.

> It was *wonderful* **sitting there alone**.
> [거기에 홀로 앉아 있는 것은 아주 즐거운 일이었다.]
> It's *a dog's life* **being a football manager**.
> [축구팀 매니저 생활이란 어렵고 힘들고, 즐거움이 별로 없는 것이다.]
> It's *a nuisance* **being without electricity**.
> [전기 없이 지내는 것은 성가신 일이다.]
> It's *a tedious business* **attending so many meetings**.
> [그렇게 많은 모임에 참석하는 일은 따분한 일이다.]

이와는 달리, common, illegal, normal, important, out of the question(= impossible) 등 '인식적 반응'(cognitive reaction)을 나타내는 형용사 등[45]이 be 동사의 보어 역할을 하는 경우에는 외치가 허용되지 않는다. 그러므로 **Shooting birds** is *illegal*.(새를 쏘아 죽이는 것은 불법이다.)에서 주어 shooting birds를 외치시킨 문장 *It is *illegal* **shooting birds**.가 비문법적인 것처럼, (18a, b)-(20a, b) 각 쌍의 문장에서 (18b)-(20b)의 문장들은 모두 비문법적이다.

(18) a. **Going out this evening** is *out of the question*.
　　 b. *It is *out of the question* **going out this evening**.
　　　　(Hudson 1971: 174)
　　　　　　[오늘 저녁에 외출할 수 없다. → 보어 역할을 하는 전치사구가 인식적 반응을 나타
　　　　　　내는 것이기 때문에 주어 역할을 하는 동명사절이 외치되는 것을 허용하지 않음.]
(19) a. **Having a puncture when one's in a hurry** is *common*.
　　 b. *It is *common* **having a puncture when one's in a hurry**.

　　(1971: 174).
44　村田勇三郎 (1982: 268-69). Alexander (1996: 317)는 a catastrophe, a disaster, fun, hell, luck, a mistake, a pain, a pleasure, a relief, a tragedy 따위와 같은 명사구들도 동명사절의 외치를 허용하는 서술 명사구로 예시하고 있다.
45　村田勇三郎 (1982: 269).

(村田勇三郎 1982: 269)

[바쁠 때 타이어 펑크가 나는 것은 흔한 일이다. → 보어 역할을 하는 형용사 common이 인식적 반응을 나타내는 것이기 때문에 동명사절의 외치를 허용하지 않음.]

(20) a. **Wearing glasses** is *normal* nowadays.

b. *It is *normal* nowadays **wearing glasses**.

(村田勇三郎 1982: 269)

[요즘 안경을 쓰는 것은 보통이다.]

9.8.2. 주어를 수반한 동명사절의 외치

그러나 주어를 수반한 동명사절의 외치에 대해서는 (21a-d), (22a, b), 그리고 (23a-d)가 보여주는 것처럼 이 모든 문장들이 문법적으로 옳고 그른점과 관련하여 여러 문법학자들이 서로 견해를 달리하고 있는데, 이것은 언어 사용에 있어서 개인적·지리적 방언의 차이를 반영하는 것이 아닌가 하는 생각이 든다.

첫째, 이러한 문장을 (21a-d)에서처럼 문법적인 문장으로 간주하거나,

(21) a. **It** surprised me *your* **not remembering my name**.

(Swan 2005: 423)

[네가 나의 이름을 기억하지 못하는 것이 나를 놀라게 했다.]

b. **It** wouldn't be any good *my* **talking to him**.

(Hornby 1975: 19. table 9)

[내가 그 사람과 이야기를 나누는 것은 아무런 도움이 되지 않을 것이다.]

c. **It**'s a catastrophe $\begin{Bmatrix} their \\ them \end{Bmatrix}$ **shutting all those factories**.

(Alexander 1996: 317)

[그들이 그 모든 공장 문을 닫은 것은 끔찍스러울 정도로 불행한 일이다.]

d. **It**'s no use $\begin{Bmatrix} his \\ him \end{Bmatrix}$ **asking for special consideration**.

(Huddleston & Pullum 2002: 1254)

[그 사람이 특별히 고려해 달라고 요청해봐야 소용없는 일이다.]

둘째, (22a, b)에서처럼 문법적으로 옳고 그름에 대하여 의심스러운 문장 — 문장 앞에 (?)를 붙임 — 으로 보거나,

(22) a. ?**It surprised us *John's* going to town**. (Baker 1997: 187. (134b))
   [존이 읍내로 가는 것이 우리를 놀라게 했다.]
   b. ?**It surprised me *Inez's* coming early**.
   (Celec-Muricia & Larsen-Freeman 1983: 418)
   [이네즈가 일찍 온 것이 나를 놀라게 했다.]

그리고 셋째, (23a-d)에서처럼 문법적으로 틀린 문장으로 간주되고 있다.

(23) a. *?**It bothers me *John's* playing the piano**.
   (Akmajian & Heny 1975: 291)
   [존이 피아노를 치는 것이 나를 성가시게 만들었다.]
   b. ***It was wrong *Jim's* doing that**. (Postal 1974: 15 (25a))
   [짐이 그 짓을 한 것은 옳지 못한 짓이었다.]
   c. ***It's great fun *his* swimming there**. (Lees 1960: 71)
   [그곳에서 수영하는 것은 상당히 재미있다.]
   d. ***It disgusted us *John's* mistreating his wife**.
   (Keyser & Postal 1976: 235)
   [존이 자기의 아내를 학대하는 것이 우리를 불쾌하게 만들었다.]

9.8.3. 우측 전위

부정사절의 경우와 달리, 동명사절은 우측 전위(右側轉位: right dislocation)가 이루어질 수 있다. 즉, 그 자신의 주어를 수반하거나 수반하지 않은 동명사절이 그 본래의 위치인 주어 자리에 놓이지 않고, 문미의 위치로 이동하고 그 빈자리에는 it을 두어 이것이 우측으로 이동한 동명사절을 가리키게 한다는 것이다. 이때 우측으로 이동한 동명사절 바로 앞에는 반드시 쉼표가 놓이게 된다. 이렇게 되면 동명사절의 외치로 말미암아 발생하게 되는 비문법적이거나 문법성이 의심스러운 문장을 피할 수 있게 된다.[46]

---

46 Crucially, we are concerned here with reordered clauses *not* separated from preceding structure by a sharp intonational break. With the latter marking, of course, postposed clauses are found much more widely:
   (i) It bothers me, having to live in this slum.
   (ii) Harry hates, his wife being away.

It's terrible, *Melvin's* **divorcing Sally**.

[그것은 끔찍스러운 일이지, 멜빈이 샐리와 이혼한다는 것이 말이야.]

It bothers me, *John's* **playing the piano**.

[그것이 나를 성가시게 만들지, 존이 피아노를 치는 것이 말이야.]

It surprised us, *John's* **going to town**.

[그것이 우리를 놀라게 했지, 존이 마을로 간 것이.]

It's not an enviable task, **trying to get the two sides to reach an agreement**.

[그것은 아주 바람직한 일이 아니야, 양측이 합의에 이루게 하는 것이 말이야.]

It bothers me, **having to live in the slum**.

[그 일이 나를 성가시게 하지, 빈민가에 살아야 하는 것이 말이야.]

목적어 + 목적보어 구조의 문장에서도 목적어 역할을 하는 동명사절이 외치될 수 있다.[47] 목적어의 외치는 주어 역할을 하는 동명사절이 외치될 때와 같은 조건을 충족하는 경우에만 가능하다. 따라서 (24)과 (25)에서 목적보어로 쓰인 형용사가 정감적 반응을 나타내는 것이기 때문에 목적어 역할을 하는 동명사절이 외치될 수 있는 것이다. 그러나 (26a)에서는 목적보어로 쓰인 명사구 my prime objective가 인식적 반응을 나타내는 것이기 때문에 목적어 역할을 하는 동명사절이 외치될 수 없는 것이다. 반면에 (26b)에서처럼 부정사절이 목적어 역할을 하면 반드시 외치되어야 한다.

(24) He found it *very frustrating* **having to wait so long**.

(iii) I discussed it with George, your leaving early.

This phenomenon, however, is related, not to the sentences clearly generated by Extraposition, but rather to sentences produced by Right Dislocation. — Postal (1974: 15, note). 동명사절 이외에 명사구가 우측 전이되기도 한다. 즉, 문두에는 인칭대명사가 놓이고, 이것이 가리키는 완전한 명사구가 쉼표로 분리되어 나중에 떠오른 생각으로 문미에 놓이게 된다.(Baker 1997: 187).

It bit me on the ankle, **the puppy that Howard gave me for my birthday**.
[그것이 내 발목을 물었어, 호워드가 생일 선물로 내게 준 그 강아지가 말이야.]
They were very helpful, **the people who operate the sawmill**.
[그들이 상당히 도움이 되었지, 제재소를 운영하는 사람들이 말이다.]
See also Akmajian & Heny (1975: 291).

47 Swan (2005: 425).

[그는 그렇게 오래 기다려야만 하는 것이 아주 짜증나는 일이라는 것을 알았다. → 목적어에 해당하는 동명사절이 목적어 본래의 위치에서 목적보어 다음의 위치로 외치되었고, 바로 이동된 빈자리에는 형식목적어 it이 놓여 외치된 목적어를 가리키고 있음. I found **having to wait so long** *very frustrating*.에서처럼 목적어가 본래의 목적보어 앞에 놓여 있을 수도 있음.]

(25) You must find it *exciting* **working here**.

[너는 틀림없이 여기에서 일하는 것이 재미있다는 것을 알 것이다. → 목적어 역할을 하는 동명사절이 목적보어 다음의 위치로 외치되었음. 그러나 You must find **working here** *exciting*.에서처럼 목적어가 외치되지 않을 수도 있음.]

(26) a. I made **settling the matter** *my prime objective*.

[나는 이 문제를 해결하는 것을 나의 일차적 목표로 삼았다. → 목적보어 역할을 하는 my prime objective가 인식적 반응을 나타내는 것이기 때문에 목적어 역할을 하는 동명사절이 외치될 수 없음. 그러므로 목적어가 외치된 *I made *it* my objective **settling the matter**.라는 문장은 비문법적임.]

b. I made *it* my prime objective **to settle the matter**.

[→ (26a)의 경우와 달리, 목적어가 부정사절이면 이 목적어는 반드시 목적보어 다음의 위치로 외치되어야 함.]

9.9. 동명사절과 부정사절

문중에서 주어나 목적어로서 동명사절과 부정사절이 모두 쓰일 수 있을 때, 동명사절과 부정사절의 선택과 관련하여 일관된 규칙을 적용하기란 참으로 어려운 문제로서 많은 문법학자들의 노력에도 불구하고 아직까지 뚜렷하게 해결되지 못하고 있는 것 같다. 따라서 이 문제와 관련하여 의미론적인 설명이 부분적으로 이루어지고 있지만, 이것조차도 설명하는 문법학자에 따라 의견이 일치되지 못하고 있는 것 같다.[48] 그러므로 이 책에서도 이 문제와 관련하여 만족스러운 설명을 하기에는 역부족이라는 점을 인정하지 않을 수 없다.

앞에서는 단지 동명사절이 문중에서 담당하는 문법적인 직분만을 살펴보았다. 여기서는

---

48 To establish the rules governing the use of the gerund and the infinitive as NP's is one of the perennial tasks of English grammar. Though the problem has been discussed in every book dealing with the grammar of English verbs, it has never been solved to everybody's satisfaction. The semantic analyses which have been offered are so different that it is not at all rare to find the explanations or rules given by one book are the diametrically opposite of the ones given by another. — Conrad (1982: 5).

문법적인 주어, 또는 목적어 위치에 태생이 같은 동명사절과 부정사절이 놓일 수 있게 될 때 나타나는 의미의 차이와 이에 따른 술부의 동사 형태 사이에 존재하는 관계 등을 대충 살펴보고자 한다.

9.9.1. 주어로서의 동명사절과 부정사절

동명사절과 부정사절의 차이를 다룰 때 (27a, b)와 같은 문장이 전통적으로 예시되어 왔다.

(27) a. **To see** is **to believe**.
   (= 'Seeing is immediately followed by believing.')
   [보게 되면 곧 믿게 된다.]
   b. **Seeing** is **believing**.
   (= 'Seeing as a general rule is followed by believing.')
   [본다는 것이 곧 믿는 것이다.]

즉, 동명사절은 일반적인 상황을 나타내는 반면, 부정사절은 특정한 상황의 발생을 뜻하는 것이다.[49] 따라서 (27a)에서 부정사절은 특정한 어느 시점에서 보게 되면 곧 믿게 된다는 뜻을 나타내는 것이라면, (27b)에서 동명사절은 언제든지 본다는 사실 자체가 곧 믿는 것이라는 뜻을 나타내는 것이다. 그러므로 ***To see** is **believing**. 또는 ***Seeing** is **to believe**. 에서와 같이 주어와 보어 부분에서 두 가지 문법 구조를 서로 바꿔 사용하게 되면 의미의 충돌을 가져오기 때문에 모두 비문법적인 문장이 된다.

동명사절과 부정사절의 선택과 관련하여 일부 문법학자들이 다음과 같은 견해를 보이고 있다.

부정사절	동명사절	출처
잠재적 상황	반복적으로 일어나는 상황	Bolinger(1968:124)[50]
새로운 행위	지속적인 활동	Close(1992: 121)
잠재적 상황	실재적 상황	Downing & Locke(2002: 82)
비사실성	사실성	the Kiparskys(1971: 347-48)
이론적	사실적	Leech(2004: 116)

---

49 Sweet (1898: 120).
50 Duffley (2006: 126)에서 간접 인용하였음.

잠재적 상황	이미 이루어진 일	Quirk et al.(1972: 835)
잠재적 상황	실재적 행위	Quirk et al.(1985: 1191)
특정한 경우	일반적 진술	Zandvoort(1969: 29)

이를 토대로 종합해 보면, 동명사절은 전형적으로 '사실'(fact)을 나타내지만, 부정사절은 '생각'(idea)을 나타낸다. 다시 말하자면, 동명사절은 그 진술 내용이 '사실적'이고, '이미 이루어진'(fulfilled) 구체적인 상황을 나타내는 반면에, 부정사절은 '아직 이루어지지 않았지만 장차 일어날 잠재성(potentiality)이 내포된 상황을 나타낸다고 하겠다.[51] 이러한 관점에서 볼 때 동명사절이 주로 과거 지향적(past-oriented)이라면, 부정사절은 미래 지향적(future-oriented)이라 할 수 있을 것이다.[52]

(28) a. **Losing his fortune** drove John mad.
   [재산을 잃은 것이 존을 미치게 만들었다.]
   b. **To lose his fortune** would make him mad.
   [재산을 잃게 되면 그는 미쳐버릴 것이다.]

즉, (28a)는 실제로 재산을 잃었다는 사실 때문에 John이 미쳤다는 뜻을 나타내고 있으며, 따라서 동명사절을 선택한 것이다. 이처럼 구체적으로 일어난 단일 행위를 나타내기 위하여 동명사절이 쓰인 것이다. 이와는 달리, (28b)는 사실적인 내용이 아니라 아직 일어나지 않은 미래의 가상적인 상황을 전달하는 것이기 때문에 부정사절이 쓰인 것이다. 이와 같은 내용을 토대로 하여 (28a, b)는 각각 (29a, b)처럼 풀어쓸 수 있다.

(29) a. John lost his fortune, which drove him mad.

---

51 The first difference concerns temporal reference. The *to*-infinitive embodies potential reality in the sense that it refers to a future event that could possibly happen. Inferentially, its success is not guaranteed. The *-ing* gerund embodies non-immediate reality in the sense that it refers to an event that has actually occurred. Inferentially, its success is guaranteed. — Hamawand (2004: 456); The infinitive and participle constructions with Class (c) are not in free variation. There is usually felt to be a difference in meaning between them, although it may be of little practical importance. The participle construction generally implies 'fulfilment', and the infinitive construction 'potentiality'. — Quirk et al. (1972: 835). See also Downing and Locke (1992: 82).
52 Kaplan (1989: 344).

[존이 자신의 재산을 잃었는데, 이 때문에 그가 미쳐버렸다.]
b. If he were to lose his fortune, it would make him mad.
[그가 재산을 잃게 되면 미쳐버릴 것이다.]

주어로서 동명사절과 부정사절 중에서 어느 것을 선택하느냐 하는 점이 술부에 포함된 동사의 선택과 관련되기도 한다. 즉, 술부의 동사로서 과거시제형, 현재시제형, 미래시제형, 완료형이나, 법조동사의 과거형이 선택될 수 있다. 먼저 술부의 동사로서 현재시제형이 쓰인 예를 보면 (30a, b)에서처럼 전달하고자 하는 뜻에 따라 동명사절과 부정사절이 모두 주어로 등장할 수 있다.

(30) a. **To learn a new language** is difficult.
    [새로운 언어를 배운다는 것은 어려운 일이다.]
  b. **Learning a new language** is difficult.
    [새로운 언어를 배우는 것이 어려운 일이다.]

(30a)는 단지 일어날 가능성이 있는 대상을 진술하는 것에 불과하다. 즉, 이 문장은 화자가 실제로 새로운 외국어를 학습했는지에 대해서 아는 바가 없다. 그러므로 이 문장에서 부정사절은 새로운 언어를 학습하는 특정한 상황에서 일어날 수 있는 상황에 대한 가능성에 따른 생각이나 추측을 표출하는 것이라는 인상을 준다. 한편 (30b)는 이미 알려진 사실을 전달하는 것이다. 즉, 이 문장은 진술 내용이 사실이라는 점을 암시한다. 따라서 화자는 진술된 내용의 행위가 이미 이루어졌을 것으로 여긴다. 말하자면 새로운 언어를 학습해 본 결과 어렵다는 점을 알게 되었음을 암시하는 것이다.

술부의 동사로서 미래시제가 쓰이는 경우에도 이와 비슷한 설명이 가능하다.

(31) a. **To shirk responsibilities** will destroy all plans.
    [일부러 책임을 회피하게 되면 모든 계획을 망치게 될 것이다.]
  b. **Shirking responsibilities** will destroy all plans.
    [일부러 책임을 회피하는 것이 모든 계획을 망치게 될 것이다.]

이처럼 술부의 동사가 미래시제이면 당연히 미래시를 나타낸다. 이러한 경우에 (31a)에서처럼 부정사절이 주어이면 이러한 상황이 발생하게 될 것으로 여기는 것이다. 즉, 책임을 회피하게 된다면 그로 말미암아 계획이 모두 수포로 돌아가게 될 것이라고 예측하는 것이다. 반면에, (31b)의 경우처럼 동명사절이 주어이면 실제로 책임을 회피하는 일이 발생하고, 그 결과 진술된 상황이 발생할 가능성이 상당히 높을 것으로 예측하는 것이다. 특히 다음과 같은 문장의 연속체의 경우에도 위와 같은 식으로 설명이 가능하다.

If you have a problem getting to sleep at night, it's not a good idea (32) **to exercise/*exercising** right before bedtime. This can cause your body to become overexcited. And (33) **being/*to be** excited at bedtime will make falling asleep more difficult.[53]

> [밤에 잠이 잘 오지 않는 경우에 잠자리에 들기 바로 직전에 운동을 한다는 것은 좋은 생각이 아니다. 이렇게 하면 신체가 지나치게 흥분되게 된다. 그리고 잠자리에 들 때 흥분 상태에 있으면 잠들기가 더욱 어려워진다.]

즉, (32)에서는 주어가 실제로 운동을 했다는 사실을 나타내는 것이 아니라, 운동한다는 생각 그 자체를 나타내는 뜻이기 때문에 부정사절을 선택하게 된다. 그러나 (33)에서는 운동을 한 결과 현재 특정한 사람의 신체가 실제로 흥분된 상태에 놓여 있다고 가정해서 말하는 것이므로 동명사절이 선택되었으며, 미래 시제를 나타내는 법조동사를 써서 이에 따라 발생하게 될 상황에 대한 일반적인 예측을 나타내고 있다.

이상과 같은 예와 달리, 술부의 동사로서 과거 시제형이나 현재완료 시제형이 쓰일 때는 전달되는 의미 내용에 따라 주어로서 동명사절은 허용되지만, 의미의 충돌 때문에 부정사절은 허용되지 않는다.[54]

(34) a. **Asking private questions** was tactless.
> [개인적인 질문을 하는 것은 무례한 짓이었다.]

b. ***To ask private questions** was tactless.
> [→ was tactless라는 술부는 과거의 사실적인 뜻을 나타내는 반면, 주어 역할을 하는 부정사절은 '생각'을 나타내는 것으로 결국 주어와 술부가 서로 어울릴 수 없기 때문에 이 문장은 비문법적임.]

---

53 오래 전에 고등학교 영어 교과서에서 연습문제로 제시되었던 문장으로, 고등학생들에게 이런 문제를 제시하는 것은 지나친 처사라고 여겨진다.
54 Hamawand (2004: 461).

(35) a. **Waiting** has been a mistake.
　　　［기다리는 것이 잘못이었다.］
　　b. ***To wait** has been a mistake.
　　　［→ 주어 역할을 하는 부정사절이 나타내는 '생각'이라는 뜻과 현재완료형으로 나타난 술부가 서로 어울릴 수 없기 때문에 비문법적인 문장임.］

　이처럼 술부의 동사로서 과거 시제형이 쓰이거나 현재완료 시제형이 쓰이면 그것은 이미 주어가 나타내는 상황이 발생했다거나, 이미 존재하는 조건을 가리키는 형태가 된다. 그러므로 이러한 동사 형태는 '사실'을 나타내는 (34a)와 (35a)에서처럼 동명사절을 필요로 하게 된다. 반면에 (34b)와 (35b)에서처럼 부정사절은 표출된 상황이 아직 발생하지 않고 단지 '생각'에 머물고 있는 상황을 나타내는 것이기 때문에 과거시를 나타내는 과거시제형이 쓰인 (34b)와 과거시와 현재시가 한데 결합된 현재완료 시제형의 동사가 들어 있는 (35b)의 경우처럼 부정사절이 주어로 쓰인 문장에서는 의미가 충돌되기 때문에 비문법적이다.
　한편 술부에 법조동사의 과거형이 쓰일 수 있다. 과거 시제형이나 현재완료 시제형이 쓰일 때와 달리, 이러한 경우에는 전달하고자 하는 뜻에 따라 (36a)와 (36b)에서처럼 주어로서 동명사절과 부정사절이 모두 선택될 수 있다.

(36) a. **John's winning the prize** would be a great honor.
　　　［존이 상을 탄 것이 큰 영광이 될 것입니다. → 존이 실제로 상을 탔는데, 그것이 큰 영광이 될 수도 있을 것이라는 뜻임.］
　　b. **For John to win the prize** would be a great honor
　　　［존이 상을 타게 되면 그것은 큰 영광이 될 것입니다. → 장차 존이 상을 타게 된다면 그것은 곧 큰 영광이 될 수 있을 것이라는 가정적인 뜻을 나타냄.］

　즉, (36a)에서처럼 동명사절이 나타내는 실제로 발생한 상황에 대하여 술부의 법조동사 구조는 장차 그에 따른 진술된 상황이 발생할지도 모른다는 가정적인(hypothetical) 뜻을 나타내는 것이 된다. 반면에, 부정사절에 법조동사 구조가 수반된 경우에는 가정적인 뜻을 나타낸다. 그러므로 (36b)는 If John won the prize, it would be a great honor.처럼 가정적인 문장으로 풀이될 수 있을 것이다.

9.9.2. 목적어로서의 동명사절과 부정사절

동명사절과 부정사절을 목적어로 선택하는 동사에는 크게 세 가지 부류가 있다. 즉, (37a)의 enjoy처럼 목적어로서 동명사절을 수반하는 동사, (37b)의 expect처럼 부정사절을 수반하는 동사, 그리고 (37c, d)의 love와 같이 이 두 가지를 모두 수반할 수 있는 동사 등으로 나누어진다.

(37) a. Have you ever *considered* **going to live in another country**? (*to go ...)
　　　[다른 나라에 가서 살려고 고려해 본 적이 있는가? → 동사 consider는 동명사절을 목적어로 삼으며, 부정사절을 목적어로 삼지 않음.]
　b. He *expects* **to see her tomorrow**. (*seeing ...)
　　　[그는 내일 그녀를 만날 것으로 기대하고 있다. → expect는 동명사절이 아니라, 부정사절을 목적어로 삼는 동사임.]
　c. We *love* **to hear her sing**.
　　　[우리는 그녀가 노래 부르는 것을 듣는 것을 좋아한다.]
　d. I *love* **sitting in the garden**.
　　　[나는 정원에 앉아 있기를 좋아한다.]

allow, authorize, permit, forbid; advise, encourage, recommend, stimulate, urge; provoke 따위와 같은 동사들은 두 가지 구조가 가능하다. 즉, 이러한 동사들은 (38a)-(40a)에서처럼 그 자신의 주어를 수반한 부정사절을 취하거나, (38b)- (40b)에서처럼 주어가 없을 때는 동명사절을 취한다.[55]

(38) a. I don't **allow my children to drink alcohol**.
　　　[나는 내 자녀들이 술 마시는 것을 허락하지 않는다.]
　b. We do not **allow playing football on the lawn**.
　　　[우리는 잔디 위에서 축구하지 못하게 한다.]
(39) a. The teacher **recommended us to use this grammatical handbook**.
　　　[선생님은 우리가 이 문법 지침서를 사용하라고 권했다.]

---

[55] Murphy (1998: 108) and Swan (2005: 275).

b. The teacher **recommends using this grammatical handbook**.
      [선생님은 이 문법 지침서를 사용하라고 권했다.]
(40) a. International law **forbids outsiders to interfere in civil wars**.
      [국제법은 외부인이 내란에 개입하는 것을 금지하고 있다.]
   b. The law **forbids smoking marihuana**.
      [법으로 마리화나 흡연을 금지하고 있다.]

그러나 They were not allowed to park here.(그들은 이곳에 주차하는 것을 허락받지 못했다.)에서처럼 수동태에서는 이런 동사들의 목적어가 주어의 위치로 이동한 것일 뿐, 부정사절의 주어가 없는 것이 아니다. 그러므로 allowed의 목적어가 바로 다음에 놓여 있지 않았다고 하여 부정사절을 동명사로 바꿔서는 안 된다.

대충 다음과 같은 동사들은 목적어로서 부정사절은 올 수 없고, 반드시 동명사절을 필요로 한다.

> abhor, admit, anticipate, appreciate, avoid, can't help(help = avoid), consider, defer, delay, deny, despair, detest, dislike, dispute, disregard, endure, enjoy, entail, escape, evade, excuse, fancy, finish, forgive, grudge, imagine, involve, keep(= continue), loathe, mind(= object), miss, oppose, pardon, postpone, practise, prevent, put off, quit, recall, recollect, recommend, renounce, report, resent, resist, risk, shirk, stop, suggest, tolerate, urge, withstand

이러한 단어들이 상위절의 동사로 쓰이고, 이에 따라 동명사절을 목적어로 나타난 몇 가지 예를 들면 다음과 같다.

He tried to *avoid* **answering my questions**.
   [그는 내 질문에 대답하지 않으려고 했다.]
The accused man *denies* **ever having met her**.
   [피고인은 그녀를 만난 적이 없다고 부인했다.]
If you try to *evade* **paying your taxes** you *risk* **going to prison**.
   [만약 네가 세금 납부를 회피하려고 한다면 감옥에 갈 위험을 면하지 못한다.]
I *loathe* **having to go to these conferences**.
   [나는 이런 회의에 참석해야만 하는 것이 무척 싫다.]

Let's *postpone* **making a decision** until we have more information.
[정보를 더 입수할 때까지 결정을 뒤로 미루자.]
Witnesses *reported* **seeing three people flee in the scene**.
[목격자들은 세 사람이 현장에서 도망치는 것을 보았다고 신고했다.]
She refused to *tolerate* **being called a liar**.
[그녀는 거짓말쟁이라고 불리는 것을 참지 못했다.]

동명사절을 목적어로 삼는 위와 같은 동사들은 동명사 형태가 나타내는 행위가 진행중이거나, 이미 과거에 끝난 '마음속에 생생한 사실적인 행위'를 나타낸다. 예컨대 enjoy **going to the movies**에서처럼 동명사절을 목적어로 삼을 수 있는 것은 어떤 것을 즐긴다고 할 수 있으려면 적어도 과거에 경험한 적이 있는 것이라야 가능하기 때문이다. 그러나 $\left\{\begin{array}{l}\text{want}\\\text{expect}\end{array}\right\}$ **to go** to the movies에서는 미래와 관련이 있을 뿐, 과거의 어떤 경험이 있는 것이 아니기 때문에 오로지 부정사절만 목적어로 삼게 되는 것이다. 동명사절과 부정사절 사이에서 나타나는 이러한 차이는 (41a, b)의 ( ) 안에 제시된 뜻으로 분명히 드러난다. 즉, (41a, b)에서는 각각 긍정과 부정의 뜻으로 동명사절에 나타난 내용이 이루어진다는 점을 나타낸다. 그러나 (41c)에서는 부정사절에 내포된 내용이 이루어졌다는 점을 나타내는 것이 아니다.

(41) a. Bob *enjoys* **going to the movies**.
(= Bob succeeds in going to the movies.)
[보브는 즐겨 극장 구경을 간다.]
b. Susan *avoided* **talking to Barry**.
(= Susan succeeded in not talking to Barry.)
[스잔은 베리와 말하기를 회피했다.]
c. Mary *wanted* **to see the play**. (≠ Mary saw the play.)
[메리는 그 경기를 보고 싶어했다.]

상위절의 동사들 중에 동명사절과 부정사절을 모두 목적어로 취하는 동사들과 이러한 경우에 나타나는 뜻의 차이를 살펴보기로 한다.

forget, remember, regret 등 일부 회상동사(回想動詞: verbs of retrospection)의 경우에 장차 일어날 가능성을 나타내는 부정사절과 특정한 상황이 상위절의 동사가 나타내는 시간보다 앞서 이미 이루어졌음을 나타내는 동명사절의 선택의 차이가 있다. 즉, 부정사절은 (42a-44a)에서처럼 상위절의 동사가 나타내는 심적 작용 (기억하다, 잊다 등)이 일어나고 난 다음에 언급된 상황이 발생한다는 점을 나타내는 반면, 동명사절이 선택되면 (42b-44b)에서처럼 상위절의 동사가 나타내는 시간 이전에 언급된 상황이 이미 이루어졌음을 나타낸다.[56]

(42) a. Please *remember* **to water the plants** while I'm away.

[내가 없는 동안 식물에 물을 줄 것을 잊지 말아라. → 상위절의 동사 remember는 현재시를 나타내는 반면, 부정사절은 현재시 이후, 즉 미래시를 나타내고 있음.]

b. I clearly *remember* **locking the door** before I left.

[나는 떠나기 전에 문을 잠근 것을 분명히 기억하고 있다. → 상위절의 동사는 현재시를 나타내고 있는 반면, 동명사절은 현재시 이전, 즉 과거시를 나타내고 있음.]

(43) a. I *forgot* **to lock the door**.

[나는 문을 잠글 것을 잊었다. → 상위절의 동사 forgot은 과거시를 나타내고, 부정사절은 과거시에서 본 미래(future in the past)를 나타내는 것임. 따라서 이 문장은 'I didn't lock the door because it slipped my mind.'라는 뜻을 나타내고 있음.]

b. She *will never forget* **witnessing that terrible accident**.

[그녀는 그 끔찍스러운 사건을 목격했던 것을 절대 잊지 않을 것이다. → 상위절의 동사 will forget은 미래시를 나타내고, 동명사절은 과거시를 나타내고 있음. 즉, 과거시에 목격한 그 경험을 잊지 않을 것이라는 뜻임.]

(44) a. I *regret* **to tell you that your son has broken my windowpane**.

(= 'I'm sorry that I have to tell you that ....')

[당신 아들이 우리 유리창을 깨뜨렸다는 것을 말씀드리게 되어 유감스럽군요.]

b. I *regret* **having paid little attention to my brother**.

(= 'I paid little attention ... and now I am sorry about it.')

---

56 For three verbs *forget, remember,* and *regret,* the 'potentiality'/'performance' distinction becomes extended into the past so that there is a temporal difference between the two constructions. The infinitive construction indicates that the action or event takes place after the mental process denoted by the verb has begun, while the reverse is true for the participle construction, which refers to a preceding event or occasion coming to mind at the time indicated by the main verb. — Quirk et al. (1985: 1193). Quirk et al. (1985)은 gerund clause 대신에 participle construction이라는 용어를 사용하고 있다.

[나는 내 동생에게 별로 관심을 두지 않았던 점을 유감으로 생각한다.]

regret와 결합되는 부정사절에는 주로 say, inform, announce, tell 따위와 같은 의사전달동사들(verbs of communication)이 수반되어 대개 청자에게 달갑지 않은 소식을 전달하지만, regret에 동명사절이 수반될 경우에는 동명사절에 포함되는 동사의 선택에 제약이 없다.[57] 과거의 상황을 나타내는 forget + 동명사절은 (43b)에서처럼 will never forget ... 따위와 같이 법조동사에 not이나 never가 수반된 부정문이나, 의문문에서 주로 쓰인다.[58] 회상동사이면서도 recall, recollect는 오로지 동명사절만 목적어로 삼는다.

I don't *recall* **ever meeting her**.
[나는 그녀를 만났다는 기억이 전혀 나지 않는다.]

remind, thank, swear의 경우에도 마찬가지로 동명사절은 과거의 행위를 나타내고, 부정사절은 아직 실현되지 않은 미래의 행위를 나타낸다. 특히 다음 첫 번째 예문에서 swear 다음에 놓인 to는 부정사 표지어가 아니라, 전치사이다. 그러므로 swear to는 <동사 swear + to-부정사절> 구조를 나타내는 것이 아니라, 전치사를 수반한 동사(prepositional verb)라는 점에 유의하여야 한다.

He *swore to* **having been elsewhere at the time of the crime**.
[그는 그 범죄가 일어난 시간에 다른 곳에 있었다고 증언을 했다. → 동명사절을 써서 증언을 하기 이전에 일어난 상황을 말하고 있음.]
Remember, you have *sworn* **to tell the truth**.
[진실을 말하겠다고 서약한 점을 잊지 마시오. → 부정사절을 써서 서약 이후에 발생할 상황을 말하고 있음.]
He *reminds* me **of visiting Vietnam during the war**.
[그는 전시에 베트남을 방문했었다는 점을 내게 일깨워 준다.]
My wife *reminded* me **to buy a present** for our daughter's birthday.
[내 아내가 내게 딸의 생일 선물 사라고 일러 주었다.]
He *thanks* his parents **for teaching him to be sensitive to others**.

---

57 Downing & Locke (1992: 84).
58 Thomson & Martinet (1986: 235). See also Christophersen & Sandved (1971: 152) and Yidi (1997: 242).

[그는 타인을 이해하도록 가르쳐준 점에 대하여 부모님께 고맙게 생각한다.]
I'll *thank* you **to mind your own business**.
[네 일에나 신경을 썼으면 고맙겠네.]

detest, dislike, enjoy 따위와 달리, dread, hate, like, love, prefer 따위와 같은 감정동사(emotive verb)들은 동명사절과 부정사절을 모두 목적어로 수반할 수 있다. 이러한 경우에 문법학자들 중에는 이 두 가지 구조의 선택과 관련된 뜻의 차이가 크게 없기 때문에 이 두 가지 절 구조 중에서 어느 것이라도 선택할 수 있다고 한다.[59]

I *love* { **meeting** / **to meet** } people.
[나는 사람들을 만나는 것을 좋아한다.]
Rose always carries her camera with her. She *likes* { **taking** / **to take** } photographs.
[로우즈는 항상 카메라를 갖고 다닌다. 그녀는 사진 찍는 것을 좋아한다.]
He *loves* **to play golf**, but his wife *loves* **gardening**.
[그는 골프 치는 것을 좋아하지만, 그의 아내는 정원 가꾸기를 좋아한다.]
I don't get up on Sundays. I *prefer* { **staying** / **to stay** } in bed.
[나는 일요일에는 일어나지 않는다. 나는 잠자리에 있는 것을 더 좋아한다.]

그러나 이러한 감정동사에 수반되는 두 가지 구조적 차이가 뜻의 차이로 반영되기도 한다. 일반적으로 화자가 문중에 언급된 어떤 '특정한 부류의 상황'을 현재 즐기고 있다거나, 일반적으로 즐긴다고 하거나, 또는 그러한 부류의 상황이 만족스럽다거나 즐겁다고 하는 경우에는 동명사절이 사용된다. 이에 대응하는 부정문의 경우에도 마찬가지이다.[60]

---

59 Azar (1999: 311) and Swan (2005: 276).
60 With *like, love, hate, prefer* and the formal verb *scorn* (= to reject something one is too proud to do) the distinction is as follows: a) The gerund is used when the speaker expresses that he enjoys (or does not enjoy) a particular kind of situation, or that he finds (or does not find) a situation of that kind satisfactory or pleasant. b) The gerund is also used to express that one finds a present situation enjoyable (pleasant, satisfactory). — Declerck (1991a: 508-509).

'It's raining. Shall I give you a lift?' — 'No, I *like* **walking in the rain**.'

[비가 오네. 태워다 줄까?'—'아냐. 난 비를 맞으며 걷는 것을 좋아해.' → = 'I am fond of walking in the rain.']

Children who are born into homes of prestige become native speakers of what is popularly known as "good" English; the linguist *prefers* **giving it the non-committal name of *standard* English**. (Rutherford 1968: 374).

[명문 집안에 태어난 어린이들은 "good" English로 많이 알려진 영어를 모국어로 말하게 된다. 그런데 언어학자들은 이러한 영어에 표준영어라는 애매한 이름을 붙이기를 더 선호한다.]

I *love* **sitting in the garden**.

[나는 정원에 앉아 있기를 즐긴다.]

Most people *hate* **standing in queues**.

[대부분의 사람들은 줄서기를 무척 싫어한다.]

반면에 문중에 언급된 상황에 대한 현재 또는 미래의 어느 특정한 경우, 즉 화자가 어느 특정한 경우에 실제로 그런 상황이 발생하기를 바란다거나, 그에 대한 부정적인 뜻을 나타낼 때는 부정사절이 쓰인다.[61]

'Why didn't you tell me?' — 'You seemed so happy, and I *didn't like* **to distress** you.'

['왜 말하지 않았어?'—'너는 아주 기분이 좋은 것 같았어. 너를 근심시키고 싶지 않았어.']

Now that all the work is done I *prefer* **to go home**.

[일이 모두 끝났으므로 집에 가고 싶다.]

I *hate* **to disappoint you**, but I can't lend you any money for the time being.

[실망시키고 싶지는 않지만, 나는 당분간 너에게 돈을 빌려줄 수 없어.]

영국영어에서는 like가 동명사절을 수반하면 'enjoy'와 비슷한 뜻으로서, 언급된 상황이 실제로 일어났다는 뜻이지만, 부정사절을 수반한 경우에는 'to think it is good or right to

---

61 Declerck (1991a: 509).

do'(...을 하는 것을 좋다거나 옳다고 생각하다)와 같은 뜻으로 사용되기도 한다.62

I *like* **going to the dentist once a year**.
(= 'I enjoy my visits ...')
[나는 일 년에 한 번씩 즐겨 치과의사의 진찰을 받으러 간다.]
I *like* **to clean the kitchen as often as possible**.
(= 'I think it is a good thing to clean the kitchen ....')
[나는 가급적 자주 부엌 청소하는 것이 좋다고 생각한다.]

마찬가지로, I *don't like* **to go**.는 'I don't think it right to go.'(나는 가는 것을 옳다고 생각하지 않아.)라는 뜻이며, I don't like going.은 'I don't enjoy going.'(나는 가는 것을 즐기지 않아.)이라는 뜻이다.
would + hate/like/love/prefer 등이 결합된 표현은 일반적인 상황이 아니라, 언급된 상황이 장차 발생할 가능성과 관련해서 말하는 것이기 때문에 보통 부정사절을 수반한다.

I'*d hate* **to spend Christmas alone**.
[나는 크리스마스를 혼자서 보내기가 무척 싫다.]
I'*d love* **to be able to travel around the world**.
[나는 세계 일주 여행을 할 수 있었으면 한다.]
Would you *like* **to have a look at my new dress**?
[내가 새로 맞춘 옷을 보고 싶어?]
Would you *prefer* **to have dinner now or later**?
[저녁 식사를 지금하고 싶으신가요 아니면 나중에 하고 싶으신가요?]

과거의 상황이 이루어지지 않았을 때는 <would like + 완료 부정사절> 구조로 나타낸다.

I'*d like* **to have gone skiing**.
[나는 스키 타러 가고 싶었다. → 가지 못했다는 뜻을 암시함.]

begin, cease, start, commence, continue 따위와 같이 동작의 시작·종결·지속 따위와

---

62 Murphy (1998: 114), Downing & Locke (1992: 83) and Thomson & Martinet (1986: 257).

같은 뜻을 나타내는 상동사(相動詞: aspectual verb)[63]들은 많은 경우에 동명사절과 부정사절을 모두 목적어로 삼을 수 있다. 이러한 동사들이 주어의 '의지가 없는'(unintentional) 상황을 나타낼 때에는 (45a-d)와 같이 부정사절을 수반한다. 그러나 주어의 '의지가 있는'(intentional) 상황에는 (46a-c)와 같이 동명사절을 수반한다.[64] 예컨대 When did you **start to lose** weight?(언제부터 체중이 줄어들기 시작했습니까?)은 주어의 의도와 관계없이 체중이 줄어든 것으로서, 어쩌면 질병 때문일지도 모른다는 뜻을 암시한다. 반면에, When did you **start losing** weight?(언제부터 체중을 줄이기 시작했습니까?)은 주어가 의도를 가지고 체중을 줄여 결국 몸매가 날씬해진 것을 말하는 것이다.

(45) a. It has *started* **to rain**.
   [비가 내리기 시작하네.]
b. The engine of my car has suddenly *started* **to make a strange noise**.
   [내 자동차 엔진에서 갑자기 이상한 소리가 나기 시작했다.]
c. The ice cream began **to melt** as we were waiting.
   [우리가 기다리고 있을 때 아이스크림이 녹기 시작했다.]
d. Smallpox is said to be a disease that *has ceased* **to exist**.
   [천연두가 이제는 사라진 질병이라고 한다.]

(46) a. He was still an infant when he *started* **playing the guitar**.
   [그가 기타를 치기 시작할 때는 아직 어린 아이였다.]
b. The government ordered the company to *cease* **selling the bad medicine**.
   [정부는 그 회사에 불량 의약품 판매를 중지하도록 명령했다.]
c. On his return to England he *began* **studying law**.
   [영국으로 돌아간 뒤 그는 법을 공부하기 시작했다.]

(45a-d)에서 무의지를 나타낼 때 상동사에 대한 목적어로서 부정사절이 쓰인 것과 마찬

---

63 상동사(aspectual verb)는 본래 독일어 문법에서 나온 용어로서, 동사가 나타내는 동작의 양태(manner)를 나타내는 것으로서, 예컨대 begin, start와 같은 단어는 동작의 시작을 뜻하기 때문에 '시동상'이라 하고, continue와 같은 동사는 동작의 계속을 뜻하기 때문에 '지속상', finish와 같은 동사는 '종말상'을 나타낸다고 한다. 이 이외에도 반복상, 결과상 등이 있다.
64 Declerck (1991a: 506).

가지로, like나 understand 따위와 같은 상태동사가 만드는 비정형절이 목적어로 등장하는 경우에도 부정사절 형태가 된다.[65]

I soon *began* **to understand/see/realize what was happening**.
[곧 나는 무슨 일이 벌어지고 있는지 이해하기/알기/깨닫기 시작했다.]
We *began/started* **to wonder** if we were waiting on the wrong platform.
[우리는 다른 승강장에서 기다리고 있는 것이 아닌가 하는 생각을 하기 시작했다.]
These painters have never *cease* **to be inspired by Picasso**.
[이 화가들은 결코 피카소의 영감을 받는 것이 중단된 적이 없었다.]

의지/무의지와 관련해서 동명사절과 부정사절을 선택하는 이러한 규칙은 철저하게 지켜지는 것이 아니고, 어디까지나 경향에 불과할 뿐이라고 보는 것이 타당하다고 하겠다.[66]
더 나아가 start의 목적어로서 동명사절을 택하느냐, 부정사절을 택하느냐에 따라 뜻이 다르다. 따라서 동명사는 진행의 의미를 갖기 때문에 begin이나 start가 동명사절을 목적어로 수반하면 표출된 행위가 지속되거나 완결된다는 경향을 암시해 주는 반면, 부정사절을 목적어로 삼는 경우에는 완결(completion)을 암시하기보다 오히려 행위의 시작에 초점을 맞추는 것이다.[67] 특히 이러한 뜻의 차이는 다음 각 문장의 괄호 안에 추가된 내용을 통해서 보다 분명해지고 있다.

Helen *started* **doing her homework at 8 p.m**. (and she finished at 11 p.m.)
[헬렌이 오후 8시에 숙제를 시작했다. (그래서 밤 11시에 끝났다.) → 오후 8시에 시작된 일이 11시까지 줄곧 계속되었다는 뜻.]

---

65 Alexander (1996: 319).
66 Christophersen & Sandved (1971: 150) and Declerck (1991a: 506, note).
67 Palmer (1974) shows in 9a and 9b that, when followed by a gerundive complement, *begin/start* suggests a tendency of continuation or conclusion of the action; when followed by an infinitival complement, sentences emphasize the start of an action rather than implying its termination.
  (9)a. He started talking (and carried on for an hour)
    b. He started to talk (but was interrupted).
— Yidi (1997: 244). See also Celce-Murcia & Larsen-Freeman (1983: 436). Quirk et al. (1985: 1192)은 바로 이와 같은 문장에서 부정사절과 동명사절의 차이를 '가능성'과 '실행'의 차이라고 말하면서도 보다 구체적인 차이에 대한 설명은 하지 않고 있다.

Helen *started* **to do her homework at 8 p.m**. (but phone rang and interrupted her work.)

[헬렌은 오후 8시에 숙제를 시작했다. (그러나 전화가 와서 하던 일을 중단했다.) → 오후 8시에 시작됐던 일이 전화가 와서 곧 중단되었다는 뜻.]

continue는 진술된 상황이 이전에 시작되었고, 동시에 이러한 상황이 지속적으로 일어난다는 점을 나타낸다. 이 두 가지 사실이 결합되어 일어나는 상황은 중단없이 줄곧 지속될 수 있을 뿐만 아니라, 중단되었다가 다시 지속될 수도 있다. 중단되었다가 지속되는 상황을 나타낼 때는 부정사절이 선택되는 반면, 중단없이 줄곧 지속된다는 점을 나타낼 때는 동명사절이 쓰여 상황의 지속을 나타낸다.[68]

He *continued* **to work after his illness**.

[그는 앓고 나서 일을 계속했다. → 중단되었던 일이 다시 계속된다는 뜻을 나타내고 있음.]

He *continued* **writing his diaries until he died**.

[그는 세상을 떠날 때까지 일기를 계속 썼다. → 일기 쓰기가 중단 없이 계속되었다는 뜻을 나타내고 있음.]

go on은 대개 동명사절을 목적어로 삼아 동일한 행위가 중단없이 계속된다는 뜻을 나타내지만, 부정사절을 수반하여 진술 내용이 바뀌거나 일련의 내용 중에서 다른 내용으로 바뀌어 계속한다는 뜻이다. 특히 부정사절이 수반될 때는 대체로 explain, tell, talk 따위와 같은 동사들이 부정사절의 동사로 나타난다.

You're just digging your grave if you *go on* **smoking so heavily**.

[네가 계속 그렇게 담배를 많이 피우면 그것은 무덤을 파고 있는 것과 다름이 없지.]

She stopped talking about her illnesses and *went on* **to tell us about her**

---

[68] All occurrences of *continue* presuppose the prior initiation of the event in question and at the same time entail the continued occurrence of the event. This combination of facts leads to an implied interruption of the event in question, an interruption which occurs after the initiation and before the continuation of the event. However, the occurrence of a *V-ing* complement with continue blocks this sense of interruption since the *V-ing* form gives a durative aspect to the event in question. — Freed (1979: 94). 그러나 Hewings (1999: 76)에 의하면, continue가 뜻의 차이가 거의 없이 동명사절과 부정사절을 모두 수반할 수 있다: Even though it was raining, they continued **to play/playing**.

동명사절(Gerund Clauses) 343

other problems.
   [그녀는 자신의 병에 대한 말을 하다가 중단하고, 자신의 다른 문제에 대한 말을 우리에게 계속했다.]

stop 다음에는 동명사절과 부정사절이 모두 올 수 있지만, 이 두 가지 구조는 문중에서 담당하는 문법적인 기능과 전달되는 뜻이 전혀 다르다. 즉, (47a)에서 stop에 수반된 동명사절은 동사의 목적어 역할을 하고, (47b)에서 부정사절은 stop에 대하여 '목적'(purpose)을 뜻하는 것으로서, 부사적 부가어(adverbial adjunct) 역할을 하는 것이다.[69]

(47) a. They *stopped* **talking**.
   [그들은 하던 말을 중단했다.]
   b. They *stopped* **to talk**.
   [그들은 말을 하려고 중단했다.]

stop과 관련된 이 두 문장을 비교해 보면 동명사절이 수반된 (47a)에는 부정사절이, 그리고 부정사절이 수반된 (47b)에는 동명사절이 각각 생략되어 문장의 표면에 나타나지 않은 것이다. 즉, 동명사절이 목적어로 나타난 (47a)에는 목적을 나타내는 부정사절이 나타나지 않았고, 부정사절이 '목적'을 나타내는 (47b)는 부정사절로 표출된 상황이 발생하기 직전까지 지속되었던 상황이 중단되어 문장 표면에 나타나지 않았을 뿐이다. 그러므로 예컨대 (48a, b)에서 동명사절이 나타난 (48a)에는 (in order/so as) to improve his health 따위와 같은 내용을 첨가하여 표면에 드러나지 않은 목적을 나타낼 수 있을 것이고, 부정사절이 포함된 (48b)에서는 doing his homework 따위와 같은 행위가 중단되었다고 볼 수 있다. 이렇게 보면 결국 이 두 문장의 심층구조(deep structure)는 원래 같았는데, 생략 과정을 거치면서 표면구조가 달라진 것이라고 보면 될 것이다.

(48) a. He *stopped* **smoking** ((in order/so as) to improve his health).
   [그는 (더욱 건강해지려고) 담배를 끊었다.]
   b. He *stopped* (doing his homework) **to have a rest a while**.
   [그는 잠시 쉬려고 (하던 숙제를) 멈췄다.]

---

69 In *I stopped to write*, the infinitive is not a complementation of the verb. *I stopped* + infinitive can be analysed as SV plus an adverbial adjunct of purpose. — Close (1992: 122).

한편 (49a)와 (49b)에서 두 개의 동명사절은 서로 다른 뜻을 전달하고 있다. 즉, (49a)는 얼마 전부터 진행중(progressive)이었던 사건의 중단을 뜻하는 것이라면, (49b)는 과거에 반복적으로 이루어졌던 사건이 중단되었음을 뜻한다.[70]

(49) a. He *stopped* **talking**. (= 47a)
[→ 이 문장은 'He was talking, then stopped.' 라는 뜻을 내포하고 있음. 즉, 얼마 전에 하던 말을 중단했다는 뜻임.]
b. He *stopped* **smoking**. (= 48a)
[→ (49a)와 달리, 이 문장은 'He used to smoke, then quit.' 라는 뜻을 내포하는 것으로, 과거의 습관적인 행위를 이제는 더 이상 지속하지 않는다는 뜻임.]

의도동사(verb of intention) try는 보통 두 가지 뜻과 관련하여 쓰인다. 즉, (50a)에서처럼 'to attempt(시도하다); to make an effort'(노력하다)라는 뜻으로 쓰이면 부정사절을 수반한다. 그러나 (50b)에서와 같이 'to make an experiment'(시험해 보다)라는 뜻, 즉 하려고 하는 일이 어떤 것인지를 알아보려고 하거나, 어떤 결과가 생길지 알아보려고 하는 경우에는 동명사절을 수반한다. 바로 이와 같은 뜻의 차이 때문에 (50a, b) 두 문장에서 try 다음에 놓인 부정사절과 동명사절을 바꾸어 쓸 수 없다.

(50) a. I was very tired. I *tried* **to keep my eyes open** but I couldn't.
[나는 무척 피곤했다. 나는 계속 눈을 떠 있으려고 했지만, 그렇게 할 수 없었다.]
b. 'These blood stains won't wash out.' — '*Try* **using that new washing-powder they advise on TV**.'
['피 묻은 이 얼룩이 세탁되지 않는다.' — 'TV에서 권하는 새로 나온 그 분말 세제를 써보는 것이 어떨까.']

9.9.3. 부정사절과 <전치사 + 동명사절>

일부 동사, 명사, 또는 형용사들 중에는 그 뜻을 보충하여 문장을 완전하게 하기 위하여 to-부정사절을 수반하거나, 또는 <전치사 + 동명사절>을 수반하는 것들이 있다.

---

70   Givón (1993a: 160).

1) 동사: aim (at), decide (on)

They're *aiming at* **training everybody** by the end of the year.
[그들은 연말까지 모든 사람들을 훈련시키려는 목표를 세우고 있다.]
They're *aiming* **to reduce unemployment by 50%**.
[그들은 실업률을 50%로 줄이려고 하고 있다.]
They have *decided on* **backing the project**.
[그들은 그 계획을 지원하기로 결심했다.]
Tina has *decided* **to go to Rome for her holiday**.
[티나는 휴가를 즐기려고 로마로 가기로 결심했다.]

2) 명사: attempt (at), chance (of), opportunity (of)

Nobody has ever made a serious *attempt at* **decreasing the number of cars on the roads**.
[지금까지 어느 누구도 도로에 자동차 수를 줄이려는 진지한 시도를 한 적이 없었다.]
The government announced big tax cuts in *an attempt* **to regain its lost popularity**.
[정부는 잃어버린 인기를 되찾으려고 세금을 대폭 삭감하겠다고 발표했다.]
Is there *any chance of* **getting an interview with her**?
[그녀와 면담을 할 가능성이 있는가?]
Ralph was waiting for *a chance* **to introduce himself**.
[랄프는 자신을 소개할 기회를 기다리고 있었다.]
At least give him *the opportunity of* **explaining what happened**.
[최소한 그에게 무슨 일이 있었는지 설명할 기회를 주어라.]
You will have *the opportunity* **to ask any questions at the end**.
[마지막에 가서 어떤 질문이라도 할 기회가 있을 것입니다.]

3) 형용사: content (with), determined (on)

Not *content with* **having overthrown the government**, the military dictator imprisoned all his opponents.

[정부를 전복시킨 것으로 만족하지 않아서 그 군사 독재자는 자신의 적들을 모두 투옥시켰다.]

These people don't want to leave their slum dwellings. They are *content* **to stay where they are**.

[이 사람들은 자기들이 살고 있는 빈민가 주택에서 떠나기를 원치 않는다. 그들은 현재 살고 있는 곳에 그대로 사는 것에 만족한다.]

형용사들 중에는 to-부정사절을 수반하느냐 <전치사 + 동명사절>을 수반하느냐에 따라 뜻이 서로 다른 것들도 있다. 그 몇 가지를 예로 들자면 다음과 같은 것들이 있다.

같은 뜻을 가진 certain과 sure는 전치사 + 동명사절을 수반하여 주어 자신의 느낌을 나타내며, 부정사절을 수반하면 화자/필자 자신의 느낌을 나타낸다. 그러므로 (51a)는 주어인 Stephen Henry 자신이 스스로 승리할 것이라고 생각하는 것인 반면, (51b)는 Stephen Henry가 경기에서 이길 것으로 화자/필자가 보고 있다는 점을 나타낸 표현이다.

(51) a. Stephen Henry is {*certain* / *sure*} **of winning the tournament**.
   (= 'He is {*certain* / *sure*} that he will win.')

   [스티븐 헨리는 토너먼트 경기에서 승리하리라고 확신하고 있다. → 주어인 Stephen Henry 자신이 확신한다는 뜻임.]

   b. Stephen Henry is {*certain* / *sure*} **to win the tournament**.
   (= 'It is certain that Stephen Henry will win ....)

   [스티븐 헨리가 틀림없이 토너먼트 경기에 승리한다. → 화자 자신이 스티븐 헨리가 승리할 것으로 확신한다는 뜻임.]

Before the game she felt *certain* **of winning**, but after a few minutes she realized it wasn't going to be so easy.

[경기가 벌어지기 전에는 그녀가 승리할 것으로 확신했지만, 몇 분 뒤에 그녀는 쉽게 이기지 못할 것이라는 것을 알았다.]

The repairs are *certain* **to cost more than you think**.

[수리비가 틀림없이 네 생각보다 더 많이 들 거야.]

If you invite false happiness, sorrow is *sure* **to follow**.

— Paramhansa Yogananda, *How to be Happy All the Time*.

[그릇된 행복을 추구한다면 틀림없이 슬픔이 올 것이다.]

interested in + 동명사절은 흔히 일반적인 활동이나 과정 등 어떤 대상에 대하여 호기심이나 관심을 갖고 있다는 점을 나타내는 것이고, interested + 부정사절은 연쇄적인 사건 중의 어느 하나의 새로운 행위와 관련하여 주어 자신이 직접 학습하거나 체험을 통해서 흥미를 갖게 된다는 점을 뜻하는 것이다.[71]

I'm *interested* in emigrating to Canada.
 [나는 카나다로 이민가는데 관심이 있다. → 어쩌면 카나다로 이민을 가게 될지도 모른다는 뜻을 내포함.]
She hasn't decided yet what to do, but she's *interested* in joining the Voluntary Service Overseas.
 [그녀는 아직 무엇을 할 것인지 결심을 하지 않고 있지만, 해외 자원 봉사대에 참여하는 것에 관심이 있다.]
I'm *interested* to hear your opinion.
 [나는 너의 의견을 듣고서 재미가 있었다. → 듣고 보니 흥미를 끈다는 뜻을 내포함.]
Bill seemed particularly *interested* to read the financial column of 'The Times'.
 [빌은 '타임즈' 잡지의 금융란을 읽고서 특히 관심이 있는 것처럼 보였다.]

interested가 어떤 내용에 대하여 알고 싶다는 소망(a wish to find out something)에 대하여 말하는 경우에는 흔히 in + 동명사절과 to-부정사절이 모두 쓰인다.

I'm *interested* { in finding out / to find out } what she did with all that money.
 [나는 그 돈을 모두 어디에 썼는지 알고 싶다.]

Aren't you *interested* { in knowing / to know } whether I'm pregnant?
 [내가 임신했는지 알고 싶지 않아요?]

반면에 어떤 일을 하고 싶다는 말을 할 때는 in + 동명사절이 쓰인다.

---

71 Declerck (1991a: 516) and Close (1975: 84).

I'm *interested* in working in New York. Do you know anyone who could help me?

[나는 뉴욕에서 일하는 데 관심이 있다. 나를 도와줄 아는 사람이 있니?]

sorry {for / about} + 동명사절은 'apologize; regret'의 뜻으로, 주로 과거의 상황을 말할 때 쓰이는 반면, sorry + 현재 부정사절은 현재의 상황, 즉 현재 진행중이거나, 앞으로 있게 되거나, 또는 방금 있었던 일에 대하여 유감 따위와 같은 감정을 표출하고자 할 때 쓰인다.[72]

I'm *sorry* for interrupting you.
(= 'I'm sorry for what has happened.')
[방해가 되어서 유감스럽습니다.]

I'm *sorry* {for / about} losing my temper this morning.
[오늘 아침에 화를 내서 미안하다.]

I'm *sorry* to interrupt you.
(= 'I'm sorry, but I'm going to interrupt.')
[방해를 하게 되어 유감스럽습니다.]

I'm *sorry* to tell you this, but your work is not of the required standard.
[이 말을 하게 되어 유감스럽지만, 너의 작품은 기준에 미치지 못한다.]

비격식체 영어에서는 sorry가 that-절을 수반하는 것이 아주 보편적이다.

I'm *sorry* that I lost my temper.
[화를 내서 미안하다.]

sorry 다음에 완료 부정사절이 사용된 I'm *sorry* to have woken you up.(잠을 깨워서 유감스럽게 생각합니다.)은 be sorry for/about와 같은 뜻을 나타내는 다소 격식적인 표현이다.

afraid가 'frightened'의 뜻일 때에는 afraid of + 동명사절과 afraid + 부정사절 등 두 가지 구조가 모두 가능하다.

---

[72] Thomson & Martinet (1986: 238) and Swan (2005: 277).

I'm *afraid* { of touching / to touch } a spider.
[나는 거미를 건드리기가 두렵다.]
He travels by train because he is *afraid* { of flying / to fly }.
[그는 비행기 타는 것이 두렵기 때문에 열차로 여행한다.]

be afraid of ...ing은 어떤 일을 함으로써 생길지도 모르는 어떤 우연한 상황을 두려워한다는 뜻을 나타낸다.

I don't like to use appliances that I am not familiar with because I am *afraid* **of damaging them**.
[파손시키지 않을까 하는 두려움 때문에 나는 익숙하지 못한 기구를 사용하는 것을 좋아하지 않는다.]
Whenever he is drunk his wife is *afraid* **of being molested by him**.
[술에 취했을 때마다 그의 아내는 남편에게 괴롭힘을 당하지 않을까 겁을 낸다.]

이러한 용법으로 쓰일 때 afraid가 (that-)절을 수반하여 달갑지 못하다고 생각하는 염려스러운 상황을 전달한다. 예컨대 비가 오지 않기를 바라면서 하늘을 쳐다보니 비가 금방이라도 쏟아질 것 같은 상황이라면 I'm *afraid* **(that) it's going to rain**.이라고 말할 수 있다.

반면에 afraid 다음에 부정사절이 오면 대개 실행되어야 할 어떤 행동을 '두려워서 ...하지 못하다'라는 뜻을 나타낸다.

Mother was *afraid* **to contradict the stranger** in case he became angry.
(= 'Mother chose not to contradict him for fear he might become angry.')
[어머니는 그 낯선 사람이 화를 낼까봐 그에게 반박하기가 두려웠다. → 반박하지 못했다는 뜻.]
He was *afraid* **to jump**. (so he didn't jump.)
[그는 겁이 나서 점프하지 못했다.]

9.10. 동명사절의 관용적 표현

동명사절과 관련하여 관용적으로 쓰이는 몇 가지 표현들이 있다.

go는 일부 특정한 관용적 표현에서 다음과 같은 동명사 형태를 수반하는데,[73] 이러한 표현은 주로 스포츠, 여가 활동과 같은 오락적인 활동이나 쇼핑 등을 나타낸다.

> go + 동명사: boating, bowling, bungee jumping, camping, dancing, fishing(= angling, 영국영어), hiking, horseback riding, hunting, jogging, mountain climbing, paragliding, running, sailing, scuba diving, sledding, sightseeing, skating, skateboarding, (water-)skiing, swimming, (window) shopping, windsurfing

Yesterday we **went sightseeing**.
 [어제 우리는 관광하러 갔다.]

When did you last **go shopping**?
 [언제 마지막으로 쇼핑하러 갔었느냐?]

There's plenty of snow in the mountain so we'll be able to **go skiing**.
 [산에 눈이 충분히 내려서 스키 타러 갈 수 있을 것이다.]

He **goes jogging** every evening.
 [그는 매일 저녁에 조깅하러 나간다.]

They **go rock-climbing** every weekend.
 [그들은 매주말에 암벽 등반하러 간다.]

---

[73] Curme (1931: 452)은 In older English, instead of 'He went *hunting*' it was common to say 'He went *on hunting*.'이라고 말하고 있다. 역사적으로 보면, 전치사 on에서 어말에 놓인 자음 n이 탈락됨과 아울러, 강세가 없는 o가 a[ə]로 변하고, 나중에는 이것 역시 탈락되어 결국 He went *hunting*.과 같은 구조로 바뀐 것이다. 그러므로 go 다음에 놓인 동명사 형태는 전치사 on이 탈락되기 이전의 모습을 그대로 간직하고 있는 것이라고 하겠다. 현재진행형 구조도 이와 같은 경로를 거쳐 오늘날의 모습에 이르게 되었다: The transition from verbal noun to present participle probably arose from the loss of the lightly stressed preposition on through the intermediate stage *a*, pronounced [ə]. Thus, *What are you a-doing?* 'What are you engaged in the act of doing?' became *What are you doing?* ― Brook (1958: 102). 그럼에도 불구하고 Close (1975: 79)와 Declerck (1991a: 455)를 비롯하여 일부 문법책에서는 It is a participle in commonly-used constructions like *Let's go swimming*.에서처럼 go 다음에 놓인 swimming을 분사라고 말하고 있다.

go 다음에 다른 내용이 삽입되는 경우에는 to-부정사절이 온다.

We **went** to the stadium **to swim**.
 [우리는 수영하러 운동장으로 갔다.]

이 이외에도 다음과 같은 표현들이 동명사절을 포함한다.

There's no point in having a car if you never use it.
(= 'It is useless to have a car if you never use it.')
 [자동차를 갖고 있으면서도 이용하지 않으면 아무 소용이 없다.]
There's no arguing with him.
(= 'It is impossible to argue with him.')
 [그 사람과 말다툼할 수 없다. 즉, 그 사람은 말이 통하지 않는다는 뜻임.]
I **feel like telling** him what I think of him.
 [나는 그 사람에게 내 생각을 말하고 싶다. → feel like + 동명사절 대신에 feel inclined + to-부정사절을 쓸 수 있음.]
Some people who have had hip or knee problems may **have difficulty sitting** in the cross-legged positions.
— S. Rama, *Meditation and Its Practice*.
 [엉덩이나 무릎에 이상이 있는 어떤 사람들은 다리를 꼰 자세로 앉는데 어려움이 있을 것이다.]
She said she couldn't see me. She was too **busy doing** other things.
 [그녀는 나를 만날 수 없다고 말했다. 그녀는 다른 일들을 하느라고 너무 바빴다. → cp. be busy with는 명사구를 수반함.]
I **couldn't help laughing** when I saw his haircut.
 [그가 머리 자른 것을 보고 웃지 않을 수 없었다. → help = 'avoid'.]

　　have (no/any) difficulty 다음에 동명사절 형태가 오는 것은 다음 예가 보여주는 것처럼 본래 이 앞에 전치사 in이 있었다가 나중에 이 전치사가 탈락된 결과인 것으로 여겨진다.[74]

---

74 이러한 관용어구에서 전치사가 있으면 -ing 형태가 분명히 동명사라고 할 수 있지만, 전치사가 생략되면 이것을 동명사라고 단정짓기 어렵다. 문용 (2008: 90) 교수도 이와 비슷한 견해를 피력하고 있다. 이와 다소 다르지만, He just passed **by** the house.에서 by가 분명히 전치사이지만, He just passed **by**.에서 by를 부사라고 말하는 것과 비슷하다.

They **had difficulty in completing** the work.

— Anna Harris Live. *Yesterday and Today in the U.S.A.*

[그들은 그 일을 마무리하느라고 애먹었다.]

A speaker of English **has no difficulty in segmenting** the stream of sounds into six individual words.

— Victoria Fromkin et al., *An Introduction to Language.*

[영어를 말하는 사람들은 말소리의 흐름을 여섯 개의 개별적인 단어로 쪼개는 데 아무런 어려움도 없다. → 예컨대 Thecatsatonthemat가 The cat sat on the mat.라는 여섯 개의 단어로 쪼개어짐.]

We can visualize the farmer and the duckling and we **have also no difficulty in constructing** an image of the killing (*the farmer kills the duckling*).

— Edward Sapir, *Language.*

[우리는 농부와 오리새끼를 시각화할 수 있으며, 또한 죽이는 모습을 (농부가 오리새끼를 죽인다) 그리는데 아무런 어려움도 없다.]

동사 spend도 오늘날에는 전치사 in이 탈락하고, 이 다음에 동명사 형태가 쓰이고 있다. 그러나 명사구를 수반할 경우에는 전치사 on이 쓰인다.

Most of her life was **spent in caring for** others.

— A. S. Hornby, *Oxford Advanced Learner's Dictionary.*

[그녀는 대부분의 생을 다른 사람들을 돌보며 보냈다.]

The media is **spending** more time **doing** a forensic analysis of Melania's speech than the FBI **spent on** Hillary's emails.

[언론은 미 연방 수사국이 힐러리의 이메일에 소비한 시간보다 멜라니아의 연설 내용을 과학적으로 분석하는데 더 많은 시간을 쏟고 있다. — 2016년 11월 미국 대통령 선거를 위한 공화당 전당대회에서 트럼프 후보의 부인 멜라니아의 찬조연설 내용이 2008년 오바마 대통령의 부인 미셸 오바마의 연설을 표절했다는데 따른 언론의 처사에 대한 트럼프 공화당 대통령 후보 지명자가 비난하는 내용.]

또한 be busy 다음에 동명사절이 오는 것도 원래 동명사절 앞에 전치사 in이 쓰였는데, 이것이 생략되고 동명사절이 굳어진 표현으로 여겨진다.

The German **was busy in washing** his hands. (Poutsma 1923: 211)
[그 독일인은 손을 씻느라고 바빴다.]

I am too **busy working** to notice the time.

— *Longman Dictionary of English Language and Culture.*
[나는 일을 하느라고 바빠서 시간을 보지 못했다.]

worth가 동명사절을 수반하는 다음 두 개의 문장 (52a, b)는 서로 구조가 다르다. 즉, (52a)는 특정한 동사가 동명사절을 수반하여 수동의 의미를 나타내는 구조(→ '9.2.2 수동') 와 같은 것으로서, 주어 역할을 하는 the film은 seeing에 대한 논리적 목적어이다. 한편, (52b)는 주어절이 외치된 문장이며, 수동적인 의미를 갖지 않는다. 즉, 이 문장은 원래 **Repairing the car** is not worth.에서 주어절이 외치된 결과이다.

(52) a. What was the film like? Was it **worth seeing**?
[그 영화 어떻던가? 볼만하던가?]
b. It is not **worth/worthwhile repairing the car**.
[그 자동차를 수리할만한 가치가 없다.]

What is **worth doing** at all is **worth doing** well (Jespersen 1933: 322)
[어쨌든 할 가치가 있는 일은 잘 할 가치가 있다.]

worthwhile 다음에는 부정사절도 가능하다.

We thought it might be **worthwhile to compare the two years' accounts**.
[우리는 2년간의 수지(收支) 계산서를 비교해 볼만할 것이라고 생각했다.]

제10장

분사와 분사절(Participles and Participial Clauses)

10.1. 분사의 형태

10.1.1. 현재분사와 과거분사

오늘날의 영어에서 분사 형태에는 원형 동사에 어미(語尾: ending) -ing[iŋ]을 붙여서 만들어지는 '현재분사'(present participle) 형태와 어미 -ed를 첨가해서 만들어지는 '과거분사'(past participle) 형태[1]가 있다.

> -ing 분사형: annoying, frightening, gratifying, misleading, striking, thrilling, worrying
> -ed 분사형: abandoned, computerized, determined, developed, excited, existed, overworked, surprised, worried

Boiling water turns to steam.
 [끓는 물은 증기로 변한다.]
The experiment must be done under the **controlled** condition.
 [그 실험은 통제된 조건하에 이루어져야 한다.]

unbidden(주문하지 않은), unbroken(방해를 받지 않는), unchecked(억제를 받지 않는), unfinished(아직 끝나지 않은) 따위에서와 같이 부정 접두사 un-을 가진 분사 형용사들이 일부 있지만, 이에 대응하는 동사형에는 un-이 없다. 그러므로 bid, break, check와 같은 형태에

---

[1] 과거분사형은 동사의 기본형에 어미 -ed를 첨가해서 만들어지는 것이 일반적이지만, 극소수의 경우에는 불규칙적으로 만들어진다. 그러므로 -ed 어미를 첨가해서 만들어지는 -ed 분사형은 모든 과거분사 형태를 통틀어서 말하는 포괄적인 용어(cover term)이다.

대응하는 *unbid, *unbreak, *uncheck 따위와 같은 형태는 존재하지 않는다.

It is very **unfeeling** of her to dispute her father's will.
[그녀가 아버지의 뜻에 대하여 왈가왈부하는 것은 아주 무정한 짓이다. → *unfeel이라는 동사 형태는 없음.]
His behavior was **unheard of**.
[그의 행동은 전례가 없는 짓이었다. → *unhear라는 형태는 없음.]
That sneering remark was **uncalled-for**.
[그의 냉소적인 말은 적절치 못한 것이었다. → *uncall-for라는 형태는 없음.]

이와 같은 분사들은 형용사와 동사가 갖는 특성을 모두 갖고 있다. 즉, undeep, unkind, unwise, unclear에서처럼 un-은 이미 사용되고 있는 형용사에 첨가되어 새로운 형용사를 만드는 부정 접두사(negative prefix)이고, 또한 과거분사는 <by + 동작주>를 수반할 수 있다는 점에서 동사와 같은 역할을 한다.

This is one of the few islands that are still **untrodden** by tourists.
[이 섬은 아직도 관광객들이 밟아보지 못한 몇 안 되는 섬 중의 하나이다.]
He used to travel **unaccompanied** by his wife.
[그는 늘 아내를 동반하지 않고 여행했었다.]
The financial crash of October 1989 was **unexpected** by most investors.
[1989년 10월의 재정 공황은 대부분의 투자자들이 예상치 못했던 일이었다.]

우리가 흔히 '현재분사'와 '과거분사'라고 하는 용어는 그 명칭에 불과할 뿐, 실제로 현재분사형 그 자체가 반드시 현재시(present time)를 가리키는 것이 아니며, 또한 과거분사형이라고 해서 반드시 과거시(past time)하고만 서로 관련되는 것은 결코 아니고, 적당한 용어가 없기 때문에 편의상 사용되는 것에 불과하다.[2] 다음 예들이 보여주는 바와 같이, 현재

---

[2] 75. The traditional name is PRESENT PARTICIPLE open to the objection that the verbal form it denotes does not necessarily refer to the present, just as a 'past' participle need not refer to the past. The alternatives, viz. 'imperfect' and 'perfect' participle, are prompted by the consideration that a form like *going* usually expresses an incomplete action, a form like *gone* a completed one. But, as will be seen, participles in *ing* do not *always* express incomplete actions, just as those in *ed* (or the corresponding irregular form) do not always

분사와 과거분사가 과거시, 현재시, 그리고 미래시의 모든 시간 영역과 관련하여 쓸 수 있는 것이지, 이들 명칭이 실제로 특정한 시간과 서로 관련되는 것이 아니다.

She was **crying** when I saw her.
[그녀를 보니까 울고 있었다. → 현재분사 crying이 was와 결합하여 과거시를 나타내고 있음.]

He is **weakened** by his recent illness.
[최근의 병으로 그는 몸이 쇠약해졌다. → 과거분사 weakened가 is와 결합하여 현재시를 나타내고 있음.]

Who's the man **talking** to Elizabeth?
[엘리자베스와 말을 나누고 있는 사람이 누구인가? → 현재분사 talking은 이 앞에 생략된 who is에 놓인 is와 결합하여 현재시를 나타내고 있음.]

It was **broken** in the storm.
[그것은 폭풍으로 부서졌다. → 과거분사 broken이 was와 결합하여 과거시를 나타내고 있음.]

This time tomorrow I'll be **lying** on the beach.
[내일 이 시간에 나는 해변에 누워있을 것이다. → 현재분사 lying이 'll be와 결합하여 미래시를 나타내고 있음.]

The new school is going to be **opened** next week.
[그 신설 학교는 다음 주에 문을 열게 될 것입니다. → 과거분사 opened가 is going to be와 결합하여 미래시를 나타내고 있음.]

10.1.2. –en 분사형

그 수효는 극소수에 불과하지만, 오늘날 사용되고 있는 과거분사형 broken, given, mistaken, spoken, stolen 따위와 같은 예들은 대충 450년에서 1100년까지 사용되었던 고대영어(古代英語: Old English)에서 강동사(强動詞: strong verb)의 과거분사형의 어미로서 -en이 첨가되어 사용되었던 과거분사 형태의 잔재이다.[3] 이러한 잔재가 오늘날의 영어에도

---

express completion. So long as no name has been that covers all the uses of these forms it is, perhaps, better not to discard the traditional terms. — Zandvoort (1969: 32). 현재분사와 과거분사라는 용어가 적절치 못하다고 하여 이 대신에 '-ing 분사'와 '-ed 분사'라고 부르기도 한다.

3 고대영어에서 강동사란 과거형과 과거분사형을 만들 때 중간에 놓인 모음을 변화시켜 만들었던 동사를

일부 남아 있으며, 이러한 형태들은 오늘날 오로지 분사 형용사로만 쓰인다. 따라서 오늘날의 영어의 경우에 원래의 -en 과거분사형과 규칙적인 -ed 과거분사형의 두 가지 형태가 뜻과 용법을 달리 하여서 쓰이고 있는 실정이다. 그 몇 가지 예를 들면 다음과 같다.[4]

기본형	규칙적인 과거분사형 (동사적/형용사적으로 쓰임)	옛 과거분사형 (한정적으로 쓰임)	옛 과거분사형 (서술적으로 쓰임)
bind	bound	bounden	
clothe	clothed [kləuðd]	clad	clad
drink	drunk	drunken	
melt	melted	molten	
prove	proved	proven	proven
rot	rotted	rotten	rotten
shave	shaved	shaven	
shrink	shrunk	shrunken	
strike	struck	stricken	stricken
sink	sunk	sunken	

bounden은 'necessary; obligatory'라는 뜻으로, your **bounden** duty(너의 피할 수 없는 의무)와 같은 표현에서만 쓰인다.

clad는 문어체에서 다음과 같이 한정적으로, 또는 서술적으로 쓰인다.

He was **clad** only in his underwear.
   [그는 속옷만 입고 있었다.]
poorly **clad** children
   [초라하게 입은 어린이들]

분사 형용사 drunk는 'intoxicated by or as if by alcohol'(술에 취하거나, 취한 것 같은)의 뜻을 가지고 일반적으로 be, seem과 같은 연결동사 다음에 놓여 서술적으로 쓰인다.

가리키며, 특히 과거분사형은 오늘날 현대 독일어에서 동사의 과거분사 형태와 마찬가지로 항상 -en이 첨가되었다. 그리고 이 동사의 과거형에는 단수형과 복수형 두 가지가 있었다:

예: <u>drīvan</u>[drivɑn] 'drive' — <u>drāf</u>[drɑf] — <u>drifon</u>[drivon] — <u>gedrifen</u>[jedriven]
   (부정사형)   (단수 과거형)   (복수 과거형)   (과거분사형)

4   Close (1975: 87) and Declerck (1991a: 449-450).

They were **drunk** last night.
　[그들이 어제 밤에 술에 취했었다.]

　drunk driver, drunk driving에서처럼 고정된 표현에 쓰이기는 하지만, 명사 앞에 한정적으로 drunk를 쓰는 것은 덜 격식적이다.
　drunken은 'characterized by or related to alcohol or intoxication'(알콜 성분이 있거나 알콜/술에 취함과 관련된)과 같은 뜻을 가지고 보다 일반적으로 쓰이는데, 특히 a **drunken** sauce(알콜 성분이 들어 있는 소스), a **drunken** laugh(취한 듯한 웃음)와 같은 표현에서처럼 명사 앞에서 한정적으로만 쓰인다.

A **drunken** teenager was arrested for vandalism.
　[술 취한 십대가 고의적인 공공기물 파괴로 체포되었다.]

　또한 법률과 관련된 표현에서는 drunk와 drunken이 구별해서 쓰이기도 한다. 따라서 a **drunk** driver는 알콜 농도가 법적 허용치보다 높은 운전자를 뜻하고, a **drunken** driver는 술 취한 운전자라는 뜻이다.
　molten은 암반이나 강철처럼 아주 단단하여 매우 높은 온도에서만 녹는 물질에 대해서 쓰이며, 그 이외에는 **melted**가 쓰인다.

The volcano threw out **molten** lava.
　[화산 폭발로 녹은 용암을 분출했다.]

molten $\begin{Bmatrix} \text{lava} \\ \text{rock} \\ \text{steel} \\ \text{metal} \end{Bmatrix}$
[녹은 용암/암석/강철/금속]

melted $\begin{Bmatrix} \text{ice} \\ \text{chocolate} \\ \text{snow} \\ \text{butter} \end{Bmatrix}$
[녹은 얼음/초코렛/눈/버터]

　사전에서는 molten을 위와 같이 설명하고 있지만, 다음 문장에서는 melted가 쓰이고 있다.

When it (= a volcano) erupted, or exploded, ash filled the sky and **melted rock** called lava flowed from the top.
— Sonya Abbye Taylor, "Geography of Earth"
[화산이 분출했을 때, 아니 폭발했을 때 재가 하늘을 뒤덮고 '라바'라는 용암이 상층에서 흘러나왔다.]

한때 주로 proved가 쓰이던 환경에 proven이 쓰이게 되면서, 지금은 두 가지 형태가 서로 경쟁적으로 쓰인다. 하지만, a man of **proven** ability(검증된 능력을 가진 사람)에서처럼 명사 앞에 형용사적으로 쓰일 때는 proven이 더 보편적이다.

Saudi Arabia controls a quarter of the world's **proven** oil supply.
[사우디아라비아는 세계의 질 좋은 석유 공급량의 25%를 차지하고 있다.]

shaven은 clean-**shaven**(면도를 말끔히 한), unshaven 따위와 같은 표현에 쓰인다.
stricken은 **stricken** by debts(빚에 쪼들리는), **stricken** with arthritis(관절염으로 고통을 받고 있는), grief-**stricken**(슬픔에 젖은), terror-**stricken**(= terror-struck: 공포에 짓눌린), the flood-**stricken** people(홍수 피해자들)과, poverty-**stricken** neighborhoods(가난에 쪼들리는 이웃 주민들)와 같은 표현에서 비유적으로 쓰이며, 규칙적으로 쓰이는 것을 제외하면 동사적으로만 쓰인다. 과거분사 형태 struck은 thunder-**struck**(몹시 놀란)과 같은 표현을 이루어 서술적으로 쓰인다.
shrunken은 분사 형용사로서 서술적 또는 한정적으로 쓰인다.

She looked frail and **shrunken**.
[그녀는 몸이 호리호리하고 더 왜소해 보였다.]
His **shrunken** thighs were barely strong enough to support the weight of his body.
[그의 오그라진 허벅지가 몸무게를 견뎌내기에는 별로 튼튼하지 못했다.]

sunken은 **sunken** cheeks(홀쭉한 볼), a **sunken** garden(침상원(沈床園: 바깥쪽에 테라스가 있는 한층 낮은 정원))에서처럼 추상적으로 쓰이기도 하고, **sunken** reef(암초), **sunken** treasures(가라앉은 보물), **sunken** ship(침몰된 배)에서처럼 구체적인 뜻을 나타내기도 한다.

Rain, strong currents and poor visibility underwater hampered the efforts of divers from South Korea's Navy and Coast Guard to search the **sunken** ship. — *The New York Times*, April 17, 2014.
[비, 빠른 물살, 그리고 물밑 시야가 좋지 않아서 남한의 해군과 해안 경비대의 잠수부들이 침몰된 배를 수색하는데 방해가 되었다.]

10.2. 동사적 분사와 분사 형용사

현재분사와 과거분사는 '동사적'(verbal)으로 쓰이기도 하고, '형용사적'(adjectival)으로 쓰이기도 한다.[5]

10.2.1. 동사적 분사

동사적으로 쓰일 때 현재분사는 be 동사와 결합하여 진행형을 만들고, 과거분사는 be 동사와 결합하여 수동태를 만들고, 또한 have/had와 결합하여 완료형을 만든다.

He $\begin{Bmatrix} \text{is} \\ \text{was} \end{Bmatrix}$ **singing** songs in public. [현재진행/과거진행]
[그는 대중 앞에서 노래를 부르고 있다/있었다.]
Good progress **was made** in new drug research and development. [수동태]
[신약 연구 개발에 좋은 성과가 이루어졌다.]
There **has been** significant progress in understanding the HIV infection. [현재완료]
[HIV 감염을 이해하는데 현저한 진전이 이루어졌다. → HIV = Human Immunodeficiency Virus: 혈액이나 성교에 의해 체내에 들어가 에이즈로 발전하게 하는 조그마한 면역 결핍 바이러스의 일종.]

10.2.2. 분사 형용사

형태와 문법적인 기능을 고려해서 말하자면, 형용사적인 역할을 하는 분사형을 '분사 형

---

[5] 다음 예에서처럼 현재분사형이 부사적으로도 쓰인다: **boiling** hot(아주 뜨거운), a mug of **steaming** hot coffee(아주 뜨거운 커피 한 잔), on a **grilling** hot day, **biting** cold, **piercing** cold, etc.

용사' (participial adjective)라고 하는데, 문법적인 기능이 일반적인 형용사처럼 명사를 수식하거나, 서술적으로 쓰여 주격보어, 목적보어, 또는 서술적 부가어(predicate adjunct)와 같은 역할을 하는데, 이에 대해서는 10.4(분사 형용사의 용법)에서 다루게 된다. 여기서는 <be + 현재분사/과거분사>의 구조에서 분사형의 기능과 그 뜻에 있어서 애매한 점을 보여주는 몇 가지 예를 중심으로 살펴보도록 하겠다.

1) <be + 현재분사>
먼저 문장 (1)을 보기로 한다.

(1) The workers **are striking**.

적절한 상황이 주어지지 않는다면 이 문장에 쓰인 분사형 striking은 뜻과 문법적인 지위가 불확실하다. 즉, 이것이 분사 형용사로서 be 동사에 대한 주격보어 역할을 하는 것인지, 그렇지 않으면 be 동사와 결합하여 현재진행형을 만드는 것인지 불분명하다. 이를 식별할 수 있는 한 가지 방법은 분사형 앞에 quite, so, very 따위와 같이 그 뜻을 강하게 해주는 강의어(强意語: intensifier)를 첨가해 보는 것이다. 따라서 이 문장을 확장한 (2a)에서 striking은 강의어 very의 수식을 받을 수 있으므로 분사 형용사로 쓰여 주격보어 역할을 하는 것이 되고, (2b)에서 be 동사와 결합하여 진행형의 구조를 이루고 있는 striking은 정도의 차이를 나타낼 수 있는 뜻을 갖지 못하는 순수한 동사이기 때문에 바로 앞에 강의어 very를 첨가하게 되면 문법적으로 틀린 문장을 만들게 된다.[6]

(2) a. The workers are *very* **striking** in their new uniforms.
    [근로자들은 새 제복을 입고서 아주 인상적이다. → striking은 분사 형용사로서 'conspicuous; impressive'라는 뜻으로 쓰이고 있음.]
  b. The workers are **striking** outside the factory gates.
    [근로자들은 공장 문 밖에서 시위를 벌이고 있다. → striking은 'on strike'라는 뜻을 가진 동사이기 때문에 very striking이라고 할 수 없음.]

다음과 같은 문장 (3)에 대해서도 같은 설명을 할 수 있다.

---

6 Biber et al. (1999: 68-69).

(3) The noise is **annoying**.

annoying을 분사 형용사로서 주격보어 역할을 하는 것으로 보면 이 문장이 문법적인 문장이 되며, 따라서 (4a)에서처럼 annoying이 강의어의 수식을 받을 수 있다. 그러나 annoying이 동사적인 역할을 하는 것으로 보면 is annoying은 현재진행형의 동사구 구조이며, 따라서 (4b)에서처럼 생략된 목적어를 보충할 수 있다. 또한 동사적으로 쓰인 annoying은 very의 수식을 받을 수 없기 때문에 (4d)는 문법적으로 틀린 문장이다. 그러나 (4c)가 문법에 어긋나지 않은 이유는, annoying이 동사적으로 쓰였으므로 목적어를 수반할 수 있을 뿐만 아니라, 동시에 이것은 정도의 차이를 나타낼 수 있는 동사로서 (very) much의 수식을 받을 수 있기 때문이다.

(4) a. The noise is *very* **annoying**.
    [소음이 아주 짜증나게 한다.]
   b. The noise is **annoying** the neighbors.
    [소음이 이웃 사람들을 짜증나게 만들고 있다.]
   c. The noise is { *very* **much** / **much** } **annoying** the neighbors.
    [소음이 이웃 사람들을 상당히 짜증나게 만들고 있다.]
   d. *The noise is *very* **annoying** the neighbors.
    [→ very annoying에 초점을 맞추면 annoying이 형용사적으로 쓰여 주격보어 역할을 하는 것으로 볼 수 있게 되지만, ... annoying the neighbors에 초점을 맞추게 되면 annoying이 타동사로서 목적어를 수반한 것으로 볼 수 있기 때문에 이 문장은 비문법적임.]

(5a, b)에서는 was, are 다음에 놓인 entertaining이 동사적 분사인가, 분사 형용사인가 하는 점이 그 주어와 밀접한 관계가 있다. 즉, (5a)에서는 주어가 무생물로서 동작을 행할 수 없기 때문에 entertaining이 분사 형용사라는 점이 분명하다. 그러나 (5b)에서는 주어가 유생적 존재이기 때문에 entertaining이 are에 대한 주격보어 역할을 하는 분사 형용사이거나, 아니면 are와 결합해서 진행형을 만들며, 이에 대한 목적어가 생략되었다고 볼 수 있다.

(5) a. The show was **entertaining**.
    [그 쇼는 재미있었다.]

b. Her parents are **entertaining**.

[그녀의 부모님들은 식사 대접을 하고 있다./재미있다.]

(5a, b)와 같은 예에서 be 동사 대신에 seem이 쓰이게 되면 이 다음에 분사 형용사가 놓여 주격보어 역할은 할 수 있지만, 진행형을 나타내는 동사의 현재분사형은 올 수 없다.[7]

The show $\begin{Bmatrix} \text{was} \\ \text{seemed} \end{Bmatrix}$ **entertaining**.

[그 쇼는 재미있었다./재미있는 것 같았다. → entertaining은 주격보어 역할을 하는 분사 형용사이므로, 주어와 주격보어를 연결하는 연결동사로서 was와 seemed가 모두 가능함.]

They $\begin{Bmatrix} \text{are} \\ \text{*seem} \end{Bmatrix}$ **entertaining** the prime minister and her husband.

[그들은 수상과 그 남편을 환대하고 있다. → entertaining은 타동사의 현재분사형으로 목적어를 수반하고 있으며, are 대신에 seem이 쓰이면 entertaining과 합쳐서 진행형을 만들지 못하기 때문에 틀렸음.]

다음 각 쌍의 문장에도 위에서 말한 것과 같은 기준을 이용하여 형용사적으로 쓰인 분사형과 동사적으로 쓰인 분사형을 구분할 수 있다.

형용사적으로 쓰임 (분사 형용사)	동사적으로 쓰임 (동사적 분사)
This film is **terrifying**. [이 영화는 위협적이다.]	This film is **terrifying** the children. [이 영화는 어린이들을 위협하고 있다.]
Your comments are **alarming**. [너의 논평은 놀랄만하다.]	Your comments are **alarming** the people. [너의 논평이 사람들을 놀라게 만들고 있다.]
The defendant's answers were **misleading**. [피고인의 대답은 오해하기 쉽다.]	The defendant's answers were **misleading** the jury. [피고인의 대답이 배심원을 속이고 있다.]
Mrs. Dimarco was **boring**. [디마코 부인은 따분한 사람이다.]	Mrs. Dimarco was **boring** them. [디마코 부인이 그들을 지루하게 만들고 있다.]
His voice is (very) **irritating**. [그의 목소리가 (몹시) 짜증스럽다.]	His voice is **irritating** me. [그의 목소리가 나를 짜증나게 만들고 있다.]

---

[7] ... verbs like *seem* take AdjPs as complement, but not participial clause. — Huddleston & Pullum (2002: 81).

2) <be + 과거분사>

이번에는 과거분사가 수반된 문장 (6), (7)과 같은 예를 보기로 한다. (6)에서 embarrassed는 형용사적으로 쓰여 was에 대한 주격보어 역할을 하고 있기 때문에 강의어 very의 수식은 받을 수 있다. 또한 여기에 수동태 문장에서 요구될 수 있는 <by + 동작주>를 첨가시킬 수 없다. 그렇지만 (7)의 exhausted는 동사적으로 쓰인 것이고, 또한 의미상 정도의 차이를 나타내는 것이므로 (very) much의 수식을 받을 수 있다. 그리고 이것은 was와 결합하여 수동 동사를 이루며, 바로 이러한 점 때문에 <by + 동작주>가 첨가될 수 있을 뿐만 아니라, 이런 문장을 능동태로 바꿀 수도 있다.

(6) The man was (*very*) **embarrassed**.
  [그 사람은 (매우) 당황했다.]
(7) My patience was (*very*) *much* **exhausted** by his behavior.
  [그의 행동 때문에 나의 인내심이 한계를 넘었다. → cp. His behavior exhausted my patience very much.]

명사 뒤에 놓여 그 명사를 후치 수식하는 경우에도 그 분사형이 형용사적으로 쓰여 정도의 차이를 나타낼 수 있는 것이 아니면 very의 수식을 받을 수 없다. 그러므로 (8)과 (9)에서 waving과 robbed는 모두 동사적으로 쓰인 분사형이다.

(8) Who is that man { **waving** / *very **waving** } at us?
  [우리에게 손을 흔들고 있는 저 사람은 누구냐?]
(9) The man, { **robbed** / *very **robbed** } of his passport, went immediately to the embassy.
  [여권을 빼앗긴 그 사람은 즉시 대사관으로 갔다.]

또한 be 동사 다음에 놓인 현재분사형이 동사적으로 쓰인 것이라면 그것을 분사형 이외의 동사 형태로 바꿀 수 있다.

동사적으로 쓰임:
  The children are **dancing**. ~ The children **dance**.
  [그 어린이들이 춤을 추고 있다. → are dancing이 동사적으로 쓰였으므로 이를 현재형

dance로 바꾸더라도 여전히 문법적인 문장이 된다.]

My eyes are **stinging**. ~ My eyes **sting**.

[눈이 몹시 아프다.]

The wood is **drying**. ~ The wood **dries**.

[목재가 마르고 있다.]

반면에 형용사적으로 쓰인 분사형은 동사형으로 바꿀 수 없다. 형용사적으로 쓰인 분사형을 동사 형태로 바꿀 수 없다는 점은 곧 그것이 동사적으로 쓰인 것이 아니라, 형용사적으로 쓰인 것이라는 사실을 뒷받침해 주는 것이다. 더욱이 다음 예에서 rewarding, exacting, entertaining 등이 be 동사와 결합하여 진행형을 만들기 위하여 동사적으로 쓰인 것이라면 이들은 모두 타동사이기 때문에 목적어가 반드시 필요하게 된다.

<u>형용사적으로 쓰임</u>:

The work is **rewarding**. ~ *The work **rewards**.

[그 일은 할 만한 가치가 있다. → 형용사적으로 쓰인 rewarding을 동사 형태 rewards로 바꿀 수 없음.]

The job was **exacting**. ~ *The job **exacted**.

[그 일은 대단한 노력을 요구하는 것이었다.]

Children's TV nowadays is much more **entertaining**. ~ *Children's TV **entertains**.

[오늘날 어린이용 TV는 한층 더 재미있다.]

Your paper was **interesting**. ~ *Your paper **interested**.

[너의 논문은 흥미로웠다.]

10.3. <분사 + 명사>의 구조와 뜻

다음과 같은 문장에 포함된 fascinating, disgusting이나 exhausted의 경우처럼 형용사적으로 쓰일 때 분사형이 단독으로 나타나기도 한다.

I find her books **fascinating**.

[알고 보니 그녀의 책들이 상당히 재미있다. → 현재분사형 fascinating이 단독으로 쓰여 목적보어 역할을 하고 있음.]

My patience is **exhausted**.
   [내 인내심이 한계에 다다랐다. → 과거분사형 exhausted가 단독으로 쓰여 주격보어 역할을 하고 있음.]

His language is **disgusting**.
   [그의 말은 정떨어지는 것이다. → 현재분사형 disgusting은 단독으로 쓰여 주격보어 역할을 하고 있음.]

때로는 다른 단어, 즉 기능상으로 분사 자신에 대한 목적어, 보어, 또는 수식어 따위와 같은 역할을 하는 단어와 결합하여 복합어 구조를 이루어 특정한 의미와 문법 관계를 나타내기도 한다.

10.3.1. 현재분사

자동사의 현재분사가 분사 형용사 역할을 하게 되면 이들은 능동 동사형과 비슷하다. 문법적으로 분사 형용사 역할을 하는 현재분사와 이 다음에 놓여 현재분사의 수식을 받는 명사 사이에는 구조적으로 주술관계(主述關係: nexus), 즉 <주어 + 동사 (+ ...)>라는 문법적인 관계가 성립된다. 다시 말하자면, 현재분사 다음에 놓인 명사는 주어 역할을 하고, 현재분사는 이 주어에 대한 동사 역할을 한다는 것이다. 그러므로 예컨대 a **sleeping** child(잠자고 있는 어린이)에는 A child is sleeping.이라는 뜻을 나타내는 구조가 밑바탕에 깔려 있다.

> **arriving** passengers(도착 승객), a **barking** dog(짖는 개), a **dying** civilization (멸망해 가는 문명), a **drowning** person(물에 빠진 사람), **falling** leaves(떨어지는 잎사귀), the **leaning** tower of Pisa(피사의 사탑(斜塔)), an **overflowing** drain(범람하는 하수구), a **running** stream(흐르는 시냇물)

A **rolling** stone gathers no moss. — proverb
   [구르는 돌에는 이끼가 끼지 않는다. — 격언. cp. Success must be won along one line. (성공이란 한 길을 따라 이루어져야만 한다.)]

Hongkong has a large **floating** population.
   [홍콩에는 유동 인구가 많다.]

Drink is a **growing** problem among the young.
   [지나친 음주 습관이 젊은이들 사이에 점차 문제가 되고 있다.]

Changing demand causes a see-saw in prices.
    [수요의 변화가 물가를 오르내리게 한다.]
The team was welcomed by **cheering** crowds.
    [그 팀은 박수갈채를 보내는 군중들의 환영을 받았다.]
There is **growing** anger at the government's policies.
    [정부 정책에 대한 노여움이 고조되고 있다.]

이와는 반대로, 다음 예에 나타난 현재분사들은 모두 타동사에서 만들어진 것이다.

    an **embarrassing** situation(난처한 상황),
    a **fascinating** novel(흥미진진한 소설),
    a **surpassing** performance(탁월한 연기)
    an **astonishing** question (놀라운 질문)

이와 같은 구조에서 현재분사와 수식받는 명사 사이에는 주어와 동사의 관계가 있으며, 현재분사로 나타난 타동사에 대한 목적어는 표면구조에 나타나지 않고 있다. 그러므로 예컨대 an **astonishing** question은 A question **astonishes** (someone).이라는 뜻이 내포된 구조가 밑바탕에 깔려 있다.

His **boring** speeches always send me to sleep.
    [그의 지루한 연설을 듣고 있노라면 항상 잠이 온다.]
For a long time after the Norman Conquest, French was the language of the **governing** classes in England.
    [노르만 정복 이후 오랫동안 불어가 영국에서 지배 계급의 언어였다. → 노르만 정복은 1066년에 프랑스 북부 노르만 공국의 윌리엄 정복왕(William the Conqueror)이 영국을 정복한 사건이며, 이후 불어는 약 200년 동안 영국의 상류층에서 사용되는 언어였으며, 동시에 이 기간 동안 프랑스는 영국을 지배함.]
You rescued me from an **embarrassing** situation.
    [너는 난처한 입장에 처한 나를 구해 주었다.]

이상과 같은 예에서 보는 바와 같이, a **sleeping** child와 an **embarrassing** situation이 외형적으로는 서로 구조가 같은 것으로 보이지만, 실제로는 논리적인 구조가 서로 다르다. 즉, sleeping은 자동사에서 온 것이므로 단순히 <주어 + 동사>의 구조만 갖지만, embarrassing은 타동사에서 온 것이므로 <주어 + 동사> 이외에도 문장의 표면상에 나타나지 않은 목적어를 더 필요로 한다는 차이가 있다.

10.3.2. 과거분사

타동사의 과거분사들은 대개 수동적인 의미를 갖는다. 그러므로 예컨대 **broken** eggs는 언어적 상황에 따라 다음 두 가지 중 어느 하나로 풀이될 수 있을 것이다.

eggs which **have been broken**
eggs which **are broken** (깨진 달걀)

논리적인 구조로 보면 <과거분사 + 명사>에서 과거분사는 동사 역할을 하고, 수식받는 명사는 이 동사의 목적어 역할을 하는 것이다. 따라서 명사구 a **lost** dog(잃어버린 개)에는 (Someone) has **lost a dog**.라고 하는 <타동사 + 목적어>의 논리적인 구조가 포함되어 있다.

> a **broken** heart(= 'a heart that has been broken': 상심한 마음), an **injured** player(부상 선수), an **organized** attempt(조직적인 시도), a **rented** beach house(임대한 해변 별장), a **hired** killer(청부 살인자), the **besieged** city(공격받은 도시), **banned** books/films(금지된 서적/영화), the **appointed** place(지정된 장소), **blocked** roads(봉쇄된 도로), **underfed** children(영양실조된 어린이들)

The terrorists are threatening to blow up the **hijacked** airliner.
　[테러범들은 납치한 비행기를 폭파하겠다고 위협하고 있다.]
They charge a heavy tax on **imported** wine.
　[그들은 수입 포도주에 무거운 세금을 부과한다.]
The **conquered** people may modify their new language as a result of the influence of the speech-habits of their old language.
　— G. L. Brook, *A History of the English Language*.
　[피정복민들은 자기들이 오랫동안 사용했던 언어에 대한 언어 습관의 영향을 받아서 새로운 언어를 수정할지도 모른다.]
He has to drink **decaffeinated** coffee.

[그는 카페인이 들어 있지 않은 커피를 마셔야 한다.]

It is difficult to integrate **released** prisoners back into society.

[석방된 죄수들을 다시 사회 구성원으로 통합시키기란 어려운 일이다.]

이동이나 상태의 변화를 나타내는 일부 자동사의 과거분사들이 분사 형용사로서 능동적인 뜻을 가지고 명사 앞에 놓여 한정적으로 쓰인다.⁸

> **advanced** students(= students who *have advanced* to a high level: 상급반 학생들), **developed** countries(선진국들), a **grown-up** daughter(성장한 딸), **increased** wages(인상된 임금), an **escaped** prisoner(탈옥수), **vanished** civilizations(사라진 문명들), **faded** colors(빛바랜 색깔), a **retired** general(퇴역장성), **swollen** ankles(부풀어 오른 관절)

In only twenty years the country has been transformed into an **advanced** industrial power.

[불과 20년 만에 그 나라는 선진 산업국으로 변모했다.]

Rescuers are still working in the ruins of the **collapsed** hotel.

[구조자들은 아직도 무너진 호텔의 폐허에서 일하고 있다.]

The road is blocked by a **fallen** tree.

[그 도로는 넘어진 나무로 차단되어 있다.]

The leaders of the **failed** uprising attempted to flee the country.

[실패한 반란 주동자들은 그 나라에서 도망치려고 했다.]

10.3.3. 복합어

현재분사가 그 자신의 목적어를 수반한 형태로 나타나기도 한다. 예컨대 *energy-saving* devices(= 'devices which **save energy**': 에너지 절약 장치)와 같은 구조에서 타동사 save에서 만들어진 현재분사형 saving은 논리적으로 보면 앞에 놓인 명사 energy를 목적어로 삼으며, 이처럼 <명사 + 현재분사형>의 구조가 하이픈으로 연결되어 다른 명사 앞에서 형용사적 수식어 역할을 하게 된다. 결국 이러한 구조는 논리적으로 보면 '주어(Devices) + 동사(save) + 목적어(energy)'로 이루어진 문장 구조가 갖는 뜻을 내포하게 된다.

---

8   Swan (2005: 380).

> ***English*-speaking** Canadians(= Canadians **who speak English** *or* Those Canadians **speak English**: 영어를 말하는 캐나다인들), a ***fox*-hunting** man(여우 사냥꾼), a ***man*-eating** animal(사람을 잡아먹는 동물), a ***breath*-taking** performance(손에 땀을 쥐게 하는 연기), ***law*-breaking** people(범법자들), an ***ear*-catching** question(귀를 솔깃하게 하는 문제), ***fact*-finding** mission(사실을 찾아내는 임무), ***heat*-seeking** missile(열 추적 미사일)

The steam-engine was an ***epoch*-making** invention.
  [증기기관은 획기적인 발명품이었다. → cp. to make an epoch.]

The ***data*-processing** department of a bank processes the information about accounts.
  [은행의 자료 처리부에서는 회계에 관한 정보를 처리한다. → cp. to process data.]

Another option, ***cholesterol*-lowering** drugs, while promising in certain cases, can be costly. — John Pekkanen, "Good News about Your Heart"
  [또 다른 선택 사항은 콜레스테롤의 수치를 낮추는 약이 어떤 경우에는 효과가 있지만, 가격이 비쌀 수도 있다. → cp. to lower cholesterol.]

A ***vote*-counting** machine that Edison invented at the age of twenty was not accepted because it was not considered useful.
— Anna Harris Live, *Yesterday and Today in the U. S. A.*
  [에디슨이 스무 살 때 발명한 개표기는 효용 가치가 없다고 여겨졌기 때문에 사용되지 않았다. → cp. to count votes.]

The hot air is provided by an ***oil*-fired** furnace.
  [기름용 화로 때문에 공기가 뜨거워지고 있다. → cp. to fire oil.]

Have you altered your diet to reduce this ***artery*-clogging** substance? People with high blood pressure have been advised to follow a strict, medically supervised diet. If that doesn't help, then ***cholesterol*-lowering** drugs are often the next option.
— John Pekkanen, "New Questions about Cholesterol"
  [동맥을 막히게 하는 이 물질을 줄이기 위해 식사를 바꾸었는가? 혈압이 높은 사람들은 엄격하고도 의학적으로 관리된 식사를 하도록 조언을 받아 왔다. 그래도 도움이 안 되면 그 다음으로 콜레스테롤 수치를 낮추는 약을 복용하는 경우가 많다. → cp. to clog artery; to lower cholesterol.]

fruit-**eating** bats, *mind*-**altering** substance(마음을 변화시키는 물질), *music*-**loving** people, *noise*-**reducing** headphones 따위와 같은 예에서처럼 목적어를 수반하는 분사의 구조들은 대개 수식받는 명사 자체가 갖는 일반적인 속성(屬性: attribute)을 나타내는 것으로서, 일회성으로 이루어지는 것이 아니라 **습관적/반복적으로 이루어지는 행위**를 나타내는 경향이 있다.9 바로 이러한 점 때문에 다음과 같은 문장 (10a), (11a)는 각각 이에 대응하는 (10b), (11b)와 같이 분사를 포함하는 명사구 구조로 나타낼 수 있다.

(10) a. My friends **write** *plays*.
   [나의 친구들은 희곡을 쓴다.]
 b. my *play*-**writing** friends
   [희곡을 쓰는 나의 친구들 → 희곡을 쓰는 행위가 반복적인 것임.]
(11) a. Carnivores are animals that **eat** *meat*.
   [육식동물이란 고기를 먹는 동물이다.]
 b. Carnivores are *meat*-**eating** animals.
   [육식동물이란 고기를 먹는 동물이다.]

그러나 (12a), (13a)에서와 같이 **특정한 어느 한 시점에 일어났던 행위**를 나타내는 뜻을 가진 문장은 각각 이에 대응하는 분사를 포함하는 명사구 구조로 나타낼 수 없으며, 따라서 (12b), (13b)는 올바르지 못한 표현이다.

(12) a. The man **broke** *a leg*.
   [그 남자는 다리가 부러졌다.]
 b. *the *leg*-**broken** man
   [→ 다리가 부러진 것은 일시적인 상황을 나타내는 것이므로 분사형이 목적어를 동반한 구조로 나타낼 수 없음.]
(13) a. My brother **bought** *a house*.
   [나의 동생이 집을 샀다.]
 b. *my *house*-**buying** brother
   [→ 집을 사는 것은 일시적인 행위이기 때문에 분사형이 목적어를 동반한 구조로

---

9 Compound attributive adjectives formed with present participles tend to reflect habitual or customary action as opposed to isolated events. — Clece-Murcia & Larsen-Freeman (1999: 388).

나타낼 수 없음.]

또한 현재분사형이나 과거분사형이 부사 또는 부사적인 뜻으로 쓰인 단어를 수반하기도 한다. 예컨대 a ***well*-built** house(잘 지어진 집)에서는 well이 부사로서 과거분사 built를 수식하고 있다. 그리고 a ***night*-blooming** flower(밤에 피는 꽃)는 a flower which **blooms** *at night*이라는 뜻을 가진 것으로 풀이되며, 여기서 명사 night은 뜻으로 보면 at night이라는 전치사구를 이루어 동사 bloom을 수식하게 된다.

> a ***half*-finished** job(절반쯤만 마무리된 일), ***little*-known** diseases(희귀병들), ***low*-paid** jobs(보수가 낮은 직업들), ***drought*-affected** areas(가뭄 피해 지역), ***strongly*-motivated** students(강한 동기가 부여된 학생들), ***ocean*-going** steamer(원양 기선), ***rapidly* rising** inflation(가파르게 상승하는 통화 팽창)

Such a ***hard*-working** individual will succeed where a lazy genius may fail. — Glenn Seaborg, "Letter to a Young Scientist"
　　[그렇게 부지런한 사람은 게으른 천재가 실패할지도 모르는 곳에서 성공할 것이다.]
Even ***college*-educated** women can't find jobs.
　　[대학 교육을 받은 여성들조차도 일자리를 구할 수 없다.]
The ***horse*-drawn** plough is now obsolete in most European countries.
　　[지금은 말이 끄는 쟁기가 유럽 대부분의 나라에서 사용되지 않는다.]
Part of the answer can be found in the fact that many East Asian countries adopted parts of Japan's ***export*-led** approach to economic development.
　　[그 해답의 일부는 많은 동아시아 국가들이 일본의 수출 주도형 경제 개발 방법의 일부를 채택했다는 사실에서 찾을 수 있다.]
Some of my teachers in the United States were Jewish refugees from ***Nazi-occupied*** Europe.
　　[미국에서 나를 가르친 선생님들 중 일부는 나치 점령하의 유럽 출신의 유태인 난민들이었다.]

10.3.4. 명사 + ed 형태

동사의 과거분사형을 만들 때 사용되는 어미 -ed를 명사에 붙여서 'provided with'(…을 가진)라는 뜻을 가진 분사 형용사를 만드는 경우가 많은데,[10] 이렇게 만들어진 형태의 단어들은 예컨대 a ***bearded*** man과 a ***one-eyed*** man과 같은 두 가지 유형의 구조로 쓰이게 된다.

10.3.4.1. a bearded man 유형

a **bearded** man의 경우에 bearded는 그 자체만으로 다음에 놓인 명사가 가리키는 대상의 속성(attribute)을 충분히 나타낼 수 있으므로 단독으로 다음에 놓인 명사를 수식하여 그 대상을 식별할 수 있다.[11] 왜냐하면 모든 사람들이 보편적으로 턱수염을 기르는 것이 아니므로 bearded 그 자체만으로도 수식받는 명사가 갖는 대상의 속성을 충분히 나타낼 수 있기 때문에 다른 요소를 첨가하지 않아도 된다. 다음에 예시된 -ed 형태들은 모두 다른 요소의 도움 없이 단독으로 수식받는 명사가 가리키는 대상의 속성을 잘 나타내 줄 수 있다.

> a **bearded** man(턱수염을 기른 사람), a **freckled** face(주근깨가 있는 얼굴), **gifted** children(재능 있는 어린이들), a **salaried** employee(봉급 근로자), **talented** players(재능 있는 선수들), the **vaulted** roof(아치형 지붕), a **wooded** hillside(숲이 울창한 산등성이), a **walled** city(성벽을 둘러쳐 방비한 도시)

She married a man from a **moneyed** family.
  [그 여자는 돈 많은 집안의 남자와 결혼했다.]
Every **skilled** adult reader takes all of this for granted.
  [노련한 성인 독자들은 모두 이 모든 것을 당연하게 생각한다.]
Roman civilization was limited to what is now known as the Midlands and the Southeast, where Romans built their **walled** towns and villas.

10　Adjectives formed from nouns by means of the suffix *ed* are very common, may indeed be freely formed of any nouns, although only a limited number have found general currency. Thus *a chimneyed house, a stoved room, a hatted man* and a host of other such formations would hardly be tolerated, and some writers have found occasion to exclaim in rather strong terms against the free coining of such adjectives. ― Poutsma (1923: 227). Adams (1973: 99-100)는 이러한 유형은 absent-minded, big-hearted, cool-headed, eagle-eyed, harebrained, round-shouldered 따위에서처럼 두 번째 요소가 주로 사람이나 동물의 신체적/정신적 속성을 나타낸다고 말하고 있다.

11　*a **mustached** man이라는 표현은 사용되지 않는다. -ed를 첨가할 수 있는 명사와 그렇지 않은 명사를 일반화해서 말하기가 사실상 어렵다.

— Joseph M. Williams, *Origins of the English Language*.
[로마 문명은 오늘날 중부와 동남부라고 알려져 있는 지역으로 국한되어 있었는데, 이곳에 로마인들은 그들의 성벽으로 둘러싸인 도시와 촌락을 형성했다. → 로마는 43 A.D.에 영국을 정복하여 410 A.D.까지 약 400년 동안 영국을 지배. 여기에 나타난 지역은 당시 영국의 중부와 그 이남 지역을 말함.]

10.3.4.2. a one-eyed man 유형

그러나 an **eyed** potato(싹이 난 감자)는 가능한 표현인 반면, *an **eyed** man은 옳은 표현이 아니다. 어째서 그럴까? *an **eyed** man과 같은 표현이 틀린 까닭은, 사람에게 눈이 있다는 것은 정상적인 속성이지, 결코 어떤 특정한 사람만 갖고 있는 고유의 '영속적인 속성'을 나타내는 것이 아니기 때문이다.[12] 그러므로 어떤 사람에게만 있는 고유한 속성을 나타내려면 eyed가 갖는 뜻의 범위를 좁혀줄 수 있는 전치 수식어로서 다른 요소가 이 앞에 놓여 예컨대 a **one**-eyed man(시야가 좁은 사람)이라든가 a **blue**-eyed man(눈이 파란 사람) 따위와 같이 표현되어야 한다. 이처럼 눈이 하나만 있다거나 파란 눈을 갖고 있다고 하는 것은 모든 사람들에게 있는 보편적인 속성이 아니라, 어떤 특정한 사람에게만 있는 고유의 속성이기 때문에 올바른 표현이 되는 것이다. 이와는 달리, an **eyed** potato의 경우처럼 아무런 수식어가 없으면서도 허용되는 이유는, 모든 감자에 언제든지 싹이 돋아나는 것이 아니

---

12 But constraints occur: while we have *a powerful engine*, and *a leggy spider*, we do not have

    *a *powered* engine   BUT: a *diesel-powered* engine
    *a *legged* spider   BUT: a *long-legged* spider

These constraints on unmodified -*ed* forms can be explained by the simple but communicatively relevant principle that what one says should carry useful, nontrivial information. Thus all engines will produce power and all spiders have legs. However, -*ed* denominals which provide new information, *an engine powered by diesel, a spider with long legs*, etc, become fully acceptable.

By the same principle, both the unmodified *a bearded man* and the modified *a white-bearded man* are acceptable, since not all men have beards and even fewer have white ones. A common feature of acceptable -*ed* adjectives is that they express the notion of 'inalienable possession', ie they are normally thought to be permanent attributes. Those which express alienable possession, eg: **a carred man*['a man with a car'], **a two-carred man*['a man with two cars'], are not acceptable and productive formations. — Quirk et al. (1985: 1329). See also Harley (2006: 157-158).

고, 특정한 조건이 주어진 환경에서만 싹이 돋아나는 것이므로 특정한 감자에 대한 설명으로 충분하기 때문이다. 그러므로 명사에 -ed가 첨가된 형태 그 자체만으로 다음에 놓인 명사가 가리키는 대상의 속성을 설명해 줄 수 없는 것들은 다음에 제시된 예에서처럼 대개 수사(numerals), 형용사, 부사, 또는 부사와 같은 역할을 하는 명사 등이 첨가되어 수식받는 명사의 영속인 속성을 나타낼 수 있어야 한다.

> a *four*-engined aircraft(네 개의 엔진이 달린 항공기), a *long*-legged animal(다리가 긴 동물), a *broad*-shouldered man(어깨가 넓은/큰 도움이 되는 사람), a *hard*-backed book(딱딱한 표지로 장정된 책), a *good*-tempered wife(성질이 온순한 아내), an *eagle*-eyed teacher(시력이 아주 좋은 선생님), an *open*-minded politician(편견이 없는 정치인), a *cold*-hearted judge(냉혹한 판사), a *short*-tempered person(화를 잘 내는 사람), *grey*-headed men(노인들), a *computer*-minded person(컴퓨터 같은 정신의 소유자), a snake-necked turtle(뱀목거북), a *wide*-necked bottle(목이 넓은 병)

I cannot bear *bad*-mannered people.
    [나는 예절 바르지 못한 사람은 참지 못한다.]
We live in a *money*-oriented society.
    [우리는 금전 지향적인 사회에 살고 있다.]
Rattlesnakes feed only on *warm*-blooded animals.
    [방울뱀은 온혈동물만 먹고 산다.]
I appeal to all **like-minded** people to support me.
    [나는 도와달라고 비슷한 생각을 가진 모든 사람에게 호소한다.]

10.4. 분사 형용사의 용법

일반적인 형용사와 마찬가지로, 분사는 명사 앞에 놓여 전치 수식어(前置修飾語: pre-modifier)로, 또는 명사 뒤에 놓여 후치 수식어(後置修飾語: post-modifier)로서 그 명사의 지시 범위를 한정시키는 역할을 한다. 또는 be 동사나 목적어 다음에 놓여 서술적인 보어 역할을 하기도 한다. 다시 말하자면, 주어를 설명하는 주격보어가 되거나, 목적어 다음에 놓여 목적보어가 되거나, 또는 서술적 부가어 역할을 하기도 한다.

10.4.1. 전치 수식어

분사 형용사는 한정 형용사와 마찬가지로 명사 앞에 놓여 전치 수식어로서 명사의 지시 범위를 한정시켜 주는 역할을 할 수 있는데, 이와 같은 경우에는 대개 그 자신의 목적어나 보어, 또는 부사어구를 수반하지 않는다.

> The **educated** man is the man who can do something, and the quality of his work marks the degree of his education.
> — Ernest Hemingway, "Advice to a Young Man"
>> [교육을 받은 사람이란 어떤 일을 해낼 수 있는 사람을 말하며, 또한 그가 행하는 일의 질은 교육의 정도를 나타낸다. → 과거분사형 educated가 명사 앞에 놓여 전치 수식어 역할을 하고 있음.]
>
> He gave full particulars of the **stolen** property.
>> [그는 도난당한 물건에 대하여 상세히 말했다.]
>
> Firefighters rescued people from the **burning** building.
>> [소방대원들은 불난 건물에서 인명 구조를 했다. → 현재분사형 burning이 명사 앞에 놓여 전치 수식어 역할을 하고 있음.]
>
> The police think the **missing** woman has been abducted.
>> [경찰은 실종된 그 여인이 납치된 것으로 생각하고 있다.]
>
> A **drowning** person will catch at anything, even a straw.
>> [물에 빠진 사람은 아무것이라도, 심지어 지푸라기라도 잡으려고 한다.]

그렇지만 명사에 대한 전치 수식어로 쓰인 분사가 그 자신의 목적어 또는 부사어구를 수반할 때도 있는데, 이러한 요소들은 대개 하이픈으로 연결되어 분사 앞에 놓인다. 이러한 경우에 분사형은 수식받는 명사가 갖는 특성, 또는 그 명사가 나타내는 대상이 어떤 유형(type)을 나타낼 수 있는 것이라야 한다. 예컨대 a *time*-**saving** device는 a device which saves time으로 풀이되는 구조로서, 목적어를 동반한 분사형은 수식받는 명사가 어떤 속성을 갖고 있는가를 설명해 주고 있다.[13] 그렇지만 외형적인 구조는 동일하면서도 *a letter*-**reading** student와 같은 구조는 목적어를 동반한 분사형이 수식받는 명사의 속성 내지 유형을 설명해 줄 수 있는 것이 아니기 때문에 영어에서 허용되지 않는 틀린 표현이다.

---

13 앞에서 언급된 문장 (7a, b)와 (8a, b)를 참조.

> a *time*-**saving** device(시간 절약 장치), a *breath*-**taking** adventure(숨을 죽이게 하는 모험), *fast*-**selling** magazines(잘 팔리는 잡지들), the *above*-**mentioned** point(위에서 말한 사항), a *well*-**finished** job(마무리가 잘된 일), a *badly*-**built** cottage(아무렇게나 지은 오두막집), a *well*-**behaved** visitor(품행이 바른 방문객), *well*-**nourished** children(영양 공급을 잘 받은 어린이들)

No *self*-**respecting** doctor would refuse to treat a sick person.
[자신을 존중하는 의사는 어느 누구도 환자 치료를 거부하지 않을 것이다.]
Barbers sanitize scissors and combs by washing them with soap, then putting them in a *germ*-**killing** liquid.
[이발사들은 가위와 빗을 비누로 씻고, 다음에는 그것을 살균액에 넣어서 소독을 한다.]
We've come to depend on *labor*-**saving** machinery.
[우리는 노동력을 절감시키는 기계에 의존하게 되었다.]
Codeine is a drug made from opium, used as a *pain*-**killing** medicine.
[코데인은 양귀비에서 만들어지는 약으로서, 통증을 없애는데 쓰인다. → codeine / kóudi:n/: 코데인 (아편에서 추출되는 진통·진해·수면제).]

또 a *suspicious*-**looking** character(→ cp. a character which **looks** *suspicious*)의 경우처럼 현재분사형이 형용사를 보어로 수반하기도 한다.

A *worried*-**looking** lawyer left the court.
[걱정스러운 모습을 한 어떤 변호사가 법원에서 나왔다.]
Protecting yourself from the sun is the single most important step you can take to have **younger-looking**, healthy skin.
— Nelson Lee Novick, M.D., "Executive Health's Good Health Report"
(From *Reader's Digest*, May 1992)
[햇빛으로부터 자신을 보호하는 것이 보다 젊어 보이고, 건강한 피부를 유지할 수 있는 단 하나의 가장 중요한 조치이다.]
We walked past an *evil*-**smelling** pond.
[우리는 악취가 나는 연못을 걸어 지나갔다.]

가령 the **educated** man, his **kidnapped** son, the **stolen** property, a **broken** vase, a **damaged** car, a **lost** purse 따위에서 과거분사는 '지속성'을 나타내는 것으로, 결과를 나타낸다.[14] 반면에 *the **found** purse의 경우에 found는 어느 한 순간을 나타낸다. 전자의 경우와 같이 지속성이나 '전형적인' 특성을 나타내는 과거분사들은 명사에 대한 전치 수식어 역할을 할 수 있다.[15]

> He paid the terrorists a ransom of £50,000 for his **kidnapped** son.
> [그는 납치된 아들의 몸값으로 테러범들에게 5만 파운드를 지불했다.]
> By the time he was ten, living in Brooklyn, N.Y., he'd fashioned a bicycle from **discarded** parts. He did the same in his 20s with a **used** automobile.
> [열 살 때 그는 뉴욕의 브루클린에 살면서, 버려진 부속품들을 가지고 자전거를 만들었으며, 20대에는 고물 자동차를 가지고 똑같은 일을 했다.]

그러나 자주 사용되는 다음과 같은 과거분사 형태들[16]은 수식받는 명사의 전형적인 특성을 부여해 주지 못하는 것이므로 명사 앞에 단독으로 놓여 그 명사에 대한 전치 수식어 역할을 하지 못한다.

> asked, believed, blamed, born, bought, brought, built, carried, caught, cleaned, covered, cut, described, discussed, dressed, driven, dug, eaten, found, heard, hit, killed, made, mentioned, picked, played, praised, pulled, read, seen, sold, sung, taken, taught, traveled, written, etc.

그럼에도 불구하고 이러한 과거분사들일지라도 적절한 부사의 수식을 받으므로써 그 뜻의 범위가 좁혀지게 되면 명사에 대한 전치 수식어 역할을 할 수 있다. 예컨대 *an **arrived** visitor는 옳지 못한 표현이지만, a ***newly* arrived** visitor(최근에 도착한 방문객)에서와 같이 과거분사 앞에 적절한 부사를 첨가하여 그 뜻의 범위가 좁혀진 과거분사 형태는 명사에 대한 전치 수식어 역할을 하여 그 명사가 어떤 유형의 대상을 나타내는가를 말해 주게 된다.

---

14 When a noun is modified by a past participle, there is a sense that the state being described is resultant. *Broken glass* has already been broken, while *breaking glass* (as in the sound of *breaking glass*) is in the process of being broken; *a stolen necklace* has already been filched and *a scratched cornea* has already been damaged. — Berk (1999: 166).
15 Quirk et al. (1985: 1328) and Sinclair (1990: 80).
16 문용 (2008: 87).

그러므로 다음에 예시된 오른쪽의 명사구에서처럼 과거분사들이 전달하고자 하는 뜻에 따라 적절한 부사의 수식을 받고 있기 때문에 모두 문법적으로 옳은 표현이지만, 만약 다음의 예에서 왼쪽에서처럼 적절한 부사가 첨가되지 않고 오로지 과거분사만 홀로 명사 앞에 놓이게 되면 문법적으로 옳지 못한 표현이 된다.[17]

틀린 표현	맞는 표현
*a **sold** product	an *easily* **sold** product(잘 팔리는 제품)
*a **built** man	a **tall**, *powerfully* **built** man(키가 크고 건장한 체구를 가진 남자)
*cut clothes	*superbly* cut clothes(재단이 아주 잘 된 옷)
*dressed men	**impeccably dressed** men(멋있는 옷차림을 한 남자들)
*the **taken** money	the *illegally* **taken** money(불법으로 빼앗긴 돈)
*a **grown** crop	a *widely* **grown** crop(널리 재배되는 농작물)

The interviewer rejected the *carelessly* **dressed** candidate.
   [면접관은 옷을 아무렇게나 입은 그 후보자를 거절했다.]
The *recently* **discovered** galaxy was full of stars.
   [최근에 발견된 은하계에는 별들이 가득했다.]
This is a *rarely* **seen** species.
   [이것은 희귀한 종류이다.]
The *newly*-**built** ship is on its maiden voyage.
   [새로 건조된 그 배가 지금 처녀항해 중이다.]

이와는 달리, 본래부터 뜻의 범위가 좁은 과거분사는 부사의 도움을 받지 않더라도 명사에 대한 전치 수식어 역할을 할 수 있다. 예컨대 kill은 일반적으로 생명을 빼앗는 모든 행위에 대하여 사용할 수 있는 뜻의 범위가 매우 넓은 동사이므로 이에 대한 과거분사형을 사용한 *a **killed** banker라고 할 수 없다. 그렇지만 murder는 'kill unlawfully and intentionally'(의도를 가지고 불법적으로 죽이다)라는 뜻을 가진 단어로서 kill과 비교하면 그 사용 범위가 매우 좁기 때문에 a **murdered** banker(살해당한 은행원)라는 표현이 가능하게 되는 것이

---

17 **2.90** Some '-ed' adjectives do not make sense on their own, and an adverb is necessary to complete the sense. We do not usually talk about 'dressed people' because people usually wear clothes, but we can say that they are 'well dressed' or 'smartly dressed' for example.
— Sinclair (1990: 81).

다.

또한 *a **born** baby나 *a **made** toy에서 born과 made는 각각 수식받는 명사의 전형적인 속성을 설명해 주는 것이 아니기 때문에 이 표현들이 문법적으로 옳지 않지만, 이러한 분사 형태들이 a *newly*-**born** baby(갓난아기), *Korean*-**made** products(한국산 제품들), *home*-**made** cake[18](집에서 만든 케이크)에서와 같이 적절한 부사의 수식을 받게 되면 충분히 문법적으로 올바른 표현이 된다.[19] 그러나 다음 예에서처럼 born과 made는 수식받는 명사의 전형적인 특성을 나타내는 뜻을 부여해 줌으로써 결국 그 명사의 지시 범위를 제한하는 역할을 하기 때문에 단독으로 그 명사에 대한 전치 수식어 역할을 할 수 있다.

I am told that there are natural singers and **made** singers.
[나는 천부적인 가수와 (예컨대 부단한 노력 등을 통해서) 만들어진 가수가 있다는 말을 들었다.]
She is a **born** teacher.
[그녀는 타고난 능력을 가진 선생님이다.]

***written** letter가 허용되지 않는 까닭은 과거분사 written이 수식받는 명사 letter의 속성을 나타내 주지 못하기 때문이다. 반면에 **written** language(문어(文語))와 **spoken** language(구어(口語))에서 written과 spoken이 모두 명사 앞에 놓일 수 있는 것은 이들이 모두 어떤 유형의 언어인가를 식별해 주는 역할을 하기 때문이다.

un-이 첨가된 과거분사 형태는 부사적 수식어의 도움 없이 단독으로 전치 수식어 역할을 할 수 있다.

Lack of essential minerals can cause deformity in **unborn** children.
[필수 미네랄이 부족하게 되면 태아가 기형아가 될 수도 있다.]
There was a pile of **unread** mail on his desk.
[그의 책상 위에는 아직 읽지 않은 우편물이 쌓여 있었다.]

---

18 *Korean*-**made** products에서 고유명사 Korea에서 파생된 Korean 자체는 고유 형용사이지만, 이것을 풀어 쓴 products made *in Korea*에서 전치사구 형태로 나타난 in Korea는 부사적인 역할을 하는 것이다.
19 Quirk et al. (1985: 1327).

10.4.2. 후치 수식어

후치 수식어 역할을 하는 분사는 수식받는 명사에 대하여 '제한적'(restrictive)으로 수식하는 경우와 그 명사에 대하여 '비제한적'(unrestrictive)으로 후치 수식하는 두 가지 역할을 한다.

10.4.2.1. 제한적

the people **affected**에서와 같이 수식하는 과거분사가 수식받는 명사 다음에 놓일 때가 있다. 즉, 제한적 관계사절과 마찬가지로, 명사의 지시 범위를 제한하거나, 그 대상이 어떤 것인가를 식별하기 위하여 과거분사가 명사 뒤에 놓일 때가 흔히 있다.[20] 이러한 경우에 과거분사는 형용사보다 오히려 '동사적인 힘'(verbal force)이 더 강하다고 하겠다.[21] 그러므로 후치 수식어 위치에 놓인 과거분사들은 결과를 나타내는 것이 아니라, 사건적인(eventive) 뜻을 나타내는 것이다.

> **The people questioned** gave very different opinions.
> [질문을 받은 사람들은 아주 다른 의견을 내놓았다.]
> The warmth of the sweater will of course be determined by the sort of **wool used**.
> [물론 스웨터의 따뜻함은 사용되는 양모의 종류에 따라 결정될 것이다.]
> A recent survey found that 36% of **the women asked** did not feel safe walking alone at night.
> [최근의 조사 결과 질문을 받은 여성의 36%는 밤에 혼자 걷는 것이 불안하다는 점이 밝혀

---

20 We often use participles after nouns in order to define or identify the nouns, in the same way as we use identifying relative clauses. — Swan (2005: 381).

21 **15.481.** When participles have become completely adjectives, they are generally placed before the substantive: at a *given* point | a *well-known* writer | an *interesting* remark, etc. When the verbal character of the participle is present to the mind of the speaker or writer, especially when the time of the action and (or) the agent is thought of, there is a greater inclination to place it after the substantive, and this order is also found from rhetorical reasons, where the verbal character is not very prominent. — Jespersen (1913: 382); Participles whose function is felt to be verbal rather than adjectival are placed after the noun head. — Declerck (1991a: 454).

졌다.]

His work does not reach **the standard required**.
[그의 작품은 요구되는 기준에 미치지 못하는 것이다.]

Of all the boys applying that day, I was **the only one rejected**.
[그날 지원한 모든 소년들 중에서 나만 유일하게 거절당했다.]

Almost 60% of **those surveyed** said they supported the president's action.
[조사 대상자의 거의 60%는 대통령의 조치를 지지한다고 말했다.]

The topics covered are those that give rise to the most *why*-questions. They are the most problematic areas of the grammar.
— George Yule, *Explaining English Grammar*, Preface.
[취급된 주제들은 대부분의 why로 시작되는 의문문을 만드는 것이다. 이러한 의문문은 문법에서 가장 문제가 되는 영역이다.]

이처럼 명사구를 후치 수식하는 분사는 관계사절이 축약된 것으로 여겨진다. 그러므로 위의 첫 번째 문장에서 the people **questioned** gave ...는 the people who were questioned (by someone) gave ...에서 주격 관계대명사 who와 동사 were가 생략된 결과이다.[22]

더 나아가 분사가 형용사적인 기능보다 오히려 동사적으로 쓰였을 때, 즉 동사적인 성격을 가진 분사 다음에 동사에 대한 보어, 목적어, 그리고/또는 부사적 부가어를 동반하고 있으면 그 분사형은 명사 뒤에 놓여 그 명사에 대한 후치 수식어(後置修飾語: postmodifier) 역할을 하게 된다.

Washington, D. C. is a city **carefully planned** as the nation's capital.
[Washington, D. C.는 이 나라의 수도로 신중하게 계획된 도시이다. → 명사구 a city는 which was carefully planned as the nation's capital에서 which was가 생략된 나머지 요소에 의해 수식받고 있으며, 따라서 분사가 이끄는 구조가 명사구 뒤에 놓였음.]

Parliament condemned the repressive measures **taken by the police**.
[의회는 경찰이 취한 강압적인 조치를 비난했다.]

Any student **caught cheating** will be disqualified from the exam.
[부정행위를 하다가 적발된 학생은 누구든지 시험 볼 자격을 박탈당할 것이다.]

---

22 Declerck (1991a: 454).

At any given moment life is completely senseless. But viewed over a long period, it seems to reveal itself as an organism **existing in time, having a purpose, tending in a certain direction**.

[어떤 특정한 순간에는 삶이 전적으로 무의미하다. 그러나 장기적인 안목으로 보면 삶이란 것은 시간 속에 존재하고, 어떤 목적을 갖고 있으며, 어떤 방향으로 향하는 하나의 유기체로 나타나는 것 같다.]

이상과 같은 예에서처럼 수식받는 명사 다음에 놓인 현재분사나 과거분사가 이끄는 분사절 구조가 진행이나 수동적인 뜻을 갖는다면 수식받는 명사와 분사 사이에 놓였던 주격 관계대명사와 be 동사가 생략되어 관계사절이 '분사절'로 축약된 형태로 분석될 수 있다. 따라서 the man **who is entering** the room이라는 구조와, 주격 관계대명사와 be 동사가 생략된 결과로 얻어진 the man **entering** the room은 단지 문체상의 차이로 간주되기도 한다. 그러므로 다음에 제시된 예에서처럼 수식받는 명사 뒤에 놓인 동적동사(dynamic verbs)의 현재분사형은 대체로 진행의 뜻을 나타내고, 타동사의 과거분사는 수동적인 뜻을 나타내는 것으로 보아도 무리가 없을 것이다.

Look at that little boy **wandering** about — perhaps he's lost his mother.
[주위를 여기저기 정처없이 거리를 돌아다니고 있는 저 어린 소년을 좀 봐. — 엄마를 잃었겠지. → = ... that little boy **who is** wandering about.]
The man **addressing** the audience now is a famous scientist.
[지금 청중들에게 강연을 하고 계신 분은 유명한 과학자입니다. → The man **who is** addressing the audience now.]
A shot **heard** at a distance can be mistaken for the noise of an exhaust.
[멀리서 들리는 총성은 배출 가스 소리로 착각할 수 있다. → A shot **which is** heard at a distance.]
The money **collected** from the club members will be given to the Red Cross.
[클럽 회원들로부터 모금한 그 돈은 적십자사에 전달될 것입니다. → the money collected는 대충 The money which is collected에서 나온 것으로 여겨질 수 있음.]

그렇지만 예컨대 a house **resembling** a barn(창고와 같은 집)에서 resembling의 경우처럼 상태동사(stative verbs)의 현재분사형도 명사를 후치 수식할 수 있지만, 원래 상태동사는 진행형의 형태를 취할 수 없는 것이기 때문에 수식받는 (대)명사 다음에 놓인 현재분사형 resembling은 진행의 뜻을 나타내지 못한다. 그러므로 이러한 경우에는 (대)명사와 분사 사이에서 '주격 관계대명사와 be 동사의 생략'이라는 규칙이 적용된 것으로 분석할 수 없다. 그러나 주격 관계대명사 다음에 be 동사가 없는 문장으로서, 그것이 특정한 시간과 관련된 상황이 아니라, 일반적인 상황을 나타내는 문장의 경우에는 주격 관계대명사를 생략하고 동사를 현재분사 형태로 바꿔 분사절 구조로 나타낼 수 있다.

Anyone **knowing** this should have gone to the police.
[이 사실을 아는 사람은 누구든지 경찰에 갔어야 했다. → 이 문장에서 Anyone knowing ...은 *Anyone who is knowing ...에서 who is가 생략된 구조가 아니라, Anyone **who knows** ...와 같은 구조가 축약된 것임.]

Our mantlepiece is a famous work of art. We often get visitors **wanting** to see it.
[우리가 만든 벽로 선반은 유명한 예술 작품이어서 그것을 보고 싶어하는 사람들이 종종 찾아온다. → visitors wanting to ...는 visitors **who want** to ...가 축약된 구조임.]

Anyone **applying** to that school must take a difficult entrance examination.
[그 학교에 지원하는 자는 누구든지 어려운 입학시험을 치러야 한다. → Anyone applying to ...는 Anyone **who applies** to ...가 축약된 구조임.]

Tourists **intending** to stay in the country for less than a month do not need to fill in this form.
[그 나라에 한 달 미만 체류할 관광객들은 이 서식을 작성하지 않아도 된다. → tourists intending to stay ...는 tourists **who intend to stay** ...가 축약된 구조임.]

The man in line in front of me purchased several items **totaling** $205.
[내 앞에 줄 서 있는 그 사람은 합계 205불 어치 되는 여러 개의 물건을 샀다. → items totaling $205는 items **which total** $205가 축약된 구조임.]

또한 수식받는 (대)명사가 어느 시점과 관련된 특정한 대상이 아니라, 보다 일반적인 대상을 가리키는 것이면 후치 수식하는 동적동사의 현재분사형은 진행의 뜻을 갖지 않아도 된다. 다시 말하자면, 다음 예에서 보는 바와 같이 명사를 후치 수식하는 현재분사들은 '(지금) ... 하고 있는'이라는 어떤 특정한 시점과 관련된 상황을 묘사하는 것이 아니라, 그 명사와 관련해서 일반적으로 반복해서 일어나는 상황을 묘사하는 것일 뿐이다. 그러므로 아래와 같은 문장에서 <명사 + 현재분사절>의 구조는 관계대명사가 생략되고, 다음에 놓인 동사가 현재분사 형태로 바뀌어 이루어진 구조이다. 예컨대, 다음 첫 문장에서 Nurses looking after …는 Nurses **who look** after …에서 관계대명사가 생략되고, 동사 look이 분사형 looking으로 바뀐 결과이다.

>Nurses **looking** after elderly patients need a lot of patience.
>>[나이든 환자들을 돌보는 간호사들은 많은 인내심이 필요하다.]
>
>We conduct regular checks on the quality of all the products **leaving** the factory.
>>[우리는 공장에서 나가는 모든 상품의 질을 어김없이 검사한다.]
>
>Students **arriving** late will not be permitted to enter the lecture hall.
>>[지각하는 학생들은 강의실에 들어오지 못하게 될 것이다.]
>
>English spelling is notoriously difficult, and foreigners **learning** English are bewildered by the lack of correlation between spelling and pronunciation.
>— G. L. Brook, *A History of the English Language*.
>>[영어의 철자는 악명 높을 정도로 어렵다. 그래서 영어를 학습하는 외국인들은 철자와 발음 사이에 상관관계가 없기 때문에 당황하게 된다.]

10.4.2.2. 비제한적

이상과 같이 분사가 후치 수식하는 예들은 모두 제한적(defining)으로 쓰인 것이었지만, 분사가 명사구에 대하여 비제한적으로 후치 수식하기도 한다.

>(14) a. The castle, **which was burnt down in 1485**, was never rebuilt.
>   b. The castle, **burnt down in 1485**, was never rebuilt.
>>[1485년에 타버린 그 성이 결코 다시 축성되지 않았다.]

(14b)에서 분사절은 (14a)의 비제한적 관계사절에서 which was가 생략되어 축약된 구조로서, 이러한 경우에 분사는 그 명사가 가리키는 대상을 밝혀주기 위한 것이라기보다 오히려 그 대상에 대하여 부수적으로 보충 설명하는 역할을 하는 것이다. 이러한 예를 몇 가지 더 들기로 한다.

The film, **seen by an estimated five million people**, brought a staggering response.
[5백만 명이 본 것으로 추산되는 그 영화는 놀라울 정도의 반응을 불러 일으켰다.]
The young man, **being mistaken for a sniper**, was shot by the soldiers.
[저격병으로 오해를 받은 그 젊은 남자는 군인들에게 총살당했다.]
William, **not having heard the dinner gong**, did not eat last night.
[저녁 식사를 알리는 종소리를 못 들어서 윌리암은 어제 저녁에 식사를 하지 못했다.]

10.4.3. 주격보어

일반적인 형용사처럼, 분사가 be, become, get, appear, seem, prove, remain 따위의 연결동사(linking verbs)에 대한 보어 역할을 할 수 있다.

Having six children and no income, I was badly **situated**.
[애들은 여섯이나 되고 수입은 없어서 나는 사정이 무척 좋지 않았다.]
All these instructions are **confusing** rather than helpful.
[이 모든 지시가 도움이 된다기보다 오히려 혼란스럽다.]
Was the letter you received **typewritten** or **printed**?
[네가 받은 편지가 타자로 친 것인가 인쇄된 것이던가?]
The house looked **abandoned**.
[그 집은 버려진 것 같았다.]
The children always get **terribly excited** when Granny comes.
[그래니가 오면 애들은 언제나 무척 즐거워한다.]

반면에 자동사 다음에 놓인 분사형은 의사보어(擬似補語: pseudo complement) — '준주격 보어'라고도 함 — 역할을 한다.[23] 다시 말하자면, 분사가 자동사 뒤에 놓여 주어가 처해 있는 상황을 부수적으로 설명해 주는 역할을 할 수 있다. 예컨대 The cupboard arrived **broken**.(그 찬장은 부서진 채로 도착했다.)에서 의사보어 역할을 하는 broken은 찬장이 도착했을 때 부서져 있는 상태였음을 나타내는 것이다. 그러므로 이 문장은 The cupboard was **in the state of being broken** when it arrived.(그 찬장은 도착했을 때 부서진 상태였다.)라

---

23 본서 제1권 4.3.4 참조.

는 뜻을 내포하고 있다.

>They lay **talking** about what should be done.
>>[그들은 해야 할 일에 대하여 말하면서 누워 있었다.]
>
>He walked out **smiling**.
>>[그는 미소를 지으며 걸어 나갔다.]
>
>Suddenly a couple of sparrows came **hopping** towards us.
>>[갑자기 참새 한 쌍이 우리에게 깡충깡충 다가왔다.]
>
>He fell to the ground, mortally **wounded**.
>>[그는 땅에 쓰러져 치명상을 당했다.]
>
>Now that he has to commute for an extra hour each way to and from work, Richard gets home each night **exhausted**.
>>[리차드는 출퇴근 시간이 각각 한 시간씩 더 길어졌기 때문에 매일 저녁 녹초가 되어 집에 돌아온다.]

10.4.4. 목적보어

분사 형태가 분사 형용사로서 목적어 다음에 놓여 목적보어 역할을 하게 된다. 이러한 경우에 분사 형태는 목적어의 성질이나 상태를 나타내는 것이라야 한다. 다음과 같은 문장에서 분사 형태가 목적보어인 까닭은, 예컨대 We found the door (to be) **locked**.와 같은 문장이 The door was in the state of being <u>locked</u> when we went there.와 같이 풀어 쓸 수 있기 때문이다. 따라서 이 경우에 locked는 분사 형용사로 쓰여 목적보어 역할을 하고 있는 것이 분명하다.

>We found the door (to be) **locked.**
>>[우리는 문이 잠겼다는 것을 알았다.]
>
>They left him **stranded** in the desert.
>>[그들은 그를 사막에 버려진 채 두었다.]

특정한 일부 동사들 다음에 <(대)명사 + 현재분사/과거분사>의 구조가 놓인다. 이러한 경우에 전통적으로 분사 형태가 목적어에 대하여 보어 역할을 하는 것으로 취급되어 왔다. 그렇지만 방금 위에서 본 바와 같이 이러한 구조에서 분사형을 목적보어로 볼 수 있는 예들도 있지만, 대개 타동사 다음에 놓여 있는 두 개의 요소, 즉 <(대)명사 + 현재분사/과거분사> 전체가 하나의 문법적 단위인 목적어로 여겨진다. 그리고 이 두 가지 요소 사이에는 일종의 <주어 + 동사>라는 문법적인 관계가 있는 것으로 분석된다고 보는 것이 타당하다고 하겠다. 이러한 관점에서 보면 We heard **the children crying**.은 SVO[sv]와 같은 구조를 가지고 있다. 다시 말하자면 이 문장은 주어[We] + 동사[heard] + 목적어[the children crying]로 이루어져 있으며, 목적어는 다시 주어[the children] + 동사[(was) crying]로 이루어져 있다는 것이다. 따라서 이 문장은 의미상으로는 우리가 들은 것이 '그 아이들'이 아니라, '그 아이들이 우는 것' 전체가 된다. 그러므로 이 문장을 대답으로 끌어낼 수 있는 질문으로 What did you hear?와 같이 물을 수 있을 것이다. 그러면 이에 대한 대답은 We heard **the children crying**.이라고 대답할 수 있으며, the children crying을 한 개의 대명사 it으로 바꿀 수 있으며, 따라서 동사 heard에 대하여 the children crying이 두 개의 요소가 아니라 한 개의 요소라는 사실을 알 수 있다.[24]

We heard **the children crying**.
  [우리는 그 아이들이 우는 소리를 들었다.]
He stopped short when he heard **his name called**.
  [자기 이름을 부르는 소리를 듣자 그가 갑자기 멈췄다.]

이처럼 목적어 다음에 분사 형태가 뒤따르는 동사들을 몇 가지 살펴보기로 하겠다. (1) catch, get, keep, leave, send, set, start, have 등 사역적인(causative) 의미를 가진 동사들 뒤에 현재분사가 목적어에 대한 서술적 부가어 역할을 한다.

If she **catches** you **reading** her diary, she'll be furious.
  [만약 네가 그녀의 일기를 읽는 것을 보면 그녀는 아주 화를 낼 것이다.]
The police were doing their best to **get** the spectators **moving** from the scene of the accident.

24　The function of these participial constructions might be regarded as intermediate between nominal and adjectival. Some grammarians refer to such participial constructions as "objective complements," functioning in the same way as president in **The members elected him president**. Actually, it might be better to consider these participial constructions as the second part of a two-part object, the two parts standing in the relationship of subject-predicate to each other. ― Frank (1993: 305).

[경찰은 사건 현장에서 구경꾼들이 떠나도록 하려고 안간힘을 다 쓰고 있었다.]

The sight of her **set** his heart **beating** faster.

[그녀를 보니까 그의 가슴이 더 빨리 두근거렸다.]

The Gulf conflict **sent** oil prices **soaring**.

[걸프전 때문에 기름 값이 치솟았다.]

Often her sharp wit **has** her audience **laughing**.

[종종 그녀의 날카로운 재치가 청중들을 웃겼다.]

have + 목적어 다음에는 현재분사가 오느냐 원형 부정사가 오느냐에 따라 뜻이 다르다. 즉, 현재분사가 오면 주어가 목적어로 하여금 '성공적으로 …하게 하다'라는 뜻을 나타낸다.

I'll **have** you **speaking** English in six months.

[6개월 후에는 영어로 말할 수 있게 해드리지요.]

Within minutes he **had** the whole audience **laughing and clapping**.

[몇 분 뒤에 그는 모든 청중들이 웃고 박수를 치게 했다.]

또는 have가 won't를 수반하게 되면 'won't allow'라는 뜻을 갖는다.

I **won't have** you **telling** me what to do.

[난 네가 나보고 할 일을 말하도록 하지 않을 거야.]

We **won't have** you **leaving** your things about everywhere.

[우리는 네가 아무데나 물건을 두도록 하지 않을 거야.]

have + 목적어 다음에 현재분사가 오는 경우에 나타나는 두 번째 뜻은 '의도가 들어 있지 않은 결과'를 나타낼 수 있다는 것이다.

Don't shout! You'll **have** the neighbors **complaining**!

[떠들지 말아! 이웃에서 불평을 할 거야! → 의도가 없는 결과]

반면에 다음 예에서처럼 have 다음에 원형 부정사가 놓이게 되면 단순히 목적어로 하여금 어떤 일을 하도록 명령한다는 뜻을 나타내는 것이 된다.

The customs officer **had** us **empty** our suitcases.
[그 세관원은 우리에게 가방을 비우라고 했다.]

(2) get, have, keep, leave 다음에는 과거분사가 쓰여 목적어가 수동적인 뜻을 갖게 할 수 있다.

Did she **get** those tires **fixed** this morning?
[오늘 오전에 그녀가 그 타이어 수리를 하도록 했는가?]
He always **keeps** the front door **locked**.
[그는 항상 현관문을 잠가둔다.]
If it is right, do it boldly; if it is wrong, **leave** it **undone**.
— E. Hemingway, "Advice to a Young Man"
[그것이 옳은 일이면 과감하게 하고, 옳지 못한 일이면 하지 말고 그대로 두어라. → 헤밍웨이가 원래 쓴 글에서는 두 개의 is가 모두 be로 되어 있는데 필자가 is로 바꿨음.]

특히 이와 같은 구조에서 have는 '...시키다' 라는 사역적인 뜻과 '...을 당하다' 라는 피동적인 뜻을 나타낼 수 있다. 그러므로 뜻으로 보면 다음의 처음 두 문장은 사역적인 뜻을 나타내고 있는 반면에, 마지막 두 문장은 피동적인 뜻을 나타내고 있음이 명백하다.

I **had** my room **papered**.
[나는 내 방에 벽지를 붙이게 했다. → 사역적인 뜻임.]
You should **have** the engine **checked**.
[너는 엔진 점검을 받아야 한다. → 사역적인 뜻임.]
He **had** his privileges **withdrawn** as a punishment.
[그는 벌로 자신의 특권을 박탈당했다. → 피동적인 뜻임.]
He **had** his license **suspended** for reckless driving.
[그는 난폭 운전을 했기 때문에 면허증이 정지당했다. → 피동적인 뜻임.]

(3) desire, make, see(= 'see to it that': 배려하다), want, wish 등 일부 소망이나 명령동사 뒤에서 과거분사가 서술적 부가어 역할을 한다.

King John **made** his name **feared** by everybody in England.

[존왕은 자기 이름이 전 영국민들에게 두려움의 대상이 되도록 했다.]
His actions **made** him universally **respected**.
[그의 행위 때문에 그는 널리 존경받는 사람이 되었다.]
Our solicitor will **see** her last wish **carried out**.
[우리 변호사는 그녀의 마지막 소원이 이루어지도록 할 것이다.]
I **want** our best reporters **sent** to cover the political trials.
[나는 정치 재판을 취재하기 위해 우리의 가장 나은 기자들이 파견되었으면 한다.]

(4) see, hear, feel, watch, notice, smell 등 지각동사 다음에 (대)명사 목적어와 분사형 목적보어가 올 수 있다. 현재분사형이 쓰이면 목적어가 능동적인 뜻이 되고, 과거분사형이 쓰이면 목적어는 수동적인 뜻을 갖게 된다. 특히 현재분사형은 진행의 뜻을 가지며, 따라서 동적인(dynamic) 상황을 가리키게 된다.

She could **feel** her heart **pounding** painfully as she finished the race.
[달리기가 끝날 무렵 그녀는 심장이 고통스럽게 뛰는 것을 느낄 수 있었다.]
She **heard** a bear **grunting** nearby.
[그녀는 근처에서 곰이 으르렁거리는 소리를 들었다.]
The police **observed** him **entering** the bank with a shotgun.
[경찰은 그가 총을 들고 은행으로 들어가고 있는 것을 목격했다.]
Few of the children **noticed** the time **passing**.
[그 어린이들 중에 시간 가는 줄 알아차린 어린이는 별로 없었다.]
They **watched** the man **being lowered** from the helicopter on a stretcher.
[그들은 그 사람이 들것에 실려 헬리콥터에서 내려지고 있는 것을 보았다.]
I've often **heard** it **said** that he's the cleverest person in the government.
[나는 그가 정부 내에서 가장 영리한 사람이라고 하는 말을 종종 들었다.]
He remembers **seeing** his father **murdered** right in front of him when he was 11.
[그는 열한 살 때 자기 아버지가 바로 자기 앞에서 살해되는 장면을 본 것을 기억하고 있다.]

지각동사 다음에는 원형 부정사절도 올 수 있다. 일반적으로 원형 부정사절이 오면 지각 대상이 되는 전체 행위를 강조하는 것이 되고, 현재분사가 오게 되면 행위의 지속성을 강조하는 것으로서, 종종 행위의 미완료(incompletion)를 나타낸다. 그러나 마지막 예에서처럼 일련의 동작이 연속적으로 등장하는 경우에는 원형 부정사절이 보편적이다.

> I **saw** him **cross** the street.
> [나는 그가 길을 건너는 것을 보았다. → 이 문장은 **He _crossed_ the street**.과 <u>I saw this</u>.라는 두 개의 문장이 하나로 합쳐진 것으로, 처음부터 끝까지 전 과정을 보았다는 뜻을 나타내는 것임.]
>
> I **saw** him **crossing** the street.
> [나는 그가 길을 건너가고 있는 것을 보았다. → 이 문장은 **He _was crossing_ the street**.과 <u>I saw this</u>. 라는 두 개의 문장이 하나로 합쳐진 것으로, 그가 건너는 과정의 일부를 보았다는 뜻임.]
>
> The missing boys were last **seen playing** near the river.
> [실종된 그 아이들은 마지막으로 강가에서 놀고 있는 것이 보였다.]
>
> The crowd **watched** the firefighters **climb** the ladder, **break** a window on the first floor and **enter** the building.
> [군중들은 소방대원들이 사다리를 타고 올라가 1층 창문을 부수고 건물 안으로 들어가는 것을 지켜보았다.]

이와는 달리, 아주 짧은 동작을 나타내는 순간동사들(momentary verbs)이 분사형으로 쓰이면 반복을 나타낸다. 따라서 다음 문장에서 cough는 1회의 동작을 나타내고, coughing은 반복의 뜻을 나타낸다.

> I **heard** him **cough**.
> [나는 그의 기침 소리를 들었다.]
>
> I **heard** him **coughing**.
> [나는 그가 연거푸 기침하는 소리를 들었다.]

We could **hear shouting** in the distance.(멀리서 외치는 소리가 들렸다.)에서처럼 분사형—이 문장에서 shouting—의 주어 역할을 하는 명사구가 없는 경우에는 일반적으로 감지되는 어떤 행위를 나타낸다.

10.5. 분사의 위치와 뜻

일부 과거분사들은 분사 형용사로서 명사를 수식할 때, 명사의 앞이나 뒤에 놓일 수 있다. 그러나 위치에 따라 그 뜻이 달라진다.

> a **concerned** expression = a worried expression (걱정스러운 표정)
> the people **concerned** = the people who are/were affected (관계자들)
> an **involved** explanation = a complicated explanation (복잡한 설명)
> the people **involved** = the people concerned (관계자들)
> an **adopted** child = a child who is brought up by people who are not his/her biological parents (양자)
> the solution **adopted** = the solution that is/was chosen (채택된 해결 방안)
> **wanted** persons = persons wanted by the police (수배자들)
> jobs **wanted** = jobs wanted by individuals (직업 구함)

Cars drive too fast past the school and **concerned** teachers have complained to the police.
   [자동차들이 너무 빠르게 학교를 통과해서 걱정스러워하는 선생님들이 경찰에 불평을 했다.]
The party was excellent, and I'd like to thank all the people **concerned**.
   [그 파티는 아주 훌륭했다. 그래서 나는 관계자 전원에게 사의를 표하고 싶다.]
When he came into the kitchen, he showed me a photograph of the **wanted** man.
   [부엌으로 들어와서 그는 나에게 수배자의 사진을 보여 주었다.]
I need hardly say that I cannot here discuss a number of particular cases in any particular language. But it falls within my province to say something of the great principles **involved**.
— O. Jespersen, *Mankind, Nation and Individual*.
   [여기서 나는 어느 특정한 언어에서 많은 특정한 사례를 논의할 수 없다는 점을 거의 말할 필요가 없다. 그러나 관련된 어떤 대원칙을 말하는 것은 내 영역에 속한다.]
I had promised myself that I would survive the war and return home to be a father to our four **adopted** children.
   [나는 전쟁에서 살아남아 고향으로 돌아가 양자로 삼은 네 자녀의 아버지가 되겠다고 다짐했었다.]

Janet is a **responsible** girl.

[재니트는 책임감이 있는 소녀이다. → = 'She has a sense of duty.'라는 뜻임.]

The girl **responsible** was expelled.

[비난받을 그 소녀가 추방당했다. → 이런 뜻으로 쓰일 때 responsible은 위의 경우와 달리, 명사 앞에는 놓이지 못하고, 명사 뒤에 놓이거나, 주격보어나 목적보어의 위치에만 놓임.]

a **used** car(중고차)와 a car **used** by them(그들이 이용하는 자동차)에서와 같이 used가 전치 수식어인가, 후치 수식어인가에 따라 뜻이 다르다. 그러나 a rarely **used** car(거의 이용되지 않는 자동차)는 a car which is rarely used에서 which is가 생략되고, 다음에 rarely used가 명사 앞으로 전치(前置: fronting, preposing)되어 만들어진 것이므로 used가 후자와 같은 뜻을 갖는다.

10.6. 감정동사의 분사형

다음의 동사들은 감정동사(emotive verbs)에 속한다.

> aggravate, alarm, amaze, amuse, annoy, astonish, bewilder, bore, bother, calm, captivate, charm, comfort, confuse, convince, defeat, delight, disappoint, embarrass, encourage, excite, fascinate, interest, intrigue, involve, irritate, love, mislead, mystify, overwhelm, please, puzzle, satisfy, shock, surprise, terrify, tire, worry

이러한 동사에 대한 분사형을 형용사적으로 사용할 때 현재분사형을 선택하느냐, 과거분사형을 선택하느냐 하는 문제에 직면하게 된다. 이러한 경우에 중요한 점은 수식받는 명사가 어떤 것이냐, 때로는 목적어를 포함하여 주어가 무엇이냐 하는 것보다 오히려 어떠한 뜻을 전달하고자 하느냐 하는 것이다. **만약 어떤 대상에 대하여 발생하는 감정 변화를 경험하는 사람, 즉 '경험자'(experiencer)에 대하여 말하는 경우라면 과거분사형이 쓰여야 하지만, 그러한 감정 변화를 일으키는 사람이나 사물에 대하여 묘사하는 경우라면 현재분사형이 쓰이게 된다.**[25] 그러므로 다음과 같은 예에서 (15a)에는 감정동사 annoy가 쓰였고, 이를 토대로 하여 (15b)와 (15c)에는 전달하고자 하는 뜻의 차이에 따라 이 동사에 대한 과거분

---

25 Yule (2011: 7).

사형과 현재분사형이 쓰이고 있다. 이 두 가지 형태는 이들 각 문장에서 전달하고자 하는 뜻의 차이 때문에 서로 바꿔 쓸 수 없다.

(15) a. John's loud stereo **annoys** his neighbors.
[존의 시끄러운 스테레오 소리가 이웃 사람들을 짜증나게 만든다.]
b. Several { annoyed / *annoying } neighbors complain to John.
[짜증난 여러 명의 이웃 사람들이 존에게 불평을 한다. → 이웃 사람들이 화가 났다는 뜻이 되어야 하기 때문에 annoyed가 쓰여야 하며, 현재분사형 annoying은 다른 사람을 짜증나게 만든다는 뜻이기 때문에 맞지 않음]
c. John's loud stereo is { annoying / *annoyed } (to his neighbors).
[존의 시끄러운 스테레오는 (이웃 사람들을) 짜증나게 한다. → 스테레오가 이웃 사람들을 짜증나게 만드는 것이므로 현재분사형이 옳으며, 과거분사형을 사용하게 되면 스테레오가 짜증났다는 뜻이 되기 때문에 맞지 않음.]

몇 가지 예를 더 들어 보기로 한다.

I found him { disappointing / disappointed }.
[나는 그가 기대에 어긋난 사람이라는/실망했다는 것을 알았다. → disappointing은 그 남자가 남에게 실망을 주는 사람이라는 뜻이고, disappointed는 그 남자가 실망했다는 뜻을 나타냄.]
John told me a { disappointing / *disappointed } story about that.
[존은 내게 그 문제에 대하여 실망스러운 이야기를 했다. → 이야기 자체가 실망할 수 있는 것이 아니므로 disappointed는 틀림.]
She's an **interesting** writer, and I'm very **interested** in the subjects that she writes about.
[그녀는 재미있는 작가라서, 나는 그녀가 쓰는 주제에 대하여 매우 관심을 갖고 있다.]
I didn't enjoy the party because I was **bored**.
[나는 싫증이 나서 파티를 즐기지 못했다.]
The news was very **pleasing** to us.
[그 소식은 우리에게 매우 기쁜 것이었다.]

Our lawyers are **pleased** with the judge's decision.
  [우리 변호사들은 판사의 판결에 기뻐하고 있다.]
His omission from the team is rather **surprising**.
  [그 팀에서 그가 탈락된 것은 좀 놀라운 일이다.]

전달하고자 하는 뜻에 따라 이러한 감정동사의 분사형 ed와 –ing에 다시 -ly를 첨가해서 부사적으로도 쓸 수 있다. 즉, 현재분사형에 -ly가 첨가된 부사 형태는 감정 변화를 일으키게 한다는 뜻을 나타내는 수식어 역할을 하는 반면, 과거분사형에 -ly가 첨가된 부사 형태는 감정 변화를 경험한다는 뜻을 나타내는 수식어 역할을 하게 된다.

John's stereo is **annoyingly** loud most of the time.
  [대개 존의 스테레오는 짜증날 정도로 소리가 크다. → cp. John's stereo is **annoying**.]
John gazed **contentedly** at his new car.
  [존은 만족스럽게 자기의 새 자동차를 바라보았다. → cp. John is **contented**.]

10.7. 분사의 수식어

형용사적 현재분사와 마찬가지로, very, too의 수식을 받거나 비교형이 가능한 과거분사는 소수에 불과하다. 다시 말하자면, 이들 강의부사(强意副詞: intensifying adverbs)나 비교급의 수식을 받을 수 있는 과거분사는 반드시 정도의 차이를 나타낼 수 있는(gradable) 것이라야 한다. 그러므로 다음과 같은 예에서처럼 tired, interested, worried 따위와 같이 정도의 차이를 나타낼 수 있는 분사 형용사들은 모두 more, too, very 등의 수식을 받을 수 있다.

We are $\begin{Bmatrix} \text{very} \\ \text{too} \\ \text{more} \end{Bmatrix} \begin{Bmatrix} \text{tired} \\ \text{interested} \\ \text{worried} \end{Bmatrix}$.

  [우리는 매우/너무나/더 지쳤다/흥미가 있었다/걱정스러웠다.]

주로 수동 동사형 <be + 과거분사>의 경우처럼 앞에 very가 놓이지 못하는 과거분사들일지라도 (very) much, well, badly, completely, greatly, highly 따위와 같은 강의부사의 수식을 받을 수 있다.

Her performance was { **(very) much** / **greatly** } admired.

[그녀의 연기는 크게 찬양을 받았다.]

The pedestrian was { **badly** / **seriously** } injured.

[행인은 크게 다쳤다.]

He is a { **well** / **highly** } **qualified** engineer.

[그는 충분한/상당히 자격을 갖춘 엔지니어이다.]

The story was **completely forgotten**.

[그 이야기는 완전히 잊혔었다.]

He is **well known** in the art world.

[그는 예술계에서 널리 알려진 사람이다.]

Britain's trade position has been **(very) much** weakened by inflation.

[영국은 통화팽창으로 무역상의 지위가 (매우) 크게 약화되었다.]

그러나 감정적 상태와 반응을 나타내는 일부 단어들의 분사형의 경우에는 어법이 일정치 않다. 예컨대 다음과 같은 예에서 amused가 very의 수식을 받게 되면 형용사적으로 쓰인 것으로 볼 수 있다. 그러나 (very) much의 수식을 받을 수 있고, 또 <by + 동작주>를 수반할 수 있는 것으로 보면 동사적으로 쓰였다고 생각할 수 있다.

I was { **very** / **much** / **very much** } amused by Miranda's performance.

[나는 미란다가 연기하는 것을 보고 매우 즐거웠다.]

10.8. 분사절

10.8.1. 분사절의 구조

분사절(分詞節: participial clauses)이란 <접속사 + 주어 + 동사 + …> 등으로 이루어진 정형동사가 포함된 종속절 대신에, 대개 접속사와 주어 등을 문장의 표면에 내세우지 않고, 동사의 현재분사 형태로 시작되는 절 구조로서, 주로 문어체 영어(written English)에서 즐겨 사용된다. 간단히 말하자면, 정형절 구조를 갖춘 종속절이 단축되어 현재분사 형태로 시작되는 절 구조를 분사절이라 한다. 이렇게 이루어진 분사절은 (16) arriving과 같은 <현재분사>가 이끄는 현재 능동 분사절, (17) <being + 과거분사>가 이끄는 현재 수동 분사절, (18) <having + 과거분사>가 이끄는 완료 능동 분사절, 그리고 (19) <having been + 과거분사>가 이끄는 완료 수동 분사절 구조 등의 구조를 가지고 주절에 대하여 적절한 부사적인 뜻을 보충해 주는 역할을 한다.

	능동 분사절	수동 분사절
현재	(16) arriving	(17) being absorbed ....
완료	(18) having failed ...	(19) having been raised ....

(16) **Arriving at the airport**, he lost no time getting a taxi.
[공항에 도착하자마자 그는 즉시 택시를 탔다.]

(17) **Being completely absorbed in his experiment**, he was unaware of the passage of time.
[실험에 완전히 몰두해 있어서 그는 시간가는 것을 몰랐다.]

(18) **Having failed my medical exams**, I took up teaching.
[의학 시험에 불합격했기 때문에 나는 교사직을 택했다.]

(19) The chairman said that, **the issue having been raised**, the board had to take a stand on it.
[그 문제가 제기되었으므로 의장은 이사회가 그 문제에 대한 어떤 입장을 가져야만 한다고 말했다.]

이처럼 종속절이 축약되어 만들어진 분사절 형식을 사용하게 되면 구문이 보다 간단해지기 때문에 한정된 지면에 많은 양의 정보를 전달하기에 적합하다. 외형상 이러한 표현은 접속사와 주어도 없고, 또한 동사도 비정형 동사의 형태를 취하고 있기 때문에 흔히 '분사구' 또는 '분사구문'이라고 불리우기도 한다. 그러나 이러한 구조의 밑바탕에 깔려 있는(underlying) 논리적인 의미 내용을 고려하여 이 구조를 분석해 보면 결국 이 구조 안에는 사실상 접속사를 비롯하여 주어와 정형동사 등 일반적으로 절을 구성하는 데 반드시 필요한 요소들을 모두 갖추고 있다. 바로 이러한 점 때문에 위와 같은 구조를 '분사절'이라는 용어를 사용하는 것이 훨씬 타당하다고 하겠으며,[26] 실제로 이렇게 널리 불리우고 있다.

---

[26] A participle can have an object or complement, and it can have one or more adverbials.

분사절은 대개 문두에 놓이지만, 때로는 중간이나 끝에도 놓일 수 있다. 담화가 이루어지는 문장의 연속체에서는 정형의 부사절과 마찬가지로 앞에서 언급된 내용과 관련된 내용이면 그것은 문두에 놓이게 되고, 새로운 정보를 전달하는 것이면 문미에 놓여 초점을 받게 된다[27]. 또한 주절에 대하여 부수적인 뜻을 전달하는 것이면 문중에 놓여 쉼표로 분리되기도 한다.

Being helped by favorable weather, the country produced a record harvest.
[좋은 날씨 덕분에 그 나라는 기록적인 수확을 했다.]
The house is invisible from the road, **being surrounded by trees**.
[나무들로 둘러 싸여 있어서 그 집은 길에서 보이지 않는다.]
Romeo, **believing that Juliet was dead**, decided to kill himself.
[쥴리엩이 죽었다고 믿고서 로미오는 자살하기로 마음먹었다.]

정형절 구조의 종속절을 축약시켜 분사절을 만들고자 할 때, 종속절이 전달하고자 하는 뜻에 혼동이 일어나지 않는다면 접속사를 생략하고, 동시에 주절의 주어와 종속절의 주어가 동일하면 종속절의 주어조차도 생략하고, 동사를 현재분사 형태로 바꾸어 이것이 분사절을 이끌게 한다. 예컨대, (20a)의 문두에 놓인 정형절 구조의 종속절에서 접속사와 주어가 생략되고, be 동사가 분사 형태 being으로 바뀌어 그 결과 (20b)에서는 분사형 being이 이끄는 분사절로 바뀌게 된다. 그리고 (21a)의 종속절에서 접속사와 주어가 생략되고, 동사 knew가 분사형 knowing으로 바뀌어 이 분사형이 분사절을 이끄는 구조가 (21b)의 문두에 놓인 Knowing ... on his journey이다.

(20) a. **As I was unable to help in any other way**, I gave her some money. →
　　　b. **Being unable to help in any other way**, I gave her some money.
　　　　　[달리 도와줄 방법이 없어서 나는 그녀에게 돈을 좀 주었다.]
(21) a. **As he knew that he wouldn't be able to buy food on his journey**
　　　　he took large supplies with him. →
　　　b. **Knowing that he wouldn't be able to buy food on his journey** he

---

　　The participle together with such phrases is called a participle clause. — Eastwood (2005: 162).
27　부사절이 놓이는 위치에 대해서는 본서 제4권 18.3 참조.

took large supplies with him.
   [여행 도중에 먹을 것을 사지 못할 것을 알고서 그는 먹을 것을 많이 갖고 갔다.]

이 예들이 보여주는 바와 같이, be, have, know, wish 따위와 같은 상태동사들은 대개 진행형으로 쓰이지 않지만, 분사절에서는 이러한 유형의 동사들까지도 현재분사 형태로 바뀌어 분사절을 이끌게 된다.

<on/upon + -ing 분사절>
when-절이 나타내는 시간과 주절이 나타내는 시간 사이에 서로 시간적인 간격이 없는 것으로 간주되는 경우, 즉 두 개의 절에 나타난 사건이 (거의) 동시에 발생하고 있다고 생각되는 상황에서는 when-절을 on/upon + -ing로 시작되는 분사절로 바꿀 수 있다.

When we opened the cupboard, we found a skeleton inside.
→ **On opening the cupboard**, we found a skeleton inside.
   [찬장을 열어보니 그 안에 해골이 있었다.]
She was very relieved **on being told that she was no longer needed**.
   [그녀는 더 이상 필요하지 않다는 말을 듣는 순간 아주 안심했다. → ... when she was told ...]
On becoming a member, you will receive a membership card and a badge.
   [회원이 되면 즉시 회원증과 뱃지를 받게 됩니다.]
Upon reaching the age of 21, I received my inheritance.
   [21세가 되자 나는 재산 상속을 받았다.]

주절의 주어와 분사절의 주어가 다르게 되면 분사절의 주어를 반드시 내세워야 한다.

On *my* shooting it, *hundreds of the people* fell down as if they were dead.
   [내가 그것을 향해 총을 쏘자마자 수백 명의 사람들이 죽은 듯이 쓰러졌다.]

10.8.1.1. 접속사가 이끄는 분사절

접속사와 주어를 생략해서 종속절이 분사절 구조로 바뀌게 되면 그 분사절의 맨 앞에는 대개 현재분사형이 놓여 현재분사절(present participial clause)을 이루게 된다. 특히 여러 가지 이유 때문에 상황이 주어지지 않으면 뜻이 애매해질 때도 있어서, 그 결과 예컨대 (22a)는 (22b)에 나타난 접속사 중 어느 하나가 생략된 것으로 해석할 수 있을 것이다.

(22) a. **Being painted white**, this house looks bigger.

b. $\begin{Bmatrix} \text{If} \\ \text{When} \\ \text{Now that} \end{Bmatrix}$ this house is painted white, it looks bigger.

[이 집이 하얗게 페인트칠하게 되면/페인트칠 되었으므로 더 크게 보인다.]

그러므로 전달하고자 하는 뜻을 보다 명확하게 나타내려면 다음 예에서처럼 as if, if, when, while, though 따위와 같은 필요한 접속사가 생략되지 않고 분사절을 이끌어 접속사 + 분사절 구조로 나타나게 된다.

In the example of 109 the past participles, **though implying action**, chiefly denote resultant CONDITION.
[예 109에서 과거분사는 행위를 암시하기는 하지만, 주로 결과적 조건을 나타낸다.]
Once having made a promise, you should keep it.
[일단 약속을 했으면 지켜야 한다.]
While listening to some soft music, I was able to fall asleep.
[몇 곡의 잔잔한 음악을 듣다가 나는 잠에 빠질 수 있었다.]
Unless paying by credit card, please pay in cash.
[신용 카드로 납부하지 않을 경우에는 현금으로 내십시오.]

<when + 분사절>
when이 이끄는 종속절이 '습관'이나 '반복'의 뜻, 즉 '…할 때는 언제나'라는 뜻을 나타낼 때에는 전달하고자 하는 뜻을 명확히 하기 위하여 when을 생략하지 않는다.

When eating a whole cooked fish, you should never turn it over to get at the flesh on the other side.
(= When(ever) you eat a whole cooked fish, …)
[통째로 요리된 생선을 먹을 때는 반대쪽 살코기를 먹으려고 뒤집지 말아야 한다.]

When using this glue be careful not to touch it with your hands.

[이 접착제를 사용할 때는 손으로 만지지 않도록 주의하라.]

Be careful **when crossing** streets.

[길을 건널 때는 조심하라.]

When ordering a vehicle, you have to pay a deposit.

[차량을 주문할 때는 계약금을 납부해야 한다.]

이상과 같은 문장의 경우에, 분사절의 주어와 주절의 주어가 다른 것처럼 여겨져서 결국 틀린 문장이 아닌가 하는 의심이 생길 수도 있다. 그러나 다음 문장에서 주절을 능동형으로 바꾸게 되면 두 개의 절에서 주어가 서로 같다는 점이 밝혀지고, 따라서 완전히 문법적인 문장이라는 점이 확인된다.

When adjusting the machine, <u>**the electricity should be switched off**</u>.

(= you should switch off the electricity.)

[기계를 조정할 때에는 전기 스위치를 꺼야 한다.]

위에 열거된 as if, if, when, while, (al)though, unless 따위는 항상 접속사로만 쓰일 뿐, 결코 전치사로 쓰이지 않는다. 그러나 after, before, since 따위는 전치사와 접속사의 두 가지 기능을 가지고 있다. 바로 이러한 점 때문에 이들이 이끄는 구조를 <전치사 + 동명사절>로 볼 수 있을 뿐만 아니라, <접속사 + 분사절>로도 볼 수 있기 때문에 다음과 같은 예에서 이 구조를 어떻게 이해하여야 옳은지 뚜렷이 단정 지을만한 객관적이고 믿을만한 증거를 찾아보기 어렵다고 하겠다.[28]

Since coming here, life has been much more pleasant.

[이곳으로 온 이래 삶이 훨씬 더 즐거워졌다.]

After being signed, the invoice was handed over to the agent as soon as

---

28 *-ing* clause can be used after many conjunctions and prepositions. They are common with *after, before, since, when, while, on, without, instead of, in spite of* and *as*. Note that *-ing* forms after prepositions can often be considered as either participles or gerunds — the dividing line is not clear. — Swan (2005: 384); If the conjunction is identical in form with a preposition, it may be discussed whether we have a conjunction + participial *-ing* or a preposition + gerundial *-ing*. — Meyer-Myklestad (1967: 219).

possible.
>[서명된 뒤에 그 송장은 최대한 빨리 대리인에게 넘겨졌다.]

Before being changed last year, the speed limit was 70 kph.
>[작년에 변경되기 이전에는 제한 속도가 시속 70km였다.]

10.8.1.2. being의 생략

being으로 시작되는 분사절에서 being이 생략될 수도 있다. 이렇게 되면 현재분사절이 과거분사절로 바뀌게 된다.

As they were upset by the news of the revolution, they decided to fly home as soon as possible.

→ **Being upset by the news of the revolution**, they decided to fly home as soon as possible.
>[→ 종속절이 축약되어 being이 이끄는 현재분사절이 되었음.]

→ **Upset by the news of the revolution**, they decided to fly home as soon as possible.
>[혁명이 일어났다는 소식에 당황하여 그들은 가급적 빨리 비행기 편으로 고향에 가기로 결심했다. → 현재분사절을 이끄는 being이 생략되었으므로 이제는 과거분사가 절을 이끌고 있음.]

(Being) seen from the sky, the mountain looks like a dog.
>[하늘에서 보면 그 산은 마치 개처럼 보인다.]

Impelled by feelings of guilt, John wrote to apologize.
>[죄책감 때문에 존은 사과의 편지를 썼다.]

Somewhat surprised by her question, I said I didn't know.
>[그녀의 질문을 받고 다소 놀라서 나는 모른다고 말했다.]

Looked at from that point of view, the job becomes easy.
>[그러한 관점으로 보면 그 일은 쉬워진다.]

As even the most beautiful landscape, **seen daily**, becomes monotonous, so does the most beautiful face, unless a beautiful nature shines through it.
— Ernest Hemingway, "Advice to a Young Man"
>[가장 아름다운 경치도 매일 보면 단조로워지듯이, 가장 아름다운 얼굴도 그 아름다운 얼굴

을 통해서 아름다운 성품이 반짝이지 않는다면 마찬가지로 단조로워진다.]

특히 분사절에서 being이 생략되면 결국 종속절은 비정형절의 단계에서 한 걸음 더 나아가 동사가 없는 절, 즉 '무동사절'(無動詞節: verbless clauses)의 구조로 나타나기도 한다. 이 때 무동사절 구조는 다음과 같이 형용사와 이에 따른 보충 구조, 즉 부정사절이나 전치사구 형태를 수반하여 형용사 + 부정사절 또는 형용사 + 전치사구 구조로 나타나거나,

Unable to afford institutional care, Ellen brought him home.
[입원 치료를 받을 수 없기 때문에 엘런은 그를 집으로 데려 왔다. → 이 문장에서 무동사절 Unable to afford institutional care는 완전한 종속절 As she was unable to afford institutional care가 현재분사절 Being unable to afford ...로 축약되고, 여기서 다시 being이 생략되어 무동사절 구조로 나타난 것임.]

The fireman rushed into the burning house, **mindless of the danger**.
[위험은 아랑곳 하지 않고 그 소방대원은 불난 집으로 뛰어 들어갔다. → 종속절 As he was mindless of the danger가 분사절 Being mindless of the danger로 바뀌고, 여기에서 다시 being이 생략되어 무동사절 구조로 바뀌었음.]

Anxious for a quick decision, the chairman called for a vote.
[재빨리 결정하고 싶어서 의장은 투표할 것을 요구했다.]

또는 무동사절이 다음과 같이 명사구 구조로 나타나기도 한다.

A brilliant player, he was included into the A-team at the age of sixteen.
[아주 훌륭한 선수이므로 그는 16세에 A 팀에 소속되었다. → = As he was a brilliant player가 분사절로 바뀌고, 분사절 Being a brilliant player에서 being이 생략되어 무동사절이 되었음.]

A passionate golfer, Steve Jobs had a putting green set up in his office.
[골프광이라서 스티브 잡스는 자기 사무실에 퍼팅 그린을 설치했다. → 무동사절은 원래 As he is a passionate golfer에서 접속사와 주어가 생략되고 난 다음에, 비성형절이 만들어지고 여기에서 다시 being이 생략되어 결국 무동사절이 되었음. putting[pʌtiŋ] green은 공을 구멍에 처넣을 수 있도록 마련된 조그마한 잔디밭.]

Once a privilege of the well-to-do in this country, a university education is now available to most Americans.
[한 때는 이 나라의 부유한 사람들의 특권이었지만, 지금은 대부분의 미국인들이 대학 교육

을 받을 수 있다. → = Though it (= a university education) was once a privilege ...가 분사절로 바뀌고, 분사절 Once being a privilege ...에서 being이 생략되어 결국 명사구만 남아 있음.]

이 세 문장에서 문두에 놓인 명사구 a brilliant player, a passionate golfer와 once a privilege of the well-to-do in this country를 분사절에서 being이 생략된 결과로 생긴 것이 아니라고 분석하게 되면 이 명사구들이 각각의 문장에서 담당할 아무런 문법적인 기능도 없기 때문에 결국 이 세 문장은 문법적으로 설명이 불가능한 틀린 문장이 되고 만다. 그러나 명사구들을 being a brilliant player, being a passionate golfer, being once a privilege of the well-to-do in this country와 같은 본래 분사절에서 being이 생략된 결과로 분석을 하게 되면 아무런 문제도 생기지 않는다.

10.8.1.3. 분사절의 부정

분사절을 부정할 때에는 분사형 앞에 부정어를 둔다. 다음의 예들 중에서 마지막 문장에서는 not 다음에 being이 생략된 것이다.

Not **knowing the language** and **having no friends in the town**, he found it hard to get work.
[말도 모르고 그 도시에 친구도 없어서 그는 직장 구하기가 어렵다는 걸 알았다.]
The table *not* **having been constructed properly**, one of the legs became loose.
[그 테이블은 제대로 만들어지지 않아서 다리 하나가 헐렁거렸다.]
Not **content with having overthrown the government**, the military dictator imprisoned all his opponents.
[정부 전복에 대한 불만 때문에 그 군사 독재자는 자기의 적들을 모두 투옥시켜 버렸다.]

위와 같이 분사절을 이끄는 분사형 동사를 부정할 때에는 대개 분사 앞에 부정어 not이 놓인다. 그러나 뜻을 달리 하여 분사절 안에 놓인 다른 동사를 부정할 때 부정어는 그 동사 앞에 놓인다. 그러므로 다음 두 문장에서 분사절의 뜻이 서로 다르다.[29]

---

29 Hewings (2005: 116).

(23) a. ***Not* wishing to go out that night**, I made an excuse.
　　b. **Wishing *not* to go out that night**, I made an excuse.

즉, (23a)에서 not은 wish to go out that night과 관련된 것으로서, 분사를 부정하여 '그날 밤에 외출하는 것을 원치 않았다는 뜻을 나타낸다고 볼 수 있을 것이고, 반면에 (23b)의 not은 to go out that night과 관련된 것으로서, 분사절 안에 있는 부정사를 부정하는 것으로 '그날밤에 외출하지 않고 싶다'는 뜻을 나타낸다고 불 수 있다. 바로 이와 같은 점을 고려하여 부정어 not의 위치가 달라진 것이다.

10.8.2. 절대 분사절

10.8.2.1. 주어를 동반한 분사절

지금까지는 종속절을 분사절 구조로 전환할 때 그 주어가 생략되는 경우를 보았다. 그러나 주절의 주어와 종속절의 주어가 다를 수가 있다. 이처럼 두 개의 절에서 주어가 서로 다르게 되면 종속절이 분사절로 전환될 때 분사절에서 주어가 생략되지 않게 되는데, 이러한 분사절 구조를 **절대 분사절**(absolute participial clauses)이라고 한다. 이와 같은 절대 분사절에서도 분사형 being은 생략 가능하다.

　When **dinner** was over, **we** left the table.
　→ ***Being over**, we left the table.
　　　[→ 분사절의 주어와 주절의 주어가 다르기 때문에 분사절의 주어를 문장의 표면상에 반드시 내세워야 함에도 불구하고 분사절의 주어가 표시되지 않았기 때문에 비문법적인 문장임.]
　→ ***Dinner* being over**, *we* left the table.
　　　[저녁 식사가 끝나서 우리는 식탁에서 자리를 떴다. → 분사절의 주어와 주절의 주어가 다르기 때문에 분사절의 주어가 나타나 있음.]
　***The house* having been constructed poorly**, *the new owners* had to cope with many unexpected repairs.
　　　[그 집이 형편없이 지어졌으므로 새 주인들은 예상밖의 많은 수리를 해야만 했다.]
　***The bus drivers* being on strike**, *many people* had to get to work using other means of transportation.

[버스 운전기사들이 파업 중이므로 많은 사람들이 다른 교통수단을 이용하여 출근하지 않을 수 없었다.]

The plumber repaired the sink and the bath. ***That* done**, **he** turned his attention to the drainpipe.

[그 연공이 싱크대와 욕실을 수리했다. 그 일이 끝나자 그는 하수관에 주의를 돌렸다. → done 앞에 being이 생략되었음.]

***The winter* (being) over**, *the beaver* wakes up from his winter sleep.

[겨울이 다 지나면 해리는 겨울잠에서 깨어난다.]

특히 다음 두 문장에서처럼 아무런 뜻도 없는 허사(虛辭: expletive) it이나 존재문을 이끄는 there도 분사절의 주어 역할을 할 수 있다.

***It* being Sunday**, *the stores* were not open.

[일요일이어서 가게들이 문을 열지 않았다.]

***There* being no doctor in the village**, *we* drove the wounded man to the nearest hospital.

[그 마을에 의사가 없었기 때문에 우리는 부상당한 사람을 가장 가까운 병원으로 차에 태워서 갔다.]

주절의 주어와 종속절의 주어가 다른 경우에 종속절의 주어를 생략할 수 없다는 이러한 원칙을 무시하게 되면 혼동이 생긴다. 예컨대 ***Waiting for a bus** a brick fell on my head.라고 하면 사람이 버스를 기다리는 것이 아니라, 벽돌이 기다렸다는 뜻이 되기 때문에 전혀 의도하는 뜻을 전달할 수 없는 비문법적인 문장이 된다. 그러므로 이 문장은 다음과 같이 고쳐 써야 한다.

As **I** was waiting for a bus **a brick** fell on my head.

[버스를 기다리고 있을 때 벽돌이 내 머리 위에 떨어졌다.]

10.8.2.2. 전치사 with(out)가 이끄는 분사절

절대 분사절의 또 다른 유형으로 전치사 with(out)가 주어와 현재분사 또는 과거분사를 동반하여 이루어진 구조가 있다. 이러한 구조에서 주어는 통격(通格: common case) 명사이거나 목적격 형태의 대명사이다. 그리고 분사형은 바로 앞에 놓인 주어가 수동적인 뜻을 갖느냐 능동적인 뜻을 갖느냐에 따라 달라진다. 즉, 주어가 능동적인 뜻을 나타내는 경우라면 현재분사형이 쓰이게 되고, 수동적인 뜻을 나타내는 경우라면 과거분사형이 쓰이게 된다.

The party was organized **without her *knowing* anything about it**. [능동]
[그 파티는 그녀가 아무것도 모르게 조직되었다.]
I remained silent, **with my lips compressed** tightly. [수동]
[나는 두 입술을 꼭 다물고 잠자코 있었다.]

이러한 구조로 나타나는 절대 분사절은 다음과 같이 두 가지 내용을 전달하고자 할 때 쓰인다.

(1) 대체로 문장에 진술된 내용에 대하여 보다 자세히 기술한다. 이러한 경우에 분사절은 언급된 내용이 주절의 상황과 동시에 일어난다는 점을 말해 주는 일종의 '부대 상황'(attendant circumstances)을 나타낸다고 볼 수 있는 동시에, 또 다른 한편으로는 진술된 내용이 어떤 방식으로 일어나고 있는가 하는 이른바 How ...?로 시작되는 의문문에 대한 대답에 나타나는 '양태부사'(manner adverbs)와 같은 역할을 하는 것이라고 하겠다.[30] 예컨대

The horse stopped **with its ears cocked**.
[말은 귀를 쫑긋 세우고 멈췄다.]

이 문장에서 절대 분사절 with its ears cocked는 말이 멈춰 섰을 때 어떻게 멈췄느냐 하는 점을 보충 설명해 주는 것이라고 설명될 수 있다.
몇 가지 예를 더 보기로 한다.

In the mid-1980s there was a wave of arrests of government opponents. Nouaisseh and his wife, Maha, were held and questioned for 24 hours.

---

30 These examples have *with* and a subject at the beginning of the clause. *There were scenes of celebration,* **with people dancing in the streets**. *It was a large room,* **with bookshelves covering most of the walls**. A typical use of this pattern is to add details to a description.
— Eastwood (2005: 170).

Both were blindfolded, **with their hands tied** behind their chairs.
— Rachel Wildavsky, "Their Heroes Wait for Freedom"

[1980년대 중반에 반정부 인물들의 체포의 물결이 일었다. 누에이세와 그의 부인 마하는 체포되어 24시간 동안 신문을 받았다. 둘다 손을 의자 뒤로 해서 묶고, 눈은 가려져 있었다.]

He was sitting **with his head buried in a newspaper**.

[그는 신문으로 머리를 덮고 앉아 있었다.]

James, **with his heart pounding with fear**, stood in the corridor waiting to be called in.

[제임스는 두려움에 가슴이 두근거리면서 들어오라는 말을 기다리며 복도에 서 있었다.]

When the earthquake hit San Francisco, the city's crisis management team took immediate action **with firefighters putting out fires**, **the police directing traffic**, etc.

[지진이 산프란시스코우를 강타했을 때 소방관들이 화재를 진압하고 경찰이 교통을 통제하는 등 이 도시의 위기 관리팀은 신속한 조치를 취했다.]

Could these men have walked out of the prison **without anyone noticing**?

[이 사람들이 아무도 모르게 형무소에서 걸어 나올 수 있었을까?]

또는 (2) 다음 예에서처럼 주절에 진술된 내용에 대한 '이유'를 제시하는 것이다. 즉, 분사절은 주절에 나타난 상황에 대하여 '…이기 때문에'라고 하는 이유를 설명한다.

The negotiations had reached an impasse, **with both sides refusing to compromise**.

[양측에서 타협을 거부해서 협상은 벽에 부딪쳤다.]

With the rest of the party waiting for me, I had no time to say goodbye to Alice.

[일행 중 나머지 사람들이 나를 기다리고 있어서 나는 앨리스에게 작별 인사를 할 시간이 없었다.]

With the restaurant having closed, there was nowhere to eat.

[식당이 문을 닫았으므로 식사할 곳이 없었다.]

The ocean looks very beautiful **with the moonlight glimmering on its surface**.

[바다는 그 표면에 달빛이 반짝여서 매우 아름다워 보인다.]

With the restaurant having closed, ...와 같은 구조가 The restaurant having closed, ...와 같은 구조보다 덜 격식적인 표현이다.

<with(out) + 주어 + 분사형>의 구조에서 with가 생략된 것도 있고,[31] 또한 전달하고자 하는 뜻에 따라 분사형 대신에 형용사 어구나 전치사구가 수반되기도 한다.

Now we circled the house carefully. Seeing no one, we rushed in, **weapons aimed**.
[우리는 신중히 그 집을 포위했다. 아무도 보이지 않자 우리는 총을 겨누고 그 집으로 뛰어 들어 갔다. → weapons 앞에 with가 생략되었다고 볼 수 있음.]

Serving as a volunteer Red Cross worker at an Army hospital, I came across a young private asleep in the lobby, **his hands and arms covered with a heavy ointment**. — *Redaer's Digest*, June 1968.
[한 육군 병원에서 적십자사의 자원봉사자로 근무할 당시 나는 한 젊은 병사가 손과 팔에 온통 연고를 바른 상태로 로비에 잠들어 있는 것을 우연히 발견했다. → his hands ... 앞에 with가 생략되었음.]

She went into the interview room, **her legs shaking like jelly**.
[그녀는 젤리처럼 양다리를 흔들며 면접실로 들어갔다.]

He stood **with his legs wide apart**.
[그 사람은 다리를 넓게 뻗치고 서 있었다. → 분사가 놓일 자리에 부사구가 놓여 있음.]

She was standing at the foot of the stairs **with her hand on the banister**.
[그녀는 손을 계단 위에 놓고 맨 아래 계단에 서 있었다.]

She looked at me, **eyes wide open and full of curiosity**.
[그녀는 눈을 크게 뜨고 호기심에 가득 찬 눈초리로 나를 바라보았다.]

특히 다음의 (24a, b)는 구조가 서로 다르다. 즉, (24a)는 전치사 + 명사구로 이루어진 일반적인 전치사구이지만, (24b)는 위에서 본 것들과 같은 <전치사 + 명사/주어 + 분사>로 이루어진 절대 분사절의 한 가지 유형이다.[32]

---

31 조성식 역 (1981: 323-324).

32 We could add *with* to most, if not all, of the examples, thus turning the absolute phrases into prepositional phrases: — Kolln & Gray (2010: 209).

(24) a. with **outstretched** arms
   b. with arms **outstretched**

10.8.3. 완료분사절

주절과 종속절에 표출된 두 가지 상황이 거의 같은 시간에 발생했다고 보는 경우에는 다음의 첫 번째 문장에서처럼 종속절을 분사절 형식으로 바꿀 때 **Tying** one end of the rope ...처럼 현재분사절(Present participial clause)로 나타내더라도 무방하다. 그러나 두 가지 사건이 나타난 시간의 전후 관계(sequence)를 명백히 밝히고자 하는 경우, 즉 분사절의 동사가 나타내는 상황이 끝나고 나서 주절의 동사가 나타내는 상황이 발생했음을 강조하고자 할 때에는 현재분사절 대신에 **Having tied** one end of the rope ...처럼 완료분사절(prefect participial clause) 형식이 필요하게 된다.

{ **Tying** / **Having tied** } one end of the rope to his bed, he threw the other end out of the window.
   [그는 밧줄 한쪽 끝을 자기 침대에 매고 난 다음에 다른 한쪽을 창밖으로 던졌다.]
Having failed twice, he didn't want to try again.
   [두 번이나 실패했으므로 그는 다시 해보고 싶은 마음이 없었다.]
Having been bitten twice, the postman refused to deliver our letters unless we chained our dog up.
   [두 번이나 물렸으므로 그 우체부는 개를 묶어두지 않으면 우리에게 편지를 배달하지 않겠다고 했다.]

그럼에도 불구하고 현재분사절을 사용함으로써 결과적으로 의미가 애매해지는 경우가 아니라면 굳이 완료분사절을 사용할 필요가 없다. 예컨대 (25a)와 같이 현재분사절이 쓰인

The man stood laughing, <u>his weapons at his hips</u>. (pg. 208)
      — Stephen Crane ("The Bridge Comes to Yellow Sky")
The man stood laughing, <u>with his weapons at his hips</u>. (pg. 209)
   [그 남자는 무기를 엉덩이 옆에 두고 웃으면서 서 있었다.]
이처럼 Kolln과 Gray는 위의 첫 문장에서처럼 먼저 with가 없는 예들을 소개하고, 부분적으로 이러한 문장에 전치사 with를 첨가하여 전치사구를 만들 수 있다고 말하고 있는데, 이는 필자가 제시하고 있는 (24a, b)가 서로 구조가 다르다는 사실을 간과하고 있다고 여겨진다.

문장에서는 주절이 나타내는 시간이나 종속절이 나타내는 시간이 동일하다고 볼 수 있을 것이다. 그러므로 두 개의 절에서 나타내고자 하는 시간의 전후 관계를 명백히 나타내고자 하는 경우라면 현재분사절의 동사형 대신에 (25b)에서처럼 완료분사절 형태로 나타내는 것이 바람직스러울 것이다.

(25) a. **Reading the instructions**, he **snatched** up the fire extinguisher.
  [설명서를 <u>읽으면서</u> 그는 재빨리 소화기를 들었다.]
  b. **Having read** the instructions, he **snatched** up the fire extinguisher.
  [설명서를 <u>읽고 나서</u> 그는 재빨리 소화기를 들었다.]

또한 먼저 일어난 행위가 기간을 나타내는 경우에도 완료분사절이 쓰이게 된다.

Having been his own boss for such a long time, he found it hard to accept orders from another.
  [그토록 오랫동안 자영업에 종사해 왔으므로 그는 타인의 명령을 받는 것이 어렵다는 것을 알게 되었다. → 완료분사절 having been …은 과거 이전의 어느 시점부터 found로 나타난 과거의 어느 시점까지의 기간을 나타내고 있음.]

그렇지만 완료분사절이 쓰여야 함에도 불구하고 시간의 전후 관계를 분명히 밝혀주는 접속사 after, before가 분사절에 포함되어 있을 때에는 현재분사절로 나타낼 수 있다.

After breaking her leg the last time she went, Brenda decided not to go on the school skiing trip this year.
  [지난번에 갔을 때 다리가 부러지고 난 다음에 브렌다는 올해 학교 스키 여행에 가지 않기로 결심했다. → 접속사 after가 없으면 **Having broken** her leg the last time she went, …와 같이 완료분사절 형태로 나타내야 함.]

10.8.4. 분사절이 나타내는 뜻

부사절이 축약되어 만들어지는 분사절의 구조도 완전한 정형의 부사절과 마찬가지로 주절에 대하여 대개 이유·시간·양보·조건·결과·부대상황(attendant circumstances) 등 갖가지 뜻을 부과시키는 역할을 하는데, 때로는 이러한 부사적인 뜻을 강조하기 위하여 적절한 접속사나 전치사가 첨가되기도 한다.

  a. 시간:
  Having finished all her housework, she sat down to watch television.
   [집안일을 다 마치고 나서 그녀는 앉아 텔레비전을 보았다.]
  Looking out of the window, she saw a breath-taking view.
   [창 너머로 그녀는 아주 놀라운 경치를 보았다.]
  After being painted, its appearance was quite different.
   [페인트칠하고 나니 그 모습이 아주 다르게 보였다.]

  b. 이유:
  Crowds were waiting at the airport, **hoping to see Madonna arrive**.
   [마돈나가 도착하는 것을 보고 싶어서 군중들은 공항에서 기다리고 있었다.]
  Having eaten too much, he became sleepy.
   [너무 많이 먹고 나니까 그는 졸렸다 → 분사절이 '시간'을 나타내는 것으로도 해석될 수 있음.]
  Yuka, 29, joined an information service firm in Tokyo five years ago as a translator. Lately, business has dropped off and her boss frequently asks her when she plans to marry — and, presumably, to quit. **Fed up**, Yuka plans to resign after she collects her summer bonus.
   [29세의 유카는 5년 전에 토쿄에 있는 한 정보 서비스 회사에 번역사로 입사했다. 최근에 사업이 잘 안 되자 사장은 그녀에게 언제 결혼하고 그만 두게 될 것인가 하는 질문을 하는 경우가 많아졌다. 진절머리가 나서 유카는 여름 보너스를 받고 난 다음에 그만 두려고 하고 있다. → 의미 내용으로 보아 분사절 Fed up은 As she is fed up with her boss' frequent questions에서 축약과 생략의 결과로 이루어진 분사절 구조임.]

  c. 양보:
  Admitting what you say, I still think you are in the wrong.
   [네가 말하는 것을 인정한다 해도 나는 여전히 네가 잘못이라고 생각한다.]
  Though looking young, he was now seventy.
   [젊어 보였지만, 그는 그때 70세였다.]
  Although expecting the news, I was greatly shocked by it.
   [예상하기는 했지만, 나는 그 소식을 듣고 크게 충격을 받았다.]

d. 조건:

Taking off its cover, you will find a tiny hole in it.
[표지를 벗기면 그 안에 아주 조그마한 구멍을 발견하게 된다.]
Once deprived of oxygen, the brain dies.
[산소가 없으면 뇌는 죽는다.]
Taken daily, vitamin pills can improve your health.
[매일 복용하면 비타민은 건강을 증진시킬 수 있다.]
Used sparingly, this face cream should last until Christmas.
[아껴 쓰면 이 얼굴 크림은 크리스마스 때까지 쓸 수 있을 것이다.]

e. 결과:

A dirty air filter forces the engine to use more gasoline, **causing unnecessary pollution**.
[더러운 공기 여과기는 엔진이 더 많은 휘발유를 소모하게 하여 불필요한 오염을 유발한다.]
He contributed a large sum to the library, **(thus) making possible the purchase of some badly needed books**.
[그 분이 도서관에 많은 돈을 기부해서 반드시 필요한 책을 좀 구입할 수 있게 되었다.]

결과를 나타내는 분사절은 대개 thus, thereby와 같은 단어로 시작될 수 있으며, 문미에 놓여 앞서 언급된 전체 내용에 따른 결과를 나타낸다.

10.9. 독립절을 대신하는 분사절

지금까지 앞에서 본 분사절의 유형은 부사절을 축약시켜서 만든 것이었지만, 문어영어에서는 두 개의 독립절(independent clause) 중에서 어느 하나의 절이 분사절의 형식을 취하기도 한다.[33]

He rode away. He whistled as he went.
→ He rode away **whistling**.
[그는 휘파람을 불면서 차를 몰고 가버렸다.]

---

33 Thomson & Martinet (1986: 241).

동일한 주어가 행하는 두 가지 행위가 동시에 일어날 때, 이 두 가지 행위 중 어느 하나를 분사절 형식으로 나타낼 수 있다.

He holds the rope with one hand, he stretches out the other to the boy in the water.
→ **Holding the rope with one hand**, he stretches out the other to the boy in the water.
[한 손으로 밧줄을 잡고 그는 다른 손을 물속에 있는 그 소년에게 뻗는다.]
The boxers stood apart, **waiting for the signal to start fighting**.
[권투 선수들은 시합 시작 신호를 기다리면서 떨어져 서 있었다.]
A policeman stood in the middle of the road, **directing the traffic**.
[한 경찰관이 교통정리를 하면서 도로 한복판에 서 있었다.]
I've just seen Carol. She's in the bar **having a drink**.
[방금 캐롤을 만났는데, 술집에서 술을 마시고 있어.]

한 가지 행위 바로 다음에 동일한 주어가 행하는 다른 행위가 뒤따라 올 때 먼저 일어난 행위를 분사절 형태로 나타낼 때가 흔히 있다.

He opened the drawer and took out a revolver.
→ **Opening the drawer** he took out a revolver.
[그는 서랍을 열고서 권총을 꺼냈다. → 서랍을 여는 행위에 이어 권총을 꺼내는 행위가 이루어지고 있음.]
We take off our shoes and creep cautiously along the passage.
→ **Taking off our shoes** we creep cautiously along the passage.
[우리는 신발을 벗고 살금살금 복도를 따라 기어간다.]
Taking a key out of his pocket, he opened the door.
[그는 호주머니에서 열쇠를 꺼내어 문을 열었다.]

이상과 같은 예에서 두 가지 행위가 일어난 시간의 전후 관계가 분명하기 때문에 현재분사절 형식으로 표현된 부분을 완료분사절로 나타내는 것이 논리적인 관점에서는 옳다고 여겨지겠지만, 현재분사절로 나타내더라도 의미상 애매하지 않는다면 굳이 완료분사절 형식으로 나타내지 않아도 된다. 예컨대 (26b)와 달리, (26a)는 동시에 벌어지고 있는 상황으로 해석될 수 있는 애매성을 지닌 문장이다. 그러므로 이러한 애매성을 제거하여 시간의 전후 관계를 명확히 하고자 한다면 (26a) 대신에 (26b)와 같이 완료분사절 형식을 택하는 것이 좋을 것이다.

(26) a. **Eating his dinner** he rushed out of the house.
[→ 현재분사절이 "저녁 식사를 <u>하면서/하고 나서</u> ..." 라고 두 가지로 해석될 수 있음.]
b. **Having eaten his dinner** he rushed out of the house.
[저녁 식사를 <u>하고 나서</u> 그는 집밖으로 뛰어 나왔다.]

예컨대 He went out, **slamming the door**.(그는 문을 '탕'하고 치면서 나갔다.)에서처럼 분사절 slamming the door가 두 번째 행위가 처음 행한 행위의 일부를 이루는 것이거나, 또는 다음의 예들과 같이 나중에 일어나는 상황이 첫 번째 상황에 따른 결과일 경우에는 두 번째 상황을 현재분사절 형식으로 나타낼 수 있다.

He fired, **wounding one of the bandits**.
[그는 총을 쏘아 그 강도들 중 한 명에게 부상을 입혔다. → 총을 쏜 것이 첫 번째 행위이고, 이 행위의 결과로 강도 한 사람이 부상을 당하게 되었음을 뜻함.]
It rained for two weeks on end, **completely ruining our holiday**.
[비가 두 주일이나 계속 내려 우리의 휴가를 완전히 망쳐 놓았다. → 두 주일간 계속된 비 때문에 휴가를 망치는 결과를 가져왔다는 뜻임.]
The soil was washed away by the flood, **exposing bare rock**.
[홍수로 흙이 떠내려가서 암석만 앙상하게 드러났다.]
Both atria contract at the same time, **pushing the blood into the ventricles**.
[두 개의 심방(心房)이 동시에 수축되어서 피를 심실(心室)로 밀려들어가게 한다.]

다음 예에서처럼, 분사절의 주어가 첫 번째 절의 주어와 반드시 같아야 되는 것이 아니다. 만약 분사절의 주어가 다르게 되면 이 주어가 반드시 나타나야 한다.

The plane crashed, ***its bombs* exploding as it hit the ground**.
(Thomson & Martinet 1986: 242)
[비행기가 추락하면서 폭탄이 지상과 부딪쳐 폭발했다. → 첫 번째 절의 주어와 분사절의 주

어가 서로 다르기 때문에 분사절의 주어가 나타나 있음.]

10.10. 비연관 분사절

이상에서 본 바와 같이, 분사절의 주어와 주절의 주어가 동일한 것이 보통이지만, 만약 두 개의 절에서 주어가 서로 다르면 분사절의 주어가 절의 표면에 명시되어야만 한다. 그러므로 다음 세 개의 문장 중에서 마지막 문장은 문법적으로 틀린 것이다.

Knowing her pretty well, I realized something was wrong.
[그녀를 아주 잘 알기 때문에 나는 뭔가 잘못되었다는 것을 깨달았다. → 분사 knowing의 주어와 주절의 realized의 주어가 같으므로 분사절의 주어가 나타나지 않았음.]
All being well, **we** should arrive by tomorrow.
[모든 일이 순조로우면 우리는 내일까지는 도착하게 될 것이다. → 분사 being의 주어와 주절의 should arrived에 대한 주어가 서로 다르므로 분사절의 주어를 생략할 수 없음.]
*****Looking** out of the window of our hotel room, there was a wonderful range of mountains.
[우리가 묵고 있는 호텔 창밖으로 보니 멋진 산맥이 있었다. → 분사 looking out의 주어와 주절의 동사 was의 주어가 다르므로 분사절의 주어가 반드시 있어야 함.]

그러나 주절의 주어와 분사절의 주어가 다름에도 불구하고 분사절의 주어가 명백히 나타나지 않는 분사절 구조가 관용적으로 허용되기도 하는데, 이를 비연관 분사절(非聯關分詞節: unrelated participial clauses), 또는 유리 분사절(遊離分詞節: unattached participial clauses)[34]이라고 부르며, 이러한 분사절에서 굳이 주어를 내세우고자 한다면 we, they, you, one, people 등 일반적인 사람을 가리키는 (대)명사가 될 것이다. 그러므로 **Generally speaking**, this is correct.(일반적으로 말하자면, 이것은 옳다.)에서 비연관 분사절 부분을 if we (may) speak ...으로 나타낼 수 있을 것이다.

---

34 **84**. In a number of expressions the present participle in a free adjunct does not refer to any particular word in the sentence that can be considered its subject. This is called the UNRELATED PARTICIPLE construction, to distinguish it from the RELATED PARTICIPLE instanced in 81-83. — Zandvoort (1969: 36). Curme (1931: 158-159)은 분사절의 주어로서 일정한 주어가 없이 일반적인 주어를 가질 수 있는 이러한 절 형식을 '절대분사'(absolute participles)라고 하며, 국내 각종 문법서에서도 이러한 용어가 쓰이고 있다.

Generally speaking, organisms in warm, shallow seas ... have been relatively vulnerable to extinction.

[일반적으로 말하자면, 수온이 높고 수심이 얕은 바다에 사는 생물 유기체들은 비교적 사라질 가능성이 많았다.]

Taking everything into consideration, the result is better than I expected.

[모든 점을 고려해 보면 그 결과는 내가 예상했던 것보다 낫다.]

Comparatively speaking, these aircraft are quite cheap.

[비교해서 말하자면, 이 항공기들은 값이 아주 싸다.]

Judging from President Hussein's latest statement, the threat of war in Kuwait is not likely to decrease soon.

[후세인 대통령이 발표한 최근의 성명으로 미루어 보면 쿠에이트에서의 전쟁 위협이 얼른 줄어들 것 같지 않다.]

Returning to the subject of the environment, how does the Council intend to tackle the problem of water pollution?

[환경 문제로 되돌아가 보면 의회에서는 수질 오염 문제를 어떻게 처리하려 하고 있는가?]

There are certain proposals for future educational policy, which, **omitting details**, may be summarized as follows.

[미래의 교육 정책에 관한 어떤 제안들이 있는데, 세부적인 내용을 빼버리면 그것은 다음과 같이 요약될 것이다.]

이러한 분사절은 대체로 주절에서 말하는 내용에 대한 화자의 태도(speaker's attitude)를 나타내는 것으로서, 다음과 같은 것들을 추가로 예시할 수 있을 것이다.

> generally/broadly/strictly speaking(일반적으로/폭넓게/엄밀하게 말하자면), talking of (...에 대하여 말하자면), admitting that(...을 인정한다 해도), granted/granting that(...을 인정한다고 하더라도), logically speaking(논리적으로 말하자면), leaving aside(...은 제쳐두고)

역사적으로 볼 때, 비연관 분사에 속하던 during, considering, according to, following, regarding, including 따위가 오늘날에는 전치사로 발전하였다.[35]

---

35 Meyer-Myklestad (1967: 219); Many participles have lost their verbal force and now function as prepositions. Such a one is *during*, which earlier meant "lasting" (compare

According to the president, the escalation will soon stop.

[대통령의 말에 따르면 확전이 곧 종식될 것이다.]

No action has been taken **regarding** your complaint.

[너의 불평에 대하여 아무런 조치도 취해지지 않았다.]

Following the reception, there will be a talk by the professor.

[리셉션이 끝난 다음에 그 교수께서 강연이 있을 것이다.]

그렇지만 seeing (that), provided (that), providing (that), assuming (that), supposing (that) 따위는 종속접속사로 발전했다.

He will forgive you **provided** you promise never to do it again.

[다시 그 짓을 하지 않겠다고 약속을 하면 그는 너를 용서할 것이다.]

All his cattle were slaughtered, **seeing (that)** this was the only way of stopping the disease from spreading.

[그의 가축이 모두 도살되었는데, 이렇게 하는 것이 질병이 전염되는 것을 막을 수 있는 유일한 방법이기 때문이었다.]

---

enduring) and as a participle was used to modify a noun: "The siege, *during* a long time, cost many lives" (i.e., "lasting a long time"). Now we always feel it as a preposition, the prepositional phrase usually modifying a verb or a clause: "Two accidents occurred during the dinner."

There are a dozen or so words which function sometimes as participles, sometimes as prepositions:

PREPOSITION: *Considering* Melborn's youth, it was very creditable performance.
PARTICIPLE: The committee *considering* Melborn's application is expected to report favorably.
PREPOSITION: There were twelve people present *including* the guards.
PARTICIPLE: Send me a report *including* this month's losses.
Other such bivalent words are *expecting*, *touching* ("Touching your request, it has been decided ..."), *barring*, *pending*, *owing to*, *speaking* ("Speaking of gardens, have you ..."), *talking*. — Roberts (1954: 239-240).

제11장

가정법(Subjunctive Mood)

11.1. 직설법과 가정법

직설법(直說法: indicative mood)이란 화자(話者: speaker)가 전달하고자 하는 내용에 대하여 자신의 주관적인 생각을 조금도 개입시키지 않고 단지 있는 그대로 나타내는 것을 말하며,[1] 바로 이와 같은 이유 때문에 직설법을 일컬어 '사실 서법'(事實敍法: fact mood)이라고도 한다. 예컨대 다음과 같은 두 개의 문장에서 직설법 현재형 동사 takes와 과거형 동사 saw는 각각 현재 주어(He)가 매일 버스로 출근한다는 점과 과거 어느 시점에 주어(I)가 그녀를 만났다는 사실에 대하여 화자의 생각이 조금도 들어 있지 않다는 점을 나타내는 것이다.

He **takes** the bus to work every day.
  [그는 매일 버스로 출근한다.]
I **saw** her at the conference in Seoul.
  [나는 서울에서 있었던 회의에서 그녀를 만났다.]

반면에 가정법(假定法: subjunctive mood)은 대체로 진술 내용이 과거, 현재, 또는 미래의 어느 시점에 실제로 발생하는 사실적인 상황을 나타내는 것이 아니라, 과거나 현재 또는

---

[1] To start us off on our investigation, we should first discuss the difference between these two moods. When we speak in grammatical terms, the word "mood" doesn't refer to how you're feeling, but rather to a perception of something being real or unreal, a fact or a supposition. The first mood that everyone learns when tackling a foreign language is called the **indicative mood**. It's the mood we use for **real events, past, present, or future**. When we say "We plant flower beds around the house every spring" or "We're going to plant beds of chrysanthemums and marigolds," we're using the indicative mood and dealing with factual events. — Firsten & Killian (2002: 416).

미래의 사실에 상반되는 어떤 상황을 가정하거나, 어떤 상황을 기대하기가 어렵다거나, 또는 발생 가능성이 희박하다는 점 등을 나타내는 것이라고 할 수 있다.[2] 때문에 가정법을 달리 '상상 서법'(想像敍法: imaginative mood)이라고 부르기도 한다. 이때 종속절의 동사는 주어의 인칭(person)과 수(number), 그리고 동사가 나타내는 시제(tense)상의 차이에 관계없이 항상 가정법 동사 형태가 쓰이게 된다. 그러나 만약 종속절의 동사 형태가 주어의 인칭과 수에 따라 일치하고, 또한 if he **studies** hard(그가 열심히 공부한다면), if he **studied** yesterday(그가 어제 공부했다면) 따위와 같은 경우처럼 동사가 나타내는 시제상의 차이가 시간상의 차이로 나타낼 수 있다면 그것은 직설법적인 성격을 띤 가정법 문장이라 하겠다.

> If we **do** not **have** strong government, there **will be** rioting and anarchy.
> [우리가 강력한 정부를 갖지 못한다면 폭동과 무정부 상태가 발생할 것이다. → 종속절의 동사 do not have가 현재형이지만 현재 또는 미래를 나타낼 수 있음.]
> If the price of oil **comes down**, more people **will buy** it.
> [기름 값이 내리면 더 많은 사람들이 그것을 살 것이다. → 종속절의 동사 comes가 현재형이지만 미래를 나타내고 있음.]
> It **would take** less time **if** you **went** by train.
> [열차로 가면 시간이 덜 걸릴 텐데. → 종속절의 동사가 과거형 went이지만 미래의 뜻을 나타내고 있음.]
> If you **had given** him one more chance Philip **would have changed** his mind.
> [만약 필립에게 한 번 더 기회를 주었더라면 그는 마음을 바꿨을 텐데. → 종속절의 동사 had given이 과거완료 형태이지만, 과거 시간을 나타내고 있음.]

우리가 가장 흔히 볼 수 있는 가정법에서 전형적인 구조는 곧 조건문(條件文: conditional sentence) 형식으로서, 종속절과 주절로 이루어진다. 이 구조를 다시 의미 내용으로 보면, 종속절은 충족되어야 할 조건을 제시하는 것이므로 '조건절'(條件節: conditional

---

[2] It's a different story, however, when we get into the realm of what's contrary to fact or just a supposition. Then we enter the **subjunctive mood**, which says to us that we have **an idea that's hypothetical or deals with the imagination** (meaning that whatever we're talking about never happened, isn't happening, nor may ever happen). **The subjunctive mood conveys an idea based on a thought rather than a fact or an idea contrary to the reality of the situation being discussed.** — Firsten & Killian (2002: 416).

clause, protasis)이라고 하고, 주절은 종속절에 제시된 조건이 충족되었을 때 발생하게 되리라고 예상되는 결과를 나타내기 때문에 '결과절'(結果節: result clause, apodosis)이라고 한다. 그러므로 조건문은 <조건-결과>의 관계를 나타내는 문장이라 하겠다.[3]

이처럼 조건과 결과의 관계를 나타내는 가정법 문장은 전통적으로 조건절의 동사 형태를 기준으로 하여 구분되어 왔는데, 이에 따르면 가정법 형태로 나타나는 조건문은 현재·과거·과거완료 등으로 나누어질 수 있다.[4] 이 경우에 조건문에는 기본적인 형태가 있고 그 밖에 전달하고자 하는 뜻에 따라 다양한 동사 형태로 나타나는 갖가지 변이형들(變異形: variants)이 있다.

11.2. 가정법 현재

11.2.1. 구조

예컨대 다음과 같은 문장에서 조건절의 동사는 옛날 영어의 잔재이다. 즉, 가정법 현재를 나타내는 문장에서 if가 이끄는 종속절의 동사는 항상 원형 동사가 쓰였다.

If it **be** right, do it boldly; if it **be** wrong, leave it undone.
— Ernest Hemingway, "Advice to a Young Man"
[그 일이 옳다면 과감하게 하라. 그러나 옳지 못하면 하지 말고 그대로 두어라.]

그러나 오늘날의 영어에서는 기본적으로 종속절의 동사는 주어의 인칭과 수에 따라 일치하는 직설법 현재 시제의 형태로 나타나고, 주절의 동사는 <법조동사 + 원형 동사>로 나타

---

[3] The reason that this type of sentence is called a "conditional" is that something takes place on condition that something else happens first. It's really a case of cause and effect, so one event takes place depending on whether or not the other event takes place. The following sentence is a typical example: If he proposes, she'll marry him.
The sentence above is typical of a conditional sentence because her marrying him is dependent on his proposing to her — that's the condition. The second event will only occur if the first one takes place. — Firsten & Killian (2002: 438).

[4] Thomson & Martinet (1986: 197-200)와 Alexander (1996: 274-281) 등은 뜻에 따라 가정법 문장을 분류하는 대신에 "조건문 유형 1, 2, 3"이라고 부르고, Swan (2005: 233)은 first conditional, second conditional, third conditional이라는 용어를 사용하고 있다.

낸다.[5]

종속절(= 조건절)	주절(= 결과절)
If + 주어 + 직설법 현재 동사 (+ ...),	주어 + <u>법조동사</u> + 원형 동사 (+ ...). will/would can/could may/might should/ought to must, etc.

If he **says** that again I**'ll give** him a black eye.
 [만일 그가 그 말을 다시 하면 눈을 멍들게 만들어버리겠다.]
If you**'re** rude to him it **may jeopardize** your chances of promotion.
 [그에게 무례하게 행동하면 그 때문에 너는 승진 기회를 위협받게 될지도 모른다.]
If you **want** to lose weight you **had better eat** less bread.
 [체중을 줄이고 싶으면 빵을 덜 먹어야 한다.]
If it **stops** raining we **can go out**.
 [비가 그치면 우리는 외출할 수 있어.]

위의 표에서 보는 바와 같이, 주절에는 전달하고자 하는 뜻에 따라 여러 가지 법동사가 쓰일 수 있다.[6] 예컨대

If she gets good grades, _____ .
 [좋은 성적을 받는다면]

라는 종속절에 연결되는 주절에는 다음과 같이 will, may, should, can, could 따위와 같은 여러 가지 법조동사가 쓰여 전달하고자 하는 다양한 뜻을 나타낼 수 있다.

she **will go** to university.

---

5 오늘날의 영어에서 가정법 동사형은 as it were와 같은 경우에만 여전히 존재하고, be가 원형 그대로 쓰이는 것은 이미 사라지고 대신 주어의 인칭과 수에 따라 변한다. if-절에서 동사 형태가 주어의 수와 인칭에 따라 변하기 때문에 '가정법'이라는 용어 대신에 '직설법'이라고 부르는 학자들도 있다.
6 법조동사의 뜻에 대해서는 본서 제1권 "5.3 법조동사와 법성" 부분을 참조.

[→ 그녀가 분명히 대학에 진학하게 될 것이라는 뜻으로서, 이 문장에서 will은 'certain' 또는 'nearly certain'이라는 뜻을 나타냄.]

she **may go** to university.

[→ 대학에 진학하게 될지 확신할 수 없음을 뜻함. 여기서 may는 'be possible' 이라는 뜻을 나타냄.]

she **should go** to university.

[→ 주어 자신의 생각이나 화자의 조언을 나타내고 있음. 이 문장에서 should는 'be advisable'이라는 뜻을 나타냄.]

she **can go** to university.

[→ 그녀가 대학에 진학할 수 있을 것이라는 가능성을 말하고 있음. 이 문장에서 can은 'be able to'라는 뜻을 나타내거나, 'be possible'의 뜻으로 쓰이고 있다고 볼 수 있음.]

she **could go** to university.

[→ 그녀가 대학에 진학할 수 있을 것이라는 가능성을 말하면서도 그 반대일 수도 있음을 말하고 있음. could는 'would be able to'라는 뜻.]

she **might go** to university.

[→ could를 쓰는 경우와 뜻의 차이가 거의 없음.]

전달하고자 하는 뜻에 따라 조건절에도 법조동사가 나타날 수 있다.[7]

If I **can** have a few more minutes, I**'ll be** done with this job.

[조금만 시간이 더 있으면 이 일을 다 마치겠는데.]

If I **can find** the diaries, I'll probably be able to write a much more complete account of your father's life.

[내가 그 일기를 찾을 수 있으면 아마 나는 너의 아버지의 생애에 대하여 한층 더 완벽한 이야기를 쓸 수 있을지도 모른다.]

If you **should** need some extra money, I**'ll be** glad to help you out.

[네가 돈이 더 필요하다면 기꺼이 도와주지.]

If she $\begin{Bmatrix} \text{must} \\ \text{has to} \end{Bmatrix}$ give up her vacation this year, she won**'t be** at all happy about it.

[그녀가 올해 휴가를 포기해야 한다면 이 문제 때문에 마음이 좋지 않을 거야.]

---

7 예문들은 Firsten & Killian (2002: 443)에서 가져온 것임.

11.2.2. 주절의 동사 변이형

주절의 동사 형태도 위에서 본 <법조동사 + 원형 동사> 이외에 전달하고자 하는 뜻에 따라 여러 가지 동사 형태가 쓰인다.

즉, 명령형으로 나타나거나,

> If the postman **comes**, **let** him in.
>   [집배원이 오면 들여보내라. — 주절이 명령형으로 나타나고 있음.]
> If my mother **calls** while I'm out, **tell** her I'll stop by her house on the way home from the supermarket.
>   [내가 없을 때 나의 어머니께서 전화 오면 슈퍼마켓에서 오는 길에 잠시 집에 들르겠다고 말해 달라.]
> If you want to lose weight **eat** less bread.
>   [체중을 줄이고자 한다면 빵을 덜 먹어라.]

또는 화자의 감정 개입이 전혀 이루어지지 않고 사실 그대로 나타내는 경우에는 직설법 형태의 동사가 쓰인다.

> If the strike **continues**, then violence **is** inevitable.
>   [파업이 계속되면 폭력은 불가피하다. → 주절의 동사가 직설법 동사 형태로 쓰여 화자의 감정 개입이 전혀 나타나지 않고 사실대로 나타내고 있음.]
> You **get** fat if you **eat** too much.
>   [과식하면 살이 찐다.]
> If we **concentrate** on the bad side, we **lose** sight of the good.
>   — P. Yogananda, *How to be Happy All the Time*.
>   [만약 옳지 못한 쪽으로 우리의 관심이 쏠리면 좋은 면을 보지 못한다.]

다음 문장의 주절에는 미래완료 형태의 동사가 쓰이고 있다. 이것은 종속절에서 말하고 있는 내용이 이루어지게 되는 미래의 어느 시간이 되면 주절에 언급된 상황은 이미 이루어져 있게 될 것이라는 점을 나타내는 것이다.

> "I **will have failed** if you **do not leave** this class a better person," she told

us. — John Donohue, "Unforgettable Maureen O'Donnell"

["여러분이 보다 나은 사람이 되어서 이 교실을 나가게 되지 않는다면 나는 실패한 사람일 거예요." 라고 그 선생님께서 우리에게 말씀하셨다. → 이 교실을 나가게 되는 미래의 어느 시점이 오면 주어 I가 이미 실패한 상황에 놓여 있게 될 것이기 때문에 미래완료 동사형이 쓰인 것임.]

11.2.3. 종속절의 동사 변이형

종속절에도 전달하고자 하는 의미 내용에 따라 현재진행형이나 현재완료 형태로 나타낼 수도 있다.

If they're **watching** TV, they won't hear you.
　[그들이 TV를 보고 있다면 네 말을 듣지 못할 것이다.]
If it **hasn't rained** by the weekend, we'll have to water the garden.
　[주말까지도 비가 오지 않는다면 정원에 물을 줘야 할 것이다.]
If you **have finished** dinner I'll ask the waiter for the bill.
　[저녁 식사를 마쳤으면 웨이터에게 청구서를 갖다 달라고 하겠다.]

종속절에 직설법 현재 동사형 대신에 법조동사 will이나 would가 아주 일반적으로 쓰인다. 이 경우에 이들은 '정중한 요청'이나 '기꺼이 하는 마음'(willingness)을 나타내는데, would가 더 정중한 뜻을 나타낸다. 부정형 <won't + 원형 동사>는 'refuse'라는 뜻을 나타낸다.

If you **will wait** a moment, I'll see if Jones is free.
(= 'Please wait.')
　[잠시 기다려 주신다면 조운즈가 시간이 있는지 알아보겠습니다.]
If he**'ll listen** to me, I'll be able to help him.
(= 'if he is willing to listen, …')
　[그가 내 말을 듣겠다면 나는 그를 도와줄 수 있을 것이다.]
If they **would sign** the contract, we could start work.
　[그들이 계약서에 서명을 해주시겠다면 우리는 일을 시작할 수 있을 텐데요.]
If you **won't help** us, all our plans will be ruined.

[네가 우리를 도와주지 않겠다면 우리의 모든 계획은 수포로 돌아갈 것이다.]

if-절에 쓰인 will이 강세를 받게 되면 완고한 고집을 나타내기도 한다.

If you **will play** the drums all night no wonder the neighbors complain.
(= If you insist on playing the drums all night …)
[만약 네가 밤새껏 드럼을 치겠다면 이웃들이 불평하는 것도 당연하지.]

if … would like/care 따위는 if … want/wish보다 더 정중한 표현이 되며, would 다음에 목적어가 없으면 would를 생략할 수 있다.

If you **would like to come** I'll get a ticket for you.
  [이리로 오면 표를 한 장 사주지.]
If he'**d like to leave** his car here he can.
  [자동차를 이곳에 두고 싶으면 두어도 돼. → cp. If he **likes**, he can leave his car here.]

if … should의 구조에 대해서는 11.2.3에서 다루게 된다.

11.2.4. if …, then

if-절이 문두에 놓이고, 또한 주절에 언급된 결과가 if-절이 나타내는 조건에 의존적이라는 점을 강조하고자 하는 경우에는 주절의 맨 앞에 then이 첨가되어 **If X happens, then Y follows.**(X가 발생하면 그 결과 Y가 발생한다.)와 같이 쓰이기도 하는데,[8] 특히 다음의 세 번째 예문에서처럼 조건절과 결과절 사이의 관계가 추론적(inferential)일 때 if-절 다음에 then이 상관적(相關的: correlative)으로 쓰이게 된다. 그밖의 경우에는 일반적으로 암시되기만 할 뿐 문장의 표면에 then이 나타나지 않는다. 이런 경우에 then 대신에 so를 이런 식

---

8 We sometimes construct sentences with *if … then* to emphasize that one thing depends on another. — Swan (2005: 239); We can also emphasize the fact that the main clause is a consequence of the *if*-clause by putting *then* at the beginning of the main clause. — Yule (2006: 189). See also Huddleston & Pullum (2002: 757).

으로 사용하지 않는다.

If she can't come to us, **then** we'll have to go and see her.
[그녀가 우리에게 올 수 없는 형편이라면 (그러면) 우리가 그녀를 찾아가 봐야 할 것이다.]

If Ed is your brother and Max is Ed's son, **then** Max is your nephew.
[에드가 너의 형이고, 맥스가 에드의 아들이라면 (그러면) 맥스는 너의 조카이다.]

If you are performing the method correctly, **then** it cannot fail to help you.
— Swami Rama, *Meditation and Practice*.
[이 방법을 옳게 행하고 있다면 (그러면) 반드시 그것은 여러분에게 도움이 됩니다.]

If I go, { then / *so } George will go.
[만일 내가 가면 (그러면) 조오지가 갈 것이다.]

11.2.5. if와 when

우리말에서 '…하면'이라는 뜻을 나타내고자 하는 경우에 영어에서는 if와 when을 모두 쓸 수 있다. 그렇지만 진술된 상황이 발생하리라고 거의 확신(near certainty)한다는 뜻을 내포하는 경우라면 if보다는 오히려 when을 사용하게 된다.[9] 그러므로 예컨대 문장 (1)에서 if를 선택하게 되면 청자가 돈을 지불하게 될 것인지 아닌지 확신하지 못한다는 점을 암시하게 되지만, when을 선택하게 되면 언제 지불하게 될 것인가 하는 점은 불확실하지만, 돈을 지불하리라고 상당히 확신하고 있다는 점을 암시하게 될 것이다.

(1) I'll deliver the goods { if / when } you pay me.
[돈을 지불해 주시면 물건을 배달해 드리지요.]

if와 when 사이에 존재하는 이러한 용법상의 차이 때문에, 이들이 이끄는 절에서 진술된 상황이 발생할 것인가 아닌가 하는 차이점이 문맥 내용상 상당히 명백하게 드러나는 (2a, b) 두 문장에서는 if와 when을 서로 바꿔 사용할 수 없다.

---

[9] A person who says *when* (referring to the future) is sure that something will happen. A person who says *if* is unsure whether it will happen. — Swan (2005: 609); We use *if* for something that we think might happen. We use *when* for something that we know will happen. — Eastwood (2013: 354).

(2) a. **I'm going shopping** this afternoon. **When** I go shopping, I'll buy some food.

    [오늘 오후에 시장보러 가려고 해. 가면 먹을 것을 좀 사오겠다. → 앞에 놓인 문장에서 현재진행형 am going은 장차 발생할 어떤 상황에 대한 현재의 계획을 나타내는 것이다. 그러므로 I'm going shopping은 화자가 시장보러 가리라는 점을 확신하게 하기 때문에 when 대신에 if를 쓸 수 없음.]

b. I **might go shopping** this afternoon. **If** I go shopping, I'll buy some food.

    [오늘 오후에 시장보러 갈지도 모르겠는데. 가게 되면 먹을 것을 좀 사오겠다. → 앞에 놓인 문장에서 might는 실제로 시장보러 갈지 어떨지 다소 의심스럽다는 점을 암시하기 때문에 두 번째 문장에서 if 대신에 when을 쓸 수 없음.]

다음 두 개의 문장에서도 when과 if의 쓰임이 (2a, b)와 똑같이 설명되기 때문에 서로 바꿔 쓸 수 없다.

I think I'll go home now. I'm feeling very tired. I think I'll go straight to bed **when** I get home.

    [지금 집에 갈까 한다. 무척 피곤해. 집에 가는 즉시 잠잘까 한다. → 문맥 내용으로 보아 화자가 실제로 집에 갈 것이라고 확신하고 있으므로 when이 쓰였음.]

If it rains this evening, I won't go out.

    [오늘 저녁에 비가 오면 외출하지 않을 것이다. → 저녁에 비가 올지 안 올지 분명히 알 수 없기 때문에 when을 쓸 수 없음.]

I'll probably go for a walk later on if **it** stays fine.

    [나중에 날씨가 계속 좋으면 산책하러 나갈 거야. → 날씨가 좋을지 자신이 없다는 뜻이므로 if가 쓰인 것임.]

I'll make myself an omellette **when** I get home tonight.

    [오늘 저녁에 집에 가면 오므렛을 만들어 먹을 거야. → 오늘 저녁에 집에 가는 것이 확실하기 때문에 when이 쓰인 것임.]

이상과 같은 예들은 모두 일회에 한정된 특정한 어떤 상황과 관련해서 진술하는 것이다. 그러나 일회에 국한된 것이 아니라, 발생하리라고 예상할 수 있는 상황을 말하거나, 반복적으로 발생하는 어떤 상황을 일반화(generalization)해서 말하거나, 일반적인 진리를 전달하고자 하는 경우에는 if와 when(ever) 사이에 전달하고자 하는 의미에 별다른 차이 없이 서로 바꿔 사용할 수 있다.[10]

> A fire hisses **if** water is thrown on it.
> [불에 물을 끼얹으면 '쉬-' 소리가 난다. → 불에 물을 부으면 언제든지 '쉬-' 소리가 난다는 점을 일반화해서 말하는 것임. 여기서 if 대신에 when을 바꿔 쓸 수 있음.]
> Water passes from a liquid to a solid state **when** it freezes.
> [물이 얼면 액체에서 고체 상태로 변한다. → 물이 얼게 되면 고체 상태로 변한다는 점이 일반화된 법칙이라는 점을 말하는 것임. 여기서 when 대신에 if로 바꿔 쓸 수 있음.]
> **When** lead is added to petrol, it improves the car's performance.
> [납이 휘발유에 첨가되면 자동차 성능이 향상된다.]

더욱이 should는 진술된 상황이 발생할 가능성이 매우 희박하다는 뜻을 갖기도 한다.[11] 바로 이러한 점 때문에 if-절에는 사용될 수 있지만, 진술된 상황이 발생하리라고 거의 확신한다는 점을 암시하는 when-절에 should가 쓰이게 되면 when과 should 사이에 의미상 충돌이 발생하기 때문에 문법적으로 어긋난 문장이 이루어지게 된다.

---

10 To talk about repeated, predictable situations and events (in the sense of 'whenever'), both *when* and *if* can be used with little difference of meaning. ― Swan (2005: 609); In true conditional sentences that express a habitual activity or general truth, *if* is very close in meaning to *when* or *whenever*. These sentences have essentially the same meaning: *If it rains, the streets get wet. When it rains, the streets get wet. Whenever it rains, the streets get wet.* ― Azar (1999: 415).

11 Cowan (2008: 455)은 "Particularly in British English, the modal *should* is sometimes used in the *if* clause instead of the simple present, so that (24a) would be said instead of (24b)"라고 하여 should가 if-절에 쓰이는 것은 뜻의 차이가 아니라, 미국영어와 영국영어라는 두 방언에 나타나는 차이라고 말하고 있다. 따라서 영국영어에서는 if-절에 should가 쓰이기도 한다면서 다음과 같은 예를 비교하여 예시하고 있다. (24) a. If you *should see* him, tell him I want to talk to him. <*British English*> b. If you *see* him, tell him I want to talk to him. <*American English*> 그러나 Thomson & Martinet (1986: 202)은 "**if + should** can be used in type 1 to indicate that the action, though possible, is not very likely.라 하고, Swan (2005: 237)은 'We can suggest that something is unlikely, or not particularly probable, by using *should* (not *would*) in the if-clause."라 하여 should가 전혀 불가능하지는 않지만, 일어날 가능성이 희박한 상황을 나타낼 때 쓰인다고 하여 위의 Cowan과 정반대 입장을 취하고 있다.

$\left\{\begin{array}{l}\text{If}\\ \text{*When}\end{array}\right\}$ she **should** leave him, he would be heartbroken.

[만약 그녀가 그의 곁을 떠난다면 그는 마음이 상하겠지. → 그녀가 그의 곁을 떠나지 않을 것이라고 거의 확신하고 있음.]

If it **should** rain, I'll stay home.

[비가 오면 나는 집에 있겠다. → 비가 올 확률이 아주 희박하다고 여기고 있음을 암시함.]

If this appliance **should** fail to work, we will replace.

[이 기구가 작동되지 않는다면 바꿔드리지요. → 이 기구에 대하여 상당히 신뢰하고 있어서 틀림없이 작동이 잘 될 것이라고 내다보고 있음을 뜻함.]

If you **should** run into Peter, tell him he owes me a letter.

[혹시 피터를 만나거든 그에게 내가 답장을 기다리고 있다고 말해 달라.]

should 대신에 happen to나 by any chance, 또는 should happen to를 사용하더라도 뜻에 별로 차이가 없다.[12]

If it $\left\{\begin{array}{l}\text{should}\\ \text{happens to}\\ \text{should happen to}\end{array}\right\}$ rain, I'll stay home.

[만약 비가 온다면 집에 있겠다.]

If you $\left\{\begin{array}{l}\text{happen to}\\ \text{by any chance}\end{array}\right\}$ pass the newsagent's, buy me a paper.

[혹시 신문 파는 곳을 지나게 되면 신문 한 장 사다 달라. → **by any chance**가 주어 앞에 놓여 If **by any chance** you pass...의 어순으로 나타나기도 함.]

If you **happen to** pass a supermarket, perhaps you could get some eggs.

---

12 Alexander (1996: 276)는 should와 happen to가 포함된 구문을 더 상세히 나타낼 경우에는 화자는 신중성의 정도를 다음과 같이 단계적으로 표시하고 있다. 즉, 아래로 내려갈수록 제시된 상황이 일어날 가능성이 더 희박해진다는 것이다:

If you	see him	**fairly likely: neutral**
If you should	see him	
Should you	see him	
If you happen to	see him	
If you should happen to	see him	
Should you happen to	see him	
Should you by any chance happen to see him		**unlikely: very tactful**

Celce-Murcia & Larsen-Freeman (1999: 550)은 if가 갖는 '조건'의 뜻을 약화시키는 경우에 should, happen to, should happen to가 쓰인다고 말하고 있다.

[혹시 슈퍼마켓을 지나게 되면 계란을 좀 사올 수 있겠지.]

If you **should happen to** finish early, give me a ring.

[혹시 일찍 끝마치게 된다면 전화를 걸어 달라.]

<If ... should ... + 명령문> 구조의 문장은 특히 정중한 요구나 제안을 하거나, 남에게 기분을 상하지 않게 하면서 그 사람이 해야 할 일을 말하는 경우에 쓰인다.[13]

If you **should** write to her, **send her my love**.

[혹시 그녀에게 편지를 쓰게 되면 나의 안부를 전해 달라.]

If you **should** see Caroline, **tell** her I've got the tickets.

[혹시 캐롤라인을 만나거든 표를 샀다고 말해 달라.]

If you **should** go to Nairobi, **go and see the Snake Park**.

[혹시 나이로비에 가게 된다면 Snake Park에 가보아라.]

Don't hesitate to ask for my help if you **should** have any trouble doing your homework.

[숙제하다가 혹시 어려움이 있으면 망설이지 말고 도움을 요청하라.]

if and when과 같은 관용어구는 보통 only when의 뜻을 강조하는 경우에 쓰이는 표현으로,[14] 언급된 상황이 발생하거나 발생하지 않을 수도 있음을 나타낸다.

The dispute will end **if and when** both sides agree.

[양측에서 의견이 맞는 경우에만 논쟁이 끝날 것이다.]

If and when we ever meet again I hope he remembers what I did for him.

[우리가 혹시 다시 만나게 되는 경우에만 그를 위해서 내가 한 일을 그가 기억해주기를 바란다.]

11.2.6. 명령문 + and/or ...

때로는 <명령문 + and/or ...>의 구조가 가정법 현재를 나타내는 if-절 구조 대신에 쓰여

---

13 *If* + *should* + imperative in the main clause is used especially when we want to make polite requests or suggestions, or to tell people (tactfully) what to do. — Alexander (1996: 276).

14 Alexander (1996: 283).

if-절보다 더 긴박한 상황(urgency)을 나타낸다. 이러한 구조의 문장에서 and나 or 다음에 오는 등위절은 대체로 평언(comment)·요구(request)·조언(advice)·위협(threat) 따위와 같은 뜻을 나타낸다. 특히 이러한 구조에서 and 다음에 이어지는 등위절은 종종 가정법 현재를 나타내는 문장에서 '긍정적' 조건을 나타내고, or를 비롯하여 간혹 or else(= 'otherwise; if ... not')와 otherwise 다음의 구조는 '부정적' 조건을 나타낸다.

Fail to pay and they'll cut off the electricity.
(= **If you fail to pay**, they'll cut off the electricity.)
 [요금을 내지 않으면 그들은 전기를 끊어버릴 것이다. → 논평]
Tell us what to do and we'll get on with it.
 [할 일을 말씀해 주신다면 하도록 하겠습니다. → 요구]
Spare the rod and spoil the child.
 [매를 아끼면 아이를 망치게 된다. → 조언]
Stop eating sweets, or you won't get any dinner.
(= If you don't stop eating sweets, you won't get any dinner.)
 [단것을 그만 먹지 않으면 저녁밥을 일절 먹지 못할 거야. → 위협]
Wear your coat or (else) you'll be cold.
 [외투를 입어라. 그렇지 않으면 추울 거야. → 조언]

'위협'의 뜻이 들어 있는 다음 두 개의 문장에서 <명령문 + or ...>와 <명령문 + and ...>가 서로 다르다는 점에 주목하라.

Drop that parcel, and I'll kill you. (i.e. if you **do drop** it, ...)
 [그 짐을 내려놓으면 죽여 버리겠어.]
Drop that gun, or I'll shoot you. (i.e. if you **don't drop** it, ...)
 [그 총을 내려놓지 않으면 쏠 거야.]

11.2.7. 가정법 현재가 나타내는 뜻

가정법 현재는 상당히 많은 경우에 '개방적' 조건(開放條件: open condition)의 의미를 나타낸다. 여기서 '개방적'이라는 말은 if가 이끄는 조건절에서 진술되고 있는 상황이 실제로 발생할 것인지 아닌지 하는 점이 불확실하다는 뜻이다.[15] 다시 말하자면, 조건절에 진술된 상황이 장차 발생하게 될지, 발생하지 않게 될지 다소 불확실하지만, 그러한 상황이 발생할 가능성을 배제하지는 않는다는 점을 뜻한다. 예컨대

If he **asks** me, I'**ll marry** him.
  [그 남자가 청혼해 오면 나는 그 남자와 결혼하겠다.]

이라는 말을 들었을 때 우리는 청혼이나 결혼이 이루어질지 판단을 내릴 입장에 있지 않고, 다만 이러한 상황이 발생하리라는 점을 배제하지 않는다는 것만 암시할 뿐이다. 또한 다음은 스우가 시계를 잃어버렸는데 그 시계가 앤의 집에 있을 것이라고 생각하면서 앤과 나눈 대화 내용이다. 앤의 말 중에서 맨 마지막의 if I **find** …는 자신이 스우의 시계를 찾게 될지, 찾지 못하게 될지 의심스럽다는 점을 암시한다.

Sue: I think I left my watch at your house. Have you seen it?
  [스우: 내 시계를 너의 집에 두고 온 것 같은데. 내 시계 보았니?]
Ann: No, but I'll have a look when I get home. If I **find**, I'**ll tell** you.
  [앤: 못 봤어. 집에 가면 한 번 찾아볼게. 찾게 되면 알려 줄게.]

다음과 같은 예에 나타난 조건절의 내용도 모두 개방적 조건을 나타낸다.

If you **think** I'm going to help you, you'**re** wrong.
  [내가 도와줄 것이라고 생각하면 잘못이지.]
If you **join** the club you **must abide by** its rule.
  [클럽에 가입하시면 클럽 규칙을 지켜야 합니다.]
If people **leave** trash in the park, they **should pay** a $500 fine.

---

15 A direct condition may be either an OPEN CONDITION or a HYPOTHETICAL CONDITION. Open conditions are neutral: they leave unresolved the question of the fulfilment or unfulfilment of the condition, and hence also the truth of the proposition expressed by the matrix clause:
  If Colins is in London, he is undoubtedly staying at the Hilton.
The sentence leaves unresolved whether Colins is in London, and hence it leaves unresolved whether he is staying at the Hilton. — Quirk et al. (1985: 1091).

[공원에 쓰레기를 버리면 500불의 벌금을 내야 한다.]

It(= the struggle for life) **may occur** to any of us if we **are** unfortunate.

[운이 나쁘면 생존경쟁은 우리들 누구에게나 발생할 것이다.]

You**'ll run up** a huge gas bill if you **leave** the heater on.

[히터를 계속 켜두면 가스 요금이 엄청나게 늘어날 것이다.]

11.3. 가정법 과거

11.3.1. 구조

가정법 과거를 나타내는 문장에서 종속절의 동사로는 가정법 형태인 일반동사의 과거형이 쓰이고, 주절의 동사는 '법조동사의 과거형 + 원형 동사'의 형태로 나타나는 것이 전형적이다.

종속절 (= 조건절)	주절 (= 결과절)
If + 주어 + <u>과거형 동사</u> (+ ...), (be 동사는 were)	주어 + <u>법조동사의 과거형</u> + 원형 동사 (+ ....) would should could might should/ought to

If they **had** any respect for human life they **wouldn't do** such terrible things.

[그들에게 인간 생명을 존중하는 마음이 조금이라도 있다면 그런 끔찍한 짓을 하지 않을 것이다.]

If he **knew** the facts, he **could tell** us what to do.

[그가 그 사실들을 알고 있다면 우리에게 할 일을 말해 줄 수 있을 것인데.]

If he **took** his doctor's advice he **might** soon **be** well again.

[그가 의사의 충고를 따른다면 다시 곧 회복되겠는데.]

if I/he/she/it 다음에 be 동사가 쓰일 때에는 were가 쓰이지만, 뜻에 차이 없이 was도 쓸 수 있다. were가 was보다 더 격식적이고 문어체적인데, 특히 진술 내용에 대하여 보다 더 강한 의문을 나타내는 경우에 그렇다. 더욱이 as it were와 같은 고정된 표현이나, 현재시와 관련하여 특정한 사람에게 조언을 할 때 쓰이는 if I were you/in your place 따위와 같은 표현 등 순전히 가상적인(imaginary) 진술을 하는 경우에는 오로지 were만 쓰인다.

If I { was / were } better qualified, I'd apply for the job.
[보다 더 나은 자격을 갖추고 있다면 그 직장에 지원할 텐데.]

It **wouldn't be** good for the country's economy if that man **were** elected president.
[그 사람이 대통령으로 선출된다면 이 나라의 경제에 이롭지 못할 것이다.]

If I **were** you I'**d plant** some trees round the house.
[내가 너라면 집 주위에 나무를 좀 심을 텐데. → 집 주위에 나무를 좀 심으라는 조언.]

I **would make** women's issues a priority if I **were** the president.
[만일 내가 대통령이라면 여성 문제를 우선 다룰 텐데.]

if I were you가 암시되는 절에서 I should가 쓰인다.

I shouldn't count on his help. There is no reason why he should be interested.
[나라면 그 사람의 도움에 의지하지 않을 거야. 그 사람이 관심을 가질 이유가 없어. → 앞에 놓인 문장은 **If I were you** I shouldn't count on you.라는 뜻을 암시하고 있음.]

I shouldn't worry about this stains. They'll disappear in the washing.
[나라면 이런 얼룩에 걱정하지 않을 거야. 세탁하면 지워질 테니까.]

다음 문장 (3a, b)에서, 주절의 법조동사 might가 가정법 현재를 나타내는 (3a)에서는 'maybe ... will' 정도의 뜻을 나타내는 반면, 가정법 과거를 나타내는 (3b)에서는 'maybe ... would'라는 뜻을 갖는다. 더욱이 (3a)에서는 전달하고자 하는 뜻에 따라 might 대신에 may를 쓸 수 있지만, 문장의 형식과 그 의미 때문에 (3b)에 가능한 것은 might 뿐이다.

(3) a. If the fog **gets** thicker the plane { might / may } be diverted.
[안개가 더 짙어지게 되면 비행기가 회항하겠지. → might보다 may를 선택하면 안개 때문에 비행기가 되돌아가게 될 가능성이 더 높다는 뜻을 나타낼 수 있음.]

b. If you **were** a better student, you $\left\{\begin{array}{c}\text{might}\\ \text{*may}\end{array}\right\}$ get better grades.

[네가 보다 착실한 학생이라면 보다 나은 점수를 받겠지. → 가정법 과거를 나타내는 조건문은 진술된 상황이 불가능하거나 그럴 가능성이 낮다는 점을 나타내는 것이기 때문에 might을 선택하는 것이 의미 내용상 적절하다고 할 수 있음.]

가정법 과거와 가정법 현재를 나타내는 조건절의 동사가 형태상으로는 다르지만 나타내는 시간에는 차이가 없다. 다음과 같은 문장 (4a, b)를 비교하여 보자.

(4) a. If I **find** a wallet, I'll let you know.
[지갑을 찾으면 너에게 알려 주겠다.]
b. If I **found** a wallet, I'd take it to the police.
[지갑을 찾으면 경찰에 가져가겠는데.]

(4a, b)에서 find와 found는 각각 종속절인 조건절에 놓여 똑같이 미래 시점에 있어서의 서로 다른 상황을 나타내고 있다. 즉, (4a)의 직설법 현재 동사형 find는 장차 화자가 지갑을 찾을 수도 있을 것이라는 점을 암시하고 있는 반면, (4b)의 가정법 과거형 동사 found는 화자가 지갑을 찾지 못하게 되거나 지갑을 찾게 되리라고 기대하기 어렵다는 점을 암시한다. 그러므로 종속절에서 동사 형태의 차이가 시간상의 차이를 나타내는 것이 아니라, 화자의 심적 태도(mental attitude)의 차이를 나타내는 것이다. 즉, 가정법 과거 동사 형태가 직설법 현재 동사 형태를 쓸 때보다 언급되는 상황이 장차 발생할 가능성이 덜 확실하다거나, 가상적이거나, 또는 불가능하다는 점을 뜻한다.[16]

다음 각 쌍의 문장 (5a, b), (6a, b)와 (7a, b)에서도 위와 같은 의미상의 대립 관계가 나타나고 있음을 알 수 있다.

(5) a. If I **become** President, I'll end unemployment.
b. If I **became** President, I'd end unemployment.
[만일 내가 대통령이 된다면 나는 실업을 종식시키겠는데. → (5a)는 예컨대 대통령 선거에 출마한 후보자가 할 수 있는 말로써 대통령이 될 가능성을 배제하지 않는 반

---

16 The difference between, for example, *if I come* and *if I came* is not necessarily a difference in time. They can both refer to the future; but the past tense suggests that a future situation is impossible, imaginary or less probable. — Swan (2005: 235).

면, (5b)는 예컨대 현재 학생 신분인 주어가 있음직하지 않은 상황을 가정해서 말하는 것임.]

(6) a. **If I win** this race, I'll …

b. **If I won** this race, I'd …

[내가 달리기 경주에서 이긴다면 나는 … → (6a)는 가장 빠른 달리기 선수가 경주에서 이길 가능성이 있을 것임을 암시하는 반면, (6b)는 달리기 속도가 비교적 느린 사람이 이길 가능성이 없을 것이라는 점을 암시함.]

(7) a. **Will** it be all right if I **bring** a friend tonight?

[오늘 저녁에 친구를 데리고 가도 괜찮은가요? → 노골적인 질문]

b. **Would** it be all right if I **brought** a friend tonight?

[→ 덜 노골적이고, 보다 정중한 물음]

전달하고자 하는 뜻에 따라서 조건절의 동사로서 법조동사가 쓰일 수도 있다.

If I **could** sing as well as you, I **would join** the opera.

[너처럼 노래를 잘 부를 수 있다면 오페라에 입단하겠는데.]

If he **could** get the facts, he **might tell** us what to do.

[그가 그 사실들을 알 수 있으면 우리에게 할 일을 말해 주겠지.]

종속절의 동사로서 were (가끔 was) to + 동사 원형이 쓰일 수 있다. were to의 이와 같은 용법은 이미 결정된 미래의 운명을 나타내는 be to의 용법과 관련이 있다. 바로 이러한 점 때문에, were to는 대개 문장에 표현되어 있는 상황의 발생 가능성이 전혀 없거나, 발생 가능성이 한층 더 희박하거나 진술된 내용이 한층 덜 확정적인(definite) 효과를 가질 수 있다.[17]

If it(= the Antarctic ice mass) **were to disappear**, it would cause a rise in the world sea level of 16 to 23 feet — enough to displace millions of people from the Nile delta in Egypt, the Ganges delta in Bangladesh and the Yellow and Yangtze delta in China.

---

[17] Many native speakers would say that even though both sentences are in the unreal conditional form, saying: "**If he got back** …" **seems to be more likely to occur** in the speaker's mind than "**If he were to get back** …" does. — Kirsten & Killian (2002: 463).

[만일 남극의 얼음 덩어리가 사라진다면 그로 말미암아 세계의 해수면이 16피트에서 23피트로 올라갈 것이다. 이것은 이집트의 나일강 삼각주, 방글라데시의 갠지스강 삼각주, 그리고 중국의 항하강과 양자강 삼각주에서 수백만 인구를 이주시키기에 충분한 수면이다.]

If our message **were to be delivered** punctually, we **should** perhaps **have** an answer tomorrow.

[우리의 메시지가 제 때에 배달된다면 우리는 내일 답장을 받게 되겠지.].

If I **were to shave** off my mustache, the scar on my upper lip **would become** visible.

[콧수염을 깎는다면 윗입술의 상처가 보이게 되겠지.]

If I **were to ask** him, he **might help** you.

[그에게 도움을 요청하면 도와줄지도 모르지.]

If the boss **were to come** in now, we**'d be** in real trouble.

[사장께서 지금 들어오신다면 우리는 정말로 곤란한 처지에 놓일 거야.]

if ... were to는 have, know, like, remember, understand를 포함하여 상태를 나타내는 많은 상태동사들과 같이 쓰이지 않는다.

If I { **knew** / *were to know } her telephone number, I **would tell** you.

[그녀의 전화번호를 알고 있다면 말해 주겠는데.]

Life **would be** easier for me if I { **had** / *were to have } a car.

[자동차를 갖고 있다면 내 삶이 더 수월할 텐데.]

방금 위에서 말한 바로 이러한 점 때문에 if ... were to는 가정법 형식만 빌었을 뿐, 실제로는 가정법의 뜻을 나타내지 않고 한층 더 공손한 제안을 나타내는 것으로 해석되기도 한다. 즉, 이와 같이 표현하게 되면 이 말을 듣는 청자는 화자가 강요하고 있는 것이 아니라고 인식하게 되기 때문에 정중한 제안을 나타내는 것으로 이해하게 된다.

If you **were to take off** your hat, we could see the screen completely.

[모자를 벗으면 우리는 그 화면을 완전히 볼 수 있을 텐데요.]

If you **were to move** your chair a bit, we could all sit down.

[의자를 조금만 옮겨주신다면 우리 모두 앉을 수 있겠는데요.]

11.3.2. 가정법 과거가 나타내는 뜻

가정법 과거를 나타내는 조건문은 대체로 두 가지 뜻을 갖는다. 그 한 가지는 과거시와 관련된 뜻을 나타내는 것이 아니라, 이미 알려져 있는 현재의 '사실과 상반되는'(counterfactual) 가정을 나타낸다. 그러므로 if-절은 진술된 내용이 현재 도무지 이루어질 수 없는 강한 부정적인 뜻을 나타낸다. 예컨대 다음 문장 (8a)는 현재 스우가 폴의 전화번호를 모른다고 하는 사실을 있는 그대로 진술하는 직설법 문장이고, (8b)는 이러한 현재의 사실적인 내용과 상반되는 상황을 가정해서 진술하는 것이기 때문에 가정법 과거가 쓰여 사실은 그의 전화번호를 모른다고 하는 강한 부정적인 뜻을 나타내는 것이다.

(8) a. She **wants** to phone Paul but she **can't do** this because she **doesn't know** his number. She says: →
   [스우가 폴에게 전화를 걸고 싶어하지만 전화번호를 몰라서 전화를 걸 수 없다. 그래서 스우는 다음과 같이 말한다.]
  b. If I **knew** Paul's number, I **would phone** him.
   [폴의 전화번호를 알고 있다면 전화를 걸 텐데. → 그러나 사실은 폴의 전화번호를 모르기 때문에 전화를 걸지 못한다는 뜻임.]

(8a)와 관련된 (8b)에서와 같은 설명은 다음과 같은 문장에서도 똑같이 할 수 있을 것이다.

Many houses **could be** warmer if they **were** insulated against heat loss.
  [많은 집들이 열 손실이 차단된다면 더 따뜻해질 수 있을 것이다.]
The Chicago Chief of Police said that if city noises **were eliminated**, man's longevity **could be increased** by eleven years and his nervous system calmed down.
— Paramhansa Yogananda, *How to be Happy All the Time*.
  [만약 도시 소음을 없앤다면 인간의 수명이 11년 늘어날 수 있고, 신경 조직이 안정될 수 있을 것이라고 시카고 경찰서장이 말했다.]
'I'm worried about that hole in the ozone layer. Aren't you?' — 'Of course I am. A lot of people don't realize how serious this is.' — 'If there **were** no ozone layer around the earth, the planet **wouldn't be** protected from lots

of harmful radiation coming from the sun.' — 'That's right. And a lot more people **would get** skin cancer and cataracts if the ozone layer **didn't filter out** those harmful rays.' (Firsten & Killian 2002: 460).

[오존층의 그 구멍이 걱정된다. 너는 안 그래?' — '물론 걱정되고말고. 이 문제가 참으로 심각하다는 것을 아는 사람은 많지 않아.' — '지구 주변에 오존층이 없다면 지구는 태양으로부터 해로운 많은 태양 광선으로부터 보호를 받지 못할 거야.' — '그렇지. 그리고 오존층이 그 해로운 광선을 여과시키지 못한다면 피부암과 백내장에 걸리는 사람이 보다 더 많아지겠지.']

가정법 과거가 나타내는 두 번째 뜻은, 현재나 미래의 기대에 상반되는 상황, 즉 있음직하지 않은(improbable) 상황을 가정해서 나타낸다는 것이다. 다시 말하자면, 진술된 조건이 발생하리라고 기대하기 어려운 '가상적인'(hypothetical) 상황을 진술하는 것이므로 필연적으로 주절에 언급된 결과도 발생하지 않을 것으로 내다본다는 뜻을 나타낸다. 예컨대

If he really **needed** money, I **would give** him some.
[그가 정말로 돈이 필요하다면 돈을 좀 주겠는데.]

이 문장은 그 사람이 절대로 돈이 필요하지 않으리라고 강하게 부인하지는 않지만, 사실은 그가 돈을 필요로 하지 않을 것으로 내다본다는 점을 암시한다. 그러므로 이러한 뜻을 나타내는 가정법 과거를 나타내는 문장 다음에는 ... But we don't really expect this to happen.(하지만 이러한 상황이 일어날 것으로 예상되지 않는다.)과 같은 내용의 문장이 이어질 수 있을 것이다.

What **would** you **do** if you **won** a million pounds?
[백만 파운드를 번다면 어떻게 하겠는가? → 백만 파운드를 벌 가능성이 희박하다는 뜻을 포함하고 있음.]
If a burglar **came** into my room at night I'**d scream**.
[밤에 도둑놈이 내 방에 침입하면 나는 소리를 지를 거야. → 도둑놈이 침입할 가능성이 희박하다고 내다보면서 하는 말임.]
If he **took** a taxi, he **would have** a better chance of getting there in time.
[그가 택시를 타면 제 때에 거기에 도착할 가망성이 더 높겠지. → 하지만 택시를 타지 않으리라고 생각하고 있음.]

If I **dyed** my hair blue everyone **would laugh at** me.
[내가 머리를 파랗게 염색을 한다면 모든 사람들이 나를 보고 웃겠지. → 하지만 나는 머리를 염색할 생각이 없음을 뜻함.]

일부 if-절은 위에서 말한 두 가지 뜻으로 모두 해석이 가능하다. 즉, 다음 문장에서 if-절은 그가 사실은 자전거를 밖에 두지 않는다고 해석되거나, 밖에 둘 생각이 없다는 것으로 해석될 것이다. 그러므로 어느 뜻으로 해석되느냐 하는 것은 대개 문맥이 결정해 줄 것이다.[18]

If he left his bicycle outside someone would steal it.
[그가 밖에 자전거를 둔다면 누가 훔쳐갈 것이다.]

11.4. 가정법 과거완료

11.4.1. 구조

가정법 과거완료를 나타내는 조건문에 전형적으로 나타나는 동사형은 다음과 같다. 즉, 주절에는 법조동사의 과거형 다음에 현재완료형이 수반되고, 종속절에는 과거완료형이 쓰인다.

종속절 (= 조건절)	주절 (= 결과절)
If + 주어 + 과거완료 동사형 (+ ...),	주어 + <u>법조동사의 과거형</u> + 현재완료 동사형 (+ ...) would might could should ought to

If he **had tried** to leave the country he **would have been stopped** at the frontier.
[만약 그가 그 나라를 떠나려고 했더라면 국경에서 제지당했을 것이다.]
If there **had been** general elections last year, Labour **would** probably **have**

---
18 Thomson & Martinet (1986: 199).

won.
[만일 작년에 총선거가 있었더라면 노동당이 승리했을지도 모른다.]

If I **had answered** one more question, I **would have passed**.
[한 문제를 더 풀었더라면 나는 합격했을 것이다.]

If we **had found** him earlier we **could have saved** his life.
[좀더 일찍 그를 발견했더라면 우리는 그의 목숨을 구출할 수 있었을 것인데.]

전달하고자 하는 뜻에 따라 종속절의 동사로서 could + 현재완료(= 'had been able to ...')가 나타날 수 있다.

If I **could have stopped**, there **wouldn't have been** an accident.
[멈출 수 있었더라면 사고가 발생하지 않았을 것인데.]

11.4.2. 가정법 과거완료가 나타내는 뜻

가정법 과거의 경우와 달리, 가정법 과거완료 형태로 나타나는 조건문은 오로지 과거의 '사실과 상반되는 가정'만 나타낼 뿐이다. 다시 말하자면, 종속절은 순전히 **'과거의 사실에 상반되는'**(counterfactual) 가상적인 조건을 나타내고, 주절에서도 과거의 사실과 상반되는 가상적인 결과를 나타낸다. 다음의 문장 (9a)는 직설법 과거동사 형태를 사용하여 과거의 사실적인 상황을 있는 그대로 나타낸 직설법 문장이다. 만약 (9a)에 언급된 과거의 사실과 상반되는 상황을 가정하고, 이에 따른 가정적인 결과를 나타내고자 하는 경우에는 (9a)의 상황을 (9b)와 같이 종속절에는 과거완료 동사형을 사용하고, 결과를 나타내는 주절에는 법조동사의 과거 + 현재완료 동사형으로 나타내게 된다.

(9) a. I **didn't know** that George had to get up early, so I **didn't wake** him up.
[나는 조오지가 일찍 일어나야만 하는 걸 몰라서 그를 깨우지 않았다.]

b. If I **had known** that George had to get up early, I **would have waken** him up.
[조오지가 일찍 일어나야 한다는 걸 알았더라면 그를 깨웠을 텐데.]

다음과 같은 예도 과거의 사실과 서로 상반된 내용을 전달하는 가정법 과거완료의 문장들이다.

If I **had known** that you were coming, I **would have met** you at the airport. (But I didn't know, so I didn't come.)
[네가 온다는 것을 알았더라면 공항으로 마중 갔을 것인데. → 온다는 사실을 몰라서 마중가지 못했다는 뜻.]

If our documents **had been** in order we **could have left** at once.
[서류들이 정돈됐더라면 우리는 즉시 출발할 수 있었을 텐데.]

I was wearing a seat belt. If I **hadn't been wearing** one I'**d have been** seriously injured.
[나는 좌석 띠를 착용하고 있었는데, 만약 착용하지 않았더라면 중상을 입었을 것이다.]

특히 위의 문장 (9a, b)에서 보여 주는 바와 같이, 종속절에 포함된 또 다른 종속절인 that-절은 사실적인 내용을 나타내기 때문에 직설법 동사형을 수반하게 된다. 그러므로 if I had known **that George had to get up early**에서 had to get up early에서 that-절은 과거의 사실을 있는 그대로 나타낸 직설법의 내용이지, 가정적인 내용을 전달하는 것이 아니다.

If I had been { you / in your position } ...(만일 내가 너라면/너의 입장이라면)과 같은 표현은 과거에 다른 어떤 사람의 입장이라면 따랐을지도 모르는 행위를 나타내고자 하는 경우에 자주 사용된다. 따라서 이러한 문장 구조는 주절에서 전달되고 있는 내용의 행위를 하라고 하는 조언의 뜻을 담고 있다.

If I had been { you / in your position }, I'd have accepted their offer.
[내가 너였더라면/너의 입장이었더라면 그들의 제의를 수락했을 거야. → 그들의 제안을 받아들였어야 했다는 뜻.]

If I had been Jane, I'd have walked out on him years ago.
[내가 제인이었다면 오래 전에 그 남자를 버렸을 것이다. → walk out on: abandon(버리다).]

11.5. 혼합 가정법

11.5.1. 가정법 과거완료와 가정법 과거의 혼합

지금까지 살펴 본 가정법 형식의 문장들은 일부를 제외하고는 모두 종속절의 동사형에 따라 주절의 동사형이 일정하게 나타나는 전형적인 형식을 갖춘 것들이다. 즉, 종속절의 동사형이 어떤 형태를 취하느냐에 따라 기계적으로 주절의 동사형도 대체로 일정한 형태를 취하는 예들을 보았다. 그러나 사실적인 상황을 나타내는 직설법 문장의 경우와 달리, 가정법 문장에서는 전달하고자 하는 뜻에 따라 과거 시간과 현재 시간이 혼합될 수 있다. 즉, 종속절과 주절이 나타내고자 하는 서로 다른 시간 관계, 또는 뜻에 따라서 그 동사형이 각기 다르게 나타날 수 있다. 예컨대 종속절은 가정법 과거완료 형태를 사용하여 과거 사실과 반대되는 상황을 나타내고, 주절은 가정법 과거 동사 형태를 사용하여 현재 사실과 반대되는 상황을 나타낼 수 있을 뿐만 아니라, 주절과 종속절이 나타내는 상황이 이와 정반대일 수도 있다.

종 속 절		주 절
가정법 과거완료	+	가정법 과거
가정법 과거	+	가정법 과거완료

11.5.1.1. 가정법 과거완료와 가정법 과거

예컨대 다음과 같이 사실적인 내용을 나타내는 문장을 예로 보기로 하자.

I **didn't eat** breakfast *several hours ago*, so I **am** hungry *now*.
[몇 시간 전에 아침밥을 먹지 않아서 지금 배가 고프다.]

이 문장은 화자의 생각이 조금도 깃들어 있지 않고 오로지 사실적인 상황을 있는 그대로 전달하고 있다. 이제 이 문장을 사실과 반대되는 가정적인 문장으로 바꾸어 보자. 그 결과 다음 문장에서와 같이 종속절인 조건절은 과거의 사실과 반대되는 가정을 나타내고, 주절인 결과절은 현재 사실과 반대되는 상황을 나타내고 있다. 그러므로 종속절에는 가정법 과거완료의 동사 형태가 쓰이고, 주절에는 가정법 과거 동사 형태가 쓰이게 되는 것이다.

If I **had eaten** breakfast *several hours ago*, I **would not be** hungry *now*.

[몇 시간 전에 아침밥을 먹었더라면 지금 배고프지 않을 텐데. → 종속절은 과거 사실과 반대되는 조건을 나타내기 위하여 가정법 과거완료형이 쓰였으며, 주절은 가정법 과거형을 사용하여 현재 사실과 반대되는 가정적인 진술을 하고 있음.]

특히 주절과 종속절에서 나타내고자 하는 시간의 차이를 나타내기 위하여 예컨대 종속절에는 가정법 과거완료임을 나타내기 위해 then, yesterday, last year 따위와 같이 과거시를 나타내는 시간부사가 포함될 수 있고, 또한 주절에는 가정법 과거임을 나타내기 위하여 현재시를 나타내는 시간부사 now, today 따위가 명시될 수 있다.

If the boy **had listened** to his parents *last year*, he **wouldn't be** in trouble *now*.

[그 소년이 작년에 부모님 말씀을 귀담아 들었더라면 지금처럼 어려움에 처하지 않을 텐데. → 종속절에는 last year가 포함되어 있어서 가정법 과거완료 형태가 쓰이고 있음을 알 수 있고, 주절에는 now가 포함되어 있어서 가정법 과거 형태임을 알 수 있음.]

The plane I intended to catch crashed and everyone was killed. If I **had caught** that plane I **would be** dead *now*.

[내가 타려고 했던 비행기가 추락해서 모든 사람들이 죽었다. 내가 그 비행기를 탔더라면 지금은 죽었을 거야. → 문맥 내용으로 보아 가정법 과거완료 형태로 나타난 종속절에는 then 또는 at that time이 생략된 것으로 볼 수 있으며, 주절에는 now가 쓰여 가정법 과거 형태의 동사가 필요하다는 점을 알 수 있음.]

If you **hadn't wasted** so much money *last week*, we**'d be** able to afford a better holiday.

[지난주에 그렇게 많은 돈을 낭비하지 않았더라면 지금 휴가를 더 즐겁게 보낼 수 있을 텐데. → 지난주에 돈을 너무 많이 낭비해버려서 지금 휴가를 보다 더 여유있게 보낼 수 없다는 뜻임.]

If German words like these **had continued** to our own time and if we **had not borrowed** the very good number of foreign words that we have in fact adopted English *today* **would be** very different.

[이와 같은 게르만어 단어들이 오늘날까지 남아 있고 우리가 실제로 채택한 상당히 많은 외래어들을 차용하지 않았더라면 오늘날의 영어는 매우 달라졌을 것이다.]

It is possible, if this Teutonic invasion **had never happened**, that the in-

habitants of England **would be** *now* speaking a language descended from Latin, like French or Spanish or Italian.
— Logan Pearsall Smith, *The English Language*.

[만약 이와 같은 튜톤족의 침략이 없었더라면 오늘날 영국인들은 불어, 스페인어, 또는 이탈리아어와 같은 라틴어에서 내려온 언어를 말하고 있을 것이다. → this Teutonic invasion은 449-547년에 걸쳐 일어났던 앵글로색슨족의 일파인 앵글족, 색슨족, 쥬트족이 영국을 침입한 사건을 말함. Teutonic과 Germanic(게르만)이 서로 바꿔 쓰이기도 함.]

11.5.1.2. 가정법 과거와 가정법 과거완료

다음 문장들은 위의 예들과 정반대의 예가 된다. 즉, 종속절은 현재 사실과 상반되는 가정을 나타내는 것이기 때문에 가정법 과거 동사 형태가 쓰였고, 주절은 과거 사실과 상반되는 가정적인 결과를 나타내고 있으므로 가정법 과거완료 동사 형태가 쓰이고 있는 것이다.

If I **were** a priest, I **would have gone** there yesterday.
 [내가 목사라면 어제 거기에 갔을 것인데.]
If he **were** a good student, he **would have studied** for the test yesterday.
 [그가 착실한 학생이라면 어제 시험공부를 했었을 것이다.]
If I **weren't** so busy, I **could have taken off** a few days *last week*.
 [이토록 바쁘지 않다면 지난주에 며칠 휴가를 가질 수도 있었을 텐데. → = 'As I am very busy now, I wasn't able to take off any time last week.']

예컨대 위의 두 번째 문장을 사실적인 뜻을 나타내는 직설법 문장으로 옮기게 되면 다음과 같이 종속절은 직설법 현재 동사형으로 나타나고, 주절에 해당되는 부분은 직설법 과거 동사 형태로 나타난다.

As he **is** not a good student, he **did not study** for the test yesterday.
 [그는 착실한 학생이 아니라서 어제 시험공부를 하지 않았다.]

11.5.2. 직설법과 가정법의 혼합

다음과 같은 예들은 상황이 또 다르다. 즉, 종속절은 if가 이끌고 있기는 하지만 과거의 '사실적인'(factual) 상황을 나타내기 때문에 직설법 동사 형태로 나타나고 있으며,[19] 주절은 가정법 과거완료의 일반적인 형태, 즉 법조동사의 과거형 + 현재완료 형태로 나타나기도 한다. 첫 번째 문장에서 종속절은 was를 사용하여 실제로 그 사람이 과거 어느 시점에 그곳에 있었음을 나타내고 있지만, 주절은 화자가 그 사람을 보지 못했음을 암시하고 있다. 종속절의 동사가 was가 아니라 had been이라면 그 당시 그 사람이 그곳에 없었음을 나타낸다.

If he **was** there I **would have seen** him.
[그가 거기에 있었다면 그를 볼 수 있었을 것인데. → 이 문장에서 종속절은 대화의 당사자가 He was there then.이라고 한 말에 대한 반응일 수 있음.]

If you **mailed** the letter last week, I **would have received** it by now.
[네가 지난주에 편지를 보냈으면 나는 지금쯤 그 편지를 받았을 것인데. → if-절의 내용은 실제로 지난주에 편지를 보냈다는 직설법적인 뜻을 나타내고 있음.]

또한 다음 문장에서는 종속절은 과거의 사실적인 내용을 나타내고, 주절은 예측적인 뜻을 나타내는 가정법 현재의 문장에 나타나는 전형적인 동사 형태이다.

If he **missed** the bus, he **won't be** here on time.
[그가 버스를 놓쳤다면 여기에 제 때 도착하지 못할 걸. → 과거 어느 시점에 그가 정말로 버스를 놓쳤다면 제 시간에 도착하지 못할 것으로 내다본다는 뜻.]

If you **didn't do** much maths at school, you**'ll find** economics difficult to understand.
[재학시에 수학 공부를 많이 하지 않았다면 경제학을 이해하기가 어려울 거야. → 과거 재학시에 수학 공부를 많이 하지 않은 것이 사실임을 전제로 장차 경제학 공부가 어려울 것으로 보고 있음.]

다음과 같이 과거의 사실적인 내용을 나타내는 종속절에 명령형의 주절이 연결된 문장의 형식으로 나타날 수도 있다.

If you **had** medical treatment abroad, **claim** your insurance as soon as you

---

19 조건절에 직설법 동사를 사용해서 가정적인 내용이 아니라, 사실적인 내용을 나타내는 경우에 대해서는 11.7.1 참조.

return.

[외국에서 병원 진료를 받았으면 귀국 즉시 보험금을 청구하라.]

마지막으로, 다음의 세 문장은 외형적인 구조로 보면 등위 접속사 but에 의해 두 개의 독립절이 대등하게 연결되어 있다. 의미 내용적으로 보면 이들 각 문장에서 주절에 해당되는 부분은 전형적인 가정법 과거와 과거완료 동사 형태를 취하고 있는 반면에, 뜻으로 볼 때 but으로 시작되는 종속절에 해당되는 부분은 직설법 동사 형태를 사용하여 직설법의 내용을 나타나고 있다. 그러므로 주절에 해당되는 절에 놓인 가정법 동사 형태를 기준으로 하여 종속절에 해당되는 부분을 가정법 형식으로 나타낼 수 있다.

I **would write** to her, but I don't know her address.
(= if I knew her address.)

[그녀에게 편지를 쓰겠는데. 하지만 주소를 알 수 없어. → 이 문장의 뜻을 고려해서 but 이하의 내용을 if I knew her address와 같은 종속절 형식으로 바꾸어 나타낼 수 있음.]

The company **would have prospered**, but it lacked capital.

[그 회사 사업이 번창했겠지만, 자금이 부족했었다. → but 이하의 내용을 if it had not lacked capital이라는 종속절 형식으로 나타낼 수 있음.]

I **would have visited** you, but I didn't know that you were at home.

[너를 방문했었겠지만, 나는 네가 집에 있는 줄 몰랐어 → but 이하를 가정법으로 바꾸면 if I had known that you were at home이라고 할 수 있음.]

He **would have won** easily, but he fell and broke his leg.

[그는 거뜬히 승리했었겠지만, 넘어져서 다리가 부러져 버렸지. → 조건절을 대신하는 사실적인 내용이 he fell and broke his leg와 같이 나타나 있으며, 이 내용을 과거 사실의 반대를 나타내는 조건절 형식으로 나타낸 if he had not fallen and broken his leg가 이 문장의 종속절이 됨.]

I **would have answered** the phone, but I didn't hear it ring.

[내가 전화를 받았겠지만, 벨소리를 듣지 못했어. → 사실적인 내용을 나타내는 but I didn't hear it ring을 주절에 맞춰서 조건절 형식으로 나타내면 if I had heard it ring이라고 할 수 있음.]

11.6. if ... not과 unless

대체로 우리나라에서 출판된 각종 영어 문법책에서, 그리고 학교 교육 현장에서 if ... not과 unless가 뜻이 같다고 설명하고 있다.[20] 바로 이러한 점 때문에 대부분의 영어 학습자들은 아무런 의심 없이 자동적으로 if ... not을 unless로, 그리고 unless를 if ... not으로 서로 바꿔 쓸 수 있는 것으로 생각하고 있는 실정이다. 이 두 가지는 바꿔 쓸 수 있는 경우도 있지만, 그렇지 못하는 경우도 있다.[21] 이 두 가지가 교체 가능성에 대하여 살펴 보고, 또한 구조적 차이에 대해서도 함께 보기로 한다.

11.6.1. 교체 가능성

물론 다음 문장 (10a)에서처럼 양자를 서로 바꿔 쓸 수 있는 경우가 없는 것은 아니지만, 이와는 반대로 (10b)에서처럼 그렇지 못하는 경우도 있기 때문에 어떤 경우에 이 두 가지를 서로 바꿔 쓸 수 있으며, 어떤 경우에 그렇지 못하는가에 대하여 각별히 유의하여야 할 필요가 있다.

(10) a. Come tomorrow { if I don't / = unless I } phone.

[내가 전화를 걸지 않거든 내일 오라.]

b. My wife will be very upset { if I don't get / = unless I get } back home tomorrow.

[내일 집에 돌아가지 않으면 아내는 무척 화가 나겠지.]

Longman Dictionary of English Language and Culture(1992: 1442)에서는 if ... not과 unless를 서로 바꿔 사용할 수 있는 경우와 그렇지 못하는 경우를 다음과 같이 설명하고 있다.

1) if ... not과 unless를 바꿔 사용할 수 있는 경우

---

20 Grammatical handbooks often state that *unless* has the same meaning as *if not*. This is not correct, although the two often seem to be interchangeable. — Declerck (1991a: 423).

21 *If ... not* and *unless* are sometimes interchangeable, but there are occasions when it is impossible to use one in place of the other. — Alexander (1996: 281).

종속절에서 언급된 긍정적인 상황이 이루어지게 되면 현재 주절의 주어가 갖고 있는 '의도' 또는 주절이 나타내는 '상황'이 사라진다고 하는 경우에는 if ... not과 unless를 서로 바꿔 사용할 수 있다. 이에 따라 가령 다음과 같은 문장에서는 if ... not을 'except if; in all circumstances except if'(...하는 경우를 제외하고, ...을 제외하고 모든 경우에)라는 뜻을 가진 unless로 바꿔 사용할 수 있다.

I **will not** go to France $\begin{Bmatrix} \text{if the firm doesn't pay} \\ = \text{unless the firm pays} \end{Bmatrix}$ my expenses.

(= 'I **will** go to France **only if** the firm **pays** my expenses.')
[회사에서 비용을 지불해 주지 않으면 나는 프랑스에 가지 않겠다.]

위에서 말한 바와 같이, 이 문장에는 종속절에서 언급된 긍정적인 상황이 이루어지게 되면, 즉 '회사에서 비용을 지불해 주는 경우'(if the firm pays my expenses)에는 주절의 주어가 현재 갖고 있는 의도, 즉 '프랑스에 가지 않겠다'(I will not go to France)고 하는 주절의 주어가 갖는 의도가 사라진다는 뜻이 포함되어 있다. 그러므로 이 문장에서 주어(I)가 프랑스에 가는 것은 회사에서 비용을 지불해 주는 경우에만 가능하다. 바로 이와 같은 경우에만 if ... not과 unless를 서로 바꿔 사용할 수 있다는 것이다. 이상에서 설명한 내용이 다음과 같은 예에도 그대로 적용된다.

If you do**n't** change your mind, I won't be able to help you.
　[만일 네가 마음을 바꾸지 않으면 너를 도와줄 수 없을 것이다. → = Unless you change your mind, I won't be able to help you.]
Don't tell Sue what I said **unless** she asks you.
　[스우가 묻지 않거든 내가 한 말을 말하지 마라. → = Don't tell Sue what I said if she doesn't ask you.]
I'll see you tomorrow **unless** I have to work late.
　[늦게까지 일하지 않아도 되면 내일 너를 만나도록 하지. → = ... if I don't have to work late.]
Theories do not become good theories **unless** they are tested in practice.
　[이론이 실제로 검증되지 않는다면 좋은 이론이 되지 못한다. → = ... if they aren't tested in practice.]
Unless the management improve their offer, there'll be a strike.

[경영자 측에서 제의를 수정하지 않으면 파업 사태가 일어날 것이다. → If the management does not improve their offer, ...]

이처럼 unless와 if ... not을 교체할 수 있음에도 불구하고 unless가 if ... not보다 뜻이 더 강하다고 여겨지기 때문에 즐겨 사용되는 편이다.[22]

2) if ... not과 unless를 바꿔 사용할 수 없는 경우
반면에, 종속절의 내용이 이루어지지 않으면 주절의 주어가 장차 어떤 상황에 놓이게 되겠지만, 적어도 현재는 그러한 상황에 놓여 있지 않다고 하는 점을 나타내는 경우에는 if ... not과 unless를 서로 바꿔 사용할 수 없다.[23]

I'll be quite relieved { **if the computer doesn't break** / ***unless the computer breaks** } down before I have finished.
　[만일 다 마치기 전에 컴퓨터가 고장나지 않는다면 나는 아주 안심하게 될 것이다.]
I'll be surprised **if** he does**n't** have an accident.
　[그가 사고를 당하지 않는다면 나는 놀라게 될 것이다.]
I'll be angry **if** I'm **not** invited to the party.
　[파티에 초청받지 못하게 되면 나는 화가 날 것이다.]

unless가 쓰이는 또 다른 상황은 나중에 떠오른 생각(afterthought)을 덧붙여 말하는 경우이다.[24] 이 경우에 unless가 이끄는 절은 대쉬(—)로 주절과 분리된다.

We can leave now — **unless** you'd rather wait for Jack, of course.
　[우리 지금 출발할 수 있어. — 물론 재크를 기다리지 않아도 된다면 말이다.]
Let's have dinner out — **unless** you're too tired.
　[저녁 식사를 밖에서 하자. 너무 피곤하지 않으면 말이야.]

22　Alexander (1996: 281).
23　Swan (2005: 593)에서는 unless가 if ... not과 교체할 수 없는 경우를 'Unless is not used when the meaning is more like 'because ... not'.'라는 뜻일 때라고 설명하고 있으며, Eastwood (2005: 351)는 'We do not use *unless* to talk about a feeling which would result from something not happening.'이라고 말하고 있다.
24　Alexander (1996: 281).

11.6.2. 구조적 차이

위에서 말한 것처럼 unless는 제외된 '긍정적' 선택을 강조하는 뜻을 갖기 때문에 아래 제시된 예문들 중에서 처음 두 문장에서처럼 일반적으로 '긍정적인' 뜻을 갖는 문장에 사용되는 some 또는 이에 대한 복합어와 같은 단정형(斷定形: assertive forms)을 같이 쓸 수 있다. 반면에 if ... (not)는 불확실성을 나타내는 것이기 때문에 부정문이나 의문문에 쓰이는 any, at all, ever 따위와 같은 비단정형(非斷定形: nonassertive forms)을 수반한다.[25]

He never says a word **unless** he feels he's being threatened in *some* way.
  [그는 어떤 방식으로든지 위협을 받고 있다는 생각이 들지 않으면 한 마디 말도 하지 않는다.]
Before the end of the present century, **unless** *something* quite unforeseen occurs, one of those three possibilities will have been realized.
  [금세기가 다 가기 전에 전혀 예상치 못한 어떤 일이 일어나지 않는다면 그 세 가지 가능성 중의 한 가지가 발생하게 될 것이다.]
I'll have to go to the fair myself **if** I can*'t* find *anyone* to go in my place.
  [나 대신 갈 사람을 찾지 못하면 내가 직접 품평회에 가겠다.]
Kadafi has threatened to send in troops **if** *any* foreign force intervenes.
  [외국군이 개입하면 카다피는 군대를 파병하겠다고 위협했다.]
If they are *at all* interested, they should telephone this office.
  [혹시 그들이 관심을 갖고 있다면 이 사무실로 전화를 걸어 올 것이다.]
If you had *ever* listened to any of my lectures, you would have known the answer.
  [혹시 나의 어느 강의라도 들었더라면 그 답을 알았을 것이다.]

unless는 가상적인 뜻을 나타내지 않기 때문에 가정법 과거나 과거완료를 나타내는 문장에 쓰이지 않는다.

---

25 As is clear from the examples, *unless*-clauses have the positive function of restricting a possibility and are therefore assertive (whereas negative *if*-clauses are not). It follows that *unless*-clauses use assertive items, whereas negative *if*-clauses use nonassertive ones. — Declerck (1991a: 424).

If he **weren't** so stupid he would understand.

[그가 그렇게 어리석지 않는다면 이해할 수 있을 거야. → ***Unless** he were ... 라고 할 수 없음.]

She would have died **if** the doctors **had not saved** her.

[의사들이 생명을 구출해 주지 않았더라면 그녀는 죽었을 것이다. → * ... **unless** the doctors **had saved** ...라고 할 수 없음.]

또한 unless는 'only if ... not'이라는 뜻을 가지고 그 자체에 only라는 뜻이 포함되어 있으므로 별도로 only를 필요로 하지 않는다.

I will do it willingly { only if I am not / *only unless I am } too tired.

[너무 피곤하지 않으면 기꺼이 그 일을 하겠다.]

11.7. 사실적 가정법

의미 내용이나 동사의 시제 형태로 보면 지금까지 살펴 본 가정법 문장들은 모두 진술된 상황이 현재 또는 미래의 어느 시점에 발생할 것인지 아닌지 불확실한 상황을 나타내거나, 발생하리라고 내다보기 어려운 가정적인(hypothetical) 상황을 뜻하거나, 또는 현재 또는 과거의 사실과 상반되는(counterfactual) 상황을 가정하여 나타내는 것이다. 그러나 외형적인 문장 형식으로는 이러한 뜻을 전달하는 가정법 문장과 거의 다름이 없는 것처럼 보이면서도 의미 내용으로 보면 아무런 가정적이거나 사실에 상반되는 뜻을 포함하지 않고 전적으로 '사실적인'(factual) 뜻을 나타냄은 물론, 동사 형태의 차이에 따른 시간 관계도 직설법의 경우와 일치되는 문장들을 얼마든지 볼 수 있다.[26] 바로 이러한 점 때문에 이제부터 살펴보게 될 문장들은 if가 이끄는 가정법의 형식을 빌었을 뿐, 그 문장에 깃들어 있는 의미 내용으로 보면 오히려 직설법에 속한다고 보는 것이 타당할 것이다.

사실적인 뜻을 나타내는 조건문은 if가 이끄는 종속절에 언급되는 내용이 '사실'임을 전제(前提: presupposition)로 하며, 이러한 경우에 if는 'if it is true that ...'나 'if it is the case

---

26 When we are not talking about 'unreal' situations, we use the same tenses with *if* as with other conjunctions. Present tenses are used to refer to the present, past tenses to the past, and so on. — If John **didn't come** to work yesterday, he **was** probably ill. If you **didn't study** physics at school, you **won't understand** this book. — Swan (2005: 234).

that ...'(that ...이하의 내용이 사실이라면)과 같은 뜻을 갖는다.

특히 일상적인 영어에서 if가 이끄는 이러한 문장들이 상당히 많이 사용될 수 있음에도 불구하고, 우리 나라에서 출판되는 영문법책에서는 사실상 취급되지 않고 있는 실정이다.[27]

11.7.1. 특정적 조건

가정법 형식으로 나타난 조건문이 과거, 현재, 미래, 또는 현재완료 시제와 관련된 특정한 시점에 발생하는 상황을 사실 그대로 나타낸다. 예컨대 다음 A, B 두 사람의 대화를 보자.

A: Ann **hates** London.
  [앤이 런던을 무척 싫어한다.]
B: If she **hates** it why does she live there?
  [그녀가 런던을 싫어한다면 어째서 그곳에 살고 있지?]

A, B 두 사람의 대화에서 A는 앤이 런던을 싫어한다는 점을 사실 그대로 전달하고 있으며, B에서 종속절 if she hates it은 A가 한 말을 그대로 받아서 하는 말에 if가 첨가되었을 뿐이다. 즉, B가 하는 말은 앤이 런던을 싫어하거나 싫어하지 않을 수도 있지만, '만약 싫어한다면'이라는 뜻을 전달하는 것이 아니라, '그녀가 런던을 싫어한다는 점을 일단 사실이라고 전제를 해서 하는 말이다.[28] 즉, B에서 if-절은 if it is the case that Ann hates London, ...이라는 뜻을 나타내는 것이다.

---

[27] Factual conditional sentences are of high frequency in everyday English, and yet they are overlooked altogether in many ESL/EFL textbooks. Factual conditionals include four types: generic, habitual, implicit inference, and explicit inference. — Celce-Murcia & Larsen-Freeman (1999: 548).

[28] 다음 (1, 2)에서 A, B 두 사람의 대화에서 (1B)의 if는 since와 뜻이 상당히 비슷한 반면, (2B)는 그렇지 않다. 겉으로 보면 (1B)와 (2B)가 동일한 것처럼 보이지만, 화자가 나타내는 태도는 아주 다르다. (1)에서 대화 상대자 B는 A가 가는 것이 확실하다고 이해하고 있는 반면, (2)에서는 그렇지 않다. 이러한 태도상의 차이는 (2B)에서는 if와 주어 사이에 by an chance를 첨가할 수 있다는 사실로 알 수 있다.

 (1) A: I'm going to the Winter LSA.
   B: If (*by any chance) you are going, I'm going, too.
 (2) A: I might be going to the Winter LSA.
  B: If (by any chance) you are going, I'm going, too.
  — Akatsuka (1985: 628).

이처럼 종속절이 직설법 현재형을 사용하여 현재의 사실적인 내용을 전달하게 될 때, 전달하고자 하는 뜻의 차이에 따라 주절에 나타나는 동사 형태도 달라지게 마련이다. 즉, 주절의 동사는 현재형이거나, 미래형 등 전달하고자 하는 뜻에 따라 여러 가지 형태로 나타날 수 있다.

   If he **is studying** hard, he **will pass** the test.
     [그가 열심히 공부하고 있으면 시험에 합격할 거야. → 실제로 그가 현재 열심히 공부하고 있음을 전제로 하고 장차 시험에 합격하리라고 내다보는 것임.]
   If you **are waiting** for a bus, you'**d better** join the queue.
     [버스를 기다리고 있으면 줄을 서야 하지. → 상대방이 현재 버스를 기다리고 있는 상황일 때.]
   If the pills **made** him dizzy why $\begin{Bmatrix} \text{did he buy} \\ \text{has he bought} \\ \text{is he buying} \end{Bmatrix}$ more?
     [그가 그 약을 먹어서 머리가 어지러웠다면 어째서 더 많이 샀지/사고 있지?]

마찬가지로 다음 대화에서도 A는 그녀에 대한 과거의 사실적인 내용을 전달하는 것이다. 이를 되풀이하는 B의 반응 역시 과거의 사실적인 내용을 직설법 과거 형태 그대로 나타내는 것이지, 현재 사실과 반대되는 내용을 가정법 과거로 나타낸 문장이 아니다.

   A: I **knew** she **was** short of money.
     [나는 그녀가 돈이 떨어졌다는 걸 알고 있었어.]
   B: If you **knew** she **was** short of money you **should have lent** her some.
     [그녀가 돈이 떨어졌다는 걸 알고 있었으면 좀 빌려주었어야 하지 않았느냐.]

이러한 뜻을 나타내는 문장에서 종속절이 나타내는 사실적인 조건에 따라 주절은 어느 정도 '추론'(inference)적인 뜻을 나타내기도 한다.

   If he **has arrived** at the airport, he **will be** here soon.
     [그가 공항에 도착했으면 곧 이리로 오겠군. → if-절에서 has arrived는 실제로 지금 공항에 도착해 있다는 직설법의 뜻이 포함되어 있으며, 주절에는 will be가 쓰여 미래에 일어날 일에 대한 추론을 나타내고 있음.]
   If he **has been travelling** all night, he **will need** a rest.

[그가 밤새껏 여행을 했다면 쉬어야 할 것이다. → 현재완료 진행은 이미 여행을 끝마친 현재의 결과를 나타내는 것이며, will need는 이에 따른 추론을 나타내고 있음.]

If he's here he's in his room.

[그가 여기에 있다면 자기 방에 있어.]

If it's Tuesday, it's Sam's birthday.

[오늘이 화요일이면 샘의 생일인데.]

If Mr. Smith **is** not in his office, he **is** out for lunch.

[스미스 씨가 사무실에 없으면 점심 먹으러 나갔어.]

Well, if Joyce **went** there, she **saw** what happened.

[글쎄. 조이스가 거기에 갔으면 일어난 사건을 봤지.]

If they **were** late yesterday, it **cannot have been** because of the weather.

[그들이 어제 지각했다면 날씨 때문이 아니었을 것이다. → 실제로 그들이 어제 지각했음을 뜻하고 있음.]

11.7.2. 총칭적 조건

사실적 가정법 문장이 '총칭적'(總稱的: generic)인 뜻을 나타내기도 한다. 여기서 '총칭적'이라는 말은 주절과 종속절의 진술 내용이 특정한 시간에 관계없이 언제든지 사실적이고 불변의 관계를 갖는다는 뜻이다. 다시 말하자면, 종속절에 언급된 특정한 조건이 충족되면 필연적으로 그에 따른 특정한 결과가 어김없이 일어난다는 점을 나타낸다. 예컨대 기름을 물에 부으면 기름이 물위에 뜬다(If you **pour** oil on water, it **floats**.)는 것은 시간에 관계없이 언제든지 사실이며, 이 관계가 항상 불변의 진리치(眞理值: truth value)를 나타낸다는 점이 총칭적이라는 뜻이다. 바로 이러한 점 때문에 총칭적인 뜻을 나타내는 가정법 현재는 주로 물리적인 법칙과 같은 과학적인 사실을 나타내는 상황에서, 또는 수학이나 논리에서 많이 쓰이며, 이러한 뜻을 나타내는 형태는 주절과 종속절 모두 직설법 현재형 동사로 나타난다.

If the water **gets** too hot, the kettle **switches off** automatically.

[물이 너무 뜨거워지면 주전자의 전기가 저절로 꺼진다.]

If you **boil** water, it **vaporizes**.

[물을 끓이면 증발한다.]

If hydrogen **is removed** from water, the element that remains **is** oxygen.

[물에서 수소를 제거해 버리면 남는 원소는 산소뿐이다.]

A chemical reaction **occurs** if you **put** zinc into sulphuric acid.
[황산에 아연을 넣으면 화학 반응이 일어난다.]

If a figure **is** a square, it **has** four right angles.
[어떤 모양이 네모이면 그것은 네 개의 직각을 갖는다.]

11.7.3. 습관적 조건

사실적 가정법 현재가 개인의 특정한 '습관'에 기초를 둔 반복적인 사건이나 행동을 나타내기도 한다. 특히 습관적인 뜻을 나타낼 때에도 시간적으로 제약을 받지 않는 사건, 다시 말하자면 특정한 시점과 관련해서 말하는 것이 아니라는 점에서 방금 위에서 보았던 '총칭적인' 경우와 비슷하다.[29] 그러나 주절과 종속절에 나타난 두 상황의 관계는 물리적인 법칙에 근거를 둔 것이 아니라, 습관에 따른 것이다. 그러므로 총칭적인 뜻을 나타내는 경우와 달리, 종속절에 나타난 상황이 발생한다고 해서 반드시 주절에서 똑같은 결과가 일어나는 것이라고는 말할 수 없다.

She **glares** at me if I **go** near her desk.
[내가 그녀의 책상 가까이 가면 그녀는 나를 빤히 쳐다본다.]
If the child **cries**, she **gets** what she wants.
[그 어린이는 울기만 하면 자기가 갖고 싶은 것을 갖는다.]
If Bobby **goes** swimming, he **catches** a cold.
[보비가 수영하러 가면 감기에 걸린다.]
If I **don't eat** breakfast, I always **get** hungry during class.
[아침밥을 먹지 않으면 나는 늘 수업 시간에 배가 고프다.]

---

[29] Habitual factual conditionals resemble generic factuals in that they also express a relationship that is not bounded in time; however, the relationship is based on habit instead of physical law. Habitual factuals express either past or present relationships that are typically or habitually true; for example:
Present:　　If I wash the dishes, Sally dries them.
Past:　　　If Nancy said, "Jump!" Bob jumped.
— Celec-Murcia & Larsen-Freeman (1999: 549).

이상과 같은 예에서처럼 습관적인 사실을 나타내는 조건문은 현재시제로 나타날 수 있는가 하면, 시간만 다를 뿐 주절과 종속절에 모두 과거형 동사를 사용하여 습관적·자동적으로 일어났던 과거의 상황을 나타내기도 한다.

He **worried** about his old mother if he **went** away for a weekend.
[주말을 즐기려고 출타하면 그는 나이 드신 어머님을 걱정했다.]
If the wind **blew** from the north, we **moved** into the other room.
[북풍이 불면 우리는 다른 방으로 옮겼었다.]
If it **rained**, he **went** by bus.
[비가 오면 그는 버스로 갔다.]
If there **was** a scarcity of anything prices of that thing **went up**.
[어떤 물건이 품귀하면 그 물건 가격이 인상되었다.]

이러한 뜻을 나타내는 경우에 주절의 동사로서 would가 쓰여 과거의 반복적인 상황을 나타내기도 한다.

If he **had** business in Baltimore, he **would** (usually) **stay** at the Hyatt. (Cowan 2008: 450)
[볼티모어에 볼 일이 있으면 그는 (대개) 하얏트 호텔에 투숙했다.]
When we were kids, if it **rained** a lot, we**'d stay** indoors. But if it **was** sunny, we**'d** often go down to the lake. (Yule 2006: 188)
[우리가 어렸을 적에 비가 많이 오면 실내에 있었다. 그러나 햇빛이 나면 종종 호숫가로 갔었다.]

이상의 예들은 현재의 사실과 상반되거나 일어날 가능성이 희박하다는 점을 나타내는 가정법 과거로 취급해서는 안 된다.

<if = when(ever)>
다음 예에서처럼 사실적 가정법이 총칭적인 뜻과 습관적인 뜻을 나타내는 경우에는 if와 when(ever) 바꿔 사용하더라도 나타내고자 하는 뜻에 차이가 거의 없다.[30]

---

30 Note that for both generic and habitual conditionals it is possible to substitute *when* or

If it rains, our river **floods**. (= 'on those occasions when')
[비가 오면 우리 강이 범람한다.]

If you **turn** on the radio, it **makes** a strange noise.
[이 라디오를 켜면 이상한 소리가 난다.]

{ **If** / **When** } lightning flashes, thunder follows.
[번개가 번쩍하고 나면 천둥이 뒤따른다.]

{ **If** / **When** } an epidemic **broke** out in the Middle Ages, it **spread** with amazing speed.
[중세기에는 전염병이 발생하면 놀라운 속도로 번졌다.]

{ **If** / **When** } the weather **was** fine last summer, I **went** to the beach.
[작년 여름에는 날씨가 좋으면 나는 해변으로 갔다.]

If prices **rise** and nominal wage **remains** constant, the real wage **falls**.
[물가가 오르고 명목 임금이 일정하면 실질 임금은 내려간다.]

Whenever the manager **asked** for help, I **volunteered**.
[매니저가 도움을 요청할 때마다 나는 자진해서 나섰다.]

When(ever) I **wash** the dishes, Sally **dries** them.
[내가 설거지를 하면 항상 샐리는 그릇을 말린다.]

Larry always **blames** me **whenever** anything **goes** wrong.
[어떤 일이 잘못되면 래리는 늘 나를 비난한다.]

11.7.4. 명백한 추론

다음과 같은 예에서도 종속절의 내용이 사실임을 전제로 하지만, 위의 예들의 경우와 달리 주절은 명백한 추론(explicit inference)을 나타낸다. 이러한 뜻을 나타내는 경우에 종속절에는 전달하고자 하는 뜻에 따라 적절한 직설법 동사가 쓰이고, 주절에는 '추론'의 뜻을 강화시켜 주는 법조동사로서 must나 should 따위가 사용된다. 예컨대 If it's 7 o'clock, Philip **must be reading** the newspaper.(지금 일곱시면 필립이 틀림없이 신문을 읽고 있을 거야.)는 Philip이 매일 7시에 신문을 읽는 것을 습관으로 하고 있으며, 또한 지금 시각이 7시가

---

whenever for *if* and still express more or less the same idea. — Celec-Murcia & Larsen-Freeman (1999: 549).

조금 넘은 경우에 사용할 수 있는 문장이다.

>If someone **is** in the garden, he **must** be a gardener.
>[누가 정원에 있다면 그 사람은 정원사임에 틀림없어.]
>If anyone **has** the answer, it **should** be Rod.
>[그 답을 알고 있는 사람이 있다면 그 사람은 로드이겠지.]

과거시의 명백한 추론을 나타내는 경우에 주절의 동사는 <must have + 과거분사>의 형태로 나타난다.

>If he **was** there, he **must have seen** the picture.
>[그 사람이 거기에 있었다면 틀림없이 그 사진을 보았을 거야.]

11.8. 암시된 조건절

위에서 본 바와 같이, 가정법 형식으로 전달되는 조건문의 내용은 '조건'을 나타내는 종속절과 이에 따른 '결과'를 나타내는 주절의 구조로 나타나는 것이 전형적이다. 그러나 예컨대 I **would be** happy.(나는 기쁠 텐데.)와 같이 if-절을 포함하지 않은 독립된 문장에 <would + 원형 동사/현재완료> 따위와 같은 가정법의 동사 형태가 들어 있으면 대개 이 문장 자체만으로는 완전한 의사 전달이 이루어지기 어렵기 때문에, 이 말을 듣는 청자는 자동적으로 'if what?'(어떤 경우에?)과 같은 질문을 하게 된다. 물론 적절한 언어적 상황이 주어지게 되면 가정적인 뜻이 들어 있는 주절이 독립적으로 존재할 수 있으며, 바로 이러한 경우에는 문맥상에 나타나지 않은 '암시된' 조건절(implied *or* suppressed conditional clause)인 if-절을 명확히 밝힐 수 있다고 하겠다.

>Susan **would not panic** like that.
>[스잔이 (그와 비슷한 상황에 있다 해도) 그처럼 공포에 사로잡히지는 않을 것이다. → 이 문장에 내포된 가정법 동사 형태 would not panic을 토대로 삼아 *if she* **found** *herself in a similar situation* 따위의 조건절을 첨가하여 문장의 내용을 보다 구체적으로 밝힐 수 있음.]
>I **could have answered** that question.
>[(질문을 받았더라면) 나는 그 질문에 대답할 수 있었을 것이다. → 이 문장의 뜻을 보충하기

위하여 if I **had been asked** to 또는 if I **had wanted** to 따위와 같은 조건절을 첨가할 수 있음.]

I wish I'd known that Gary was ill. I **would have gone** to see him.
[개리가 아프다는 걸 알았더라면 좋았을 걸. (그랬더라면) 그를 문병 갔을 것이다. → 이전의 문맥을 통하여 If I had known that ...이 생략되었음을 알 수 있음.]

이처럼 독립된 문장에 나타난 가정법 동사를 토대로 해서 가정적인 뜻이 깃들어 있는 주절과 종속절로 이루어진 가정법 문장을 만드는 경우, 주절의 동사형은 본래의 독립된 문장에 나타난 그것이 되고 종속절의 동사형은 나타내고자 하는 뜻에 따라 달라질 수 있기는 하지만, 대개 독립된 문장에 나타난 형태에 따라 결정된다. 가령 위에서 제시된 예에서 보듯이, 본래의 독립된 문장에 나타난 동사형이 would/could/might + 현재완료의 형태라면 이것이 주절의 동사형이 되고, 이에 따라 종속절의 동사형은 대개 과거완료 형태로 나타나게 된다.

또 다음과 같은 단문 구조 (11a)를 (11b)와 같이 주절과 종속절로 이루어진 가정법 문장으로 바꾸게 되면 종속절의 동사가 가정법 현재형으로 바뀌게 되므로 결국 이 문장을 다음과 같이 주절과 종속절로 이루어진 (11b)와 같은 가정법의 내용을 나타내는 문장으로 바꿀 수 있다.

(11) a. A moment's reflection **will show** you are wrong.
　　 b. If you **reflect** a moment, it **will show** you are wrong.
　　　　[잠시 생각해 보면 네가 잘못이라는 점이 드러날 것이다.]

should/would에 like, prefer, hate, love와 같은 동사를 수반한 다음과 같은 형태의 문장에서도 조건을 나타내는 종속절 없이 주절이 독립적으로 쓰였다.

Jeremy **would like** to leave early.
[제리미는 일찍 떠나고 싶어한다.]
Bill **would like** (to have) a moped.
[빌은 모터 달린 자전거를 갖고 싶어한다.]

이러한 문장에는 if that would be possible과 같은 조건을 나타내는 종속절이 은연중에 포함되어 있을 것이며, 그렇지 않으면 부정사절에 조건의 뜻이 깃들어 있다고 설명할 수도

가정법(Subjunctive Mood)　463

있을 것이다. 따라서 예컨대 위의 첫 번째 문장은 If Jeremy could leave early, he would like that.처럼 나타날 것이다.

때로는 if I were you가 생략되고, 단지 I should(미국영어에서는 보통 would) …로 시작되는 주절만으로 조언을 나타내는데, 이것은 다소 You should …와 같은 뜻을 갖는다.

   I **should** get that car serviced.
      [나 같으면 그 자동차를 서비스 받을 텐데. → If I were you가 생략된 구조로서, 자동차 서비스를 받으면 좋겠다는 조언의 뜻이 들어 있음.]
   I **shouldn't** worry.
      [나라면 걱정하지 않을 거야. → 걱정하지 말라고 하는 조언의 뜻이 들어 있음.]
   I **should**n't be too confident of winning the game. They have an excellent team.
      [나라면 이 경기에 승리를 너무 장담하지 않을 텐데. 그들은 아주 훌륭한 팀을 가지고 있어.]

가정법 동사 형태가 포함된 문장에서 조건절의 뜻이 다음과 같이 명사어구(명사, 동명사절, 부정사절)를 비롯한 여러 가지 표현에 넌지시 나타나는 예들이 있다. 따라서 이러한 어구를 토대로 하여 조건절을 표출할 수 있는데, 이 때 조건절의 동사 형태는 문중에 나타난 가정법 동사 형태를 토대로 선택된다.

  (a) 명사어구:
   A little care *would have prevented* the accident.
   (= 'If you **had taken** a little care, you **would have prevented** the accident.')
      [조금만 조심했더라면 사고를 예방할 수 있었을 텐데.]
   If **a whisky** will make you feel better, I'**ll buy** you one.
   (= 'If you will feel better if you **have** a whisky, I'**ll buy** you one.')
      [위스키 한잔 마시고 기분이 좋아질 것이라면 내가 한 잔 사주지.]

  (b) 부정사절:
   I'*d be* glad **to thwart** him.
   (= 'I'd be glad if I **could thwart** him.')
      [그 사람을 제지시킬 수 있으면 좋겠는데.]
   It *would have taken* hours **to write** it with a pen.

(= 'It **would have taken** hours if I **had written** it with a pen.')

   [그것을 펜으로 썼더라면 시간이 많이 걸렸을 거야.]

(c) 부사류:

   Take a map with you; **otherwise** you're sure to get lost.

   (= If you **don't take** a map with you, you**'re sure** to get lost.)

   [지도를 갖고 가지 않으면 틀림없이 길을 잃을 거야.]

   She ran; **otherwise**, she *would have missed* her bus.

   (= 'If she **had not run**, she **would have missed** her bus.')

   [그녀는 달려갔다. 그렇지 않았더라면 버스를 놓쳤을 거야.]

(d) 전치사구:

   Without patriotism, Korea *could not have survived* amid its surrounding superpowers.

   [애국심이 없었더라면 한국은 주변 초강대국들 사이에서 살아남지 못했을 것이다.]

   Without its 600 cafés, Paris *wouldn't be* Paris.

   — Jean-Claude Drouin, "The Legendary Cafés of Paris"

   [600개의 까페가 없다면 파리는 그 기능을 잃을 것이다.]

   Do you think punch *would taste* better **with more fruit juice**?

   (= 'Do you think punch **would taste** better if it **contained** more fruit juice?')

   [과일 쥬스가 더 많이 들어 있으면 펀치 맛이 더 좋으리라고 생각하느냐?]

   In different circumstances, I *would have said* yes.

   (= 'If circumstances **had been** different, I **would have said** *yes*.')

   [상황이 달라졌더라면 나는 수락했을 것이다.]

   In your place, I *would have taken* a taxi.

   (= 'If I **had been** in your place, I **would have taken** a taxi.')

   [내가 너의 처지였더라면 나는 택시를 탔을 거야.]

(e) 관계사절:

   People who are sensitive *can appreciate* art.

   (= 'If people **are** sensitive, they **can appreciate** art.')

[감수성이 강한 사람은 예술을 감상할 수 있다.]

Obesity is partly to blame; **people who are overweight** have a much higher rate of diabetes.

(= 'Obesity is partly to blame; if people are overweight, they have a much higher rate of diabetes.')

[부분적으로는 비만이 문제가 된다. 과체중이 되면 당뇨병에 걸리는 비율이 훨씬 더 높다.]

As for myself, anyone **who asks me to post a letter** is a poor judge of character.

(= 'As for myself, if a person **asks** me to post a letter, he **is** a poor judge of character.')

[나에 대해서 말하자면, 어떤 사람이 내게 편지를 부쳐 달라고 요청한다면 그는 사람을 잘 못 본 것이다.]

Anyone who thinks they can take advantage of us will be disappointed.

(= 'If anyone thinks they can take advantage of us they will be disappointed.')

[어느 누구든지 우리를 이용할 수 있다고 생각한다면 실망하게 될 것이다.]

Anyone who thought they could take advantage of us would be disappointed.

(= 'If anyone thought they could take advantage of us they would be disappointed.')

[만약 어느 누구든지 우리를 이용할 수 있을 것이라고 생각한다면 실망하게 될 것이다.]

A country **that stopped working** would quickly be bankrupt.

(= 'If a country **stopped** working, it **would** quickly **be** bankrupt.')

[일을 중단하는 나라가 있다면 그 나라는 급속히 파산 지경에 이를 것이다.]

이상과 같은 예에서처럼 총칭적인(generic) 뜻을 나타내는 <선행사 + 관계사절>이 조건절의 뜻을 포함할 수 있다.

(f) 명사구 + and

One more step, and you *would have fallen* over the precipice.

(= 'If you **had taken** one more step, you **would have fallen** over the precipice.')

[한 걸음만 더 내디뎠더라면 너는 벼랑으로 떨어졌을 거야.]

Another half an hour, and the child *would have been* frozen to death in the deep snow.

(= 'If he **had been** in the deep snow for another half an hour, the child **would have been** frozen there.')

　[30분만 더 있었더라면 그 아이는 깊은 눈 속에서 얼어 죽었을 것이다.]

또한 '제한적인'(restrictive) 뜻을 가진 수식어를 수반하여 '총칭적인' 뜻을 나타내는 명사구에도 가끔 조건의 뜻이 포함된다.[31]

Careless drivers cause accidents.

(= 'If drivers are careless, they cause accidents.')

　[조심스럽게 운전하지 않는 사람은 사고를 낸다. → 주어 역할을 하는 명사구 careless drivers에 가정적인 뜻이 포함되어 있음.]

Cars manufactured abroad are less expensive.

(= 'If cars are manufactured abroad, they are less expensive.')

　[외국산 자동차 가격이 덜 비싸다.]

11.9. 조건절을 이끄는 종속접속사

지금까지 본 가정법 문장에서 일반적으로 조건절을 이끄는 종속접속사로서 if와 unless가 쓰인 예를 살펴보았다. 이 두 가지 이외에도 많은 단어들과 표현들이 if와 비슷한 뜻을 가지고 조건을 나타내는 종속절을 이끈다. 그 중에서 다음과 같은 것들이 가장 널리 사용된다.

> in case, imagine (that), suppose/supposing (that), provided/providing (that), as/so long as, on condition (that), unless

in case는 'if'(미국영어에서)의 뜻으로 쓰이거나,

If you rent a car, ask the company what to do **in case** your car breaks down. Some companies will ask you to call a special number. Others will

---

31　Quirk et al. (1985:).

want you to have the car repaired.
— Nancy Church & Anne Moss, *How to Survive in the U.S.A.*
   [자동차를 빌리게 되면 고장이 생기는 경우에 어떻게 해야 하는지 렌트카 회사에 물어보라. 어떤 회사들은 특정한 번호로 전화를 걸라고 할 것이다. 다른 회사에서는 자동차를 수리하도록 할 것이다.]

또는 'because ... perhaps/might'(...일지도 모르기 때문에)라는 뜻을 가지고 발생할지도 모르는 상황에 대하여 주절의 주어가 이에 대한 준비 또는 대비책(precautions)을 나타내는 절을 이끄는 경우에 사용된다.

I'll draw a map for you **in case** you can't find out our house.
(= ... because it is possible you won't be able to find out our house.)
   [네가 우리집을 찾지 못할 경우를 생각해서 지도를 그려주지.]
I'm thinking of insuring my car **in case** it gets stolen.
   [자동차가 도난당할 경우를 대비해서 내 자동차를 보험에 가입할까 생각하고 있다.]
I always have my credit card in my pocket **in case** there's a bargain.
   [나는 싸고 좋은 물건을 살 경우를 대비해서 항상 신용카드를 갖고 다닌다.]

영국영어에서는 in case와 if가 쓰일 때 주절의 상황이 발생하는 시점이 서로 다르다. in case는 앞으로 종속절에 진술된 내용이 발생할 것에 대비해서 주절에 언급된 내용이 먼저 이루어진다는 점을 나타내고, if는 종속절에 진술된 상황이 발생하고 나서 주절에 언급된 내용이 이루어진다는 점을 나타낸다. 그러므로 다음의 (12a)는 톰이 오든 오지 않던 먹을 것을 보다 많이 사오게 될 것이라는 뜻이고, (12b)는 톰이 오는 경우에는 먹을 것을 더 많이 사오게 되겠지만, 그가 오지 않게 되면 사오지 않을 것이라는 뜻을 암시하는 것으로서, 주절에 언급된 행위가 발생하느냐 하는 점이 종속절에 표현된 조건이 충족되느냐에 달려 있다.

(12) a. We'll buy some more food **in case** Tom comes.
       (= '... because Tom might come.')
          [톰이 올 것에 대비해서 우리는 더 많은 먹을 것을 사올 것이다.]
     b. We'll buy some more food **if** Tom comes.
          [톰이 오게 되면 먹을 것을 더 사올 것이다.]
People insure their houses **in case** they catch fire.

[집에 불이 날 것에 대비해서 사람들은 자기 집을 보험에 가입합니다.]
People telephone the fire brigade **if** their houses catch fire.
[사람들은 자기 집에 불이 나면 소방단에 전화를 한다.]

미국영어에서는 in case가 문두에 놓이게 되면 if와 같은 뜻으로 사용되기도 한다. 영국영어에서는 이런 경우에 if가 쓰인다.

In case the house burns down, we'll get the insurance money.
[그 집에 화재가 발생하게 되면 우리는 보험금을 받게 될 것이다.]
In case you want me, I'll be in my office until lunchtime.
[나를 필요로 한다면 점심시간까지 사무실에 있을게.]

in case of는 'if/when there is ...'라는 뜻의 복합 전치사로서, 특히 다음과 같이 게시(notices) 내용을 전달할 때 사용된다.

In case of an emergency, telephone this number.
(= If there is an emergency, ...)
[비상시에는 이 전화번호로 전화를 하세요.]
In case of fire, please leave the building as quickly as possible.
[불이 나면 가급적 신속히 건물에서 빠져나가시오. → = if there is a fire, ...]

provided/providing (that), so/as long as는 'if and only if'(오로지 ...하는 경우에만)라는 뜻을 갖는 것으로서, on condition (that)과 마찬가지로 어떤 행위가 이루어지기 위한 정확한 조건을 구체적으로 제시하는 경우에 쓰인다. 주절과 종속절의 동사형은 일반적인 가정법 문장에서와 마찬가지로 전달하고자 하는 뜻에 따라 가정법 현재, 가정법 과거 및 가정법 과거완료 형태가 사용된다.

You can use my car { **as** / **so** } **long as** you **drive** carefully.
(= 'You can use my car but you must drive carefully — this is a condition.')
[조심해서 운전하겠다면 내 자동차를 써도 좋다.]
I'll accept any job **as long as** I **don't have to** get up early.
[일찍 일어나지만 않는 한 어떤 일이라도 수락하겠다.]

This kind of cancer can be cured, **provided** it **is caught** early.
　　[조기에 발견되기만 하면 이런 류의 암은 치료가 가능하다.]
We'll go to the seaside **providing** it **doesn't rain**.
　　[비가 오지 않으면 우리는 바닷가에 갈 것이다.]
My parents **would buy** me a flat **provided (that)** I **got married**.
　　[내가 결혼하기만 하면 부모님께서는 아파트를 사주실 거야.]
I'll give you the day off **on condition that** you **work** on Saturday morning.
　　[토요일 오전에 일하겠다는 조건이면 하루 쉬도록 해주겠다.]

이들 종속접속사들 중에서 on condition (that)은 그 주어로서 보통 사람을 요구하지만, 나머지는 주어의 선택에 제약이 없다.

(let's) suppose, supposing, imagine은 전형적으로 어떤 가정을 제시하는 것이다. 가정적 상황이 미래시이면 동사는 현재형이지만, 가정적 상황이 발생할 가능성이 아주 희박하다고 내다보는 경우에는 과거형을 사용한다. 더 나아가 과거의 사실에 반대되는 상황을 나타낼 경우에는 과거완료형을 사용한다.

Let's suppose (that) you **change** your job next year.
　　[내년에 네가 직장을 옮긴다고 생각해 보자.]
Supposing he **doesn't come** here in time.
　　[그가 제 시간에 여기에 오지 않는다고 가정해 보자.]
Imagine that you **became** the Prime Minister.
　　[네가 수상이 된다고 상상해 보라.]
Let's suppose (that) you **had changed** your job last year.
　　[네가 작년에 직장을 옮겼다고 생각해 보자.]
Suppose that the United Nations **had** the power to impose a peaceful solution.
　　[UN이 평화적인 해결책을 강요할 힘을 갖고 있다고 생각해 보자.]
Imagine (that) Morocco **had won** the World Cup.
　　[모로코가 월드컵 경기에 우승했다고 상상해 보아라.]

suppose, supposing (that)은 제안을 하는 경우에도 현재형 동사와 같이 쓰이며, 덜 확정적인 제안임을 나타낼 경우에는 과거형 동사를 사용한다.

Suppose you **ask** him.
　　(= 'Why don't you ask him?')
　　　[그에게 물어보면 어떨까?]

what if …?는 어떤 특정한 문제가 생기면 어떻게 해야 되는가 하는 점을 물을 때 쓰이며, 대충 'what will/would happen if' 또는 'supposing that'이라는 뜻을 갖는다.

　　What if we **are** wrong?
　　(= '**What will happen if** we are wrong?')
　　　[우리가 잘못이라면 어떻게 하지?]
　　What if there **were** really **to be** no more jobs?
　　　[정말로 일거리가 더 이상 없다면 어떻게 하지?]
　　What if the United Nations allies **had not carried out** President Roosevelt's intention?
　　　[연합군이 루즈벨트 대통령의 생각대로 하지 않았더라면 어떻게 되었을까?]

다음과 같은 예에서처럼 what if …?가 '제안'의 뜻을 나타내기도 한다.

　　What if we move the picture over there?
　　(= What will happen if we move …?)
　　　[이 그림을 저쪽으로 옮기면 어떨까?]

11.10. 가정법을 포함하는 표현들

11.10.1. I wish … 등

11.10.1.1. I wish + 가정법 과거 (완료)

wish는 화자가 실제적인 상황이 달라졌으면 하는 경우, 즉 상황이 현재나 과거와 정반대가 되었으면 하는 '가정법 과거'와 '가정법 과거완료'를 나타내는 경우에 사용된다. 이러한 경우에 wish 다음에 that이 이끄는 명사절이 오게 되는데, 대개 비격식적인 영어에서 that은 생략된다.

<I wish ... + 가정법 과거>(were/knew 등)에서 wish에 수반된 that-절에 가정법 과거 형태를 사용하여 현재 진술된 상황에 대하여 화자가 유감스럽다고 생각한다거나, 그 상황이 화자가 바라는대로 이루어지고 있지 않다는 뜻을 나타낸다.

(13) a. Sue wants to phone Paul but she can't do this because she doesn't know his number. She says. →
[스우는 폴에게 전화를 걸고 싶지만 그의 전화번호를 모르기 때문에 전화를 걸 수 없다.]
b. **I wish** I **knew** Paul's phone number.
(= I don't know it and I regret this.)
[폴의 전화번호를 알고 있으면 좋겠는데.]

(13a)는 현재의 사실적인 상황을 있는 그대로 나타낸 것이다. 반면에 I wish ...로 시작되는 (13b)는 (13a)와 반대되는 현재의 가상적인 뜻을 나타냄은 물론, 원하는 일이 이루어지지 않았다는 점에 대하여 유감스럽다는 뜻을 추가로 전달하는 것이다.

몇 가지 예를 더 들기로 한다.

It's so crowded here. **I wish** there **weren't** so many people. (but there are a lot of people.)
[여기는 너무 복잡하군. 이렇게 사람들이 많지 않았으면 좋겠는데. (하지만 사람들이 많아.)]
It rains a lot here. **I wish** it **didn't rain** so often.
[이곳에는 비가 많이 온다. 비가 좀 덜 왔으면 좋겠는데.]

<I wish ... + 과거완료>(had been/known 등)는 과거시에 어떤 일이 화자가 바라는대로 이루어지지 않은 점에 대하여 유감으로 생각한다는 뜻을 나타낸다. 예컨대 **I wish I had applied** for the job.(그 직장에 취업 지원서를 냈더라면 좋았을 걸.)와 같은 문장은 예컨대 과거 어느 시점에 신문에서 구인 광고를 보았을 때 판단을 잘못해서 원서를 내지 않은 것에 대하여 지금은 후회한다고 하는 경우에 쓸 수 있는 말이다.

"**I wish** I'**d married** you when you asked me," she said.

["결혼하자고 했을 때 결혼했더라면 좋았을 걸." 하고 그녀가 말했다.]

I **wish** I **had been** here yesterday. You all seem to have had such a good time.

[내가 어제 여기에 왔더라면 좋았을 걸. 너희들 모두 상당히 즐거웠던 것처럼 보이는데.]

The weather was cold while we were away. I **wish** it **had been** warmer.

[우리가 외출 중에 날씨가 추웠다. 좀 더 날씨가 따뜻했더라면 좋았을 걸.]

처음 문장에서 종속절인 when you asked me는 직설법 과거 동사를 사용하여 과거의 사실을 나타내고 있다.

11.10.1.2. I wish + ... would

예컨대 지금 비가 내리고 있으며, 비를 맞으며 외출하고 싶지 않아서 불평을 하면서 비가 그치기를 바라는 상황이라면 I wish 다음에 <would + 원형 동사>가 수반된 표현을 사용하여 이러한 상황을 전달하게 된다.

I **wish** it **would stop** raining.
[비가 그쳐 주었으면 좋겠는데.]

이러한 문장 구조에 would가 쓰여 화자(speaker)가 현재의 상황에 대하여 불만을 갖고 있어서, 현재의 상황과 다른 어떤 상황이 일어나기를 원한다거나, 어떤 사람이 어떤 행위를 해주기를 바란다고 '요구'하는 뜻을 포함한다. 그럼에도 불구하고 이와 같은 경우에 바라는 상황이 일어날 가능성이 없는 것은 아니지만, 일어날 것 같지 않다는 점을 나타낸다.

I **wish** he **would** give up that silly plan of his.
[그가 그 어리석은 계획을 포기했으면 하는데. → 계획을 포기할 것 같지 않다는 뜻이 내포되어 있음.]

I **wish** the postman **would** come soon.
[집배원이 곧 왔으면 좋겠는데. → 집배원이 곧 올 것 같지 않다는 뜻이 포함되어 있음.]

I **wish** you'**d** pay attention to what I'm saying.
[내 말에 귀를 기울여줬으면 좋겠는데.]

I wish ... wouldn't는 자주 반복되는 일에 대한 불만을 나타낼 때 사용된다.

> I **wish** you **wouldn't keep** interrupting me.
> [계속 나를 방해하지 말았으면 좋겠는데.]
> I **wish** you **wouldn't leave** the door open.
> [문을 열어 두지 말았으면 좋겠는데.]
> I **wish** people **wouldn't drop** litter in the street.
> [사람들이 거리에 쓰레기를 버리지 말았으면 하는데.]

wish 다음에 1인칭 주어(I, we)가 쓰이게 되면 would 대신 could가 쓰인다.

> I **wish I could** be you.
> [내가 너라면 좋겠는데.]
> I **wish I could** swim.
> [내가 수영을 할 줄 안다면 좋겠는데.]
> I **wish I could** have been with you.
> [내가 너와 같이 있을 수 있었더라면 좋았을 걸.]

wish는 want와 마찬가지로 to-부정사절을 수반하여 당면한 소망을 나타낸다.

> I $\begin{Bmatrix} \text{want} \\ \text{wish} \end{Bmatrix}$ to apply for a visa.
> [비자 신청을 하고 싶다.]

11.10.2. it's time ...

다음 두 개의 문장 (14a, b)의 관계를 보기로 하자.

> (14) a. **It's time** *that you did* something.
> b. **It's time** *for you to do* something.

(14a)에서처럼 it's time 다음에 놓인 (that-)절에 가정법 과거 동사 형태가 쓰여 과거가 아니

라, 현재 또는 미래를 나타낸다. 이것은 종속절에 표출된 상황이 마땅히 일어나게 된 시점보다 좀 늦었다는 점을 암시함은 물론, 이에 대하여 비난이나 불평한다는 점을 암시한다.

It's time you **did** something.
(= You **should have done** it already or **started**.)
[네가 어떤 일을 해야 할 때가 됐어. → 이미 어떤 일을 했어야 하거나 시작이라도 했어야 했음을 나타냄.]
It's time the children **were** in bed. It's long after their bedtime.
[애들이 잠잘 때가 됐는데. 잘 시간이 훨씬 지났어.]
We can't work together; I think **it's time** we **went** our separate ways.
[우리는 같이 일할 수 없어. 이제 각자 갈 길로 갈 때가 된 것 같은데.]

영국영어에서는 that-절에 진술된 상황이 속히 이루어져야 한다는 점을 나타내기 위하여 time 앞에 about이나 high를 첨가하여 비난의 강도가 더욱 높이게 된다.[32]

Jack is a great talker. But **it's about time** he **did** something instead of just talking.
[재크는 대단한 말쟁이다. 하지만 이제는 말만 하지 말고 뭔가를 해야 할 때가 됐는데.]
You're very selfish. It's **high time** you **realized** that you're not the most important man in the world.
[너는 아주 이기적이야. 이제는 네가 이 세상에서 제일 중요한 인물이 아니라는 걸 인식할 때가 됐어.]
It's high time you **had** your hair cut; it's getting much too long.
[머리를 잘라야 할 때가 충분히 됐는데. 너무 지나칠 정도로 길어지고 있어.]

그러나 (14b)에서와 같이 it's time 다음에 (that-)절이 아니라, to-부정사절이 놓이게 되면 단순히 표현된 어떤 상황이 일어날 적절한 시점이 됐다는 점을 나타내는 것일 뿐, 그러한 상황이 발생할 시점이 지났음을 암시하지는 않는다.

It's time **for us to go**.

---

32 Swan (2005: 286) and Thomson & Martinet (1986: 254).

가정법(Subjunctive Mood)   475

(= 'The time has now arrived for us to go.')

[우리 이제 갈 때가 됐어.]

It's time **for you to start doing something**.

[이제 네가 뭔가를 시작할 때가 됐어.]

11.10.3. if only …

if only …로 시작되는 절은 독립적으로 사용되거나, 완전한 조건문의 일부를 나타내는 것으로서, 이 절에서 선택된 동사의 시제 형태에 따라 쉽사리 이루어질 수 없는 희망이나 소원, 또는 유감 등을 나타낸다.

if only 다음에 현재 시제형 동사가 오거나, will + 원형 동사가 오게 되면 희망을 나타낸다.

If only he **comes** in time.
(= 'We hope he will come in time.')

[그가 제 시간에 왔으면 좋겠는데.]

If only he **will listen** to her.
(= 'We hope he will be willing to listen to her.')

[그가 그녀의 말을 들어주었으면 하는데.]

if only가 가정법 과거 또는 과거완료 동사 형태를 수반하게 되면 유감의 뜻을 나타낸다. 그러므로 이것은 I wish가 가정법 과거 또는 과거완료의 동사를 수반하는 것과 동일하지만, 이보다 더 강조하는 뜻이 된다.

If only he **didn't smoke**!
(= We wish he didn't smoke *or* We are sorry he smokes.)

[그가 금연을 해주었으면 좋으련만! → 현재 담배를 피우는 것을 유감으로 생각한다는 뜻임.]

If only I **knew** more people.

[내가 더 많은 사람들을 알고 있다면 좋으련만.]

If only I **could** be 20 again!

[다시 20세가 되었으면 좋겠는데!]

"**If only** I **hadn't agreed** to do it," he thought with a rueful smile.

["그 일을 하겠다고 하지 말걸." 하고 그는 후회의 미소를 지으며 생각했다.]

If only I had known about his coming, I **would have met** him at the station.
[그가 온다는 걸 알기만 했더라면 정거장으로 그를 마중 갔을 것인데.]

<if only + would>는 <if only + 가정법 과거>를 대신하는 표현으로서 현재의 행위에 대한 유감을 나타낼 수 있으며, wish + would와 뜻이 같다.

If only he **would** drive more slowly!
(= 'We are sorry that he isn't willing to drive more slowly.')
[그가 차를 좀더 천천히 운전했으면 좋겠는데.]

또한 크게 희망을 걸 수 없는 미래의 소망을 나타내기도 한다. 따라서 다음 문장은 사실상 비가 그치기를 기대할 수 없겠다는 뜻을 내포하고 있다.

If only it **would** stop raining, we could go out.
(= 'We don't really expect it to stop.')
[비가 갠다면 외출할 수 있겠는데.]

if only ...와 only if ...를 혼동하지 말아야 한다. only if ...는 어떤 특정한 결과를 초래하는 조건이 오로지 한 가지뿐이라는 '제외적인 조건'(exclusive condition)을 나타내는 경우에 사용된다. 다시 말하자면, 제시된 조건 이외의 다른 어떤 조건도 진술된 결과를 가져오지 않는다는 뜻을 나타낸다. 이에 대한 부정 표현은 only if ... not과 unless이다.

A will is valid **only if** it has been signed in the presence of two witnesses.
[유언장은 두 명의 증인 앞에서 서명된 경우에만 유효하다. → 두 명의 증인이 보는 앞에서 서명된 경우 이외의 어떤 경우에도 유언장의 효력은 발생하지 않는다는 뜻을 나타냄.]

John can go to university **only if** he gets a scholarship.
[존은 장학금을 받는 경우에만 대학에 진학할 수 있다. → 장학금을 받는 경우 이외에는 그 어떤 경우에도 대학 진학이 불가능하다는 뜻임.]

Don't apply for the job **unless** you have an M.A.
[석사학위를 갖고 있지 않으면 그 직장에 지원하지 마라. → 석사학위를 가진 경우 이외의 그 어떤 경우에도 지원하지 말라는 뜻임.]

특히 only if가 문두에 놓이게 되면 주절의 주어와 첫 번째 조동사의 어순이 도치된다.[33] 특히 도치되는 경우에 주절 안에 조작어가 없으면 시제에 따라 do, does, did가 첨가된다.

The picnic will be cancelled **only if** it rains. →
Only if it rains **will the picnic** be cancelled.
[비가 오는 경우에만 소풍이 취소될 것이다. → 주절에 조작어로서 will이 놓여 있기 때문에 이것과 주어의 어순이 도치되었음.]
If you water house plants prudently, they grow well indoors. →
Only if you water house plants prudently **do they** grow well indoors.
[실내에 놓인 화분 식물에 물을 잘 주게 되면 실내에서 잘 자란다. → 주절에 조작어가 없이 일반동사만 놓였기 때문에 only if가 문두에 놓여서 도치될 때 주절에 조작어로서 do가 놓여, 이것과 주어의 위치가 도치되었음.]

11.10.4. as if와 as though

as if와 as though(보다 격식적임)가 이끄는 절은 '조건'의 뜻과 더불어, How does someone behave?라는 의문문에 대한 대답으로도 나타날 수 있다는 점에서 '양태' (manner)의 뜻도 갖는다. 그러므로 He is not English, but speaks English **as if** he **were** English.는 He speaks English as he **would** speak if he **were** English.(그는 영국인처럼 영어를 말한다.)로 풀이된다. 즉, 실제로는 그 사람이 영국인이 아니지만, 영국인이라면 당연히 이렇게 말할 것이라고 기대되는 그러한 방식으로 말한다는 뜻을 나타낸다.

<as if/though + 가정법 과거>는 현재의 사실에 상반되거나, 일어날 것 같지 않다거나, 또는 의심스럽다는 등의 뜻을 나타낸다. 이러한 경우에 주절의 동사는 종속절의 동사에 관계없이 현재 또는 과거형을 사용할 수 있다.

He's **spending** money **as if** he **were** a millionaire.
[그는 백만장자인 것처럼 돈을 쓰고 있다. → 사실은 백만장자가 아님.]
He behaves **as if** he **were** the best player in the world.

---

[33] The rule basically is that **we reverse the order of the subject and the first auxiliary in the conditional clause if we begin a conditional sentence with the phrase** *Only if* .... — Firsten & Killian (2002: 446).

[그는 세계 제일의 선수인 것처럼 행동한다. → 사실은 그가 세계 제일의 선수가 아니라는 뜻을 포함하고 있음.]

He **orders** me about **as if** I **were** his wife.

[그는 나를 자기 아내인 것처럼 혹사시킨다.]

비격식적일 경우에는 가정법 동사 were 대신에 was가 사용되기도 한다.

He talks as if he **was** rich.
(Perhaps he is not.)

[그 사람은 부자인 것처럼 말한다. → 어쩌면 부자가 아닐지도 모른다는 뜻임.]

<as if/though + 가정법 과거완료>는 과거의 사실에 상반되거나, 또는 가상적인 상황을 나타낸다. 이 경우에 주절의 동사는 as if/though 다음에 놓인 가정법 동사에 관계없이 전달하고자 하는 시간상의 차이에 따라 현재형 또는 과거형을 사용할 수 있다.

When she came in from the rainstorm, she **looked** as if she **had taken** a shower with her clothes on.

[그녀가 폭풍우를 맞으며 들어왔을 때 마치 옷을 입은 채 샤워를 한 것처럼 보였다. → 실제로는 옷을 입은 채 샤워를 한 것이 아님.]

When I awoke, hours later, I felt **as if** I **had been** run over by a ten-ton truck.

[몇 시간 뒤 내가 깨어났을 때 나는 10톤 트럭에 치였던 것 같은 기분이었다.]

He talks about Rome **as though** he **had been** there himself.

[그는 자기가 직접 로마에 갔었던 것처럼 로마에 대하여 말한다.]

He $\begin{Bmatrix} \text{looks} \\ \text{looked} \end{Bmatrix}$ as though he **hadn't had** a decent meal for a month.

[그는 한 달 동안 식사다운 식사를 하지 못했던 것처럼 보인다/보였다.]

as if/though가 이끄는 절의 동사로 가정법 과거 형태와 가정법 과거완료 형태 중에서 어느 것을 선택할 것인가 하는 점은, 주절의 동사가 나타내는 시간과 밀접한 관계가 있다. 즉, **주절의 동사가 나타내는 시간과 as if/though-절의 상황이 발생하는 시간이 같은 시간이라고 한다면 가정법 과거 동사 형태를 쓸 것이고, 주절의 동사가 나타내는 시간 이전에 일어난**

상황이라고 하는 경우에는 가정법 과거완료 형태를 쓰게 된다. 예컨대 주절의 현재 동사가 나타내는 시간과 같다면 가정법 과거 동사 형태를 쓰고, 다른 시간이라면 가정법 과거완료 형태로 나타내게 된다. 그러므로 He **looks** as if he **were** sick.은 현재 아픈 것처럼 보인 다는 뜻이고, He **looks** as if he **had been** sick.은 지금 보기에 과거에 아팠던 것처럼 보인다는 뜻이다. 주절의 동사가 과거 형태 looked일 때도 마찬가지이다. 따라서 ... as if he were sick은 looked와 같은 시간인 과거시를 나타내고, as if he had been sick은 과거에 보기에 그 이전 시간에 아팠던 것처럼 보였다는 뜻이 된다.

위에서 본 바와 같이, as if/though 다음에 대개 가정법 동사가 오지만, 직설법 동사가 사용되면 그 진술 내용이 사실일 수도 있음을 배제하지 않는다.

> He acts **as if** he**'s** smarter than anyone else.
> [그는 다른 어떤 사람보다 똑똑한 사람인 것처럼 행동한다. → 실제로 그가 다른 사람보다 똑똑한 사람일 것이라는 점을 배제하지 않음.]

11.10.5. if it were not for

<if it were not for + 명사구>는 현재 어떤 특정한 한 가지 사건 또는 상황이 모든 것을 바꾸어 놓는다는 점을 말하는 경우에 사용되며, 주절에는 법조동사의 과거형 + 원형 동사가 쓰여 가정법 과거를 나타낸다.

> **If it were not for** his wife's money he**'d** never **be** a director.
> [만일 아내의 돈이 없다면 그는 결코 이사가 되지 못할 것이다. → 그의 아내에게 돈이 있기 때문에 그가 이사가 될 수 있는 상황이 되었다는 뜻임.]
> **If it weren't for** the children, I **wouldn't mind** anything.
> — William Somerset Maugham, *The Moon and Six Pence.*
> [애들이 없다면 나에게는 신경 쓸 일이 아무것도 없을 텐데.]
> **If it weren't for** your help, I **would** still **be** homeless.
> [너의 도움이 없다면 나는 아직도 집 없는 신세가 되었을 것이다.]

과거시에 대한 진술일 경우라면 <if it had not been for + 명사구>가 사용되고, 주절의 동사는 일반적인 가정법 과거완료의 경우와 같다.

If it hadn't been for the snow, we **could have got** there much earlier.
[눈이 내리지 않았더라면 우리는 훨씬 더 일찍 그곳에 도착할 수 있었을 텐데.]
If it hadn't been for the rain, we **would have had** a good harvest.
[비가 오지 않았더라면 우리는 풍작을 이루었을 것인데.]

이상과 같은 두 가지 표현은 부정의 뜻이 담긴 가정적 조건을 나타내는 'but for'와 뜻이 같다. 만약 but for로 바꿔 사용되는 경우에 이와 관련된 주절의 동사는 문맥에 의해 추측이 가능하다. 예컨대 현재시와 관련해서 말하는 경우라면 주절의 동사는 일반적으로 법조동사의 과거형 + 원형 동사가 될 것이고, 과거시와 관련되었으면 법조동사의 과거형 + 현재완료의 형태가 될 것이다.

My father pays my fee. **But for that** I **wouldn't be** here.
(= If my father didn't pay my fee,)
[나의 아버지께서 내 요금을 내주신다. 그렇지 않으면 나는 여기에 오지 못할 것이다.]
But for your help, I don't know what I'**d have done**.
[너의 도움이 없었더라면 난 어떻게 했을지 모른다.]
The car broke down. **But for that** we **would have been** in time.
[자동차가 고장이 났었어. 그렇지 않았다면 우리는 시간에 늦지 않았을 것이다.]

11.11. if의 생략과 도치

아주 격식적인 문어체 영국영어에서는 '가정적'이거나 '사실에 상반되는 내용을 나타내는 조건절을 이끄는 if가 생략되고, 동시에 주어와 조작어 역할을 하는 조동사가 도치된다. 이러한 현상은 조건절의 조동사로서 were, were to, should, had가 쓰이는 경우에만 일어난다.[34]

---

34 In hypothetical conditionals with initial *if* clauses containing certain auxiliary verbs such as *had* or *should*, it is possible to delete the initial *if*; however, when such a deletion takes place, subject/ operator inversion must follow:
  If I had known that, I wouldn't have said anything.
  Had I known that, I wouldn't have said anything.
  — Celec-Murcia & Larsen-Freeman (1999: 547); In formal and literary styles, if can be dropped and an auxiliary verb put before the subject. This happens mostly with *were, had*

***Had* you** obeyed orders this disaster would not have happened.

[명령을 따랐더라면 이러한 재난은 일어나지 않았을 것이다. → If you had obeyed orders에서 if가 생략되고, 주어와 조동사의 어순이 바뀌어 이루어진 것임.]

***Were* the government** to cut Value Added Tax, prices would fall.

[정부가 부가 가치세를 내린다면 물가가 내리겠지요.]

***Should* anyone** phone, please tell them I am busy.

[혹시 누구한테서 전화 오거든 내가 바쁘다고 말해 달라.]

***Were* I** in your position I'd accept the offer.

[내가 너 입장이라면 그 제의를 수락하겠는데.]

if가 생략된 종속절에서 부정어 not은 조동사와 합쳐서 한 개의 단어로 축약되지 않는다. 그러므로 ***Hadn't** I known ...으로 축약되지 않고, 이들이 각각 완전한 단어로 쓰여 **Had I not** known ...이라고 하여야 한다.

Had we **not** changed our reservations, we should all have been killed in the crash.

[예약을 변경하지 않았더라면 우리 모두 추락 사고로 죽었을 것이다.]

Had it **not** been for the unusually bad weather, the rescue party would have been able to save the stranded climber.

[보기 드문 궂은 날씨가 아니었더라면 구조대는 낙오된 등산객을 구출할 수 있었을 텐데.]

Were it **not** for music, our life would be as dry as a desert.

[음악이 없으면 우리의 삶은 사막처럼 메마를 것이다.]

11.12. 생략과 대용

다른 뜻을 전달하는 종속절의 경우와 꼭 마찬가지로, 가정법 문장에서도 불필요한 반복을 피하기 위해서, 또는 문장의 길이 등을 고려해서 생략(省略: ellipsis)과 대용(代用: substitution)이라는 두 가지 문법적인 방편을 이용하기도 한다.

가끔 if나 unless가 유도하는 가정적인 뜻을 나타내는 조건절의 주어와 결과절의 주어가 같은 대상을 가리키고, 조건절의 동사가 be 동사일 경우에는 조건절에서 주어와 be 동사가

---

and *should*. — Swan (2005: 238).

생략되기도 하는데, 이렇게 되면 조건절에는 if나 unless 이외에 명사구, 형용사구, 전치사구, 분사어구 따위만 남아 있게 된다.

If about to go on a long journey, try to have a good night's sleep.
[긴 여행을 떠나려고 하는 중이라면 밤잠을 잘 자도록 해라. → if 다음에 you are가 생략됨.]
You would make an excellent medium, **if properly trained**.
[만약 적절하게 훈련만 받는다면 너는 아주 훌륭한 중재자가 될 것이다. → if 다음에 you were가 생략되었음.]
Alice would certainly die, **if deprived of her insulin**.
[앨리스에게서 인슐린이 제거된다면 틀림없이 그녀는 죽을 것이다. → if 다음에 she were가 생략되었음.]
Perfume, **if bought** at the airport for an international flight, is duty-free.
[향수를 국제선 공항에서 사면 세금이 면제됩니다. → if 다음에 it is가 생략되었음.]
If still alive, he must be at least ninety years old.
[아직 살아 있다면 그는 적어도 90세쯤 되었겠지. → if 다음에 he were가 생략되었음.]
Unless watched, he will escape.
[감시를 받지 않으면 그는 도망칠 거야. → unless 다음에 he is가 생략되었음.]

마찬가지로 종속절을 이끄는 if와 다음에 놓인 ever, necessary, possible, in doubt, 그리고 가끔 any(thing) 따위 앞에서 주어와 be 동사가 생략된다.[35]

Dr Lyte suggested the baby could be adopted, **if necessary**.
[라이트 박사는 필요하다면 그 아이를 양자로 삼을 수 있을 것이라고 말했다. → = If it is necessary ...]
Marion wants me to type the letter **if possible**.
[메리언은 가능하다면 내가 그 편지를 타이핑하기를 바란다. → if 다음에 it is가 생략되었음.]
There is little <u>**if any**</u> good evidence for flying saucers.
        (= 'if there is any good evidence at all.')
[비행접시에 대한 증거가 있다 해도 충분한 증거는 거의 없다.]
He seldom **if ever** travels abroad.
[그는 웬만해서는 외국 여행을 하지 않는다. → seldom 다음에 travels와 if 다음에 he가

---

[35] Swan (2005: 238).

생략되었음.]
Usually, **if not always**, we write 'cannot' as one word.
[항상 그런 것은 아니지만 우리는 대개 cannot을 한 단어로 쓴다.]
If in doubt, wait and see.
[의심스러우면 기다려 보라. → if 다음에 you are가 생략되었음.]

대개 관용어구처럼 쓰이는 표현일 경우에는 생략된 단어를 정확하게 회복시키는 일이 쉽지 않다. as if가 이끄는 절에서는 이 다음에 주어 + 동사 등을 갖춘 정형절이 축약되어 그 결과 분사절이나 부정사절 따위와 같은 구조가 나타날 수 있다.

After scoring, Fowler fell to the floor **as if hit by a bullet**.
[득점하고 나서 파울러는 총에 맞은 것처럼 마루에 쓰러졌다. → as if 다음에 he were가 생략된 것으로 볼 수 있음.]
True happiness is never to be found outside the Self. Those who seek it there are **as if chasing rainbows among the clouds**!
— Paramhansa Yogananda, *How to be Happy All the Time*.
[참된 행복은 절대로 자아(自我) 밖에서 찾을 수 없다. 자아 밖에서 참된 행복을 찾고자 하는 사람은 마치 구름 사이로 무지개를 쫓아가는 것과 같지 않은가!]
Brian shook his head **as if to say "don't trust her."**
[브라이언은 마치 "(나는) 그녀를 믿지 않아."라고 말하려고 하는 것처럼 고개를 저었다.]

if 다음에 앞에서 언급된 절이나 문장 전체를 되풀이하거나, 이를 부정하는 대신에 각각 대용형(代用形: pro-form)으로 so와 not을 사용할 수 있다.

The rumour may be true. **If so**, he will be in trouble with the government.
(= … If the rumor is true, …)
[그 소문이 사실일지도 모르지. 만약 그렇다면 그는 정부와 마찰이 생길 것이다.]
Patrick might be found guilty, and **if so**, would go to prison.
[패트릭은 유죄임이 밝혀지게 될 것이고, 그렇게 되면 그는 감옥에 가게 될 것이다.]
I might see you tomorrow. **If not**, then it'll be Saturday.
(= …. If I don't see you tomorrow ….)
[내일 너를 만나볼 수 있을 거야. 그렇지 못한다면 토요일이겠지.]

참고문헌

김건옥. 1994. 2008. 우리 논리로 이해하는 영어시제. 교문사.

문용. 1994. 2008. 고급 영문법해설. 박영사.

이기동. 1992. 영어동사의 문법. 신아사.

조성식 역(中島文雄 저). 1981. 英語의 構造. 신아사.

조성식 외. 1982. 現代英語學硏究(조성식교수화갑기념논총). 신아사.

村田勇三郞. 1982. 機能英文法. 東京: 大修館書店.

Adams, Valerie. 1973. *An Introduction to Modern English Word-Formation*. London: Longman.

Akatsuka, Noriko. 1985. "Conditionals and the Epistemic Scale." *Language* 61:3. 625-639.

Akmajian, Adrian & Frank Heny. 1975. *An Introduction to the Principles of Transformational Syntax*. Cambridge: The MIT Press.

Alexander, L. G. 1996. *Longman English Grammar*. London: Longman.

Azar, Betty Schrampfer. 1999. *Understanding and Using English Grammar*. London: Longman.

Baker, C. L. 1997. *English Syntax*. Cambridge: The MIT Press.

Beedham, Christopher. 1982. *The Passive Aspect in English, German and Russian*. Tübingen: Gunter Naar Verlag.

Biber, Douglas, Stig Johansson, Geoffrey Leech, Susan Conrad & Edward Finegan. 1999. *Longman Grammar of Spoken and Written English*. London: Longman.

Bolinger, Dwight. 1977a. *Meaning and Form*. London: Longman.

_____. 1977b. "Transitivity and Spatiality: The Passive of Prepositional Verbs." *Linguistics at the Crossroads*. ed. by Makkai, Adam, Valerie Becker Makkai, & Luigi Heilmann. Lake Bluff, IL.: Jupiter Press.

Brook, G. L. 1958. *A History of the English Language*. New York: W. W. Norton & Company, Inc.

Carter R. & M. McCarthy. 2006. *Cambridge Grammar of English*. Cambridge: Cambridge University Press.

Carter, Ronald, Rebecca Hughes & Michael McCarthy. 2002. *Exploring Grammar in Context (upper-intermediate and advanced)*. Cambridge: Cambridge University Press.

Celce-Murcia, M. & D. Larsen-Freeaman. 1983. 1999. *The Grammar Book: An ESL/EFL Teacher's Course*. Heinle & Heinle Publishers.

Christophersen, P. & A. O. Sandved. 1971. *An Advanced English Grammar*. London: Macmillan.

Close, R. A. 1975. *A reference grammar for students of English*. London: Longman.

_____. 1992. *A Teacher's Grammar: An Approach to the Central Problems of English*. London: Commercial Colour Press.

Coates, Jennifer. 1983. *The Semantics of the Modal Auxiliaries*. London: Croom Helm.

Comrie, Bernard. 1978. *Aspect*. Cambridge: Cambridge University Press.

_____. 1985. *Tense*. Cambridge: Cambridge University Press.

Conrad, Bent. 1982. *Referring and Non-referring Phrases: A Study in the Use of the Gerund and the Infinitive*. Copenhagen: Akademisk Forlag.

Cowan, Ron. 2008. *The Teacher's Grammar of English: A Course Book and Reference Guide*. Cambridge: Cambridge University Press.

Curme, George O. 1931. *Syntax*. Boston: D. C. Heath and Company.

Davison, Alice. 1980. "Peculiar Passive." *Language*. 56:1. pgs. 42-66.

Declerck, Renaaat. 1991a. *A Comprehensive Descriptive Grammar of English*. Tokyo: Kaitakusha.

_____. 1991b. *Tense in English: Its Structure and Use in Discourse*. New York: Routledge.

Dixon, R. M. W. 2005. *A Semantic Approach to English Grammar*. Oxford: Oxford University Press.

Downing, A. & P. Locke. 1992. *A University Course in English Grammar*. New York: Prentice Hall.

_____. 2006. *English Grammar: A University Course*. New York: Routledge.

Duffley, Patrick J. 1992. *The English Infinitive*. London: Longman.

_____. 2006. *The English Gerund-Participle: A Comparison with the Infinitive*. New York: Peter Lang.

Eastwood, John. 1997. *Oxford Guide to English Grammar*. Oxford: Oxford University Press.

_____. 2005. *Grammar Finder*. Oxford: Oxford University Press.

_____. 2013. *Oxford Practice Grammar: Intermediate*. Oxford: Oxford University Press.

Eckersley, C. E. & J. M. Eckersley. 1963. *A Comprehensive English Grammar for Foreign Students*. London: Longmans.

Ek, Jan van & Nico J. Robat. 1984. *The Student's Grammar of English*. Oxford: Basil Blackwell. (고경환 역. 1988. 대학영문법. 한신문화사.)

Fellbaum, C. 1985. "Adverbs in Agentless Actives and Passives." *CLS*. 21:2.

Firsten, Richard & Patricia Killian. 2002. *The ELT Grammar Book: A Teacher-Friendly Reference Guide*. California: Alta Book Center Publishers

Frank, Marcella. 1993. *Modern English: A Practical Reference Guide*. Englewood Cliffs, NJ.: Regents/Prentice Hall.

Freed, Alice F. 1979. *The Semantics of English Aspectual Complementation*. Boston: D. Reidel Publishing Company.

Freidin, Robert. 1975. "The Analysis of Passive." *Language*. 51:2. pgs. 384-405.

Fries, Charles Carpenter. 1940. *American English Grammar: the Grammatical Structure of Present-Day American English with Especial Reference to Social Differences or Class Dialects*. New York: Appleton-Century-Crofts, Inc.

Givón, T. 1993a. *English Grammar: A Function-Based Introduction*. vol. I. Philadelphia: John Benjamins Publishing Company.

_____. 1993b. *English Grammar: A Function-Based Introduction*. vol. II. Philadelphia: John Benjamins Publishing Company.

Hamawand, Zeki. 2004. "Determinants of Complement Clause Variation in English." *English Studies*. 85:5. pgs. 451-464.

Harley, Heidi. 2006. *English Words: A Linguistic Introduction*. Blackwell Publishing.

Hewings, Martin. 1999. 2005. *Advanced Grammar in Use* (A self-study reference and practice book for advanced students of English). Cambridge: Cambridge University Press.

Hofmann, Th. R. 1993. *Realms of Meaning: An Introduction to Semantics*. London: Longman.

Hornby, A. S. 1975. *Guide to Patterns and Usage in English*. Oxford: Oxford University Press. (영어의 형과 어법연구회 역. 1989. 혼비 영문법. 범문사.)

Huddleston, Rodney D. 1971. *The Sentence in Written English: A Syntactic Study Based on an Analysis of Scientific Texts*. Cambridge: Cambridge University Press.

_____. 1984. *An Introduction to English Grammar*. Cambridge: Cambridge University Press.

_____. 1988. *English Grammar: an outline*. Cambridge: Cambridge University Press.

Huddleston, Rodney D. & Geoffrey K. Pullum. 2002. *The Cambridge Grammar of the English Language*. Cambridge: Cambridge University Press.

_____. 2005. *A Student's Introduction to English Grammar*. Cambridge: Cambridge University Press.

Hudson, R. A. 1971. *English Complex Sentences: An introduction to systemic grammar*. Amsterdam: North-Holland Publishing Company.

Hyde, Brett. 2000. "The structures of the to-infinitive." *Lingua* 110. pgs. 27-58.

Jackson, Howard. 1990. *Grammar and Meaning: A Semantic Approach to English Grammar*. London: Longman.

Jacobs, Roderick A. 1995. *English Syntax: A Grammar for Language Professionals*. Oxford: Oxford University Press.

Jespersen, O. *A Modern English Grammar, on Historical Principles*. pts. II(1913),

III(1927), IV(1931), V(1940), VI(1942), VII(1949). London: George Allen & Unwin Ltd.

_____. 1933. *Essentials of English Grammar*. London: George & Unwin Ltd.

_____. 1937. *Analytic Syntax*. N. Y.: Holt, Rinehart and Winston, Inc.

Joos, Martin. 1964. *The English Verb: Form and Meanings*. Madison: The University of Wisconsin Press.

Kaplan, J. P. 1989. *English Grammar: Principles and Facts*. Englewood Cliffs, N. J.: Prentice-Hall, Inc.

Kilby, Da, Stevenvid. 1984. *Descriptive Syntax and the English Verb*. London: Croom Helm.

Kolln, Martha & L. Gray. 2010. *Rhetorical Grammar: Grammatical Choices, Rhetorical Effects*. Boston: Longman.

Kruisinga, E. 1931. A *Handbook of Present-Day English: English Accidence and Syntax*. II:1. Groningen: P. Noordhoff.

Leech, Geoffrey. 1971, 1989, 2004. *Meaning and the English Verb*. London: Longman. (고경환 역. 1985. 英語動詞意味論. 한신문화사.)

Lees, Robert B. 1960. *The Grammar of English Nominalization*. Bloomington: Indiana University Press.

Mair, Christian. 1990. *Infinitival Complement Clauses in English: A Study of Syntax in Discourse*. Cambridge: Cambridge University Press.

Menzel, Peter. 1975. *Semantics and Syntax in Complementation*. The Hague: Mouton.

Meyer-Myklestad, J. 1967. *An Advanced English Grammar for Students and Teachers*. New York: St. Martin's Press.

Miller, D. Gary. 2002. *Nonfinite Structures in Theory and Change*. Oxford: Oxford University Press.

Moy, Raymond H. 1977. "Contextual Factor in the Use of the Present Perfect." *Tesol Quarterly* 11:3. pgs. 303-309.

Murphy, Raymond. 1998. *English Grammar in Use: A self-study reference and pr actice book for intermediate students*. Cambridge: Cambridge University Press.

Onions, C. T. 1929. *An Advanced English Syntax*. London: Kegan Paul.

Ouhalla, Jama. 1994. *Introducing Transformational Grammar: From Rules to Principles and Parameters*. New York: Edward Arnold.

Palmer, F. R. 1987. *The English Verb*. London: Longman.

Park, Nahm-Sheik. 2005. *Looking into the Structure of English: Studies in Structural Rhythm and Relativity*. Seoul National University Press.

Pertejo, Paloma Núñez. 1999. "Be Going to + Infinitive: Origin and Development. Some Relevant Cases from the Helsinki Corpus." *Studia Neophilologica*. 71. pgs. 135-142.

Pickett, Joseph P.(Executive Editor). 2005. *The American Heritage Guide to Contemporary Usage and Style*. Boston: Houghton Mifflin Company.

Postal, Paul M. 1974. *On Raising: One Rule of English Grammar and its Theoretical Implications*. Cambridge: The MIT Press.

Poutsma, H. 1923. *The Infinitive, the Gerund and the Participles of the English Verb*. Groningen: P. Noordhoff.

_____. 1926. *A Grammar of Late Modern English*. Pt. II: The Parts of Speech. Section II, The Verb and the Particles. Groningen: P. Noordhoff.

Pullum, Geoffrey K. 1991. "English nominal gerund phrases as noun phrases with verb-phrase heads." *Linguistics* 29. pgs. 763-799.

Pustet, Regina, Juliana Wijaya & Than Than Win. 2006. "Progressives in typological perspective." *Languages in Contrast* 6:2. pp.177-227.

Quirk, R., S. Greenbaum, G. Leech & J. Svartvik. 1972. *A Grammar of Contemporary English*. New York: Seminar Press.

_____1985. *A Comprehensive Grammar of the English Language*. London: Longman.

Randall, Bernice. 1988. *Webster's New world Guide to Current American Usage*. New York: Webster's New World.

Richards, Jack C. 1979. "Introducing the Perfect: An Exercise in Pedagogic Grammar." *TESOL Quarterly*. 13:4. pgs. 495-500.

Roberts, Paul. 1954. Understanding Grammar. New York: Harper & Row.

Sawasaki, Koichi. 2000. "On Adversity in English *Get*-Passives." *Journal of Kok-*

kaido Linguistics. Vol.1. pgs. 15-28.

Schibsbye, Knud. 1965. *A Modern English Grammar*. London: Oxford University Press.

Sheffer, Johannes. 1975. *The Progressive in English*. Amsterdam: North-Holland Publishing Company.

Siewierska, Anna. 1983. "Another theory of the passive which doesn't work." *Linguistics*. 21. pgs. 557-571.

_____. 1984. *The Passive: A Comparative Linguistic Analysis*. London: Croom Helm.

Sinclair, John(editor-in-chief). 1990. *Collins Cobuild English Grammar*. London: Penguin Books.

Stein, Gabriele. 1979. *Studies in the Function of the Passive*. Tübingen: Gunter Narr Verlag.

Swan, M. 2005. *Practical English Usage*. (3rd ed.) Oxford: Oxford University Press.

Sweet, H. 1891-98. *A New English Grammar. Logical and Historical*. Pt. I (1891), Part II (1898). Oxford: Clarendon Press.

Thomson, A. J. & A. V. Martinet. 1980, 1986. *A Practical English Grammar*. Oxford: Oxford University Press. (박의재 역. 1985. 實用英語文法. 한신문화사.)

Tobin, Yishai. 1993. *Aspect in the English Verb: Process and result in Language*. London: Longman.

Vendler, Zeno. 1967. *Linguistics in Philosophy*. Ithaca: Cornell University Press.

Williams, Christopher. 2002. "Non-progressive aspect in English in commentaries and demonstrations using the present tense." *Journal of Pragmatics*. 34:9. pgs. 1235-1256.

Wrenn, C. L. 1952. *The English Language*. London: Methuen & Co Ltd.

Xiao, Richard, Tony McEnery and Yufang Qian. 2006. "Passive construction in English and Chinese: A Corpus-based contrastive study." *Language in Contrast*. 6:1. pgs. 109-149. (http://www.ancs.ac.uk/pstgrad/xiaoz/papers/passive%wopaper.doc.)

Yidi, Wu. 1997. "Higher Verbs and Their Nonfinite Complements." *Journal of En-

glish Linguistics. 25:3. pgs. 241-249.

Yule, George. 2006. *Oxford Practice Grammar* (Advanced). Oxford: Oxford University Press.

Yule, George. 2011. *Explaining English Grammar*. Oxford: Oxford University Press.

Zandvoort. R. W. 1969. *A Handbook of English Grammar*. Tokyo: Maruzen Company Ltd.

찾아보기

1. 문법사항

ㄱ

가정법 과거 ·················· 436-443
　- 구조 ······················· 436-440
　- 뜻 ·························· 441-443
가정법 과거와 과거완료 ············ 448
가정법 과거완료 ·················· 443-445
　- 구조 ······················· 443-444
　- 뜻 ·························· 444-445
가정법 과거완료와 가정법 과거 ····· 446-448
가정법 과거완료와 과거의 혼합 ······ 446
가정법과 직설법 ················· 421-423
가정법을 포함하는 표현들 ······· 471-481
　- as if와 as though ············ 478-480
　- but for ······················ 481
　- if it had not been for ··········· 480
　- if it were not for ·············· 480
　- if only ... ···················· 476-478
　- it's time ····················· 474-475
　- I wish ... ···················· 471-474
가정법 현재 ····················· 423-436
　- 구조 ························ 423-425
　- 동사 변이형 ·················· 426-428
　- 뜻 ··························· 434-435
간접목적어와 직접목적어 ······· 161-163
간접 의문문 ······················ 227
감각동사 ·························· 85
감영동사 ························· 338
감정동사의 분사형 ············· 395-397

강의어 ······················ 178, 362
개방조건 ······················ 44, 434
과거분사절 ······················· 404
과거속의 과거 ····················· 203
과거시제 ························ 45-52
　- 시간 영역 ···················· 45-46
　- 시간 표현 ···················· 48-51
과거에서 본 미래 ·········· 59, 69, 255
과거완료 ························ 111-113
과거완료 진행형 ·················· 113
과거진행형 ·················· 52, 79-80
과장 용법 ························· 75
관계동사 ························ 90-92
구정보 ······ 119, 127-129, 131-132, 135-137, 239-240

ㄴ

논리적인 시간 관계 ················ 24
능동—수동태 ················· 168-173
　- 구조적 특성 ················ 170-173
　- 의미 ····················· 168-170
능동태 ·························· 115

ㄷ

다어농사 ······················ 145-150
단순시제형 ······················ 26-28
대부정사절 ···················· 258-262
독립 부정사절 ·················· 250-251
독립절을 대신하는 분사절 ····· 415-417
동등·비교동사 ···················· 143
동명사와 현재분사 ············· 277-281

- 강세 ·································· 279-281
- 구조와 뜻 ··························· 277-279
동명사의 형태 ························ 281-287
- 부정 ···································· 285-287
- 수동 ·· 282
- 시제형 ································ 281-282
동명사절 ································· 287-295
- 관용적 용법 ······················· 351-354
- 시간 관계 ··························· 306-310
- 절 구조 ······························· 289-291
- 절성과 명사성 ··················· 292-295
동명사절과 동작명사구 ·········· 295-305
- 구조적 차이 ······················· 295-302
- 의미의 차이 ······················· 303-305
동명사절과 부정사절 ············· 327-350
- 목적어 ································ 333-345
- 주어 ···································· 328-332
동명사절, 분사절 ···················· 280-281
동명사절의 성격 ···················· 287-295
- 동사적 ································ 289-295
- 명사적 ································ 288-289
동명사절의 외치 ···················· 322-327
- 목적어 + 목적보어 ······················ 326
- 외치의 조건 ······················· 322-324
- 우측 전위 ··························· 325-327
- 주어를 수반한 동명사절 ······ 324-325
동명사절의 주어 ···················· 310-317
- 명시적 주어 ······················· 310-316
  목적격 주어 ······················· 315-316
  속격 주어 ··························· 310-315
- 이해된 주어 ······························ 316
동사적 분사 ································· 361
동시적 현재 ······························ 34-39
동일 명사구 삭제 원칙 ··········· 290, 312
동작명사구 ······························ 295-305
동작 수동태 ··········· 174-176, 178, 183
동작주 ···················· 62, 81-82, 84, 86
- 명백한 동작주 ··················· 133-135
- 무동작주 수동태 ························ 132
- 불분명한 동작주 ························ 132
동적동사 ·································· 80-81
동적동사와 상태동사의 구분 ······· 81-83
동적 형용사 ······························· 92-94
두부 과대 ······························ 130, 224

ㅁ

명사 + ed ···································· 373
- a bearded man ················· 374-375
- a one-eyed man ··············· 375-376
명사구 + to-부정사절 ············· 231-235
무동사절 ·· 405
문미 중점 ······························· 127-131
문미 초점 ······························· 127-131
문법적인 시제 ································· 24
문법적인 주어 ················ 159, 268, 328
미래시를 나타내는 현재시제형 ···· 43-45
미래시 표현 ······························· 52-69
- 현재시제형 ····························· 53-55
- 현재진행형 ····························· 55-59
- be going to ···························· 60-67
- will, shall ··································· 53
미래진행형 ································· 67-68

ㅂ

배경 ····································· 40, 80
법조동사 ·································· 166-167
변이형 ····································· 426-428
- 종속절 ································ 427-428
- 주절 ·· 426
복성동사 ·································· 148-150
복합 명사구 ····································· 314
복합시제형 ································· 26-28
부정 ························· 198-201, 285-287
- 부정사절 ···································· 199

- 상위절 ············· 200-201
부정사구 ················ 192
부정사절 ················ 193
  - 부정 ············· 198-199
  - 시간 관계 ········ 201-202
  - 시제와 태 ········ 197-198
  - 절 구조 ·········· 191-194
부정사절과 동명사절 ········· 156
부정사절의 동사 ······ 199, 201-203, 215, 247, 270-272
부정사절의 외치 ········· 223-226
  - 목적어절 ············· 226
  - 주어절 ··········· 223-226
부정사절의 주어 ········ 204, 215
  - 명시적 주어 ······· 205-211
  - 이해된 주어 ······· 212-213
  - 주어의 생략 ······· 213-215
부정사 표지어 ·········· 258, 259
분리 부정사절 ·········· 251-254
분사 + 명사 ············ 366-376
  - 과거분사 ·········· 369-370
  - 복합어 ············ 370-373
  - 현재분사 ·········· 367-369
분사의 수식어 ·········· 397-398
분사의 위치와 뜻 ········ 394-395
분사절 ················ 398-415
  - 구조 ·············· 398-407
  - 부정 ·············· 406-407
  - 접속사가 이끄는 분사절 ······ 401-404
  - being의 생략 ······· 404-406
  - on/upon + -ing 분사절 ············· 401
  - when + 분사절 ······ 402-404
분사절이 나타내는 뜻 ·········· 413-415
분사 형용사 ·········· 361-366, 376-393
  - 목적보어 ·········· 388-393
  - 전치 수식어 ······· 377-381
  - 주격보어 ·········· 387-388
  - 후치 수식어 ······· 382-387

- be + 과거분사 ········ 365-366
- be + 현재분사 ········ 362-364
비연관 분사절 ··········· 418-420

ㅅ

사실목적어 ················ 226
사실 서법 ················· 421
사실적 가정법 ············ 455-462
  - 명백한 추론 ········ 461-462
  - 습관적 조건 ········ 459-461
  - 총칭적 조건 ············ 458
  - 특정적 조건 ········ 456-458
사실주어 ··············· 223, 322
상상 서법 ················· 422
상승 ·················· 225, 373
상위절 ················ 158, 192
상위절의 동사 ········· 159, 193, 198-204, 210-211, 214-215, 218, 220-222, 228, 242, 253, 284-285, 290, 306-309, 313, 317-319, 334-336
상위절의 주어 ········ 158, 193-194, 210-211, 213-215, 228, 239-240, 247-248, 262, 270-271, 284, 290-291, 312-314
상태동사 - 32-33, 80-82, 86, 88, 91, 170, 184, 272, 302, 342, 384, 401, 440
상태 수동과 동작 수동 ········ 173-179
  - 수동 조동사 + 동사의 과거분사 ···· 175
  - 연결동사 + 분사 형용사 ········· 175
  - be + 과거분사 ········ 173-175
  - be + 과거분사의 분석 ········ 175-179
상태 수동태 ··········· 177-179
생략과 대용 ··········· 482-485
소유동사 ·················· 143
속격 주어 ············· 310-311
수동 부정사절 ········· 262-265
수동태 ··············· 115-118

- be-수동태와 get-수동태 …… 182-185
수동태에 따른 제약 ………… 139-168
- 동사 ……………………… 139-150
- 목적어 …………………… 154-163
- 의미 ……………………… 163-168
- 전치사를 수반한 수동태 … 150-154
수행동사 …………………………… 37
수행문 ……………………………36-39
순간동사 ………………… 84, 86, 393
시제와 시간 …………………… 23-25
- 불일치 …………………… 25-26
신정보 …… 119, 121, 125, 127-129, 131-132, 137-138, 162, 272

ㅇ

암시된 조건절 ……………… 462-467
양태부사 …………………… 125-127
어울림동사 ……………………… 143
여격명사 ………………………… 195
역사적 현재 ……………………39-40
완료 동명사 …………………… 281
완료 동명사절 ……………… 308-310
완료 부정사절 ………… 197, 203-204
완료분사절 ………………… 412-413
완료 수동 동명사 ……………… 282
완료 수동 부정사절 …………… 198
완료 진행 부정사절 …………… 197
외치 ………………………… 223-226
- 목적어절 ………………………226
- 주어절 …………………… 223-226
우측 전위 ……………………325-326
원형 부정사절 …………… 195, 265-275
- 등위절 ………………………… 273
- 의사 분열문 ………………… 272
- 전치사 ………………………… 274
위치동사 ………………………… 95
의도동사 ………………………… 345

의문 부정사절 ……………… 227-231
의문 한정사 ……………………… 230
의사보어 ………………………… 387
의사 분열문 ………… 82, 218, 220, 272
이행동사 ………………………… 84
인식동사 …………………… 42, 89-90
인식적 반응 ………… 323-324, 326-327
일반화 …………………………… 430

ㅈ

재귀대명사와 상호대명사 ……… 154-155
전경 ……………………………… 40, 80
전달동사 ……………………… 41-43
전치 ……………………………… 158
전치사를 수반한 동사 ………… 146-148
전치사 with(out)가 이끄는 분사절
………………………… 408-411
절대 분사절 ………………… 407-412
- 전치사 with(out)가 이끄는 분사절
………………………… 408-412
- 주어를 동반한 분사절 ……… 407-408
정감적 반응 ………… 322-323, 326
조건절을 이끄는 종속접속사 …… 467-471
주술관계 ……………………… 310, 367
주어를 동반한 분사절 ………… 407-408
주제 …… 46, 118-119, 121, 127, 134-137, 158, 161, 163-165, 239, 248
중간동사 …………………… 143-145
지각동사 …………………………86-88
직설법과 가정법의 혼합 ……… 448-450
진행과 비진행 ………………… 70-71

ㅊ

척도동사 ………………………… 143
초점 … 118-119, 125, 127-128, 130-132, 137, 224

총칭적 주어 ················ 167-168

ㅌ

타동성 ························ 139-142
태도 표시의 과거 ············ 51-52
태의 대립 ······················ 118-119

ㅍ

포괄시 ···························· 26, 29
표현의 간결성 ·············· 135-138

ㅎ

현재 동명사 ························ 281
현재 동명사절 ················ 307-308
현재 부정사절 ········· 197, 202-203
현재분사와 과거분사 ········ 355-357
현재분사절 ······· 402, 404-405, 412-413, 416-417
현재 수동 동명사 ·················· 282
현재 수동 부정사절 ··············· 198
현재시제 ··························· 29-45
 - 시간 영역 ···················· 29-30
 - 용법 ··························· 31-45
현재완료 ························ 95-111
 - 시간 영역 ···················· 95-96
 - 용법 ·························· 96-103
현재완료와 과거시제 ······· 103-107
현재완료 진행 ················ 107-111
현재 진행 부정사절 ··············· 197
현재진행형 + always 등 ······ 74-76
현재진행형의 용법 ············· 71-79
형식목적어 ························· 226
형식주어 ······················· 223, 322
혼합 가정법 ···················· 446-450
 - 직설법과 가정법 ········ 448-450

활동동사 ······························ 84
회상동사 ···························· 335

2. 어구

A

abhor ······························ 334
ache ································ 85
acknowledge ······················ 159
admire ····························· 38
admit ······························ 334
advise ························· 38, 333
ago ································· 112
agree ······························· 38
allow ······························ 333
anticipate ·························· 334
apologize ·························· 38
apply to ····························· 90
appreciate ························· 334
approve ···························· 38
arrive ······························· 84
as if와 as though ··········· 478-481
ask ··························· 84, 214
as/so long as ······················ 467
assume ····························· 159
authorize ·························· 333
avoid ································ 334

B

bake ································ 84
be ···································· 90
be + to-부정사절 ······ 68-69, 254-258
be about to ······················ 68-69

be afraid of/to	350
be allowed to	269
become	143
before	112
beg	214
begin	340
be going to	60–67
- 원인과 결과	64–66
- 현재의 의도	61–64
be going to와 will	65–66
believe	89, 159
belong	90, 143
be on the point of -ing	68–69
bequeath	38
be reputed to	160
be rumored to	160
be said to	160
bid	38
blink	86
burn	85
but for	481
by + 동작주	120–125, 175–176
by 이외의 전치사	179–181

C

call	84
can't help	334
cease	340
certain of/to	347
choose	214
commence	340
common	323
confess	38
congratulate	38
consider	159, 334
consist of	90
contain	90

continue	340, 343
cost	90, 143
cough	86

D

declare	159
defer	334
delay	334
demand	283
deny	334
deserve	283, 285
despair	334
detest	334, 338
die	84
differ from	90
dislike	89, 334, 338
dispute	334
disregard	334
do	84
doesn't bear	283
dread	338
dull	323

E

-en 분사형	357–361
encourage	333
endure	334
enjoy	334, 338
enough to do	246–248
entail	334
equal	143
escape	334
evade	334
exciting	323
excuse	334
exist	90

expect ·········· 159, 214, 221
express ·········· 38

F

fancy ·········· 334
feel ·········· 85-86, 159, 392
ferment ·········· 84
fill ·········· 84
finish ·········· 334
fit ·········· 90, 143
flash ·········· 86
For + 주어 ·········· 205-208
forbid ·········· 333
force ·········· 222
forget ·········· 335
forgive ·········· 334
fun ·········· 323

G

get ·········· 269
get-수동태 ·········· 182-189
give ·········· 84
glow ·········· 85
go + -ing ·········· 351
go on ·········· 343
grow ·········· 84
grudge ·········· 334
guess ·········· 38

H

hard ·········· 323
hate ·········· 89, 214, 338
have ·········· 90
have + -ing ·········· 390
have ... 과거분사 ·········· 391
have(사역동사) ·········· 269, 391
have been in/to ·········· 101
hear ·········· 86, 392-394
help ·········· 214, 270-273
hit ·········· 86
hurt ·········· 85

I

if와 when ·········· 429-433
if의 생략과 도치 ·········· 481-482
if and when ·········· 433
if it had not been for ·········· 480
if it were ·········· 436
if it were not for ·········· 480
if it were to ·········· 439-440
if not ·········· 484
if ... not과 unless ·········· 451
 - 교체 가능성 ·········· 451-453
 - 구조적 차이 ·········· 454-455
if only ·········· 476-477
if ... should ·········· 431-432
if so ·········· 484
if ..., then ·········· 428-429
illegal ·········· 323
imagine ·········· 214, 334
imagine (that) ·········· 467
important ·········· 323
improve ·········· 84
in case ·········· 467-468
in case of ·········· 469
include ·········· 90
in order (not) to ·········· 241-242
inquire ·········· 84
intend ·········· 214
interested in/to ·········· 348-349
involve ·········· 334
irritating ·········· 323

itch	85
I wish ...	473–474

J

jump	86

K

keep	334
kick	86
know	89, 159

L

lack	90, 143
last	143
learn/teach how to ...	230
leave	84
like	214, 221, 338
loathe	334
love	89, 214, 338

M

maintain	38
make	84, 269
marry	143
mean	89, 143
measure	143
melt	84
mind	334
miss	334

N

name	38
need	90, 214
need + -ing	283–285
nice	323
no + 동명사	286–287
nod	86
no good	323
normal	323
notice	86, 392–394
no use	323
number	143

O

object	38
observe	86
of + 주어	208–209
offer	38
only if ...	477
oppose	334
order	222
out of the question	323
own	90

P

pardon	334
pay	84
permit	333
perpetually	74
persuade	221–222
pinch	86
pleasant	323
possess	143
postpone	334
practise	334
prefer	214, 338
prepare	214
prevent	334
promise	38, 214

propose	38
provided/providing (that)	467, 469
provoke	333
put off	334

Q

quit	334

R

read	84
recall	334
recollect	334
recommend	38, 333-334
regret	335-336
regrettable	323
remember	89, 335
remind	337
renounce	334
report	159, 334
require	283
resemble	90, 143
resent	334
resist	334
risk	334

S

say	159
see	86, 89, 159
seem	90
shirk	334
shoot	86
slap	86
smart	85
smell	86, 392-394
so as (not) to	241-242

sound	90
stab	86
start	340-341
stimulate	333
stop	84, 344-345
suggest	38, 334
suit	143
suppose	89, 159
suppose, supposing (that)	470
suppose/supposing (that)	467
sure of/to	347
swear	337
sympathize	38

T

take off	84
tap	86
taste	86
tell someone (how) to do	230
thank	38, 337
that-절	157-160
there(부정사절의 주어)	206
think	89, 159, 214
tingle	85
to blame	265
tolerate	334
to let	265
too ... to	246-248
try and	242
try to	242

U

understand	159
urge	222, 333-334
useless	323

W

want ·············· 214, 283
warn ·············· 222
was/were going to ·········· 66
watch ·············· 392–394
weigh ·············· 90, 143
what if ...? ·············· 471–472
Why ...? ·············· 274–275
wink ·············· 86
wish ·············· 214
with(out) + 주어 + 분사형 ······ 408–411
withstand ·············· 334
wonder ·············· 89
wonderful ·············· 323
worth ·············· 354
would + hate/like 등 ·········· 340
wrong ·············· 323

의사소통을 위한
새로운영문법해설 2

1판 1쇄 발행 2020년 4월 30일

지 은 이 | 고경환
펴 낸 이 | 김진수
펴 낸 곳 | 한국문화사
등   록 | 제1994-9호
주   소 | 서울특별시 성동구 광나루로 130 서울숲 IT캐슬 1310호
전   화 | 02-464-7708
팩   스 | 02-499-0846
이 메 일 | hkm7708@hanmail.net
홈페이지 | hph.co.kr

ISBN   978-89-6817-875-7 94740
세트   978-89-6817-873-3 94740 (전4권)

· 잘못된 책은 구매처에서 바꾸어 드립니다.
· 이 책의 내용은 저작권법에 따라 보호받고 있습니다.
· 책값은 뒤표지에 있습니다.

· 이 도서의 국립중앙도서관 출판예정도서목록(CIP)은 서지정보유통지원시스템 홈페이지
  (http://seoji.nl.go.kr)와 국가자료공동목록시스템(http://www.nl.go.kr/kolisnet)에서
  이용하실 수 있습니다(CIP제어번호: CIP2020015790).